創新管理

吳贊鐸

國家圖書館出版品預行編目資料

創新管理 / 吳贊鐸著. – 初版. -- 臺北市：臺灣東
　華，民 102.02

416 面；19x26 公分

ISBN 978-957-483-734-2（平裝）

1. 企業管理

494.1　　　　　　　　　　　　　102002088

版權所有・翻印必究

中華民國一〇二年四月初版

創新管理

著　者	吳　　贊　　鐸
發 行 人	卓　劉　慶　弟
出 版 者	臺灣東華書局股份有限公司
	臺北市重慶南路一段一四七號三樓
	電話：（02）2311-4027
	傳眞：（02）2311-6615
	郵撥：0 0 0 6 4 8 1 3
	網址：www.tunghua.com.tw
直營門市 1	臺北市重慶南路一段七十七號一樓
	電話：（02）2371-9311
直營門市 2	臺北市重慶南路一段一四七號一樓
	電話：（02）2382-1762
	（外埠酌加運費匯費）

推薦序

近年來國內甚或是國際上對創新的發展皆極為重視。國家層面上提出了要以創新強國，產業發展上強調要以創新驅動，教育上各校開始重視結合創意、創新、創業的三創教育，各行各業也普遍有了創新的意識，社會上逐漸形成了創新的氛圍，以創新為導向的時代已然來臨。值此時機，吳贊鐸教授的新作－創新管理一書適時出版，對創新教育的推展著實添增了助力。

本書以吳教授創新管理課程的授課教材為主體並融入他在創新方面的研究成果彙編而成，是他多年來教學研究的結晶。本書中吳教授提出了問題解決策略地圖，是全書的主要架構，並建立快捷式創新管理模式用以解決問題；本書對創意激發的技法，創新團隊的活動，發明原則的內涵等皆有詳盡的介紹。在創業方面，舉凡新事業績效評估，創業計畫書撰寫，產品開發流程等也都有詳細的說明並輔以範例；另為使讀者對創新的實務面有具體的了解，本書有專章將環保、節能、樂活、服務創新等議題應用書中介紹之方法進行創新專案管理之案例分析與論述，使讀者能更清晰地了解創新的程序與作法。本書中除介紹創新理論外，也有許多創新方法與技法的介紹，在創意激發與創新實作時，可以實際應用這些工具進行創意發想，這是本書的一項特點。

我與吳教授相識於十年前，那時我正籌組中華萃思 (TRIZ) 學會，吳教授對萃思 (TRIZ) 理論知之甚詳，涉獵深廣，並常有大作發表，因而結識，並邀約擔任學會理事，獲其首肯。吳教授是早期台灣推廣萃思 (TRIZ) 創新方法的拓荒者之一，近年來並將萃思 (TRIZ) 方法融入於創新管理的課程中，在本書中也有專文介紹，讀者閱讀本書可以學習到 TRIZ 創新方法的應用，也會是另一種收穫。

吳教授新作出版，囑我寫序，我閱讀本書後覺得內容充實，許多方法可供學習與使用，值得一讀，謹書數語以為序，其餘書中的寶藏就有待諸位讀者仔細去發掘了。

中華萃思 (TRIZ) 學會名譽理事長
中華大學講座教授
時任北京清華大學高級訪問學者

沙永傑
102 年 3 月

推薦序

　　承蒙吳老師的邀約撰寫推薦序，個人感到非常高興與惶恐！因為「創新」這個議題已經是全球企業經營極度關注的重點。在種種創新的書籍文章中，如何找到適合自己企業 DNA 的創新方法，進而塑造成一套適合企業本身的創新系統及文化，並將團隊創新能量發揮到極致。這是對於 2013 年以後企業面臨全球化競爭所必須擁有的策略與戰術。

　　吳老師能將其苦心鑽研的創新方法，透過多年輔導企業論證後的豐碩績效，無私地分享給讀者，真是讓我佩服尊敬！而書中的舉例說明，更是讓人拍案叫絕。

　　本書特別針對「人」與「問題」(人≠問題，問題＝問題)的區別做詳盡的說明，讓讀者能掌握「解決問題」的關鍵。尤其書中所提到的創新管理模式，與我所提出的企業「創新解碼」(AIM Gennovation) 方法，也就是 5 階段 15 步驟「按步施工、創新成功」的精神不謀而合。期待本書上市為企業創新點燃一盞明燈，讓企業經營少走冤枉路。

詹長霖

AIM 俐鉅創新管理顧問股份有限公司

總經理兼首席創新長

自序

「創新」，她不是個新名詞，卻常被掛在嘴邊，歷久彌新，越陳越香。不論政府機關、學術機構、民間企業、工協會……，說不盡的成功典範，卻又理不出所以然，僅有百家爭鳴，各自表述，並無一共通準則標竿以資依循與學習。

二十一世紀係—— 快速變革、快速回應與快速創新之藍海三快時代，而迅速 (quick)、快速 (rapid)、快捷 (agile)、精實 (lean)、永續 (sustainable)、創新 (innovation) 更是企業競爭優勢再造之不二法門。管理大師 Peter F. Drucker 定義「創新」為改變現實資源之產出，並創造出新穎之價值與滿足。大多數成功的創新都是利用改變來達成，創新本身即包含著一個重大改變。面對二十一世紀全球金融海嘯、歐債風暴、通貨膨脹、重大環境衝擊、節能減碳議題、股市震盪、經營困境、組織變革、技術瓶頸、黑心背信、失業潮、無薪假……等。如何記取失敗教訓？如何形塑成功典範？如何重整再造？如何軟重整 (soft restructuring)？如何紓困解套？如何衝破難關？如何破繭而出？如何解決問題？如何突破困境？如何前瞻與洞察未來？如何創新藍海？如何創新策略佈局？如何再創企業新局？如何再創企業新價值？再再考驗人類的智慧與解決問題能力。而本書所提之「創新流」、「創新鏈」、「創新思維」、「創新賦能」、「創新管理」、「三創管理：創意-創新-創業」、「新四創管理：創心-創智-創文-創富」、「問題解決策略地圖」、「D_oA_sD 創新模式」與「快捷式創新管理模式 (Agile Innovation Management-AIM Model)」，誠為有效解決問題之道 (Tao)。

人不等於問題，問題等於問題本身(人≠問題，問題＝問題)。當您一再地解決同質性的問題，問題雖暫時地被解決，假以時日問題又故態復萌。您又疲於奔命地解決似曾相似的問題 (Problem-solving)，週而復始，同樣劇本與戲碼一再上演。這，說明了一件事實：問題未真正地被解決，問題真因 (root cause) 未被挖掘。而百分之八十的問題均來自於「人的問題」，解決人的問題已為第一要務，而人的問題卻是最難解決 (People-solving)。先解決人的問題，再解決問題本身始為王道。解決人的問題可從三個層面，進行真因探索、諮商、

輔導、修復與再造。並輔以「全人心智模式標準作業指導書 ($6^H6^W6^S$-WpMM-DRW6)」，始臻事半功倍之效。

「問題解決 (Problem-solving)」始於某一問題之存在，當實際狀態(Actual Status)與目標狀態 (Target Status) 間有差距 (落差) 存在之時，問題乃應運而生。問題解決需先經確認目標狀態後，個體 (或群體) 將採用一系列複雜「心智運作過程 (歷程)」，以達目標狀態。而問題解決之心智運作過程 (歷程) 即為「問題解決程序 (Problem Solving Process, PsP)」，筆者特提出「iCATs 原理」及「快捷式創新管理模式 (Agile Innovation Management-AIM Model)」以資因應。

本書主要特色係結合創新理論與實務之創新管理專書，共分十大單元：(1) 前言；(2) 創新管理概論；(3) 人；(4) 問題；(5) 流程管理；(6) 三創：創意-創新-創業；(7) 績效評估；(8) 創新專案管理；(9) 新產品創新設計開發管理；(10) 新四創：創心-創智-創文-創富，可供大專院校、科學園區/工業區白藍領-研發-管理階層問題解決與三創或新四創之用。

吳贊鐸　謹誌
于緣圓源家族

目 錄 *Contents*

Chapter 1 前 言 1
1.1 *i*CATs 原理 5
1.2 快捷式創新管理模式 (AIM Model) 6

Chapter 2 創新管理概論 7
2.1 創意與發明 8
2.2 創 新 9
2.3 創新賦能 9
2.4 三創:創意-創新-創業 10
2.5 創新模式 (Innovation Model) 10
2.6 創新流程管理 11
2.7 創新管理流程 13
　　　註解 14
　　　參考文獻 15

Chapter 3 人 17
3.1 人格模式 18
3.2 心智模式 19
3.3 心理模式 20
　　　3.3.1　家族治療 21

- 3.3.2 家族星座 22
- 3.3.3 敘事治療 22
- 3.3.4 焦點解決短期治療 23

3.4 行為模式 23

3.5 溝通模式 25
- 3.5.1 溝通分析模式 25

3.6 衝突模式 27

3.7 談判模式 28

3.8 全人心智模式標準作業指導書 $6^H6^W6^S$-WpMM-DRW6 28
- 3.8.1 六頂思考帽 30
- 3.8.2 人格特質 30
- 3.8.3 面相 33
- 3.8.4 多重智能 (Multiple Intelligence, MI) 34
- 3.8.5 六扇智慧窗 35
- 3.8.6 生命原型 (HMI-12 Archetype) 36
- 3.8.7 心智模式 (Mental Model STA 12) 37
- 3.8.8 六雙行動鞋 41

註解 42

參考文獻 43

Chapter 4　問　題　45

4.1 World Café 圓桌論壇 48
- 4.1.1 World Café 圓桌論壇 48
- 4.1.2 開放空間技術 (OST) 48

4.2 問題解決理論 50
- 4.2.1 限制理論 50
- 4.2.2 衝突矛盾理論 (TRIZ) 50

4.3 問題解決 ... 57
 4.2.3 紮根理論 ... 56
4.3 問題解決 ... 57
 4.3.1 意識匯談法 ... 58
 4.3.2 問題稀釋法 (Problem Dilution Method, PDM) ... 61
 4.3.3 麥肯錫問題解決法 (McKinsey & Company Problem-solving Method) ... 62
 4.3.4 個人策略規劃法 PSP ... 64
 4.3.5 4D-8D-TS16949 ... 65
4.4 創新學習 ... 69
 4.4.1 問題導向學習 ... 69
 4.4.2 行動學習 ... 70
 4.4.3 體驗式學習 ... 72
 4.4.4 融滲式學習 ... 73
 4.4.5 服務學習 (Service Learning, SL) ... 74
註解 ... 76
參考文獻 ... 77

Chapter 5　流程管理　81

5.1 流　程 ... 82
 5.1.1 工作流定義 ... 84
 5.1.2 工作流程管理 ... 85
 5.1.3 工作流程管理系統 ... 86
5.2 工作流程發展法 ... 90
5.3 流程分析 ... 92
 5.3.1 輔助分析圖 ... 92
 5.3.2 企業流程分析 ... 96
5.4 流程管理 ... 96

5.5	企業流程管理	99
5.6	企業流程改善	100
5.7	企業流程設計	101
5.8	企業流程再造	101
	註解	104
	參考文獻	105

Chapter 6　三　創　　　　　　　　　　　　　　　113

6.1	創　意	114
6.2	創　新	115
	6.2.1　破壞式創新	117
	6.2.2　開放式創新	118
	6.2.3　系統式創新	119
	6.2.4　快捷式創新	122
	6.2.5　擴散式創新	157
6.3	創　業	159
	6.3.1　新創事業評估	160
	註解	175
	參考文獻	179

Chapter 7　績效評估　　　　　　　　　　　　　　183

7.1	績效評估 (PE)	184
7.2	平衡計分卡 (BSC)	184
7.3	卓越品質通行證	185
	7.3.1　企業營運持續管理	185
	7.3.2　實獲值管理	187
	7.3.3　卓越品質通行證	190

註解 191

參考文獻 192

Chapter 8　創新專案管理　193

8.1　綠色專案風險管理 194
　　8.1.1　綠色專案管理 194
　　8.1.2　綠色產品設計 195
　　8.1.3　綠色專案風險管理 195
　　8.1.4　內部稽核 (Internal Audit) 201
　　8.1.5　內控自評 202
　　8.1.6　綠色專案風險管理系統 206

8.2　產品碳足跡創新管理 210
　　8.2.1　PAS 2050:2008 產品與服務生命週期溫室氣體排放評估規範 211
　　8.2.2　蝴蝶蘭碳足跡盤查 211
　　8.2.3　產品碳足跡查證專案歷程與 $G^{6\sigma}$-DFF^C-DRW6 開發 212

8.3　綠色能源創新管理 219
　　8.3.1　能源管理 220
　　8.3.2　節能績效量測與驗證 (M&V) 224
　　8.3.3　綠能監控查證即時決策管理系統開發 226

8.4　物聯網生活實驗室創新管理 232
　　8.4.1　物聯網 232
　　8.4.2　生活實驗室 236
　　8.4.3　物聯網生活實驗室 239

8.5　中醫減重創意問題解決心智系統開發 240
　　8.5.1　中醫減重 240
　　8.5.2　中醫減重成效預測模式 251

- 8.5.3 中醫減重問題解決心智系統開發 ... 251
- *8.6* **創意英語意識匯談法** ... 255
  - 8.6.1 英語學習法 ... 255
  - 8.6.2 英語意識匯談即時決策管理系統 ... 261
- *8.7* **餐飲服務業創新學習績效評估模式建置** ... 267
  - 8.7.1 創新學習 ... 267
  - 8.7.2 績效評估 ... 268
- *8.8* **汽車消音器綠色六標準差創新設計** ... 276
  - 8.8.1 設計與開發 ... 276
  - 8.8.2 實驗設計 ... 277
  - 8.8.3 綠色設計 ... 278
  - 8.8.4 田口方法 ... 286
  - 8.8.5 汽車消音器綠色六標準差創新設計實証 ... 291
- 參考文獻 ... 301

Chapter 9　新產品創新設計開發管理　315

- *9.1* **產品資料管理** ... 316
- *9.2* **企業生命週期** ... 316
- *9.3* **產品生命週期管理** ... 318
  - 9.3.1 產品生命週期管理解決方案 ... 320
  - 9.3.2 產品生命週期管理 ... 320
  - 9.3.3 甲骨文 Agile PLM ... 321
  - 9.3.4 鼎新 DSDyna PLM ... 323
- *9.4* **新產品開發程序 (NPDP)** ... 324
  - 9.4.1 仿生學 ... 324
  - 9.4.2 新產品開發 ... 324

9.5	**ISO/TS 16949：2009**	327
	9.5.1　先期產品品質規劃與管制計畫	329
	9.5.2　失效模式與效應分析	330
	9.5.3　量測系統分析	330
	9.5.4　統計製程管制	331
	9.5.5　生產件核准程序	331
	註解	332
	參考文獻	333

Chapter 10　新四創：創心-創智-創文-創富　　337

10.1	創　心	338
10.2	創　智	338
10.3	創　文	338
10.4	創　富	339

附錄 I 341

附錄 II 355

附錄 III 359

附錄 IV　TRIZ 四十發明原則 375

中英索引 417

創新管理

Chapter 1

前　言

二十一世紀係一快速變革、快速回應與快速創新之藍海三快時代,而迅速 (quick)、快速 (rapid)、快捷 (agile)、精實 (lean)、永續 (sustainable)、創新 (innovation) 更是企業競爭優勢再造之不二法門。管理大師 Peter F. Drucker 定義「創新」為改變現實資源之產出,並創造出新穎之價值與滿足。大多數成功的創新都是利用改變來達成,創新本身即包含著一個重大改變。面對二十一世紀全球金融海嘯、歐債風暴、通貨膨脹、重大環境衝擊、節能減碳議題、股市震盪、經營困境、組織變革、技術瓶頸、黑心背信、失業潮、無薪假……等。如何記取失敗教訓?如何形塑成功典範?如何重整再造?如何軟重整 (soft restructuring)?如何紓困解套?如何衝破難關?如何破繭而出?如何解決問題?如何突破困境?如何前瞻與洞察未來?如何創新藍海?如何創新策略佈局?如何再創企業新局?如何再創企業新價值?在在考驗人類的智慧與解決問題能力。而本書所提之「創新流」、「創新鏈」、「創新思維」、「創新賦能」、「創新管理」、「三創管理:創意-創新-創業」、「問題解決策略地圖 (如圖 1-1)」、「D_oA_sD 創新模式 (如圖 1-2)」與「快捷式創新管理模式 [Agile Innovation Management (AIM) Model]」,誠為有效解決問題之道 (Tao)。

人不等於問題,問題等於問題本身 (人≠問題,問題=問題)。當您一再地解決同質性的問題,問題雖暫時地被解決,假以時日,問題又故態復萌。您又疲於拚命地解決似曾相似的問題 (Problem-solving),周而復始,同樣劇本與戲碼一再上演。這,說明了一件事實:問題未真正地被解決,問題真因 (root cause) 未被挖掘。而百分之八十的問題均來自於「人的問題」,解決人的問題已為第一要務,而人的問題卻是最難解決 (People-solving)。先解決人的問題,再解決問題本身,始為王道。解決人的問題可從三個層面,進行真因探索、諮商、輔導、修復與再造。並輔以「全人心智模式標準作業指導書 ($6^H6^W6^S$-WpMM-DRW6)」(如圖 1-3),始臻事半功倍之效。

(1) **人格面** (Character):藉由人格模式、心智模式、心理模式、行為模式、決策模式、溝通模式、衝突模式、談判模式、第五項修鍊系統基模與全人心智模式探索人格特質。
(2) **心理面** (Psychology):藉由認知心理學、工業心理學、臨床心理學、心理諮商學探索內心深處的小男生或小女生與個案之對話。
(3) **職能面** (Competence):藉由職能盤查與分析,找出職能缺口 (Gap)。

「問題解決 (Problem-solving)」始於某一問題之存在,當實際狀態 (Actual

第一章 前 言

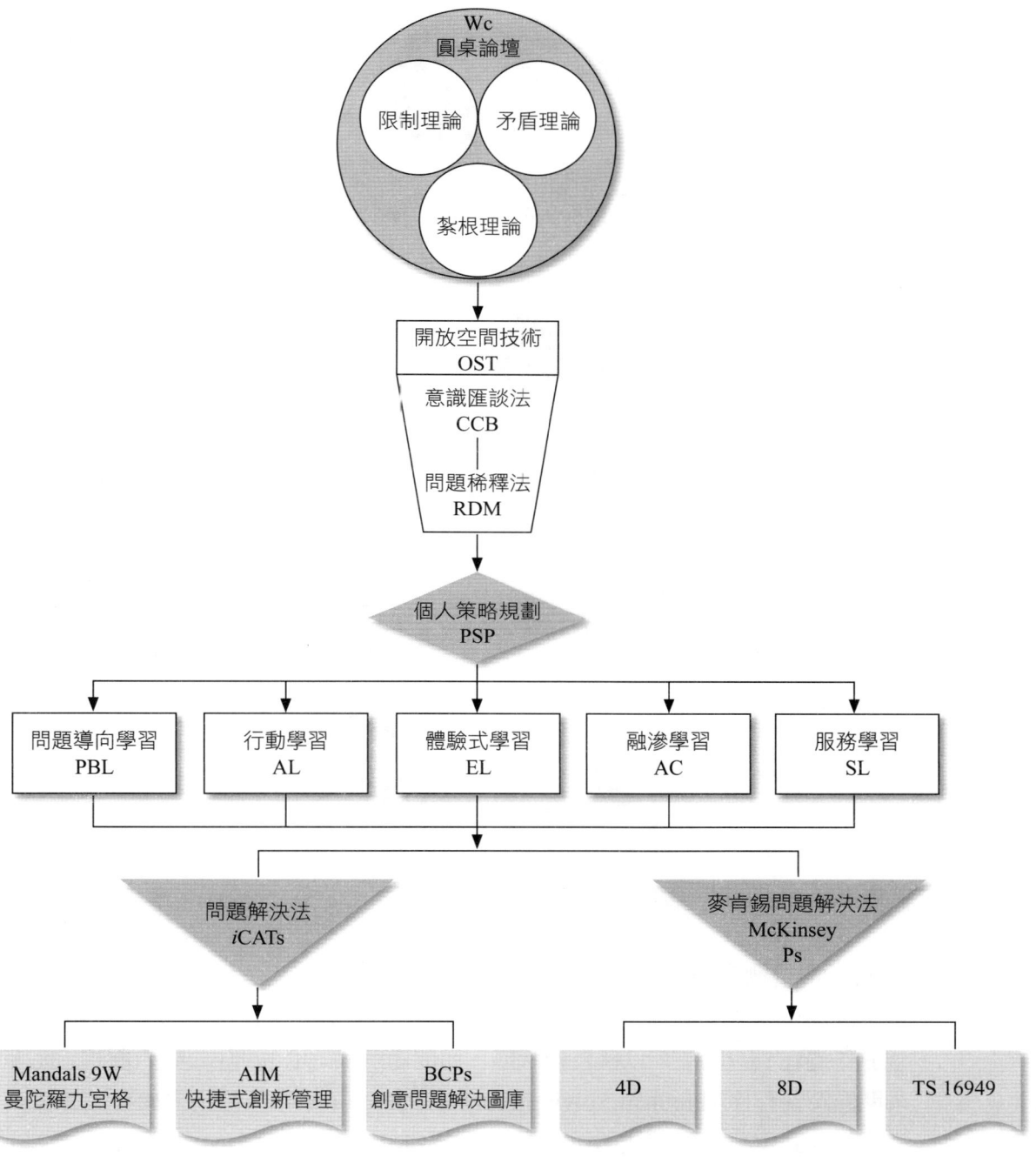

◯ 圖 1-1　問題解決策略地圖

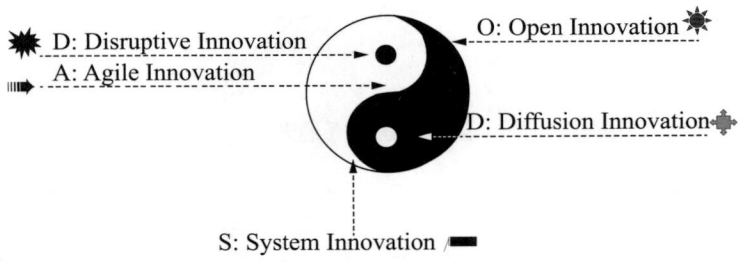

◯ 圖 1-2　D_oA_sD 創新模式

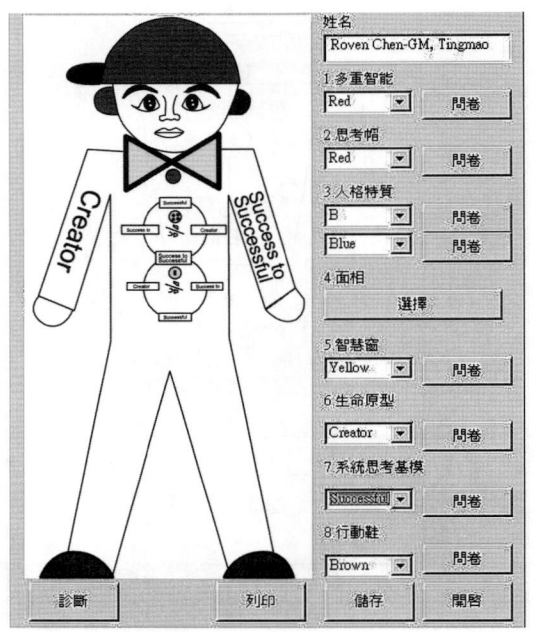

◯ 圖 1-3　全人心智模式 ($6^H6^W6^S$-WpMM-DRW6)

Status) 與目標狀態 (Target Status) 間有差距 (落差) 存在之時，問題乃應運而生。問題解決需先經確認目標狀態後，個體 (或群體) 將採用一系列複雜「心智運作過程 (歷程)」，以達目標狀態。而問題解決之心智運作過程 (歷程) 即為「問題解決程序 (Problem Solving Process, PsP)」，筆者特提出「*i*CATs 原理」及「快捷式創新管理模式 [Agile Innovation Management (AIM) Model]」(如圖 1-4) 以資因應。

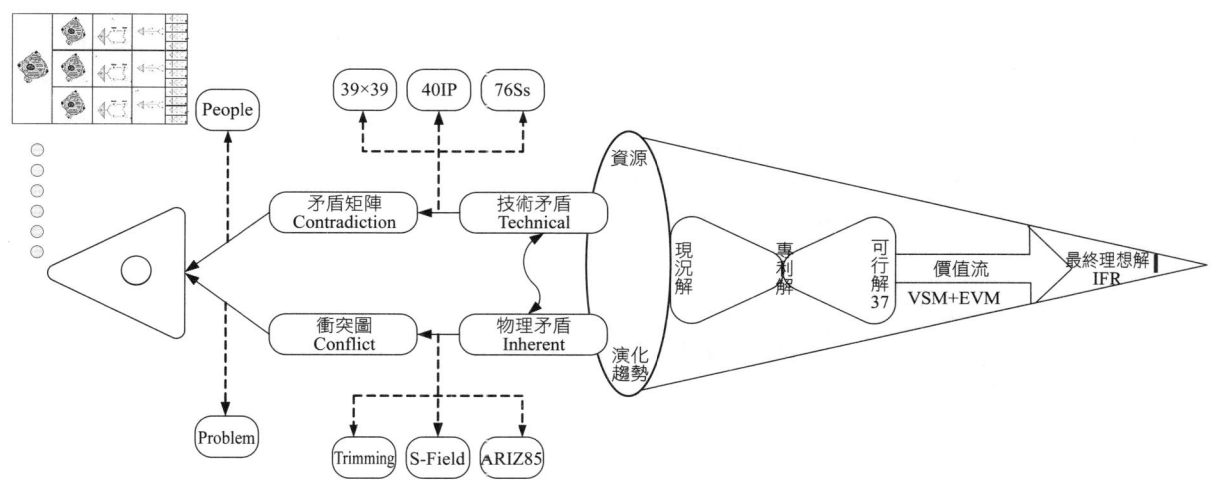

● 圖 1-4　快捷式創新管理模式 (AIM Model)

1.1　*i*CATs 原理

1. 問題界定 (Problem identification)
   (1) 發現問題 (Dig Problem)； (2) 面對問題 (Face Problem)； (3) 瞭解問題 (Understand Problem)； (4) 診斷問題 (Diagnose Problem)； (5) 定義問題 (Define Problem)； (6) 規範問題 (Specify Problem)
2. 繪製魚骨圖、心智圖與衝突圖 (Conflict Diagram)
3. 分析 (Analysis)
   (1) 系統-再現性-可靠度 (System-Repeatability-Reliability)
   (2) 功能-資源-結果-緩衝-限制-衝突 (Function-Resource-Result-Buffer-Constraint-Conflict)
4. 選擇問題解決技法 (Choose Ps Techniques)
   　　藉由問題解決智庫 (Bank of Ps Techniques, BPst)且與創意網站 (http://www.mycoted.com/creativity/techniques) 連結，以查詢「問題解決技法」。
5. 問題解決 (Problem-solving, Ps)
   (1) 設定問題解決之目標-成功關鍵因素 (Create Ps Objective-KSF)
   (2) 創新問題解決方案與策略-創意思考 (Innovative Ps alternative and strategy)
   (3) 資源整合 (Resource integration)

(4) 最適方案選擇 (Choose the best alternative by AHP)

(5) 方案執行 (Implement)

(6) 績效 (方案執行前後) 評估與改正措施 (Performance before/after evaluation and action taken)

(7) 微調或修補 (護)：(1)～(6) (Minor adjustment or modification）

1.2 快捷式創新管理模式 (AIM Model)

1. 企業體體質健檢 (OPD System)
2. 圓桌論壇 (World Café) 創新活動
   (1) 人格特質 ABCD 分析
   (2) 開放空間技術 (Open Space Technology, OST)
   (3) 圓桌論壇指引 (World Café Guide)
3. TRIZ 創意問題解決 (CPs)
   (1) People (P_H^D) ≠ Problem (P^{10})，Problem＝Problem
   (2) TRIZ
       a. 技術系統
       b. 技術衝突 (39×39→40)
       c. 質場分析 (76)
4. 限制理論 (TOC) 激發與繪製衝突圖
5. 價值流與實獲值管理 (VSM+EVM)
6. 演化趨勢：現況解-專利解-可行解 (37)
7. 最終理想解 (Ideal Final Result, IFR)
8. 精實品質、績效與風險管理

Chapter

2

創新管理概論

美國卓越創新協會 (American Institute for Innovation Excellence, AIIE) 指出：創新生命週期 (Innovation Life Cycle/Spectrum, ILC) (如圖 2-1) **[1]** 隨著創新頻率之增加，風險／獎勵則逐漸降低。而創新生命週期分為六階段：(1) 持續精實期 (Sustaining)；(2) 漸進擴展期 (Incremental)；(3) 競爭追隨期 (Competitive Maintenance)；(4) 競爭紅海期 (Competitive Advantage)；(5) 突破藍海期 (Breakthrough)；(6) 破壞創新期 (Disruptive)。即時洞察與反思創新生命週期中各階段之情境與現況，以為企業上下游供應／設計／製造商創新管理之用 (亦即創新供應鏈管理 (Innovation Supply Chain Managenent, ISCM))。

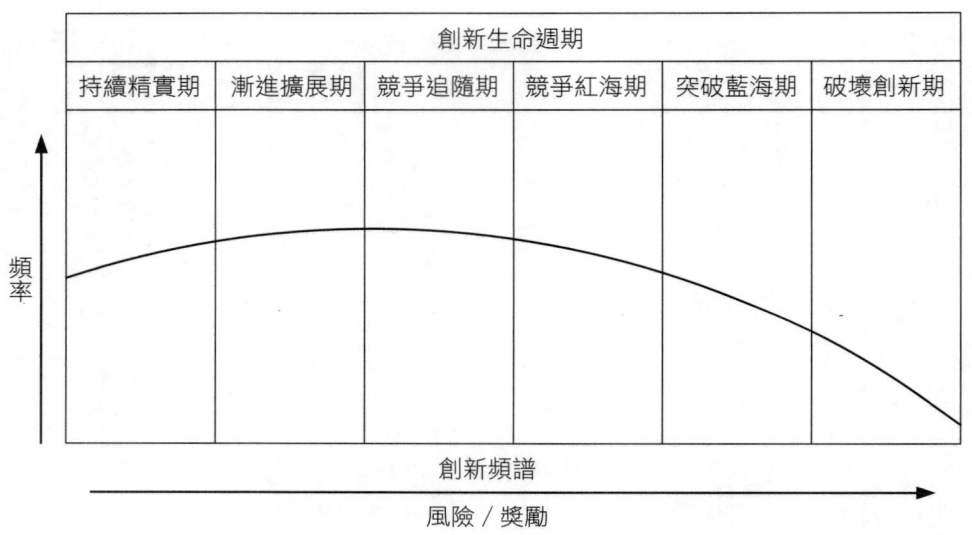

◐ **圖 2-1** 創新生命週期 (頻譜)

2.1 創意與發明

美國新經濟成長理論創始學者 P. Romer，於一九八〇年代中期在「創意經濟學 (The Economics of Ideas)」提出：創意將衍生出無限新產品、新市場與創造財富之新機會，創意是推動一國經濟成長之原動力 **[2]**。Vernon, P. Z. (1989) 則定義創意 (創造力) (Creativity) 為一個人能：發想、啟 (激) 發或創造具新穎性 (new) 或原創性 (original) 之點子 (ideas) 或藝術品 (artistic objects)、洞察／頓悟 (insights)、再造 (restructuring)、發明 (inventions)、問題解決 (Ps) 之能力。G. Wallas (1926) 於《思維的藝術》(*The art of thought*) 一書中指出之創意問題

解決 Gestalt Model，已被援用為「創意歷程 (Creativity Process)」：(1) 準備期 (Preparation)；(2) 醞育期 (Incubation)；(3) 頓悟期 (Illumination/Insight)；(4) 查證期 (Verification/Evaluation)。而經濟部智慧財產局「專利法」第二十一條則定義「發明 [註1]」為利用自然法則之技術思想之創作。

2.2 創　新

管理大師 Peter F. Drucker 定義「創新」為改變現實資源之產出，並創造出新穎之價值與滿足。大多數成功的創新都是利用改變來達成，創新本身即包含著一個重大改變。創新係將發明結果實際運用於生產上或將其市場化。在完全競爭市場下，利潤即是創新之報酬。「利潤」係用供獎勵正確之冒險行為 (創新)，而「虧損」則是懲罰錯誤行為 [3]。

2.3 創新賦能

賦能 (empowerment) 係指充分授權 (authorize)、權利分享 (power-sharing) 與藉由：(1) 體驗學習；(2) 替代經驗；(3) 口頭鼓勵；(4) 情緒引發等方式，使 (enable) 員工有能力且提昇自我效能之過程。而先經個人策略規劃 (Personal Strategic Planning, PSP)，復以賦能手段進行先天「天賦」厚植後天之「專業智能」，以啟發內隱之創新潛力，謂之「創新賦能」。公式如下：

$$\text{創新賦能} = \text{天賦} + \text{智能} + \text{創新潛力} + \text{個人策略規劃}$$
$$\text{Innovation Empowerment} = \text{Talent} + \text{Intelligences} + \text{Potential} + \text{PSP}$$
$$IE = \text{Talent} + \text{LMLBSII} + S^3PE + S^3IP$$
$$IE = \text{Talent} + \text{LMLBSII} + (ODIDTO + S^2PE) + S^3IP$$

其中「智能」係依據 Howard Gardner 多重智能理論 [Multi-Intelligence (MI) Theory] 定義人類七大智能 (包含：語言 L、音樂 M、邏輯數學 L、身體運動 B、空間 S、人際 I、內省 I) (詳如 3.8.4 節) [4, 5]。而「創新潛力」則由 S^3PE [註2] 所組成，內含六大「創新策略 (ODIDTO)」：(1) 攻擊 (Offensive)；(2) 防禦

(Defensive)；(3) 模仿 (Imitative)；(4) 依賴 (Dependent)；(5) 傳統 (Traditional)；(6) 投機 (Opportunistic) **[6]**。另個人策略規劃元素則為 S³IP **[7, 8, 9]**：(1) Self Assessment by SWOT (自我評量)；(2) Develop Personal Vision-Mission-Value-Goal-Objective Statements (陳述個人願景目標)；(3) Strategic Plan-Tactical Alternative (策略計畫與戰術方案)；(4) Implementation by 4D (Desire＋Decision＋Discipline＋Determination) (執行)；(5) Performance Evaluation (績效評估)。

2.4 三創：創意-創新-創業

「三創」係指創意 (Creativity)、創新 (Innovation) 與創業 (Entrepreneurship)，彼此互為因果 (如圖 2-2)。Vernon, P. Z. (1989) 定義「創意」為一個人能發想、啟發或創造具新穎性或原創性之點子或藝術品、洞察、再造、發明、問題解決之能力 (詳如 2.1 節、6.1 節)。「創新」係指改變現實資源之產出，並創造出新穎之價值與滿足 (詳如 2.2 節、6.2 節)。「創業」則是創新歷程與機會之衍生事業 (詳如 6.3 節)，人的意 (企) 圖與能力決定創業機會。惟人無法辨識所有創業機會或決定是否創業，重點在於人格特質，而非創業資訊。

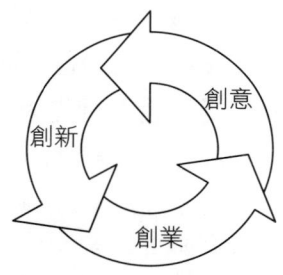

◯ 圖 2-2 三創關聯圖

2.5 創新模式 (Innovation Model)

Benoit Godin (2005) 提出線性式創新模式 [Linear Innovation (LI) Model]：(1) 基礎研究 (Basic research)；(2) 應用研究 (Applied research)；(3) 開發 (Development)；(4) 擴散 (Diffusion) **[10]**。惟該模式強調以科學及統計證據為前

提，遠超過創新之實質貢獻而引來非議與反對。1980 年代，Proctor and Gamble (P&G) 公司以推拉式閘門法 (Push$_{tech.}$ & Pull$_{mkt.}$ Gate$_{feedback}$ Model = Connect & Develop Model) 修正 LI Model 之缺失，成功地加碼新一年度之研發預算；此案例可稱為開放式創新 (Open Innovation) 之成功典範。

後期之 Everett Rogers 及 Geoffrey Moore 之擴散式創新 (Diffusion Innovation)、破壞式創新 (Disruptive Innovation)、系統性創新 (System Innovation)、快捷式創新 (Agile Innovation)、持續式創新模式 (Continuous Innovation Model) (如表 2-1) [11] 與 EFQM [註3] 卓越式創新模式 (Excellence Model) [12, 13] 乃因應而生 (詳如 6.2 節)。最適化之「企業創新模式 (Biz. Innovation Model)」與「創新流 [註4] (Innovation Flow)」，已是二十一世紀企業再創競爭優勢與永續營運成長之關鍵成功指標。

表 2-1 美國卓越創新協會 (AIIE) 持續式創新模式 (CI Model) 與創新循環 (CI Loop)

持續式創新模式 (Continuous Innovation Model)					
1. 創意管理系統	2. 創意問題解決	3. 創新文化	4. 持續改善	5. 卓越創新中心	6. 創意創新教育訓練
持續式創新循環 (Continuous Innovation Loop)					
1. 評估	2. 人	3. 策略流程	4. 戰術流程	5. 運營流程	

2.6 創新流程管理

創新流程 (Innovation Process, IP)，因需求而異 (如表 2-2)，而創新流程管理則需全面化以為組織依循。Jeffrey Paul Baumgartner 創新流程管理 (Innovation Process Management, IPM) 步驟有八：(1) 靈感乍現 (Inspiration for New Needs)；(2) 挑戰創新 (Innovation Challenge)；(3) 協同激發創意 (Collaborative Ideas Generation)；(4) 闡釋、組合與萃取 (Compilation, Combination & Refine)；(5) 專家評估審查 (Scientific Peer Review Evaluation)；(6) 研發與測試 (R & D & Testing)；(7) 執行 (Implementation)；(8) 審查 (Review) [14]。常應用於差異分析 (Gap Analysis)、品管圈 (QCC)、全面品質管理 (TQM)、豐田生產系統 (TPS)、品質機能展開 (QFD)、國際標準組織管理系統 (ISO)、歐洲品質管理基金會品質管理系統 (EFQM = RADAR [註3])、產品碳足跡製程地圖 (PAS 2050: 2008 - Process Map)、創新流程 (IP)、敏感度分析 (SA)、

創新管理

表 2-2　創新流程

資料來源	創新流程 (Innovation Process)
Rajnish Tiwari http://www.global-innovation.net/innovation/index.html	概念 (Conception) → 執行 (Implementation) → 行銷 (Marketing)
Innovationexchang http://www.innovationexchange.net/the_innovation_process	調查 (Investigation) → 準備 (Preparation) → 孕育 (Incubation) → 頓悟 (Illumination) → 查證 (Verification) → 應用 (Application)
SmartCode http://innovation-process-software.smartcode.com/screenshot.html	問題需求 (Needs Problems) → 研究 (Research) → 開發 (Development) → 商品化 (Commercialization) → 擴散與執行 (Diffusion & Adoption) → 結論 (Consequences)
i360institute http://i360institute.com/2011/02/a-5-step-process-for-business-model-innovation	設定 (Setting the Stage) → 探索 (Discovery) → 設計開發 (Development and Design) → 轉換 (Conversion) → 商品化 (Commercialization)
MindMatters http://www.youtube.com/watch?v=Y2hYHkUPMk8&feature=related	啟發 (Inspire) → 探索 (Discovery) → 設計開發 (D&D) → 配置 (Configure) → 展開 (Rollout) → 分析 (Analysis) → 執行 (Implement) → 矯正預防 (Protect)
Genpact http://www.youtube.com/watch?v=8AUD20e2HoQ&feature=related	激發創意 (Generate Ideation/Innovative Insights) → 評估 (Asseassment) → 試運行 (Pilot) → 追蹤與治理 (Tracking & Governance) → 驅動破壞式改善方案 (Drive Disruptive Improvements) → 開發新解決方案 (Create New Analytical Solutions)
1000ventures http://www.1000ventures.com/business_guide/im_process_main.html	專案啟始 (P_i start) → 創新概念開發 (Concept Development) ⟷ 概念成形 (Concept Freeze) ⟷ 執行 (Implementation) → 市場導入 (Market Introduction)

新產品開發程序 (NPDP)、ISO/TS 16949: 2009 五大工具 (FMEA, APQP, PPAP, SPC, MSA)……等領域與微軟創新流程管理六階段 (Microsoft Stages of IPM) 則有異曲同工之妙 (如表 2-3) **[15]**。

表 2-3　微軟創新流程管理階段

1. 策略	2. 佈局	3. 創建	4. 評估	5. 定義	6. 選擇
創意發明知識佈局 (IIK capture)		流程與知識管理 (PKM)		專案與組合管理 (PPM)	
即時分享創意 提昇創新文化		調查評估創意 開發行動專案		策略目標評估創意- 功能性開發與執行作業參數 (OP) -績效評估	

2.7 創新管理流程

發明是創新之催化劑 (Invention is the Catalyst for Innovation)，創新則是藉由創意 (ideas & creativity)、發明與未曾使用或出現之突破性新知識 (knowledge) 轉換 (conversion) 為具商業價值之產出 (如：新／改良產品、服務、流程、方法／式、系統、技術、設計、思維、觀念)，亦是企業成功之重要元素[16]。而創新本質 (The Nature of Innovation) 係指一有效能且具有搜尋、探索、選擇、綜整與發散-收斂思維模式之節奏性創新流程 (Innovation Process, IP) (詳如 2.6 節的表 2-2)。

「系統性創新 (Systematic Innovation)」(詳如 6.2 節) 時代已來臨，創新不僅是單一化、線性化且已是由跨部門團隊 (cross-functional team) 協同合作之系統化與永續化之過程。系統性創新在個人、組織與作業環境間已湧現一複雜之交互作用，且企業已有深刻認知如何加速將策略 (S)、企業 (B)、組織 (O)、流程 (P)、技術 (T)、行銷 (M) 與生產 (P) 七大面向予以「創新化」，已為刻不容緩之重要工作。而創新流程 (IP) 與創新管理流程 (Innovation Management Process, IMP)[註5] (如表 2-4、2-5) [17~20] 則為系統性創新 (SI) 之必要手段。

表 2-4 ConvaTec's IMP 創新管理流程

跨部門創新流程設計團隊 (PDT)	產品開發與啟動流程		
	1. 產品認證委員會 (PAC)	2. 核心團隊 (CT)	3. 專案審查 (PR)
產品認證委員會核心原則 (PAC-5 Principles)			
1. 創新是全員參與	2. 日／月認證制	3. 一視同仁	4. 公平、公正、公開 　　5. 績效評量

表 2-5 Small Biz1 及 DeSai Group 創新管理流程比較表

Small Biz1 IMP: 創新管理流程					
Goal Establishment	Cooperation	Combination	Evaluation	Testing	Execution	Assessment
標的建置	合作	組合	評估	檢定	執行	評鑑
DeSai Group IMP: Innovation Funnel 創新漏斗					
開放創意空間 (Create Space)		建立優勢 (Build Strength)		加速成長 (Accelerate Growth)	
通知與執行 (Inform & Engage) →→→		→→ 接受與衍生 (Accept & Stretch)		→ 決策 (Selection)	
溝通與挑戰	激發與提報個人創意	接受與團隊主題創意		擴大衍生討論	提 陳	選擇

13

註解

1. 專利法 (中華民國九十九年八月二十五日總統令修正公布)
   第二條　本法所稱專利，分為下列三種：一、發明專利。二、新型專利。三、新式樣專利。
   第二十五條　申請發明專利，由專利申請權人備具申請書、說明書及必要圖式，向專利專責機關申請之。
   專利法施行細則 (中華民國九十九年十一月十六日經濟部經智字第〇九九〇四六〇七六二號令修正發布)
   第十五條　發明、新型專利說明書，應載明下列事項：
   　　　　　一、發明或新型名稱。二、發明或新型摘要。三、發明或新型說明。
   　　　　　四、申請專利範圍。
   第十六條　發明或新型摘要，應敘明發明或新型所揭露內容之概要，並以所欲解決之問題、解決問題之技術手段及主要用途為限；其字數，以不超過二百五十字為原則；有化學式者，應揭示最能顯示發明特徵之化學式。發明或新型摘要，不得記載商業性宣傳詞句。
   第十七條　發明或新型說明，應敘明下列事項：
   　　　　　一、發明或新型所屬之技術領域。
   　　　　　二、先前技術：就申請人所知之先前技術加以記載，並得檢送該先前技術之相關資料。
   　　　　　三、發明或新型內容：發明或新型所欲解決之問題、解決問題之技術手段及對照先前技術之功效。
   　　　　　四、實施方式：就一個以上發明或新型之實施方式加以記載，必要時得以實施例說明；有圖式者，應參照圖式加以說明。
   　　　　　五、圖式簡單說明：其有圖式者，應以簡明之文字依圖式之圖號順序說明圖式及其主要元件符號。

2. S^3PE = Innovation Strategy + Structure + System + People + Environment = 創新策略 + 結構 + 系統 + 人員 + 環境 = ODIDTO + S^2PE = ODIDTO + 結構 + 系統 + 人員 + 環境

3. EFQM Excellence Model = RADAR = 結果 (Results) + 方法 (Approach) + 展開 (Deployment) + 評估 (Assessment) + 審查 (Review)
   http://www.efqm.org/en/tabid/132/default.aspx
   http://www.leyhill.com/pdf/toolkit/EFQM%20Excellence%20Model.pdf

4. 企業資源規劃 (ERP) 係以資訊流-價值流-工作流-人流-金流-物流-商流進行運營，惟為再創企業競爭優勢與永續發展，「創新流 (Innovation Flow)」已為不可或缺之新元素且與資訊流-價值流-工作流相輔相成為「創新鏈 (Innovation Chain)」。

5. 系統性創新之數學模式：$1 \times 0 \times 0 = 0$　$1 \times 1 \times 1 = 111$
   http://www.1000ventures.com/business_guide/innovation_systemic.html

6. Tony Davila, Marc. J. Epstein, Robert Shelton (2005) 提出漏斗式創新管理流程：(1) 創造力階段；(2) 創意篩選階段；(3) 執行階段；(4) 創造價值階段。

參考文獻

一、英文部分

1. http://www.aiieonline.org
2. http://www.ieatpe.org.tw/magazine/78d.htm
3. 商品專利化 http://www.tipo.gov.tw/pcm/pro_show.asp?sn=79
4. Howard Gardner, "Frames of Mind: The Theory of Multiple Intelligences," Fontana Press, 1993.
5. Brian Tracy, "Goals! How to Get Everything You Want – Faster Than You Ever thought Possible," Berrett-Koehler Publishers, Inc., 2003.
6. Allan Afuah, "Innovation Management: Strategies, Implementation, and Profits," Oxford University Press, Inc., 1998.
7. http://www.briantracy.com
8. Joel A. Rose, "A Four-Step Formula For Strategic Planning," Joel A. Rose & Associates, 2011.
9. http://www.joelarose.com/articles/strategi.html
10. Godin, Benoit, "The Linear Model of Innovation: The Historical Construction of an Analytical Framework," (2005). Retrieved Oct 12, 2011, from http://www.csiic.ca/PDF/Godin_30.pdf
11. http://www.aiieonline.org/
12. http://www.ddexcellence.com/About%20Excellence/EFQM%20Excellence%20Model.htm
13. http://www.leyhill.com/pdf/toolkit/EFQM%20Excellence%20Model.pdf
14. http://www.jpb.com/creative/ipm.php
15. "White Paper: Innovation Process Management," Microsoft,
16. Peter Ferdinand Drucker, "The discipline of innovation," Harvard Business School Press, 1991.
17. http://www.frost.com/prod/servlet/cpo/178448985
18. http://smallbiz1.com/innovation-management-process.html
19. http://www.desai.com/our-approach/innovation-funnel/tabid/88355/Default.aspx
20. http://www.aiieonline.org/

Chapter

3

人

人不等於問題，問題等於問題本身 (人≠問題，問題＝問題)。當您一再地解決同質性的問題，問題雖暫時地被解決，假以時日，問題又故態復萌。您又疲於奔命地解決似曾相似的問題 (Problem-solving)，周而復始，同樣劇本與戲碼一再上演。這，說明了一件事實：問題未真正地被解決，問題真因 (root cause) 未被挖掘。而百分之八十的問題均來自於「人的問題」，解決人的問題已為第一要務，而人的問題卻是最難解決 (People-solving)。解決人的問題可從三個層面，進行真因探索、諮商、輔導、修復與再造。

(1) **人格面** (Character)：藉由人格模式、心智模式、心理模式、行為模式、決策模式、溝通模式、衝突模式、談判模式、第五項修鍊系統基模與全人心智模式探索人格特質。
(2) **心理面** (Psychology)：藉由認知心理學、工業心理學、臨床心理學、心理諮商學探索內心深處的小男生或小女生與個案之對話。
(3) **職能面** (Competence)：藉由職能盤查與分析，找出職能缺口 (Gap)。

3.1 人格模式

「人格 (Personality)」係指人之品性及行為特質，而「人格模式 (Personality Model)」則指個人行為外顯之方式與狀態。五大人格模式 (Big Five personality model-OCEAN) (如表 3-1) 則廣為被評估與分析人格之用 **[1, 2]**。3.8 節全人心智模式標準作業指導書中，將有詳盡之解說。

表 3-1　五大人格模式 (Big Five Personality Trait Model)

O	C	E	A	N
Openness to Experience	Conscientiousness	Extraversion	Agreeableness	Neuroticism
經驗開放型	謹慎型	外向型	親和型	情緒穩定型

3.2 心智模式

　　Kenneth Craik (1940) 定義「心智模式」為：人類能轉譯外在事件成為內在模式，並操作這些「符號表徵」來推理、行動或認知，以瞭解「符號表徵」與外在世界之符合程度。亦即我們對自我、我們的世界、我們的組織，及我們如何跟他們配合，所抱持之根深柢固信念、圖像、框架及假設。我們看世界 (人、事、時、地、物) 之方式，影響我們對世界之經驗。當我們看世界之方式改變，我們就能改變自己在世界中之角色，並得到迥然不同之結果。心智模式係依存於七項原理運作：(1) 人人都有心智模式；(2) 心智模式決定我們如何看和看見什麼；(3) 心智模式導引我們如何思考和行動；(4) 心智模式導致我們把自己之推論看作事實；(5) 心智模式總是不完整；(6) 心智模式影響我們得到之結果，結果進而增強心智模式本身之威力；(7) 心智模式之壽命長於其有效時間。

　　藉由 Chris Argyris 與 Donald Schon 發展之「推論階梯 (ladder of inference)」由下往上專注攀爬 (如圖 3-1) **[3, 9～11]**，以瞭解心智模式如何形成及檢視未經證實之看法或偏見或月暈現象：(1) 從可以觀察到之原始資料「池 (pool) / 庫 (base)」中選擇「資料」；(2) 對自己所選擇之資料賦予意義 (meaning)；(3) 基於上述意義作假設 (assumption)；(4) 根據假設下結論 (conclusion)；(5) 採納某些信念 (belief) 與價值觀 (value)；(6) 在階梯「頂端」達成共識，並採取反射 (思) 行動 (action)；(7) 得到結果又產生更多可觀察之資料 (重複 (1)→(6)) 或當發現偏好之正面印象或偏差之負面印象則需順勢而下，逐一檢視 (即下階梯 (6)→(1))，以資匡正。**[1]**

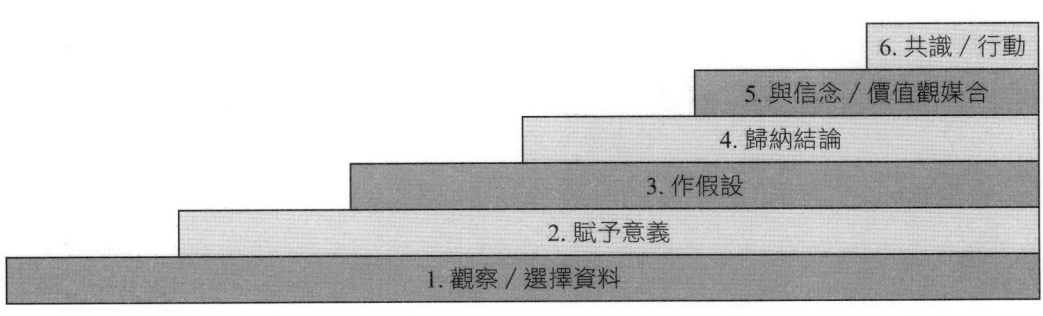

▶ 圖 3-1　推論階梯

3.3 心理模式

本單元心理模式之推移，如圖 3-2。

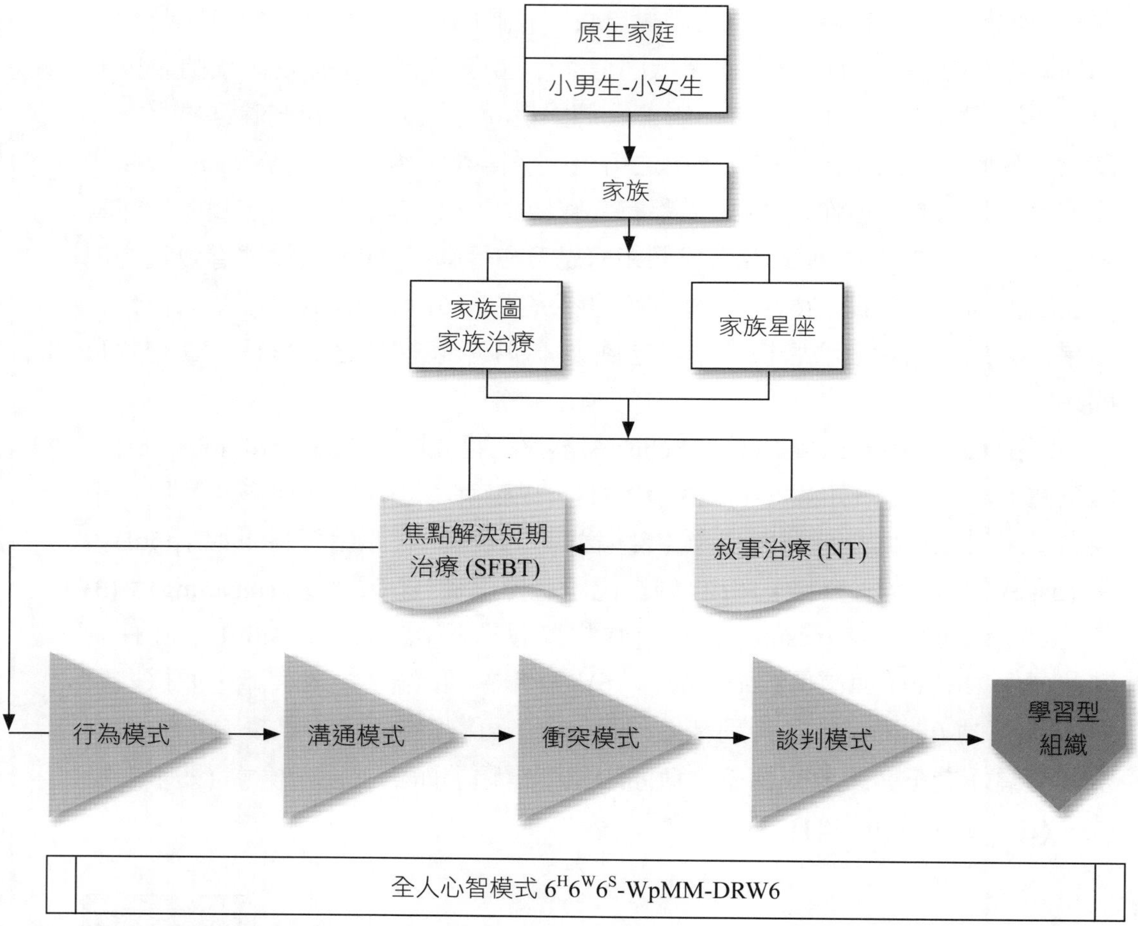

● 圖 3-2 心理模式推移圖

3.3.1 家族治療

家庭 (family) 係一藉由婚姻或生養關係所形塑之「互動溝通及平衡自主與依賴關係」之社會基本單位，具有交互作用所須遵循之行為模式 (即家庭規則)、獨特性質與共同文化之家庭系統 (family system)。而家庭 (族) 治療 (Family Therapy) 則聚焦於家庭 (族) 成員間彼此之互動模式與缺乏平衡之關係。以整個家族系統為治療核心，探討企業組織中人際關係失調之個案家庭問題與其動態平衡 [即衡定狀態 (homeostasis)] 是否失衡 [3]。

從中研究病理特徵與現象，進而設計治療策略與改善家庭系統之介入計畫。當個案受創並在家庭互動關係中尋求支持時，家庭成員已捲入 (融滲) 系統中，此刻無需為個案症狀尋求 (貼) 一標籤與強調責任歸屬，而應聚焦於個案行為係整體家庭系統運作結果 (即交互作用與關係) 之解決。重視家庭系統內之家庭規則 (family rule) 與家庭結構 (family structure)，運用家庭交互關係之脈絡，並予改變 (善) 個案之情緒困擾或行為問題。

Murray Bowen (1985) 則提出家庭系統理論八大概念及家族圖，以資依循：(1) 三角關係 (Triangles)；(2) 自我分化 (Differentiation of self)；(3) 核心家庭情緒系統 (Nuclear family emotional system)；(4) 家庭投射過程 (Family projection process)；(5) 多世代傳遞過程 (Multi-generational transmission process)；(6) 情緒截斷 (Emotional cutoff)；(7) 手足位置 (Sibling position)；(8) 社會退化 (Social regression) [12, 13]。其中家族圖 (Family genogram) (如圖 3-3) 係將至少三代之家庭關係、動力及規則，以圖形 (如：線條虛實、□○符號、標示註解) 表示家庭之內部動力結構 (family dynamics structure) 與家庭互動關係。繼而了解當下家族系統運作狀況及問題真因，以追蹤家庭中重複發生之行為模式。

而家族治療步驟 [2, 14]：(1) 家族訪談 (Family Interview) → (2) 家族形塑 (Family Sculpting) → (3) 角色再扮演 (Reenactment) → (4) 繪製家族圖 (Family genogram) → (5) 循環詢問 [註1] (Circular Questioning) → (6) 訴說傾聽 (I) → (7) 年幼經歷/驗尋找連結 → (8) 家庭規則核對 → (9) 訴說傾聽 [註2] (II) → (10) 記錄個案生氣 / 憤怒 / 報復方式 → (11) 同理心 [註3] (Empathy) → (12) 內心深處之小女生 / 小男生情境營造 [註4] → (13) 問答傾聽 (訴) → (14) 分化 (Differentiation) → (15) 學習 (Learning) → (16) 當下小女生/小男生如何處理過往不滿情事 → (17) 成長 (Growth) → (18) 分享 (Sharing)。

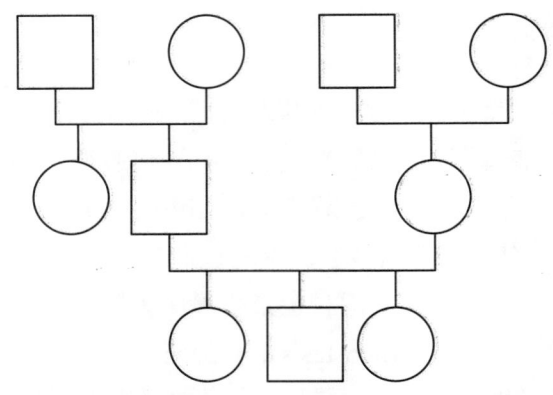

➲ 圖 3-3　家族圖 (Genogram)

3.3.2　家族星座

　　阿德勒心理治療學派 (Adlerian theory) 創始人阿德勒提出「家族星座 (Family Constellation)」，旨在揭櫫家庭成員所建構之家庭結構與關係，猶如「星座」排列。父母與子女關係則如星座之遠近排列與色澤黯亮，彼此互動形塑家庭特有之家族星座。孩童之「出生排序」會影響其原生家庭中所佔地位，童年經驗與日後人格發展亦有絕對關係。孩童出生對家庭之轉變有如物換星移，家庭星座之相對位置亦隨之變動與調整。家庭成員都有其獨特氣質與人格特質，「出生排序」在形塑孩子之人格發展與手足關係上不容小覷。

　　「家族星座排列」係由德國心靈大師 Bert Hellinger 所發展而成，亦即家庭系統之「愛的序位 (Order of Love)」。當家庭暴力、家庭失和、親子問題、離婚自殺、癮癖犯罪、心靈困境……等事件一再發生，甚而綿延下一代；這證明了「愛的序位」(即星座排列) 已失序。需藉由回歸施與受之平衡、調整愛的序位與平和能量之傳遞 [2]。

3.3.3　敘事治療

　　「敘事治療 (Narrative Therapy, NT)」係後現代心理治療方式之一，擺脫傳統上將人視為問題之治療觀，藉由傳遞「去專家化」、「去病理化」、「去標籤化」、「自我對話」之人文精神理念與「敘說故事」、「外化問題」、「問題外化」、「解構」及「重寫生命故事」之諮商歷程與特殊問話方式，使

個案轉變為主動、積極與正向行為。惟仍需藉由解構隱喻故事 (deconstruction metaphors) 與重寫 (構) 生命故事 (re-authoring lifestory)，賦予個案新的生命意義 (即作自己的生命主人)，適應新的生活並不再受社會主流價值文化羈絆 [2, 4, 15]。

3.3.4 焦點解決短期治療

焦點解決短期治療 (Solution-Focused Brief Therapy, SFBT) 係由 Steve de Shazer 與 Insoo Kim Berg 所創焦點解決短期治療循環，適用於問題行為、憂鬱、酗酒、濫用藥物之解決。SFBT 著重於個案正向-積極-同理-樂觀之「解決之道」，強調個案過去成功例外經驗與正向力，重視個案從小而大之改變價值 [2]。

3.4 行為模式

「行為」是個人與環境交互作用之結果。「行為科學」則是應用自然科學之實驗與觀察方法，研究自然與社會環境中人的行為之科學。包含心理學、社會學、人類學……等學科，且其應用範圍廣泛 (如：個／群體行為研究、消費者行為、組織行為、政治／行政／犯罪／醫療行為……)。而「行為模式 (Behavior Model)」係指人格外顯與內化之表徵。人對人事物之反應與作為，因思考模式不同而異且重複出現於行動舉止上。行為模式因社會制度與道德規範所制約，且為社會多數人所公認及遵守之行為方式 [4]。

美國哈佛商學院 MBA 生涯發展中心主任詹姆士·華德普與提摩西·巴特勒博士則歸納十二種職場缺陷行為模式，可供借鏡：(1) 非黑即白；(2) 完美主義；(3) 追求卓越；(4) 迴避衝突；(5) 強硬專制；(6) 逢迎諂媚；(7) 好大喜功；(8) 身陷兩難；(9) 疏於易地而處；(10) 愛面子；(11) 口無遮攔；(12) 猶豫不決。

另以消費者行為模式進行深入剖析：為探究消費者需求與慾望，需先瞭解個人／群體／組織如何選擇、購買 (置)、使用與處置產品或服務，繼而分析消費者動機、需求、價值觀、認知與偏好之行為模式，實有其必要性 (消費者行為-刺激-心理-決策-反應模式，如圖 3-4)。

1. 刺激

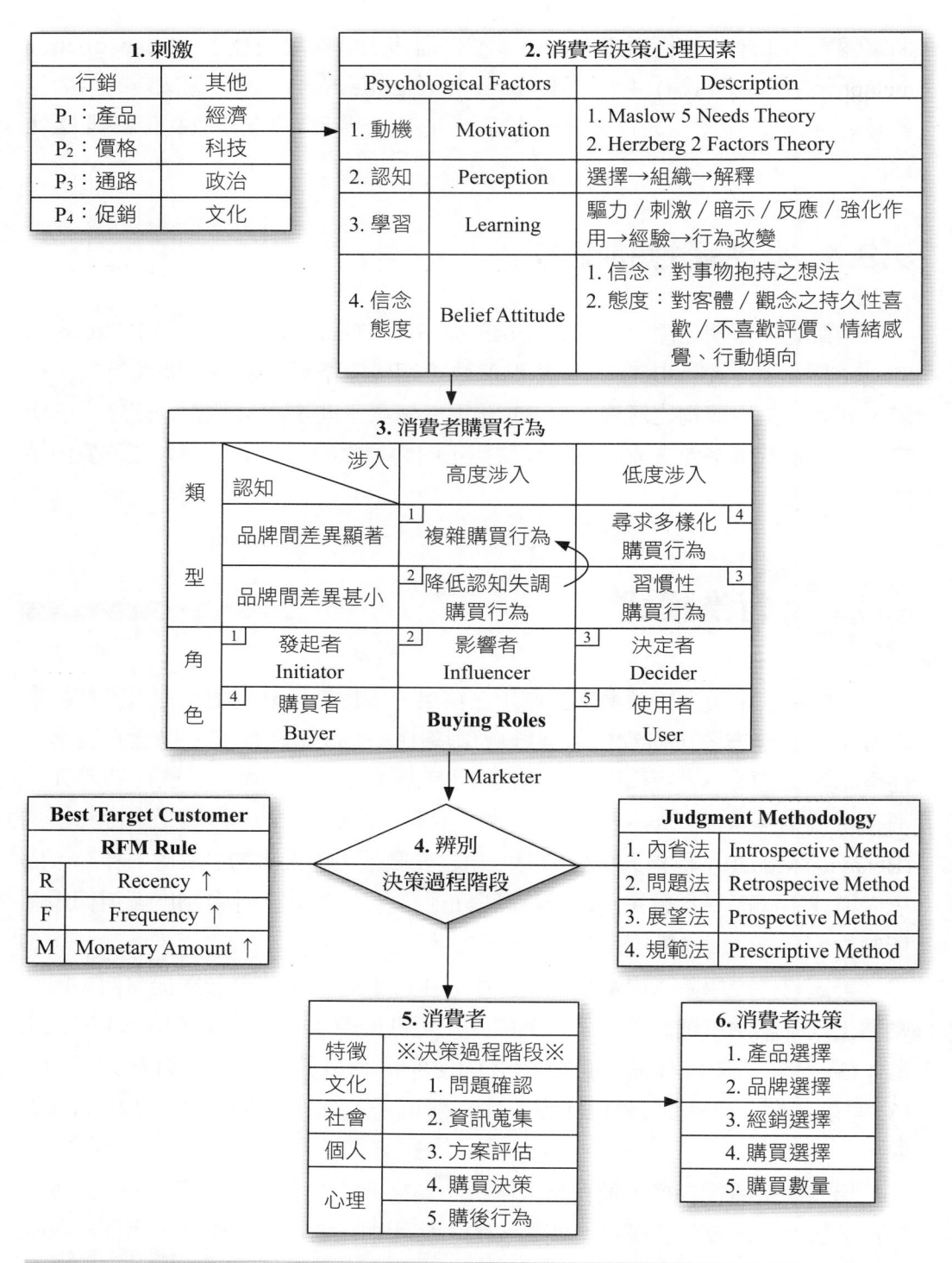

行銷	其他
P_1：產品	經濟
P_2：價格	科技
P_3：通路	政治
P_4：促銷	文化

2. 消費者決策心理因素

Psychological Factors		Description
1. 動機	Motivation	1. Maslow 5 Needs Theory 2. Herzberg 2 Factors Theory
2. 認知	Perception	選擇→組織→解釋
3. 學習	Learning	驅力／刺激／暗示／反應／強化作用→經驗→行為改變
4. 信念態度	Belief Attitude	1. 信念：對事物抱持之想法 2. 態度：對客體／觀念之持久性喜歡／不喜歡評價、情緒感覺、行動傾向

3. 消費者購買行為

類型	認知＼涉入	高度涉入	低度涉入
	品牌間差異顯著	1 複雜購買行為	4 尋求多樣化購買行為
	品牌間差異甚小	2 降低認知失調購買行為	3 習慣性購買行為
角色	1 發起者 Initiator	2 影響者 Influencer	3 決定者 Decider
	4 購買者 Buyer	Buying Roles	5 使用者 User

Marketer

4. 辨別決策過程階段

Best Target Customer

RFM Rule	
R	Recency ↑
F	Frequency ↑
M	Monetary Amount ↑

Judgment Methodology

1. 內省法	Introspective Method
2. 問題法	Retrospecive Method
3. 展望法	Prospective Method
4. 規範法	Prescriptive Method

5. 消費者

特徵	※決策過程階段※
文化	1. 問題確認
社會	2. 資訊蒐集
個人	3. 方案評估
心理	4. 購買決策
	5. 購後行為

6. 消費者決策

1. 產品選擇
2. 品牌選擇
3. 經銷選擇
4. 購買選擇
5. 購買數量

圖 3-4　消費者行為-刺激-心理-決策-反應模式

3.5 溝通模式

溝通 (Communication) 係指人與人間之交談式對話，是一種接受、傳遞與交換訊息之過程。亦是意念傳達、瞭解與訊息流通，並達到行為控管、員工激勵、情感表達與資訊交流四種功能 [16]。兩個或多個個體溝通，需對現況予以簡化並依溝通模式 (圖 3-5) 及溝通網路圖 (圖 3-6) 進行之。

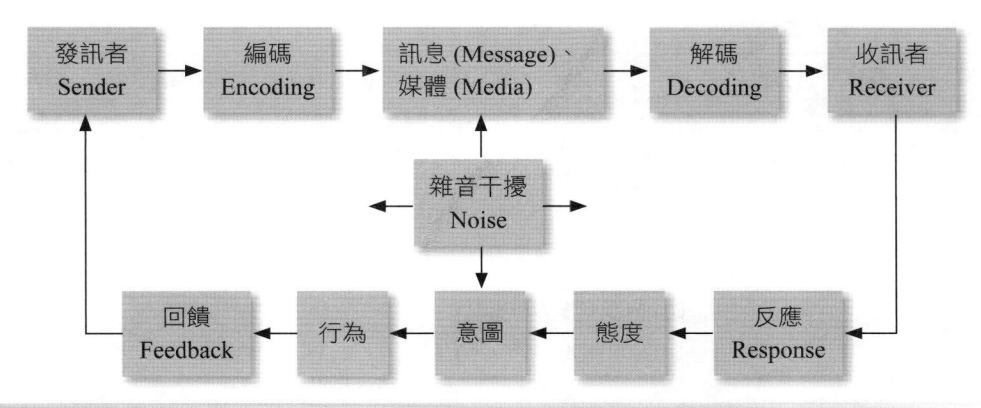

◆ 圖 3-5 溝通模式圖

◆ 圖 3-6 溝通網絡 (Communication Network) 圖

3.5.1 溝通分析模式

溝通分析 (Transactional Analysis, TA) 係於 1950 年由美國心理學家 Eric Berne 所創建，強調認知面與情感面之溝通，任何個體均能學習表達自我感覺、自我思想與自我行為，並以「PAC 溝通模式」解釋溝通過程中所發生之情境與狀況。而溝通分析係由四大理論所組成：(1) 結構分析理論；(2) 溝通分析理論；(3) 遊戲分析理論；(4) 腳本分析理論，詳如表 3-2。惟需經 Egogram 心理狀態、Energogram 心理態度及 Life Position 心理地位 [7, 17] 之自我狀態問卷

調查與計分，始能審視分析為何種 Ego 自我狀態功能類型 (如：NP, CP, A, FC, AC) (如表 3-2，圖 3-7)，俾供改善人際溝通關係之用 [5, 6, 18～23]。

表 3-2 人際溝通分析理論與 Ego 自我狀態功能類型

結構分析理論				溝通分析理論			遊戲分析理論		腳本分析理論			
Structure Analysis				Transactional Analysis			Game Analysis		Script Analysis			
分析個案 人格自我狀態結構				分析 人際溝通方式			分析 人際互動過程		分析個案 成長背景與歷史			
P	A	C		C	C	U	心理遊戲		心理地位			
父母	成人	兒童		互補	交錯	隱藏	分析 U 型雙重曖昧結果 (嘲/冷/微笑，表裡不一)		健康型	投射型	內射型	絕望型
本我	自我	超我					G 公式	戲劇 三角形	我好， 你好	我好， 你不好	我不好， 你好	我不好， 你不好
外在	現在	內在		適應型	痛苦型	嘲笑型						
Ego 自我狀態功能類型											
P				A			C				
NP		CP		A			FC		AC		
關懷型 父母自我狀態		控制 / 批評型 父母自我狀態		成人型 自我狀態			自然 (由) 型 兒童自我狀態		順從型 兒童自我狀態		

PAC＝Parent＋Adult＋Child＝父母＋成人＋兒童
CCU＝Complementary＋Crossed＋Ulterior＝互補型＋交錯型＋隱藏(曖昧)型
G 公式 (G Formula)：$C_{(Con,餌)} + G_{(Gimmic,鉤)} = R_{(Response,反應)} \to S_{(Switch,反轉)} \to X_{(Cross Up,混亂)} \to P/O_{(Pay Off,結局)}$
戲劇三角形 (Karpman Drama Triangle)：$\nabla = P_{(Persecutor,迫害者;左)} \longleftrightarrow R_{(Rescuer,拯救者;右)} \longleftrightarrow V_{(Victim,受害者;下)}$

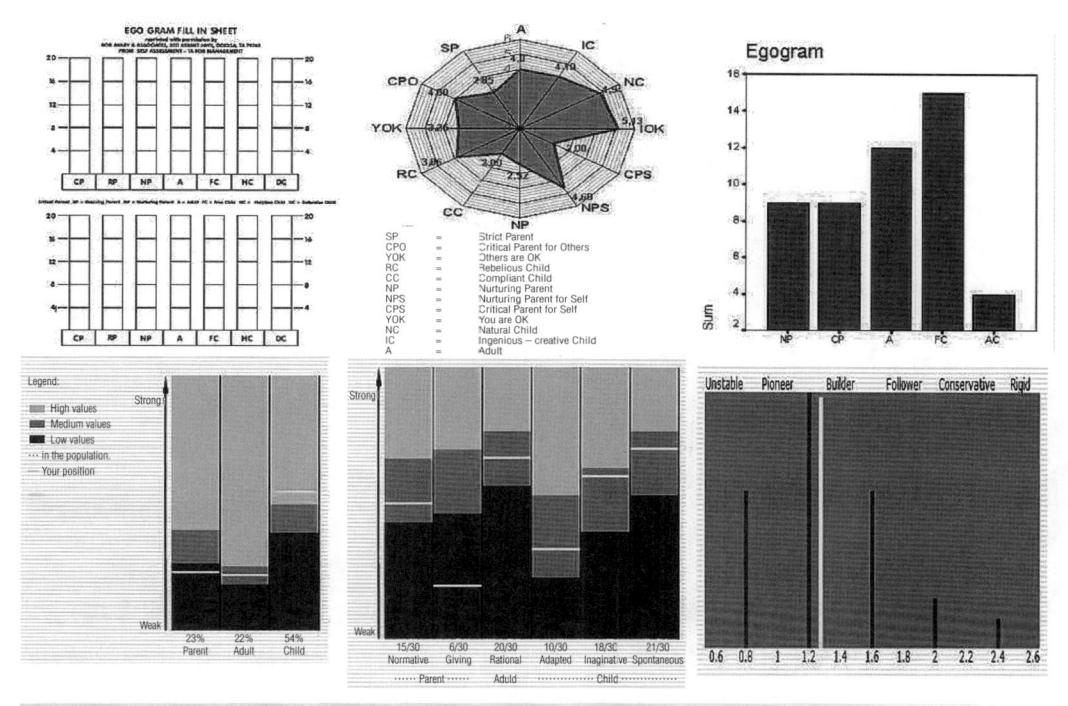

⊃ 圖 3-7　Egogram Test 自我狀態問卷、計分與功能類型圖

3.6　衝突模式

　　二十一世紀由於環境變異與高度競爭、全球化與跨文化衝擊、組織或團隊內外部顧客溝通不良、人格特質與認知期望迥異,「衝突 (conflict)」情事屢見不鮮。如何有效化解與解決衝突,繼而建立衝突管理能力,已為企業再造與個人形塑之新契機。衝突模式有二:(1) 功能型衝突 (Functional Conflict);(2) 失能型衝突 (Dysfunctional Conflict)。前者對組織利益有利,可藉由「魔鬼代言人 (Devil's Advocacy Approach)[註5] 與辯證法 (Dialectic Decision Method)[註6]」刺激衝突。後者則有害,需先分析其衝突強度與利害關係,並界定「Rahim 衝突處理型態 (Conflict–handling 5 Styles)」(圖 3-8):(1) 迴避型 (Avoiding);(2) 順從型 (Obliging);(3) 妥協型 (Compromisng);(4) 支配型 (Dominating);(5) 整合型 (Integrating),復以「C^3A^2 衝突解決方案[註7]」妥善處理之 [24]。

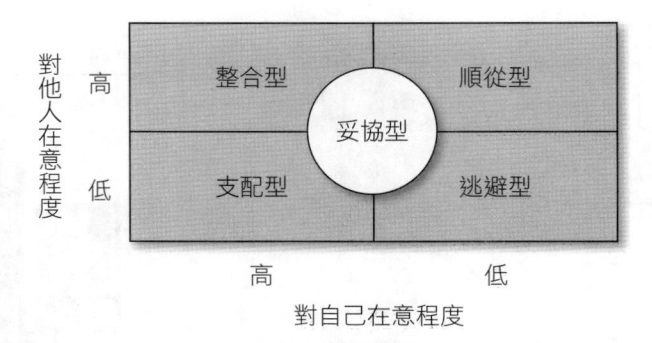

▶ 圖 3-8　衝突處理型態

3.7　談判模式

不經第三者介入，兩個或兩個以上決策代表 (個人或團體，兩造或多邊) 解決彼此間現存或未來預見利益衝突矛盾中之協商溝通與尋找共同可接受解決方案 (即求同存異、可行可欲) 之過程，謂之「談判 (Negotiation)」。談判過程中，兩造或多邊需藉由比較基準評比衡量期待某種預期成果之滿意度或替代方案 [4]。

3.8　全人心智模式標準作業指導書 $6^H6^W6^S$-WpMM-DRW6

全人心智模式標準作業指導書 (Whole Person Mental Model Portfolio) 分為八大主軸，以建構一從首至足之「全人心智模式」(如圖 3-9)。

1. 六頂思考帽 (6 Thinking Hats)
2. 人格特質 (Personality Characteristics, PC)
3. 面相 (Facial Mask)
4. 多重智能 (Multiple Intelligence, MI)
5. 六扇智慧窗 (6 Intelligence Windows)
6. 生命原型 (HMI-12 Archetype)
7. 心智模式 (Mental Model STA 12)
8. 六雙行動鞋 (6 Action Shoes)

第三章 人

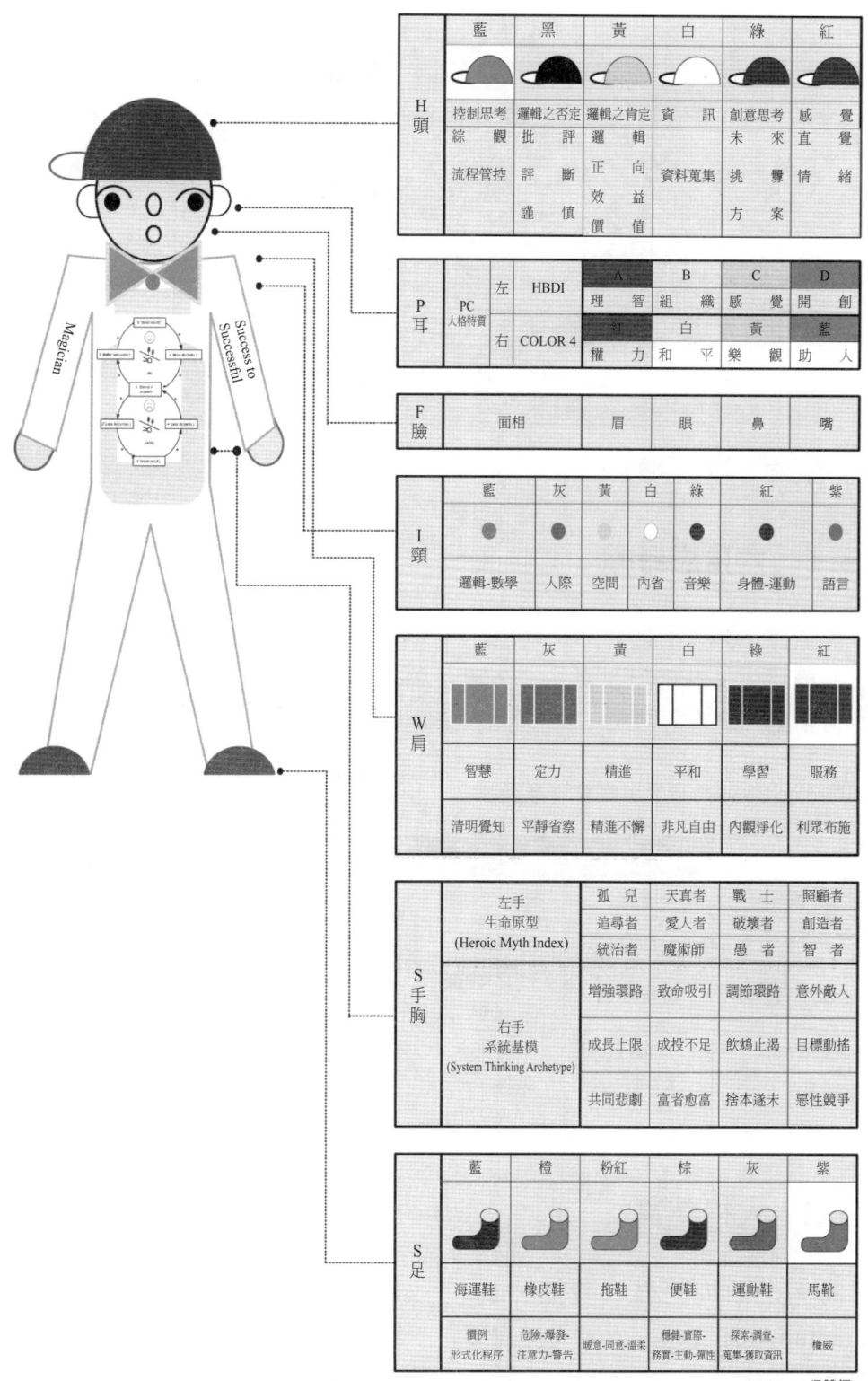

	藍	黑	黃	白	綠	紅
H 頭	控制思考 綜觀 流程管控	邏輯之否定 批評 評斷 謹慎	邏輯之肯定 邏輯 正向 效益 價值	資訊 資料蒐集	創意思考 未來 挑釁 方案	感覺 直覺 情緒

			A	B	C	D
P 耳	PC 人格特質	左 HBDI	理智	組織	感覺	開創
		右 COLOR 4	紅	白	黃	藍
			權力	和平	樂觀	助人

F 臉	面相	眉	眼	鼻	嘴

	藍	灰	黃	白	綠	紅	紫
I 頸	邏輯-數學	人際	空間	內省	音樂	身體-運動	語言

	藍	灰	黃	白	綠	紅
W 肩	智慧	定力	精進	平和	學習	服務
	清明覺知	平靜省察	精進不懈	非凡自由	內觀淨化	利眾布施

		孤兒	天真者	戰士	照顧者
S 手 胸	左手 生命原型 (Heroic Myth Index)	追尋者	愛人者	破壞者	創造者
		統治者	魔術師	愚者	智者
		增強環路	致命吸引	調節環路	意外敵人
	右手 系統基模 (System Thinking Archetype)	成長上限	成投不足	飲鴆止渴	目標動搖
		共同悲劇	富者愈富	捨本逐末	惡性競爭

	藍	橙	粉紅	棕	灰	紫
S 足	海運鞋	橡皮鞋	拖鞋	便鞋	運動鞋	馬靴
	慣例 形式化程序	危險·爆發· 注意力·警告	暖意·同意· 溫柔	穩健·實際· 務實·主動·彈性	探索·調查· 蒐集·獲取資訊	權威

Designer：吳贊鐸

➲ 圖 3-9　全人心智圖

創新管理

全人圖	全人(Whole Person)	功能(Function)
	1. 頭(Head)	思考帽(Thinking Hats)
	2. 耳 左L (Ear) 右R	人格特質 (Personality Characteristics) / HBDI COLOR 4
	3. 面(Facial Mask)	眉(Eyebrow)
		眼(Eye)
		鼻(Nose)
		口(Mouth)
	4. 頸(Neck)	多重智能(Multiple Intelligence)
	5. 肩(Shoulder)	智慧窗(Intelligence Windows)
	6. 手 左L (Arm) 右R	生命原型(HMI-12 Archetype) / 心智模式(Mental Model STA 12)
	7. 胸(Chest)	心智模式(Mental Model STA 12)
	8. 足(Feet)	行動鞋(Action Shoes)
一頁全人心智報告書		1 Page P_{mm}^{W} Profile

→ 圖 3-9　全人心智圖 (續)

3.8.1　六頂思考帽

係依據 Edward de Bono「六頂思考帽 (6 Thinking Hats)」論述，所開發之「思考模組」。若您現在要外出，請以當下之心情與情境，選擇您要戴什麼顏色 (顏色偏好)之「思考帽」？思考帽之顏色分六種，其代表意涵如表 3-3。

表 3-3　Edward de Bono 六頂思考帽實質意涵

	顏色	白	紅	黑	黃	綠	藍
帽	特質	資訊	感覺	邏輯之否定	邏輯之肯定	創意思考	控制思考
		Facts	Feeling	Negative	Positive	Creative	Planning
	特性	資訊蒐集	直覺情緒	批評-判斷 謹慎	邏輯-正向 效益-價值	未來-挑釁 方案	綜觀 流程管控
		Information Gathering Mode	Intuition-Emotions	Critique-Judgement-Caution	Logic-Positive-Benefit-Value	Future-Provocations-Alternative	Overview-Process Control

3.8.2　人格特質

為滿足個人之自我覺知與實現，全腦之「人格特質 (Personality Characteristics, PC)」界定有其重要性。特援用 Herrmann Brain Dominance Instrument (HBDI) 及 Taylor Hartman 之論述，開發「人格特質模組」(如表

3-4)：(1) 左耳：ABCD；(2) 右耳：COLOR CODE，以雙重核校左右腦人格特質之一致性。

表 3-4　人格特質模組

模組	人格特質			
	A	B	C	D
HBDI[1]	理智型	組織型	感覺型	開創型
	Realistic	Pragmatic	Emotional	Idealistic
COLOR 4[2]	Red	White	Yellow	Blue
	權力型	平和型	樂天型	穩重型
	Power	Peace	Pleasure	Affectionate

[1] Ned Herrmann, "The creative brain," The Ned Herrmann Group: Lake Lure, North Carolina, 1989.
[2] Taylor Hartman, "THE COLOR CODE : A New Way to See Yourself, Your Relationships, and Life," Simon & Schuster Inc., 1998.

1. ABCD 人格特質

ABCD人格特質問卷調查，如圖 3-9。

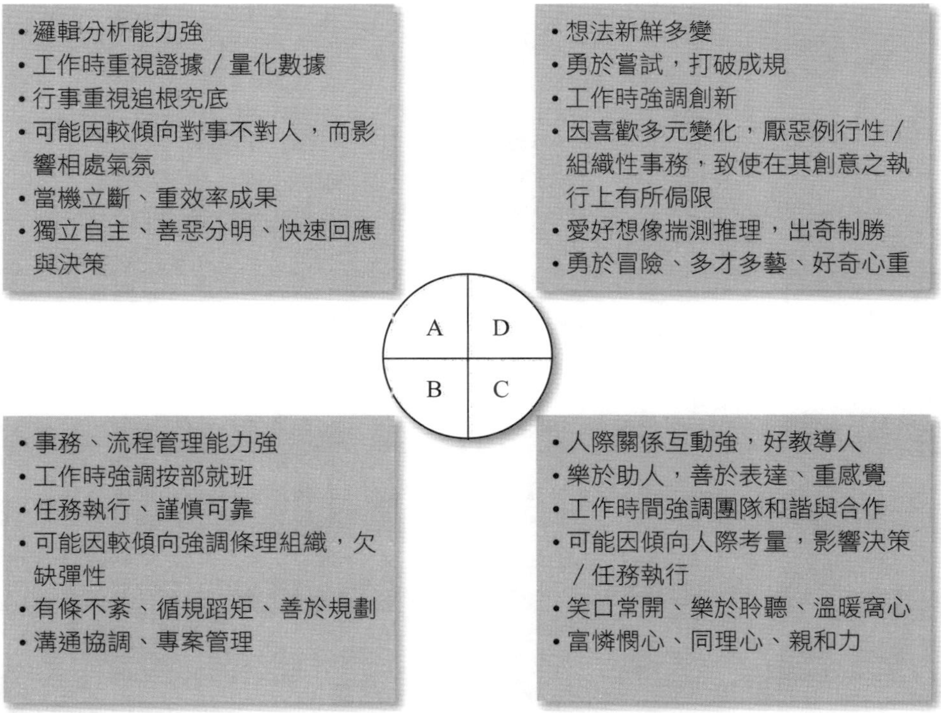

- 邏輯分析能力強
- 工作時重視證據/量化數據
- 行事重視追根究底
- 可能因較傾向對事不對人，而影響相處氣氛
- 當機立斷、重效率成果
- 獨立自主、善惡分明、快速回應與決策

- 想法新鮮多變
- 勇於嘗試，打破成規
- 工作時強調創新
- 因喜歡多元變化，厭惡例行性/組織性事務，致使在其創意之執行上有所侷限
- 愛好想像揣測推理，出奇制勝
- 勇於冒險、多才多藝、好奇心重

A	D
B	C

- 事務、流程管理能力強
- 工作時強調按部就班
- 任務執行、謹慎可靠
- 可能因較傾向強調條理組織，欠缺彈性
- 有條不紊、循規蹈矩、善於規劃
- 溝通協調、專案管理

- 人際關係互動強，好教導人
- 樂於助人，善於表達、重感覺
- 工作時間強調團隊和諧與合作
- 可能因傾向人際考量，影響決策/任務執行
- 笑口常開、樂於聆聽、溫暖窩心
- 富憐憫心、同理心、親和力

◆ **圖 3-9　ABCD 人格特質**

2. 四色人格特質

Taylor Hartman 將人格特質區分為四種顏色 (紅、白、黃、藍)，並以表 3-5 進行問卷調查與分析。

表 3-5　Taylor Hartman 四色 (紅白黃藍) 人格特質量表

顏色代碼 (Color Code)			優勢 (Strength)	劣勢 (Weakness)
紅人格	穩重型	1. 希拉蕊 2. 瑪丹娜 3. 比利葛理翰	1. 主動-富效率-邏輯強 2. 憧憬家-叢林大王-領袖 3. 爭強好勝-勇敢膽大 4. 堅強果斷-不屈不撓 5. 追求卓越-冒險突破 6. 直截了當-快速決策 7. 強勢領導-勇於負責 8. 競爭力強-高度自尊 9. 擅長溝通-誠實可靠 10. 目標導導向-權宜機智 11. 理性思維-知性行動 12. 緊急應變-危機處理目標導向	1. 惹人厭-急性子 2. 唐突自私-苛刻挑剔 3. 不安全感-永遠是對的 4. 固執挑剔-權變自恃 5. 機關算盡-玩弄操縱 6. 鴉霸自私-狂妄武斷 7. 侵略抵賴-自以為是 8. 趾高氣昂-不擅傾聽 9. 撲克臉孔-威權專制 10. 單刀直入-拒絕放鬆 11. 愛批評-吝讚美-要服從 12. 愛控制-沒耐心-妥協工作＞情感
白人格	平和型	1. 愛因斯坦 2. 麥可傑克遜 3. 吉米卡特	1. 以和為貴-圓融溫柔 2. 以柔克剛-合作仁慈 3. 韌性單純-關懷溫和 4. 寬容耐心-甘草祥和 5. 接納體貼-寧靜愉悅 6. 誠懇真實-恬然自適 7. 氣定神閒-水乳交融 8. 擅於傾聽-自得其樂 9. 穩當公平-安靜隨和 10. 知足常樂-靜默反思	1. 優柔寡斷-自我懷疑 2. 枯燥乏味-懶惰膽怯 3. 漫無目標-頑固倔強 4. 害怕改變-不負責 5. 孤僻消極-附和討好 6. 夢幻家-跟屁蟲-無頭蒼蠅 7. 跟班-小角色-慢郎中 8. 膽小羞怯-流連不安 9. 依賴被動-感情迷失
黃人格	樂天型	1. 柯林頓 2. 雷根 3. 貓王	1. 快樂趣味-熱勁十足 2. 魅力四射-熱愛生命 3. 精神奕奕-尋求刺激 4. 閃靈快手-心思敏捷 5. 無憂無慮-積極樂觀 6. 喜歡自己-接受別人 7. 樂天派-開心果-風 8. 天真無忌-彈性迷人 9. 活當當下-熱愛生命 10. 享受生命-擁抱自由 11. 人際導向-社會強力膠 12. 喜歡變遷-享受浪漫 13. 轉危為安-化險為夷 14. 談笑風生-開朗創新人際導向	1. 以我為主-不予承諾 2. 雜亂無章-虎頭蛇尾 3. 自信不足-激動輕浮 4. 不懂禮貌-不負責任 5. 懶散脫線-無根浮萍 6. 好走捷徑-膚淺衝動 7. 伶牙俐齒-心浮氣躁 8. 愛換工作-不擅傾聽 9. 不重細節-缺乏遠見 10. 虛榮不專-難成領袖

表 3-5　Taylor Hartman 四色 (紅白黃藍) 人格特質量表 (續)

顏色代碼 (Color Code)			優勢 (Strength)	劣勢 (Weakness)
藍人格	穩重型	1. 林肯 2. 戴安娜王妃 3. 華德迪士尼	1. 情緒化-受人景仰 2. 重承諾-忠心耿耿 3. 泛愛眾-自我犧牲 4. 力求完美-中規中矩 5. 懇切奉獻-誠實體諒 6. 慷慨敏銳-自律正義 7. 深思熟慮-井井有序 8. 完美主義-四平八穩 9. 拔尖創造性天賦 10. 強烈美學細胞 11. 積極-目標-價值-信仰 12. 追尋生命意義-為啥而活	1. 吝於饒恕-長恨在心 2. 吹毛求疵-陰鬱不安 3. 神經過敏-憂心抑鬱 4. 緊張自責-多疑猜忌 5. 沾沾自喜-自鳴正義 6. 渴望投入又怕能力不足 7. 強烈定見-不願妥協

3.8.3　面相

藉由眉、眼、鼻、口面相 (Facial Mask) 資料庫，點選與您相似之圖相，復由「$6^H6^W6^S$-PwMM-DRW6 全人心智模式系統」解析之 (如圖 3-11)。

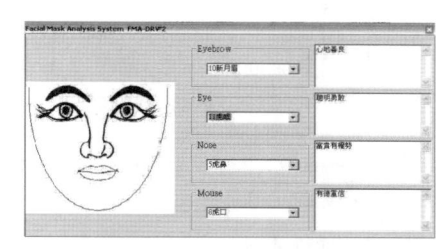

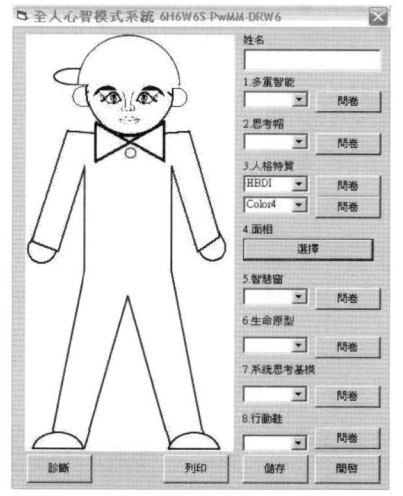

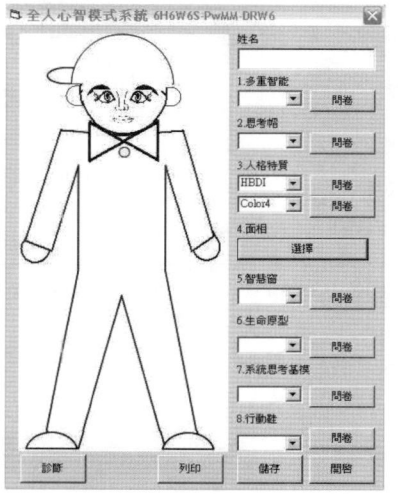

圖 3-11　全人心智模式系統面相解析圖

3.8.4 多重智能 (Multiple Intelligence, MI)

係依據 Howard Gardner 多重智能理論 [Multi-Intelligence (MI) Theory] 定義人類智能有七 (詳如表 3-6)，且能多重持有之論述，所開發之「多重智能模組」。受測者可就表 3-6 七種智能之特質，依個人偏好逐一評分，即可篩選出屬於您個人之前三大智能 (如圖 3-12) [26]。

表 3-6 Howard Gardner 多重智能特質

智能	顏色	特質	代表人物
語言 Linguistic	Purple	• Think in words • Auditory & Oral	Writer Poet
音樂 Musical	Green	• Sound Pattern, Expression & Effect • Auditory, Oral, Rhythm	Composer Musician
邏輯數學 Logical-mathematical	Blue	• Form & Implication • Patterns & Orders	Logician, Scientist, Mathematician
身體運動 Bodily-kinesthetic	Red	• Bodily sensation & gesture • Excellent C^6I *	Dancer, Actor, Athlete, Inventor

空間
Spatial
	Yellow	• Capacities:
		  (1) to perceive the visual world accurately
		  (2) to perform transformations & modifications upon one's initial perceptions.
		• Visual, Spatial, Image
		• Perceive a form or an Object
		• Symbolic Code
			Artist

人際 Interpersonal	Grey	• Look outward • Toward the behavior, feelings, and motivations of others • The direct perception of significant other individuals	Politician Enterpriser Religion
內省 Intrapersonal	White	• Sense of self • Individual examination • The directly experienced feelings of the individual	Ego

* Communication, Coordination, Compromise, Commitment, Collaboration, Command, and Integration.

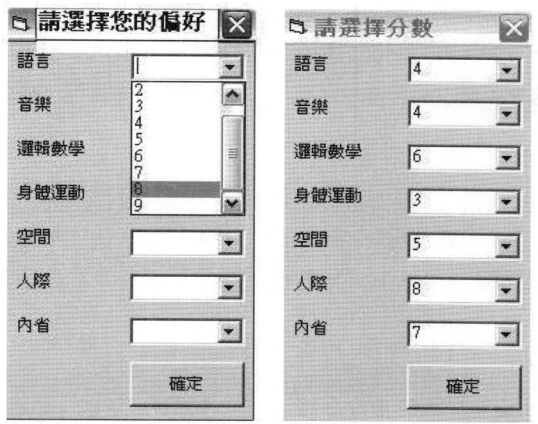

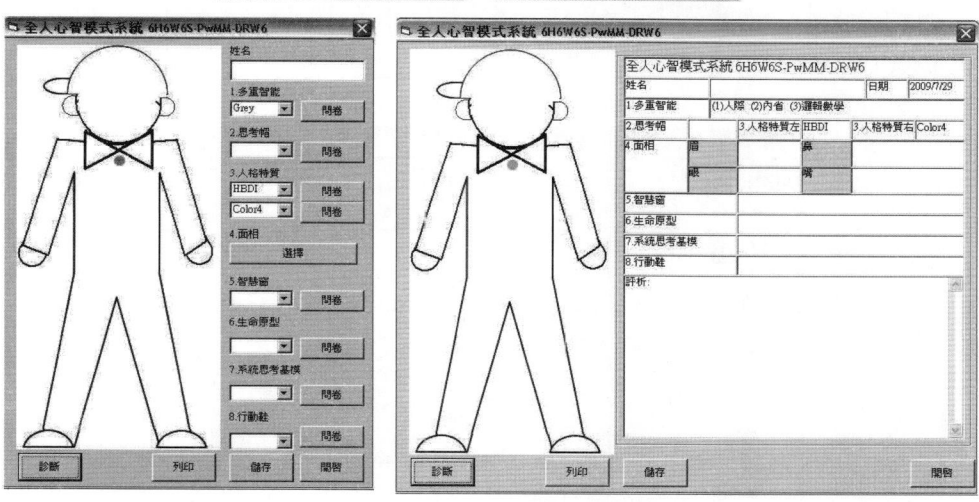

➲ 圖 3-12　全人心智模式系統多重智能解析圖

3.8.5　六扇智慧窗

　　係依據依空「六扇智慧窗 (6 Intelligence Windows)」論述,所開發之「智慧模組」。若您現在要外出,請以當下之心情與情境,選擇您要戴什麼顏色 (顏色偏好) 的「領帶或絲巾」? 智慧窗之顏色分六種,其代表意涵如表 3-7。受測者可就表 3-7 六扇智慧窗之特質,依個人偏好選擇適合您個人之智慧窗 (如圖 3-13)。

▲ 表 3-7 依空六扇智慧窗實質意涵

窗	顏色	藍	灰	黃	白	綠	紅
	特質	智慧	定力	精進	平和	學習	服務
		清明智慧	培養定力	精進不懈	心平氣和	終生學習	為人服務
		Intelligence	Stability	Attention	Peace	Learning	Service
	特性	般若 • 生命之「覺知能力」 • 對生命界與現象界之整體了悟	心意平靜 有： • 省察 • 分析 • 透視力	全天無時無刻注意自己之起心動念，不心陷痛苦與煩惱，永保純真赤子之心。	• 從是非心解脫 • 看清自我生命，非凡自由人生。	向內學習 • 心靈淨化與提昇 • 啟發自我覺醒，培養生活態度與工作習慣。	布施 常存： 利益眾生之心， 幫助眾生之心， 服務眾生之心。

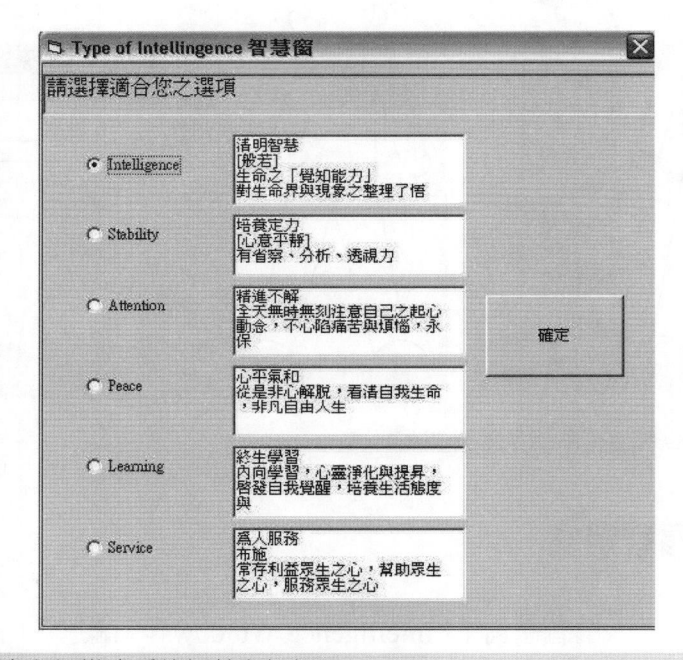

⊃ 圖 3-13 全人心智模式系統智慧窗解析圖

3.8.6 生命原型 (HMI-12 Archetype)

係依據 Carol S. Pearson「生命原型 (Heroic Myth Index HMI-12 Archetype)」論述，所開發之「生命原型模組」。而生命原型包含十二種：1.孤兒；2.天真者；3.戰士；4.照顧者；5.追尋者；6.愛人者；7.破壞者；8.創造者；9.統治者；10魔術師；11.愚者；12.智者。

3.8.7 心智模式 (Mental Model STA 12)

1. 五項修鍊

值此世界息息相關、複雜多變之際，學習能力更要增強，始能適應變局與快速變革之環境。學習不僅是人類天性，亦是生命泉源。你我在團隊中以極不尋常方式在一起工作，彼此信任，互補長短，為共同目標全力以赴，創造驚人成果。這就是學習型組織之雛型。偉大團隊並非一蹴即成，而是透過學習如何創造驚人成果所致。在「學習型組織」中，人們得以不斷擴展創造未來能量，培養全新、前瞻而開闊之思考方式，全力實現共同願景，持續學習如何共同學習。而 Peter M. Senge (1990)「五項修鍊 (技能)」乃匯集成形，促使學習型組織蛻變創新。

- 第一項修鍊：自我超越 (Personal Mastery)
- 第二項修鍊：改善心智模式 (Improving Mental Model)
- 第三項修鍊：建立共同願景 (Building Shared Vision)
- 第四項修鍊：團隊學習 (Team Learning)
- 第五項修鍊：系統思考 (System Thinking)

第五項修鍊-系統思考之精義在於觀察環狀因果互動關係與連串性之變化過程，以符合系統整體形成之要素 (如表 3-8、3-9) (詳如附錄 I)。

2. 系統思考 12 基模家族

將系統思考基模分為二大類：(1) 成長 (Growth) 之增強環路 (RL)；及 (2) 問題解決 (Ps) 之調節環路 (BL)。並建置系統思考 12 基模家族 (STA 12 Family) 關聯圖 (如圖 3-14)，以為「第五項修鍊系統基模魔法屋 ($5^D S_T^A$ Magic House)」開發之用。

3. 第五項修鍊系統思考基模魔法屋 ($5^D S_T^A$ Magic House)

品質機能展開 (Quality Function Deployment, QFD) 又稱「品質屋 (Quality House)」係將顧客對產品之需求 (VOC)，轉換為產品或服務開發過程中，各部門各階段之技術需求 (VOE)，並據此開發設計產品或服務系統。其展開步驟有六：(1) 品質要求 (WHAT)；(2) 品質要素 (HOW)；(3) 關係矩陣；(4) 企畫品質

表 3-8　系統思考基模環路與特徵表

基　　模		核心環路	特　　徵
成長 Growth	1. 增強環路　Reinforcing Loop		小變變大變
	2. 成長上限　Limit to Growth		成長-限制
	3. 共同悲劇　Tragedy Decline Process		共同束縛-限制
	4. 致命吸引力　Fatal Attraction		意念-責備
	5. 成長與投資不足　Growth & Investment Failure		成長-投資
	6. 富者愈富　Success to successful		壟斷模式
問題解決 Problem-solving	7. 調節環路　Balancing Loop		穩定-抗拒
	8. 飲鴆止渴　Fixes that Backfire		尋求暫時解脫
	9. 捨本逐末　Shifting the Burden		轉嫁負擔
	10. 意外敵人　Accidental Adversaries		合作群體-相互為敵
	11. 目標動搖　Drifting Goals		目標-差距
	12. 惡性競爭　Excessive Reaction / Escalation		對峙升高

表 3-9　系統思考基模-1 (System Thinking Archetype, STA-1) -增強環路 Reinforcing Loop

<table>
<tr><td rowspan="3">1.</td><td>典型環路圖 (Casual Loop Diagrams, CLDs)</td><td colspan="2">
1.Sequela / Result → 2.Activity → 3.Driving force / Sequela → 4.Actuality →（循環）
</td></tr>
<tr><td>環路 (Loop)</td><td colspan="2">增強環路 Reinforcing Loop</td></tr>
<tr><td>特徵 (Characteristics)</td><td colspan="2">
小變變大變

• 良性循環（↑；↑）（＋） • Murphy-Wu Law • $\sum(n^-)$＝偶數＝RL	• 惡性循環（↓；↓）（＋） • 滾雪球效應-連鎖反應

</td></tr>
<tr><td></td><td>槓桿解 (ALT-I)</td><td colspan="2">
1. 打破迷思
    (1) 自己的行為是對另一方的反應
    (2) 是對方讓爭論(執)不停發展下去。
2. 思考實驗：
    (1) 想像力、心智跳出框架外。
    (2) 角色扮演，自我對話，找出反應。
    (3) 打標點，貼標籤。
3. 避開對稱及互補關係。
</td></tr>
</table>

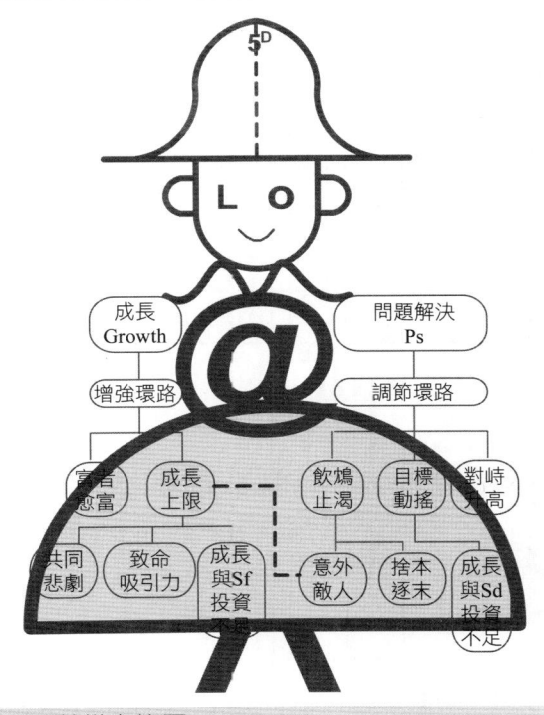

◯ 圖 3-14　系統思考 12 基模家族圖

矩陣；(5) 設計品質矩陣；(6) 相關矩陣。本系統係據此原理與特性開發第五項修鍊系統基模魔法屋 ($5^D S_↑^A$ Magic House)，如圖 3-15。

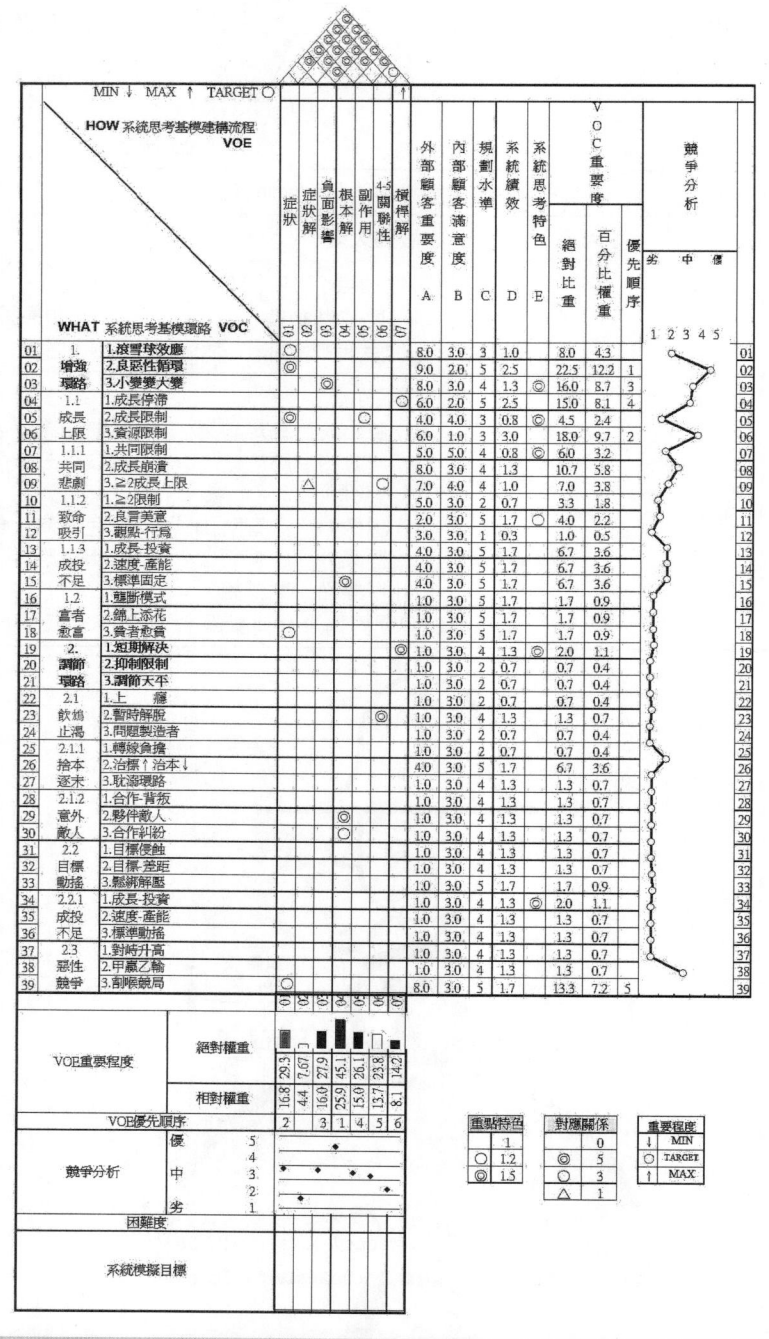

圖 3-15　第五項修鍊系統思考基模魔法屋 ($5^D S_↑^A$ Magic House)

而其環路圖 (CLDs) 之建置過程如下：
(0) 先找出問題點主要特性。
(1) 依 C_L 現狀判斷是否為增強環路 (\)，抑或調節環路 (—)：—。
(2) 從調節環路 (BL) 之七大選項中 (21 小項) 中，以 C_L (個案) 主要特性，逐項逐一自問自答。並依序與系統思考基模建構 (STA Constructing Process) 之七大步驟：(1) 症狀；(2) 症狀解；(3) 負面影響；(4) 根本解；(5) 副作用；(6) 4-5 關聯性；(7) 槓桿解，進行成對比較，點選彼此間之關係強度或權重 (◎：5，○：3，△：1，SPACE：0)。
(3) 每一系統思考基模，均有三次確認機會，擇其一或二或三者均可。
(4) 每一系統思考基模再就：a. 外部顧客重要度 (A; weight=9,8,7,6,5,1)；b.內部顧客滿意度 (B; weight=5,4,3,2,1)；c. 規劃水平 (C;weight=5,4,3,2,1)；d.系統績效 (D=C/B)；e.系統思考特色 (E;weiht=◎：1.5，○：1.2， SPACE：1)，逐一成對比較，並點選其間之關係強度或權重。
(5) 系統思考基模魔法屋 (STA Magic House) 最後將遴選「最重要項目」(即排序第 1 者)，並與其所屬之系統基模環路圖進行物件連結，以供問題解決與決策之參考。

3.8.8 六雙行動鞋

係依據 Edward de Bono「六雙行動鞋 (6 Action Shoes)」論述，所開發之「行動模組」。若您現在要外出，請以當下之心情與情境，選擇您要穿什麼顏色 (顏色偏好) 之「行動鞋」？行動鞋之顏色分六種，其代表意涵如表 3-10。

表 3-10 Edward de Bono 六雙行動鞋實質意涵

	顏色	深藍	灰	棕	橘	粉紅	紫
鞋	特質	海軍鞋	運動鞋	便鞋	橡皮鞋	拖鞋	馬靴
		Formal Shoes	Sneaker	Grogues	Gumboots	Slippers	Riding Boots
	特性	慣例、形式化程序	探索、調查、蒐集、獲取資訊	穩健、實際、務實、主動、彈性	危險、爆發、注意力、警告	暖意、同情、溫柔	權威
		Routine Formal	Exploration Investigation Evidence	Practically Pragmatism	Danger Emergency	Care Compassion Attention	Authority Command

41

創新管理

註解

1. 循環詢問：看家族圖問問題，把個案或家庭成員當作小女生或小男生，談小時候經驗(被忽略、不公平、偏心、委屈)、家庭規則。
2. 訴說傾聽：童年往事記憶、描述不滿現象、內在／表面理由與反應。
3. 輕聲細語、溫馨/和/暖問問題法：勾起個案童年或過去景象、夢想、記憶、感覺。我不知道我有沒有看錯？我有一個疑問可不可以問呢 (臆測自己詢問方式對否)？個案把自己設定為小女生或小男生，而把諮商師當父母看待，少問懊惱生氣不滿事，多問個案最愛資產與喜好。
4. 小女生或小男生情境營造法：很難過喔 (必哭)？在想 (期待) 什麼呢？幾歲囉？住哪裡呢？什麼地方？什麼事呢？比較過去或現在經驗之反應與差異？
5. Devil's Advocacy Approach (魔鬼代言人)：(1) 提報行動方案 (Action proposed)；(2) 魔鬼代言人批判 (Devil's advocate criticizes it)；(3) 雙方提報決策者 (Both sides presented to decision makers)；(4) 決策與監督 (Decision is made and monitored)。
6. Dialectic Decision Method (辯證法)：(1) 提報行動方案 Action proposed；(2) 定義假設議題 (Assumptions identified)；(3) 正反雙方提報前開解決方案 (Counterproposal generated on different assumptions)；(4) 兩造辯證 (Debate takes place)；(5) 決策與監督 (Decision is made and monitored)。
7. C^3A^2 = Competing (競爭) + Collaborating (協調) + Compromising (妥協) + Avoiding (迴避) + Accommodating (和解)

參考文獻

一、中文部分

1. 吳贊鐸，職場問題解決心智圖庫，國立勤益技術學院管理學術研討會，2006。
2. 吳贊鐸等編著，科技管理導論，全華科技圖書公司，2004。
3. MBA lib智庫百科
4. 吳熙玨，敘事治療：解構並重寫生命故事工作坊，東南科技大學，2005。
5. 施如珍，人際溝通分析治療初階課程參考資料，台北 TA 發展中心心，2001。
6. 施如珍，人際溝通分析治療中階課程參考資料，台北 TA 發展中心心，2002。

二、英文部分

7. http://similarminds.com/big5.html
8. http://www.psychometric-success.com/personality-tests/personality-tests-big-5-aspects.htm
9. http://wiki.mbalib.com/zh-tw/%E6%8E%A8%E8%AE%BA%E7%9A%84%E9%98%B6%E6% E6%A2%AF
10. www.systems-thinking.org/loi/loi.htm
11. www.actiondesign.com/resources/concepts/laddar_intro.htm
12. Murray Bowen, "Family Therapy in Clinical Practice," New York: J. Aronson, 1985.
13. http://www.thebowencenter.org/pages/theory.html
14. http://www.thebowencenter.org/pages/theory.html
15. M. White, "Deconstruction and theory," Dulwich Center Newsletter-3, pp.21-40, 1994.
16. Stephen P. Robbins, "Organizational Behavior," Prentice-Hall, 2005.
17. http://www.psyquo.com/EN/Egogramme/Egogramme.html
18. http://www.ta-tutor.com/webpdf/ram154c.pd
19. http://psycprofile.org/ExempleEgogram.asp

20. http://www.transactionalanalysis.eu/what-is-egogram
21. http://www.psyquo.com/EN/Egogramme/egogrammeComm.php?mode=back&sData=15.0/6.0/20.0/10.0/18.0/21.0/90.0/23.333336
22. http://pan.idv.tw/document/unpublis/ta.htm
23. http://203.64.173.77/~stuaffairs/san04/excellence/96active/second/e5_1/960627_handout.doc
24. Robert Kreitner and Angelo Kinicki, "Organizational Behavior," McGraw-Hill Companies, 2009.
25. M A Rahim, "A Strategy for Managing Conflict in Complex Organizations, Human Relations, 1985, P.84.
26. Howard Gardner, "Frames of Mind: The Theory of Multiple Intelligences," Fontana Press, 1993. Brian Tracy, "Goals! How to Get Everything You Want – Faster Than You Ever thought Possible," Berrett-Koehler Publishers, Inc., 2003.

Chapter 4

問題

創新管理

KT 法創始人 Charles H. Kepner & Benjamin B.Tregoe 指出：問題是現況與目標之差距」。「問題解決 (Problem-solving)」起源於某一問題之存在，當實際值與期望 (標準) 值間有落差 (gap) 時 (如圖 4-1)，問題乃應運而生。如何有效發揮 I^5C [註1] (Independent, Intuition, Imagination, Innovation, Invention, Creativity) 與問題解決 (Ps) 能力，並善用問題解決策略地圖 (Ps Roadmap) (如圖 4-2)，已為二十一世紀之必要工具。

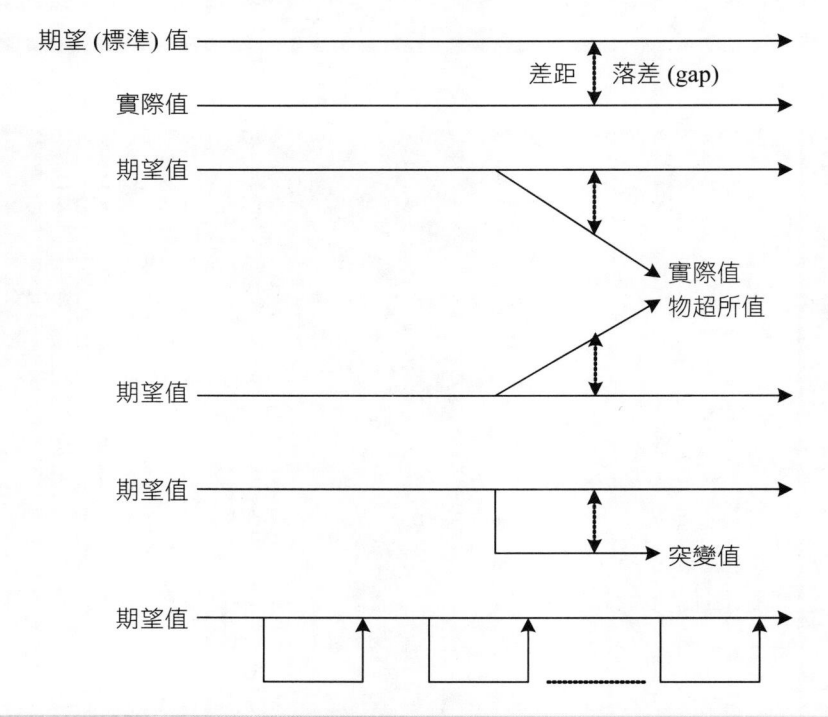

◯ 圖 4-1　問題現況分解圖

第四章 問題

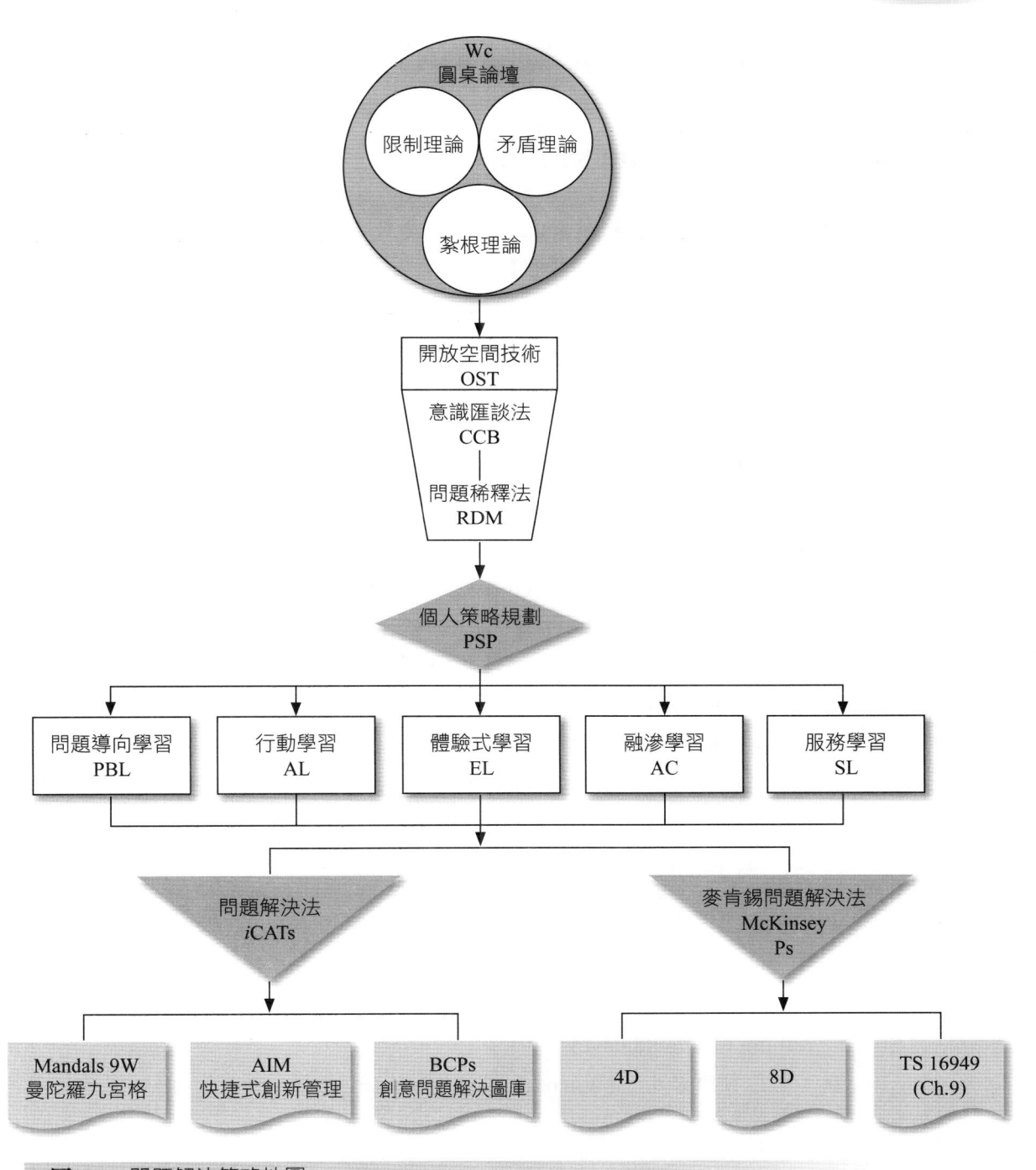

```
         ┌─────────────┐
         │  Wc 圓桌論壇  │
         │ ┌───┐ ┌───┐ │
         │ │限制│ │矛盾│ │
         │ │理論│ │理論│ │
         │ └───┘ └───┘ │
         │    ┌───┐    │
         │    │紮根│    │
         │    │理論│    │
         │    └───┘    │
         └─────────────┘
                │
      ┌─────────────────┐
      │ 開放空間技術 OST │
      │ 意識匯談法   CCB │
      │ 問題稀釋法   RDM │
      └─────────────────┘
                │
          ◇ 個人策略規劃 PSP ◇
```

| 問題導向學習 PBL | 行動學習 AL | 體驗式學習 EL | 融滲學習 AC | 服務學習 SL |

▼ 問題解決法 *i*CATs

- Mandals 9W 曼陀羅九宮格
- AIM 快捷式創新管理
- BCPs 創意問題解決圖庫

▼ 麥肯錫問題解決法 McKinsey Ps

- 4D
- 8D
- TS 16949 (Ch.9)

➲ **圖 4-2** 問題解決策略地圖

47

4.1 World Café 圓桌論壇

4.1.1 World Café 圓桌論壇

World Café 圓桌論壇係由 Juanita Brown & David Isaacs 所發揚光大。為有效達成職場問題解決前之「問題真因探索」，圓桌論壇七大原則與指引 (World Café 7 Principles & Guide) (表 4-1，詳如 6.2.4 節快捷式創新) [1, 15~18]，已有其重要性。而 World Café 圓桌論壇總召／組長之職責 (Job of host table) 更需被遵循 [1,19~22]。

4.1.2 開放空間技術 (OST)

開放空間技術 (Open Space Technology, OST) 由 Harrison Owen 所創建，係以「資料蒐集 (information gathering) 匯談 (dialogue)、規劃 (planning) 及分享 (sharing) 之過程，並配合熱忱 (passion) 與責任 (responsibility) 之態度有效解決問題與衝突之技術。「開放空間」提供一討論平台，沒有人知道答案 (nobody knows the answer)，對未知答案採開放 (open) 心胸，以準備迎接驚喜 (be prepared to be surprised) 之心，勇於提出個人看法，且用心傾聽。並提出 OST 四大原則、雙腳法則 (Law of Two Feet) 及「新聞牆 (Monster Sticky Wall)」以資依循 [2, 23~24]。其中開放空間原則 (OST Principle) 為 [2]：

P_1：任何出席者，均是最佳人選。(Whoever comes is the right people)
P_2：任何時間開始，均是好時機。(Whenever it starts is the right time)
P_3：任何發生之事均是當下唯一會發生之事。(Whatever happens is the only thing that could have)
P_4：該結束就結束。(When it's over, it's over)

第四章 問題

表 4-1 World Café 七大原則與指引

World Café 圓桌論壇	World Café 配置圖
(圖：1 範疇界定、2 營造溫馨舒適環境、3 探索問題真因、4 鼓勵貢獻己見、5 連結不同觀點、6 傾聽與洞見、7 分享與反思，圍繞中心「圓桌論壇」)	(分組 (Team-up) 配置圖：導引者 A，受訪者 B, C, D)
World Café 七大原則	World Café 指引
1. 範疇界定	3P[1]：釐清目的＋合適參與者＋善用外在元素
2. 營造溫馨舒適環境	1. 裝潢配置如咖啡廳般之溫馨舒適環境 2. 以論壇目的命名 (Naming) 咖啡廳 3. 遴選志願者當桌長 (Host-Ac) 4. 使用共通語言鼓勵彼此良性互動 (小卡片) 5. 塗鴉 (Doodle) 與手繪心智圖 (Mindmap)
3. 探索問題真因	1. 聚焦重要議題及問題後面的問題(QBQ) 2. 專注＋深度匯談＋洞察機先＋創見式提問
4. 鼓勵貢獻己見	1. 鼓勵取代批評，踴躍貢獻己見 2. 說故事 (Story-telling) 3. 正向思考 (S－R$^+$) 4. *People ≠ Problem　Problem = Problem*
5. 連結不同觀點	1. 多訪交流，蒐集資訊 2. 雙腳法則 (Law of two feet)
6. 傾聽與洞見	1. 傾聽與觀察 2. 正向反應 (S－R$^+$)
7. 分享與反思	1. 收穫與分享 (小組→團隊) 2. 編撰故事→新聞牆 (Monster Sticky Wall) 3. 反思

[1] 3P = Purpose (Big Why) + Participants (ABCD) － Parameters (I^{5}C)

4.2 問題解決理論

4.2.1 限制理論

「限制理論 (Theory of Constraints, TOC)」係以強化問題解決之理論架構。Dr. Eliyahu M. Goldratt 於 1986 年提出限制理論 (Theory of Constraints, TOC) 之管理新思維與方法，以挑戰企業經營管理迷思之解決之道。Goldratt「限制理論」定義為：藉由 (1) 系統思考程序 (Thinking Process)；(2) 衝突圖 (Conflict Map)；(3) 混沌理論 (Chaos Theory)，聚焦組織與個人間之因果邏輯關係 (即系統之固有簡單性)，找出阻礙或限制組織在短時間內得到整體效益與高績效之少數關鍵／限制因子 (Key/Constraint Factor, Leverage Point)。而有效管理「限制」之方法與解決方案，謂之「限制理論」。

任何組織之「績效」受制 (Limited) 於其「限制 (Constraints)」，限制則指任何阻礙組織達到更高績效之情事。限制可分為二： (1) 聖牛 (即組織文化、典範、規章、官僚體制……)；(2) 瓶頸 (如：原料、產能、市場)。組織應滿足系統之實體限制 (即瓶頸) 需求 (Need) 為優先考量，以取得系統最佳績效之表現，此即限制驅導式節奏 (DRUM)。惟為確保 DRUM 之可行，需輔以緩衝 (Buffer) 時間／區之保護措施及投入限制 (Rope) 之配合措施 **[29, 30]**。企業內部溝通、協調機制狀況頻仍，矛盾衝突層出不窮。有效導入「限制理論」，跳脫原有習慣領域與思考模式，藉由現實樹-衝突解決圖-否定樹-預詢樹-轉換樹 (如圖 4-3~4-5) 發掘、面對、定義與分析問題 (Problem)，求證不同假設是否真實存在，認知是否正確 **[25-34]**。復聚焦兩造之共同「思考程序 (Thinking Process)」與「認知 (Cognitive)」，引導雙方解決問題，創造雙贏「共識」。

4.2.2 衝突矛盾理論 (TRIZ)

TRIZ (Teoriya Resheniya Izobretatelskikh Zadatch) 係 1946 年由蘇聯發明家 Genrish S. Altshuller 與其國家研究團隊，於 50 年間就 1,500,000 份專利文件 (Patterns) 分析發展而成。並假設「萬物存在一萬用發明原則，以為創新技術之基礎」，且發現：(1) 不同領域之創新發明問題中，存在一基本共同問題及其解題模式 (Problem Solving Model)；(2) 相同解決方案，重複使用於解決

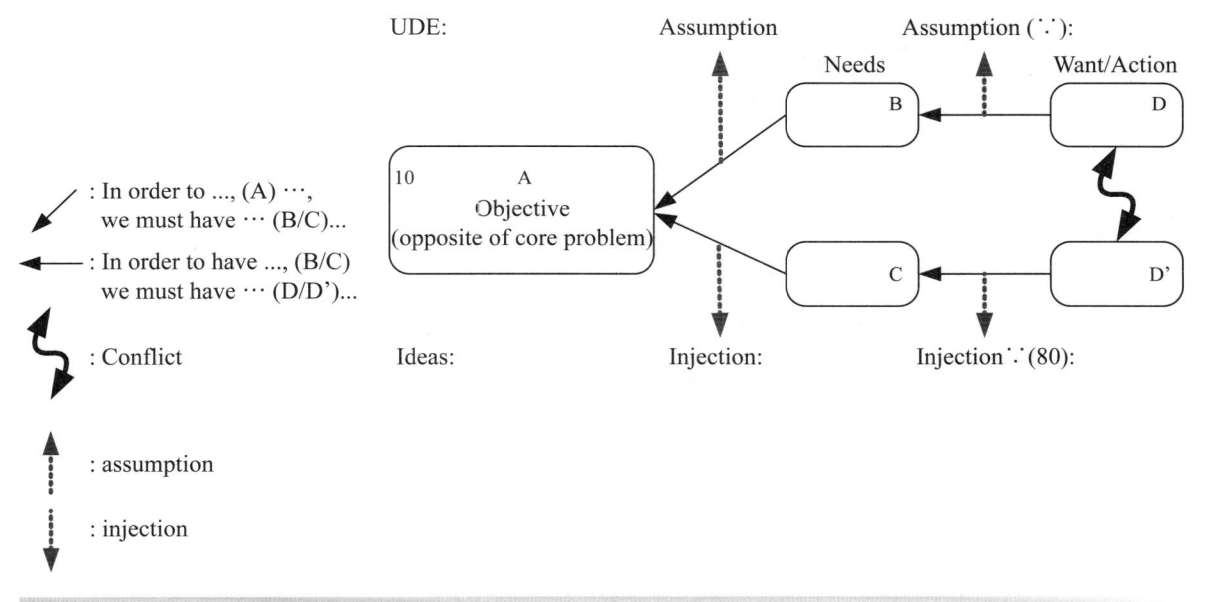

◯ 圖 4-3　衝突解決圖 (CRD)

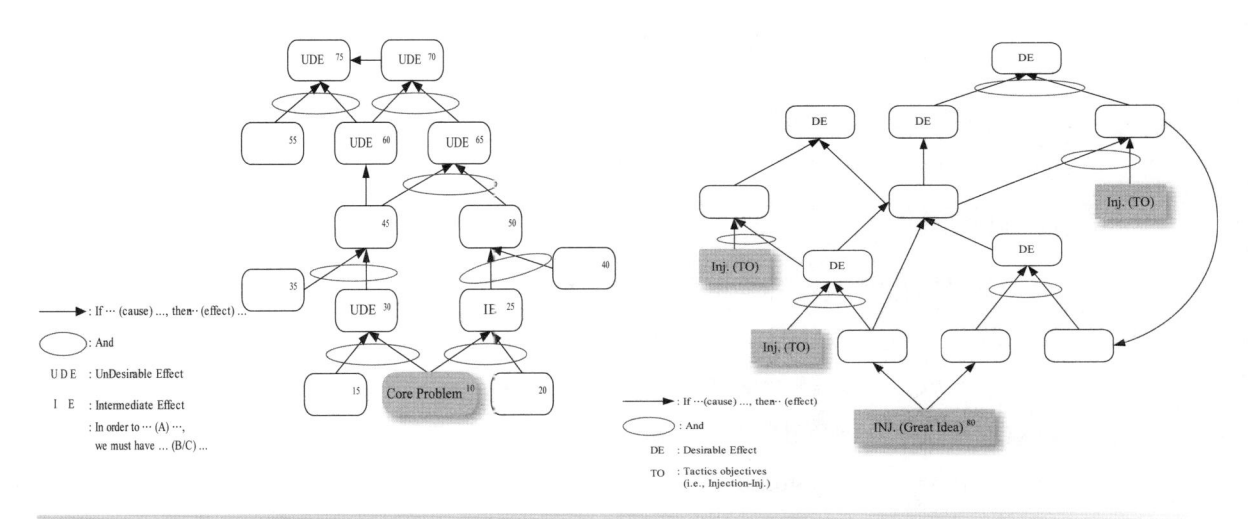

◯ 圖 4-4　現實樹 (CRT) 與否定樹 (NBR)

不同時期、不同領域所發生之問題。TRIZ 定義為：(1) 創新發明問題之解題理論 (Theory of Inventive Problem Solving, TIPS) 與工具；(2) 具系統性、重複性、可靠性之思考與解題模式 (如圖 4-6)；(3) 以 40 項創新發明原則 (TRIZ 40 Principles) 對應 39×39 階工程參數矩陣組合 ($P_{Improving} \times P_{Avoiding\ Degeneration}$) (即衝突表)，以解決工程矛盾與技術衝突及提昇創新發明之品質與效率 [35]。

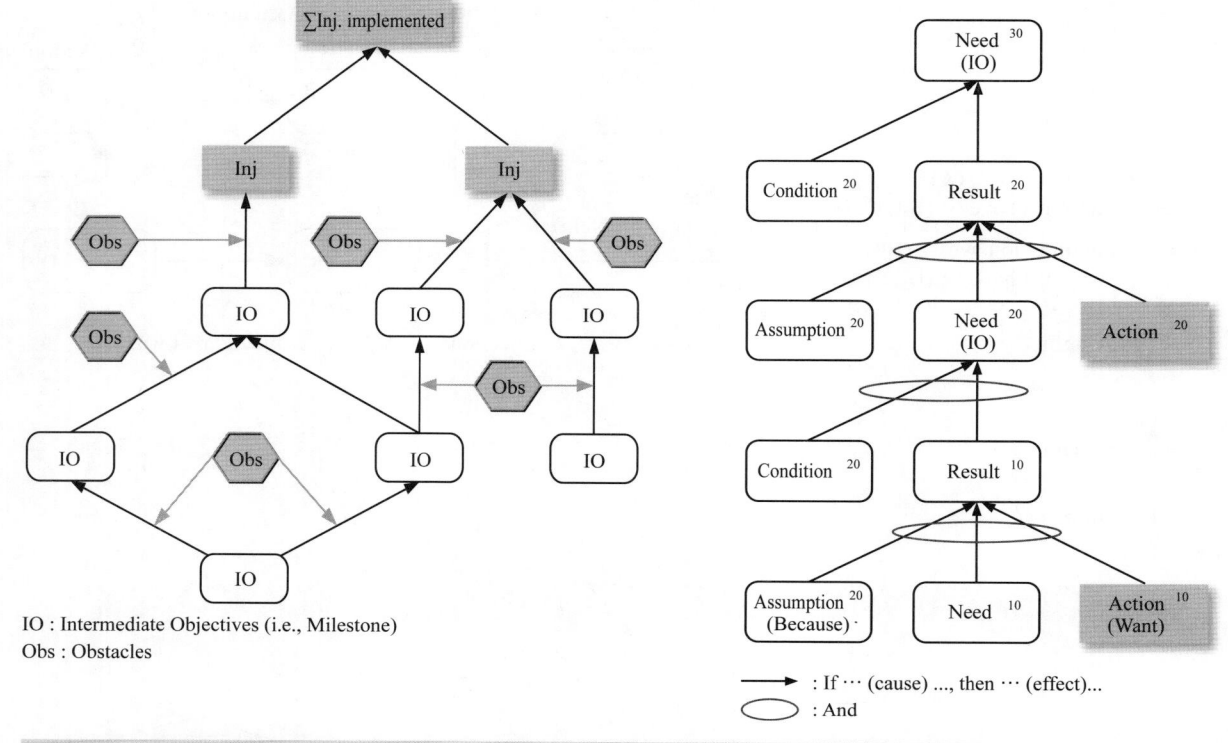

IO : Intermediate Objectives (i.e., Milestone)
Obs : Obstacles

◐ 圖 4-5　預詢樹 (PRT) 與轉換樹 (TT)

1. 技術系統

　　任何物品能執行某種機能者，則稱為「技術系統」。而技術系統可由一個或多個次系統組成，且其層級組織亦至少有二元件之次系統或有很多交互作用之元件組成之次系統所構成。當技術系統產生不良機能或不具預期機能時，則必須改善之。一般係以試誤法 (trial and error) 進行系統之簡化，惟無法適時準確找出問題真因 (root-cause)。

2. 技術衝突

　　當改善系統某一參數屬性，將導致另一參數特性惡化，謂之技術矛盾。前者為改善參數 (Improving Parameter, IP)，後者則稱惡化參數 (Avoiding Degemeration Parameter, ADP)。Altshuller 從 1,500,000 項專利資料庫歸納技術系統常見 39 種工程特性參數及 40 項創新發明原則 (如表 4-2~4-4 及附錄 II) [37, 38]。當技術系統發生問題時，專案團隊可藉由腦力激盪方式 (Brainstorming) 篩選關鍵工程改善及惡化參數，並建立「衝突矩陣 (Conflict

第四章 問題

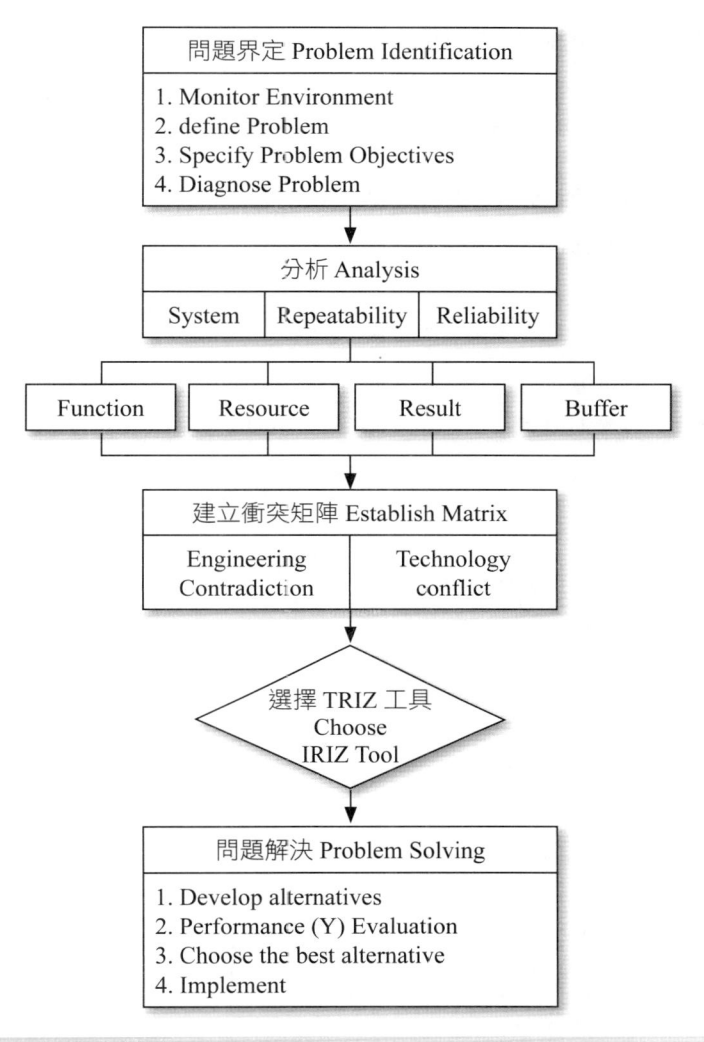

```
問題界定 Problem Identification
1. Monitor Environment
2. define Problem
3. Specify Problem Objectives
4. Diagnose Problem
        ↓
分析 Analysis
  System | Repeatability | Reliability
  Function | Resource | Result | Buffer
        ↓
建立衝突矩陣 Establish Matrix
  Engineering Contradiction | Technology conflict
        ↓
選擇 TRIZ 工具 Choose IRIZ Tool
        ↓
問題解決 Problem Solving
1. Develop alternatives
2. Performance (Y) Evaluation
3. Choose the best alternative
4. Implement
```

◯ **圖 4-6** TRIZ 解題思考模式

Matrix)，繼而從「Altshuller 衝突表」(如表 4-5) 中找出合適「發明原則或解決方案」，俾能重行概念設計與系統設計。其中 40 IP 創新發明原則之篩選原則 (詳如 6.2 節、圖 4-6 及圖 4-7) 為：

1. 點選：(1) 幾何參數 (GP)；(2) 物理參數 (PP)；(3) 改善參數 (IP)；(4) 惡化參數 (ADP)。
2. 篩選 IP 出現頻率前 3 高者 [現況解]。
3. 選擇最適發明原則 (IP)
   (1) 找出重複且相同之發明原則 (IP)。
   (2) @Patent 專利搜尋 [專利解]。

表 4-2　TRIZ 39 工程參數與 40 創新發明原則

39 IP/ADP 工程參數		40 IP 創新發明原則	
1. 移動件重量	Weight of moving object	IP-1 區隔	Segmentation
2. 固定件重量	Weight of stationary object	IP-2 分離	Extraction
3. 移動件長度	Length of moving object	IP-3 局部品質	Local Quality
4. 固定件長度	Length of stationary object	IP-4 非對稱性	Asymmety
5. 移動件面積	Area of moving object	IP-5 合併	Consolidation
6. 固定件面積	Area of stationary object	IP-6 萬用	Universality
7. 移動件體積	Volume of moving object	IP-7 依大小順序套疊	Nesting
8. 固定件體積	Volume of stationary object	IP-8 平衡力	Counterweight
9. 速度	Speed	IP-9 預先之反作用	Prior Counteraction
10. 力量	Force	IP-10 預先作用	Prior Action
11. 張力、壓力	Stress or pressure	IP-11 事先預防	Cushion in Advance
12. 形狀	Shape	IP-12 等位性	Equipotentiality
13. 物體穩定性	Stability of the object's composition	IP-13 反轉	Do It in Reverse
14. 強度	Strength	IP-14 對體位	Spheroidality
15. 移動件耐久性	Duration of action by a moving object	IP-15 動態性	Dynamicity
16. 固定件耐久性	Duration of action by a stationary object	IP-16 局部或過多功能	Partial or Excessive Action
17. 溫度	Temperature	IP-17 新座標	Transition Into a New Dimension
18. 亮度	Illumination intensity	IP-18 機械振動	Mechanical Vibration
19. 移動件能源使用	Use of energy by moving object	IP-19 週期性功能	Periodic Action
20. 固定件能源使用	Use of energy by stationary object	IP-20 連續動作	Continuity of Useful Action
21. 動力	Power	IP-21 高速作業	Rushing Through
22. 能源浪費	Loss of energy	IP-22 有害變有益	Convert Harm Into Benefit
23. 物質浪費	Loss of substance	IP-23 回饋	Feedback
24. 資訊喪失	Loss of information	IP-24 介質	Mediator
25. 時間浪費	Loss of time	IP-25 自助服務	Self-service
26. 物質數量	Quantity of substance	IP-26 複製	Copying
27. 可靠度	Reliability	IP-27 棄置	Dispose
28. 量測精確度	Measurement acuracy	IP-28 取代機械系統	Replacement of Mechanical System
29. 製造精確度	Manufacturing precision	IP-29 氣壓液壓	Pneumatic or Hydraulic Constructions
30. 有害副作用	External harm affects the object	IP-30 彈性膜或薄膜	Flexible Membranes or Thin Films

表 4-2　TRIZ 39 工程參數與 40 創新發明原則 (續)

39 IP/ADP 工程參數		40 IP 創新發明原則	
31. 有害物質	Object-generated harmful factors	IP-31 多孔材料	Porous Material
32. 易製造性	Ease of manufacture	IP-32 改變顏色	Changing the Color
33. 易操作性	Ease of operation	IP-33 同質性	Homogeneity
34. 易維修性	Ease of repair	IP-34 棄置與再生組件	Rejecting and Regenerating Parts
35. 適合性	Adaptability or versatility	IP-35 屬性改變	Transformation of Properties
36. 裝置複雜性	Device complexity	IP-36 相轉變	Phase Transition
37. 監測制複雜性	Difficulty of detecting and measuring	IP-37 熱膨脹	Thermal Expansion
38. 自動化程度	Extent of automation	IP-38 強氧化劑	Accelerated Oxidation
39. 生產力	Productivity	IP-39 惰性環境	Inert Environment
-	-	IP-40 複合材料	Composite Materials

資料來源：[35]

表 4-3　IP×39 ADP 工程參數特質表

特　質	工程參數 (Engineering Parameter)
幾　何	3,4,5,6,7,8,12
物　理	1,2,9,10,11,17,18,21
資　源	19,20,22,23,24,25,26
性　能	13,14,15,16,27,32,34,35,39
有　害	30,31
監　控	28,29,33,36,37,38

資料來源：[36]

表 4-4　TRIZ 40 IP Separation Strategies 創新發明原則分離策略

1. 時間分離 (Separation in Time)	2. 空間分離 (Separation in Space)	3. 條件式分離 (Separation by Conditions)	4. 轉換替代系統 (Transition to Alternative System)
9,10,11,15,16,18,19,20,21, 26,29,34,37	1,2,3,4,7,13,14,17,24,26,30	12,28,31,32,35,36,38,39,40	1,5,6,7,8,13,22,23,25,27,33,35

表 4-5　Altschuller 衝突 (矩陣) 表

①改善參數 ＼ ②惡化參數	1.	2.	3.	……	10.	……	39.
1.							
2.							
3.					→		③
⋮					↓		
39.							

③：發明原則（#1, 27, 28, 29）
資料來源：[37, 38]

(3) TRIZ_FD (TRIZ 機能展開屋) 成對比較，並予權重之。
(4) Taguchi Method (田口方法) 找出訊號雜音比 (S/N)，篩選之。
(5) TRIZ 37 Evolutionary Trends 演化趨勢潛力與極限 (程度) 分析，繼而精實化、利基化、迴避化、優適化與可行化，「最適可行解」乃因應而生 [可行解]。
(6) 以 I = Σ有益功能 ÷ (Σ有害功能＋Σ成本) 及「E^2SRCR 法」，推導 [最終理想解 (IFR)]。

4.2.3　紮根理論

　　紮根理論 (Grounded Theory, GT)[註2] 係於 1967 年由 Barney Glaser 與 Anselm Strauss 所創始，主要提供一系統化技術與程序，分析田野調查之原始資料，並予以質化 (qualitative- ATLAS.ti)、互動化 (mutualize)、編碼化 (coding)、邏輯化 (logic) 與系統化 (systematic)，復經聚焦、紮根程序而發展出符合現實主義之理論。其操作程序 (表 4-6) 有五 **[39~41]**：(1) 問題解決 (problem-solving)；(2) 文獻回顧 (literature review)；(3) 資料蒐集 (data collection)；(4) 資料分析 (data analysis)；(5) 摘要與圖示 (summary and diagram)。

表 4-6　紮根理論操作程序

1. 問題解決	2. 文獻回顧	3. 資料蒐集[1]	4. 資料分析	5. 摘要與圖示
1. 問題探索界定 2. 研究設計 3. 無結構預設之深度訪談設計	1. 文獻回顧 2. 樣本選定 (非隨機)	1. 資料蒐集法開發 2. 場域進入與探索 3. 事件排序 (時間) 4. 編碼 (encoding)	1. 開放式編碼登錄 (open coding) 2. 資料轉化： 　(1) 概念； 　(2) 範疇； 　(3) 命題 3. 撰寫／排列備忘錄 (即典範登錄)	1. 資料比較分析 2. 找出異同點 3. 修正原假設理論

[1] 資料蒐集法：
(1) 活用紮根探索原則：a. 科學邏輯 (scientific logic)；b. 典範登錄 (coding paradigm)；c. 互動思考 (think interactionally)；(2) 重視每次深度訪談/觀察(即資料蒐集)與資料分析過程；(3)藉由資料蒐集與逐字逐句分解檢視資料之過程中認定某一重要「社會現象」，並界定為問題 (命題) 與理論假設；(4) 檢視與修正前次訪談問題與觀察重點；(5) 啟發下次訪談/觀察之素材 (新發現、新方向、新問題)；(6) 藉由情境當事人詮釋其社會現象，以了解社會現象。
資料來源：[42~44]

4.3　問題解決

　　問題類型有三 (如圖 4-7)，問題解決需先釐清問題現況 (即期望值與實際值之落差) 後，再採用「心智運作過程 (歷程)」，以達期望值 (即預期成果)。而問題解決之心智運作過程 (歷程) 即為「問題解決程序 (Problem Solving Process, PsP)」(表 4-7) [2]。二十一世紀之國家與產業發展均基植於下述十大面向永續發展中：動態/有機化、環境化、學習化、多樣化、獨一化、創新化、差異化、聚焦化、快速變革化與快速回應化。如何激發個人與組織之問題解決能力，問題解決方法、工具、技巧與智庫 (BPs) (表 4-8~4-10 及附錄 II) 已為所亟需 [2]。

⊃ 圖 4-7　問題類型

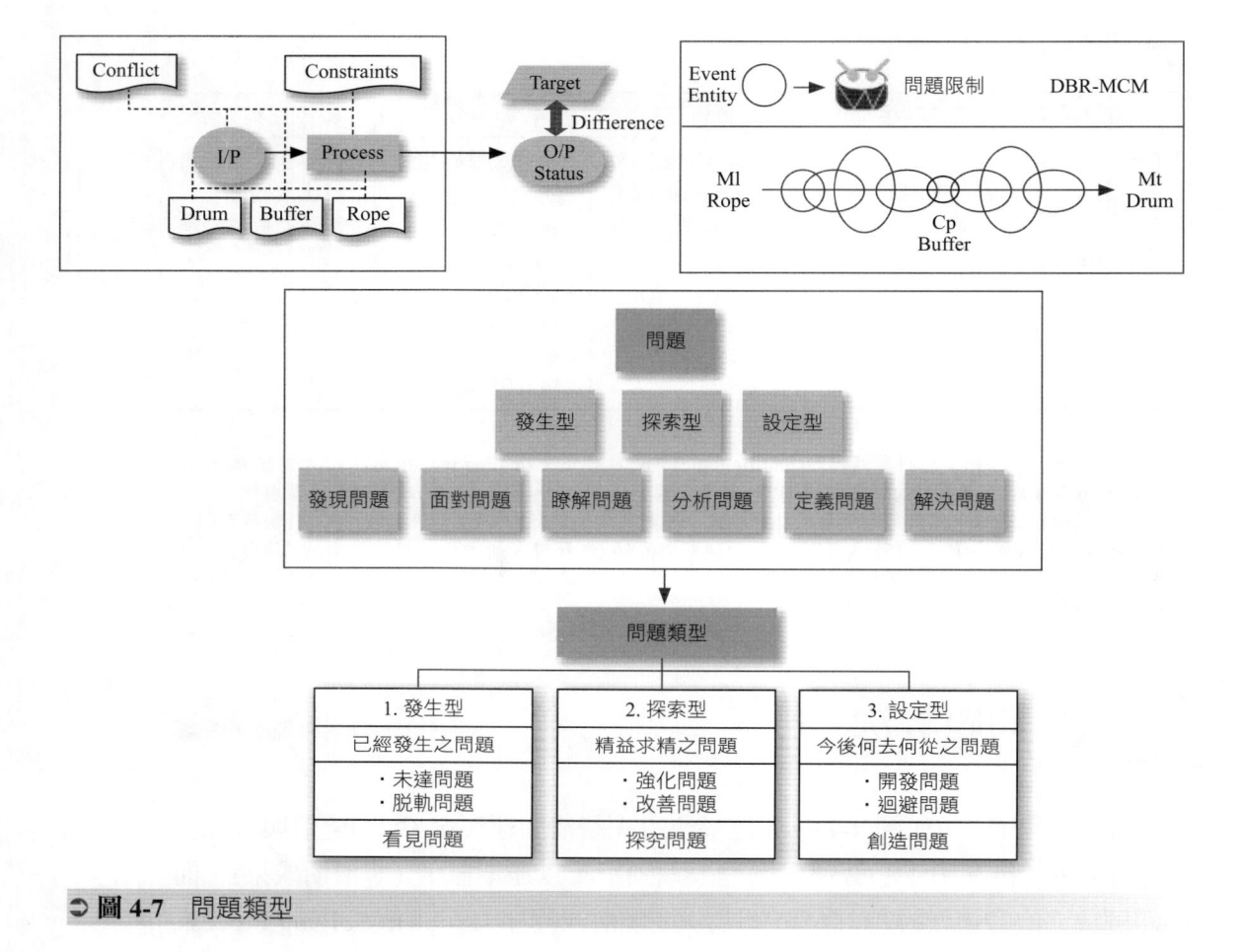

4.3.1　意識匯談法

　　是意識的激發、溝通與分享，亦是共識建立之第一步，更是療癒生命中「失落、缺陷、偏見、分歧、晦暗、孤立」之良方。藉由多方交流，傾聽內在小男 (女) 生對話、接納、尊重、反思與回應 (包含：澄清、導引、深化、忠告、解釋、支持、探索、換說法) 之態度行為，啟發心靈並聚焦、深化與分享相互之內涵及共識歷程。意識匯談法 (Corporate Consciousness Building, CCB) 層次性地導引團體成員做生命深層之內在對話 (Dialogue)，期使群體個別支流逐漸匯流成共識。意識匯談法四層次 (意識匯談法四層次程序，如表 4-11) 為：(1) 客觀性事實問題 (Objective Facts)；(2) 反應性經驗問題 (Reflective Experience)；(3) 解釋性價值問題 (Interpretive Values)；(4) 實踐性行動問題 (Imperative Action)。

表 4-7　問題解決程序 (Problem Solving Process, PsP)

Peter M. Senge(1990) -System Thinking	1. 找出最初問題與症狀 2. 描繪過去處理類似問題之所有對策：(1) 治標方案；(2) 調節環路 3. 找出負面影響 (C 衝突 + C 限制 + B 緩衝) 4. 找出根本解決之道 (BS + QFD + FMEA) 5. 描繪治標方案副作用 (Side Effect)：捨本逐末環路 -5 6. 找出根本環路間之關聯：耽溺環路 -5 7. 找出高槓桿解
Eliyahu M. Goldratt(1986) - Thinking Process	**IESER** 1. (I) 界定系統限制 (最弱環路) 2. (E) 決定如何利用系統限制 3. (S) 系統落實步驟 2. 之決策 4. (E) 提昇系統限制 5. (R) 重複步驟 1~4 (若限制在步驟 4. 卡住)
Bransford & Stein (1993)	**IDEAL** 1. (I) 界定問題 2. (D) 定義問題 3. (E) 激發可行策略 4. (A) 行動策略 5. (L) 回顧與評估行動方案之影響
Shallcross (1985)	**OPIEI** 1. (OP) 事前準備：你知道什麼？你需要知道什麼？ 2. (I) 腦力激盪創新點子 3. (E) 評估 4. (I) 執行
Parnes (1985)	**4 Finding** 1. 標的、目標、事實、問題 2. 腦力激盪創新點子 3. 求解與檢校 4. 接受與改正措施
吳贊鐸 (2004)	***i*CATs** 1. (i) 界定問題： 　　(1) 發現問題 → (2) 面對問題 → (3) 了解問題 → (4) 診斷問題 → (5) 定義問題 → 　　(6) 規範問題 2. (C) 建立衝突矩陣 3. (A) 分析：(1) 系統-再現性-可靠性；(2) 功能-資源-結果-緩衝-限制-衝突 4. (T) 選擇問題解決技法 5. 問題解決： 　　(1) 設定問題解決之目標-成功關鍵因素 　　(2) 創新問題解決方案與策略-創意思考 　　(3) 資料整合 　　(4) 最適方案選擇 　　(5) 方案執行 　　(6) 績效評估與改正措施 　　(7) 微調或修補 (護) (1)～(6)

創新管理

表 4-8 問題解決法

1. 創新問題解決法	TRIZ	2. 腦力激盪法	BS-CBS-BW 635
3. 衝突圖	DBR-TOC-CRT-CRD-NBR-PRT-TT	4. 問題魔法屋	PsFD
5. 心智圖法	Mind Mapping	6. 親和圖	Kj
7. 演繹式問題解決法	KT	8. 起承轉合法	KZ
9. 假說檢定式問題解決法	NM-HBC Model-H+T+A+S+D	10. 優劣勢分析法	SWOT
11. 曼陀羅法	MANDALA	12. 圖像法	Image
13. 栓連法	Linkage	14. 樹狀思考與調合選擇法	TT-HS
15. 檢核表法	S-C-A-M-P-E-R	16. 5W2H	What-Why-Who-When-Where- How-How much
17. 瞑想法	Dream	18. 心靈控制法	SMC
19. 意象調節法	IC	20. 人際溝通分析	TA
21. 計畫評核術	PERT	22. 成本效益法	ABC
23. 角色扮演法	Role Play	24. 焦點解決法	SF 15 Technology
25. 短期諮商法	ST-SUCCESS	26. 家族排列法	Family Constellation, FC
27. 德懷術	Delphi	28. 具體可行分析	SMART
29. 系統思考法	System Thinking	30. 意象思考法	i-thinking

表 4-9 創造力問題解決工具與技巧 (Creativity Tools & Techniques: A-B) (摘錄)

	AB
A	Alternative Scenario
	Analogies
	Analysis of Interactive Decision Areas(AIDS)
	Anonymous voting
	Attribute listing (and variants)
B	Backward Forward Planning
	Boundary examination
	Brainstorming
	Brain sketching
	Brain Writing
	Brain Writing 6-3-5
	Brain writing game
	Brain writing pool
	Browsing
	Brutethink
	Bug listing
	Bullet proofing
	Bunches of bananas

資料來源：吳贊鐸整理。[45] (詳如附錄 II)

表 4-10 問題與衝突解決智庫 [Bank of Problem-solving(Ps) & Conflict-solving(Cs)] (摘錄)

Abandon	放棄	arouse	激起
Abate	減退緩和	arrogant	自大/傲慢的
abide	忍受/耐	aspire	渴望
abolish	廢止/除	assembly	組合
accept	接受	assign	分配
adjust	調整	associate	聯想
applause	稱讚	assume	假定
⋮	⋮	⋮	⋮
Vigorous	精力充沛的	Yield	讓
Violence	暴力	Zealous	熱心的

資料來源：吳贊鐸整理。(詳如附錄 III-2)

表 4-11 意識匯談法四層次程序

客觀性事實問題	反應性經驗問題	解釋性價值問題	實踐性行動問題
直觀	回應	詮釋	行動
・蒐集事實資料 ・熟悉提問問題 ・簡易快速問答 ・人人參與不分大小 ・導引客觀素材回應	・導引刺激回應 ・多思考多動腦 ・資料資訊關聯分析 ・主觀聚焦消化回應 ・判別陳述異中求同	・深度訪談深入探索 ・多元交流詮釋觀點 ・親身體驗查證價值 ・彼此尊重充分了解 ・客觀事實解釋回應	・探索人性生命價值 ・靈光乍現生命躍升 ・淬煉洞見真理省思 ・決定必要創新行動 ・決定客觀素材回應

資料來源：[3, 46]

4.3.2 問題稀釋法 (Problem Dilution Method, PDM)

依據 John Mason, Leone Burton & Kaye Stacey (1985) 於 Thinking Mathematically [47] 書中指出：問題解決需藉由：(1) 淬鍊與慎思；(2) 特殊化與一般化；(3) 隱藏之假設；(4) 解卡法，完成之。而解卡法則有七大步驟： (1) 進入情況；(2) 深入其中；(3) 審慎思考；(4) 持續進行；(5) 洞察頓悟；(6) 抱持懷疑；(7) 深思熟慮 [2]。

而問題稀釋解決程序則包含：(1) 進入 (Entry) 問題，界定與建構問題；(2) 攻擊 (Attack)，以猜想、證明、說服三步驟來解卡；(3) 回顧 (Review)，以「CRE」進行回顧。

1. Check：「四查」：結論合理嗎？解答合題嗎？問題解決了嗎？績效滿意度？
2. Reflect：「三思」：關鍵重要性？「猜想和證明」之意涵？解法能更清晰嗎？
3. Extend：「三推」：一般情況及更廣範圍？修改一些條件？尋找解決新途徑？

4.3.3 麥肯錫問題解決法 (McKinsey & Company Problem-solving Method)

美國麥肯錫顧問公司累積多年經驗所歸納之 7S 架構模型 (圖 4-8) 及策略問題解決模型 (Strategic Problem-solving Model) [48] (如圖 4-9)，以為麥肯錫公司內部進行「MAP (管理-分析-提報) 金三角」及外部諮詢顧問「NLI (需求-領導-執行) 直三角」之問題解決程序。麥肯錫人 (McKinsey-ite) 依據客觀資料 (data)、直覺 (intuition) 及專業經驗，將問題之輸出轉換成解決方案 (Total Solution) 之輸出，以為組織領導統禦及執行解決方案之用 [49~52]。執行步驟有七：

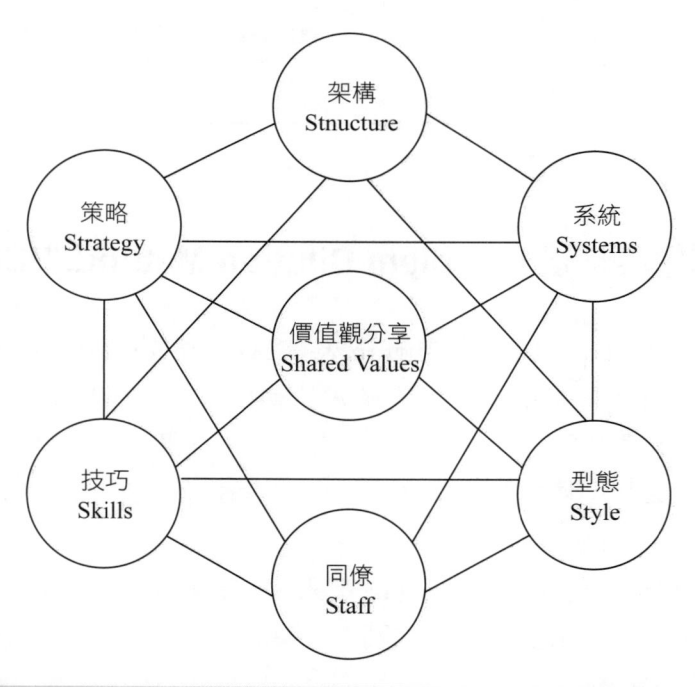

○ 圖 4-8　McKinsey 7S 架構模型

第四章 問題

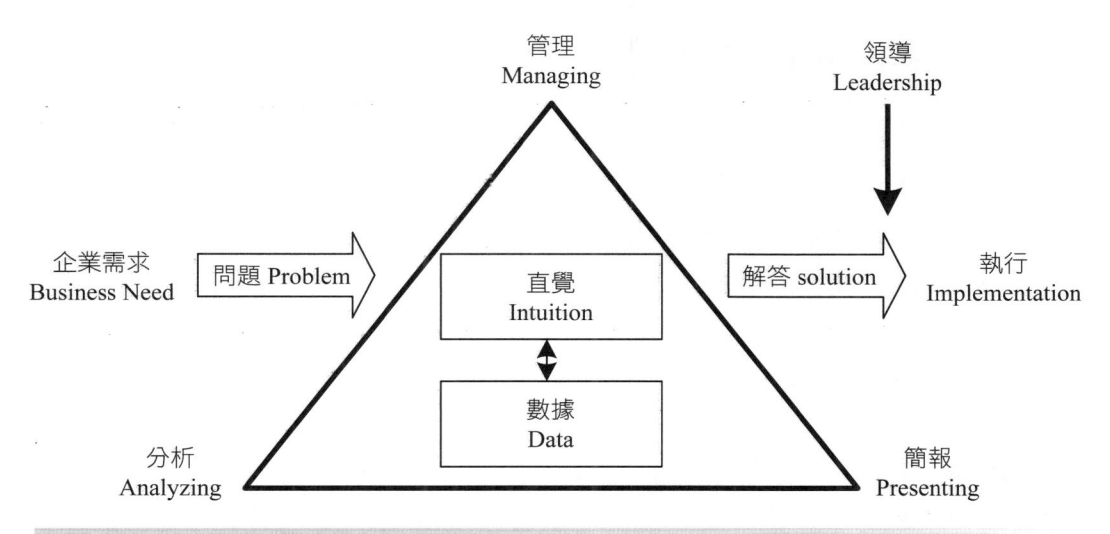

```
                    管理              領導
                  Managing        Leadership
                                      ↓
企業需求  問題 Problem              解答 solution   執行
Business Need  →    直覺         →              Implementation
                  Intuition
                    ↕
                   數據
                   Data
    分析                              簡報
  Analyzing                        Presenting
```

◯ 圖 4-9 McKinsey 策略問題解決模型

1. 界定問題與議題 (Problem/Issue definition)
2. 架構問題 (Problem structuring)
   以事實為基礎，提出支持假設之論點。強化與落實「彼此獨立，互無遺漏 (MECE = Mutually Exclusive, Collectively Exhaustive)」法則架構問題。
3. 優先順序 (Prioritization)
   界定核心衝突 (D-D') 與問題真因，集中優勢解決核心衝突與真因。
4. 議題分析 (Issue analysis)
   比對／交叉分析
5. 綜效 (Synthesis)
   藉由搜尋問題真因 (Root Cause)，聚焦問題後問題 (QBQ)、自我檢查，並從分析中找結論，發展有效建議及行動方案。
6. 建構故事 (Storylining)
   建構故事情節，依據事實情節，敘說故事。
7. 成果發表 (Presentation)
   建議顧客顧客之內化、具象化與圖表化之標新立異、簡潔明快且條理分明之簡報。

4.3.4 個人策略規劃法 PSP

二十一世紀金融海嘯、歐債風暴、財經危局、失業潮、無薪假、離職風、環境衝擊、天災地變、世局詭譎……屢見不鮮,學習面對危機與挑戰,培養在壓力下解決問題之能力,已為當務之急。美國著名潛能開發大師 Brian Tracy 提出成功者贏的秘訣:「清楚寫下願景目標,規劃詳細行動方案,一生只做符合個人目標之行為」。而 Brian Tracy 創始之「個人策略規劃 (Personal Strategic Planning, PSP)」技術,應用於個人生涯規劃,則可有效協助個人快速達成目標。

Brian 定義個人策略規劃為「個人為有效解決問題或成功達成目標,所做之策略性系統思考與策略規劃」,惟需依「GOSPA 策略方程式」[54~58] 及策略規劃模式 (Strategic Planning Model) (如圖 4-10) 進行「策略地圖 (Strategic Map)」(如圖 4-11) [59] 之規劃與執行。執行步驟有三:(1) 建置個人策略規劃之優先順序 (priority);(2) 訂定屬於個人願景任務之標的 (goal);(3) 開發個人行動方案 (action plan),詳如表 4-12 [60]。

我們的處境? → 我們要啥? → 如何做? → 做的如何?
Where we are? → Where we want to be? → How we will do it? → How are we doing?

評估 Assessment → 基準線(落差) Baseline → 願景、任務、價值觀、目標 Components → 細部需求 Down to Specifics → 評鑑(績效) Evaluate

➣ 圖 4-10　策略規劃模式

✎ 表 4-12　個人策略地圖編撰表

個人策略規劃 優先順序	符合個人願景任務之策略規劃行動方案					
	願景標的					
	短期策略目標		中期策略目標		長期策略目標	
	行動方案	起迄時間	行動方案	起迄時間	行動方案	起迄時間
1.						
2.						
3.						
4.						
5.						

第四章 問題

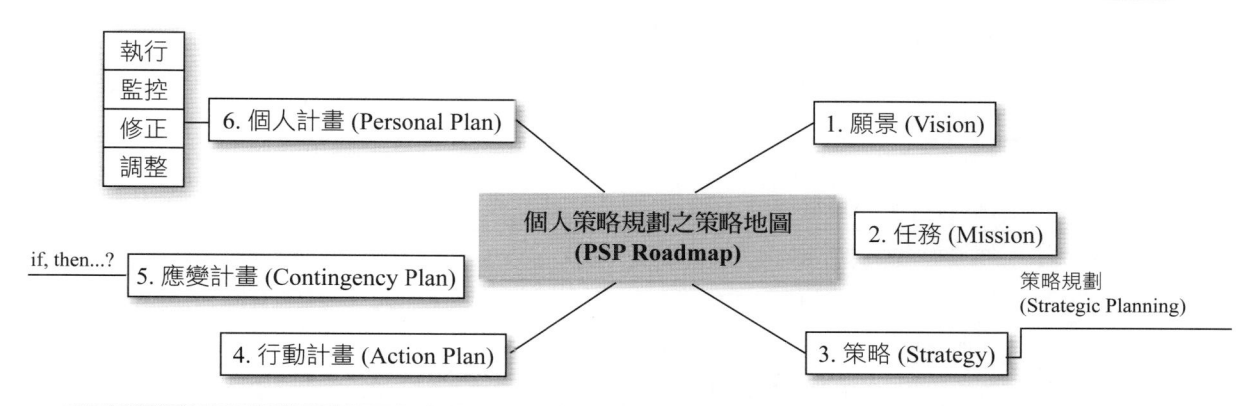

```
執行
監控      6. 個人計畫 (Personal Plan)                    1. 願景 (Vision)
修正
調整
                            個人策略規劃之策略地圖
                              (PSP Roadmap)            2. 任務 (Mission)
if, then...?  5. 應變計畫 (Contingency Plan)                                    策略規劃
                                                                       (Strategic Planning)
              4. 行動計畫 (Action Plan)                  3. 策略 (Strategy)
```

⊃ 圖 4-11　個人策略規劃策略地圖 (Strategic Map)

4.3.5　4D-8D-TS16949

1. 4D

　　創新是企業創建永續未來 (sustainable future) 之不二法門，BMGI 創新問題解決方法 (**D4** Innovation Method) 則可形塑與轉換創新點子為一成功新產品、流程及商業模組。D4 係一專案成果導向之彈性創新方法，分為四大面向 **[44]**：(1) Define (定義)；(2) Discover (發現)；(3) Develop (發展)；(4) Demonstrate (實作)。惟仍須輔以「**D_4 時間管理**[註4]」，始為完善。

2. 8D

　　8D (8 Disciplines of Problem Solving) 係 1987 年福特汽車公司於團隊導向之問題解決 (Team Oriented Problem Solving, TOPS) 手冊中提出，運用於精實生產及經常性客訴／缺失之問題解決。8D (8D 問題解決步驟，如表 4-13) **[62~67]** 最終需提出永久解決方案與矯正措施，以為 8D Report (如表 4-14) 之依據。而 8D 與 QC Story[註5] 則有異曲同工之妙。若將 8D 問題解決程序 (PsP) 與六標準差 (6σ) 五大面向 (DMAIC-定義／量測／分析／改善／管控) 予以整合，則 $8D^{6\sigma}$ PsP $= D_{11} + D_{12} + D_2 + D_{31} + D_{32} + D_{41} + D_{51} + D_{42} + D_{52} + D_{61} + D_{62} + D_{71} + D_{72} + D_8$ (如圖 4-12) 應用於問題解決之實證，已臻事半功倍之效。

表 4-13　8D 問題解決步驟

D₀	Prepare	準備
D₁	Team-up	籌組團隊
D₂	Describe the Problem	敘述問題
D₃	Implement and verify Interim Containment Actions	執行與查證臨時行動方案
D₄	Define and verify "Root Causes"	定義與查證真因
D₅	Define and verify Corrective Actions	定義與查證矯正措施
D₆	Implement and validate Corrective Actions	執行與確證矯正措施
D₇	Prevent problem recurrence	防止再發
D₈	Celebrate & 8D Report created	慶賀與 8D 報告

表 4-14　8D Report 矯正報告

精實生產問題描述			
經常性客訴／缺失問題描述			
產品名稱	產品規格	產品數量	檢驗報告
D₁ 籌組團隊		組長：　　　組員：	
D₂ 敘述問題			
D₃ 執行與查證臨時行動方案		1.　2.　3.　4.　5.	
D₄ 定義與查證真因			
D₅ 定義與查證永久矯正措施			
D₆ 執行與確證永久矯正措施		1. 標準／方法：	
		2. IQC（　／　／　）：	
		3. PQC（　／　／　）：	
		4. OQC（　／　／　）：	
D₇ 防止再發			
D₈ 確證		□接受： □拒絕： □澄清：	

第四章 問題

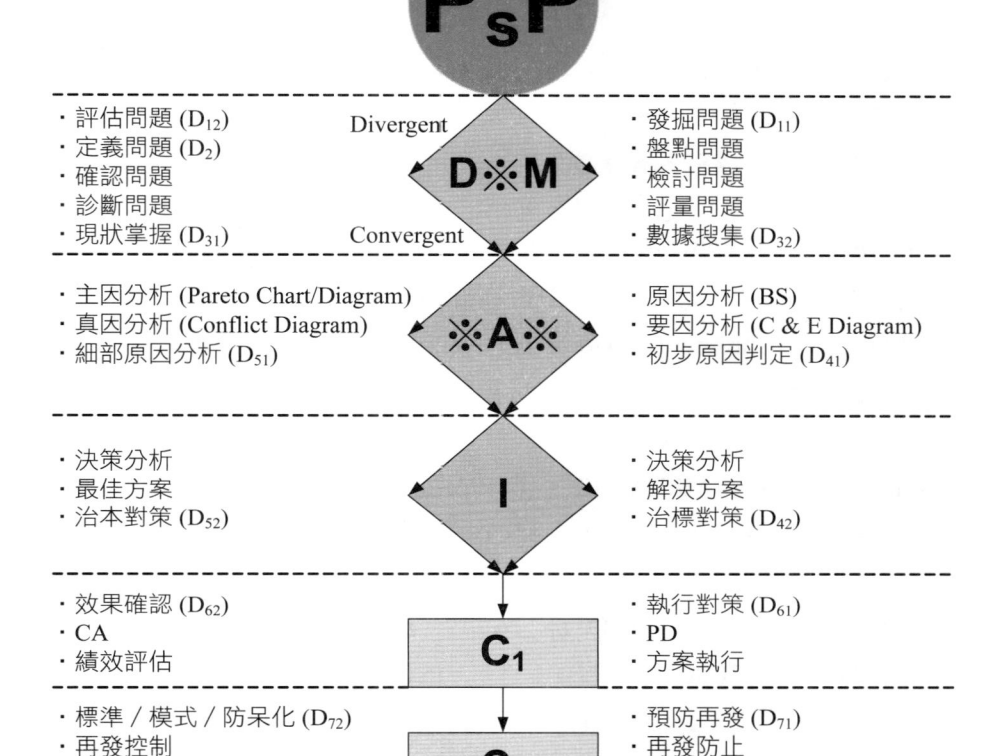

```
                           PsP
                            │
  ・評估問題 (D₁₂)    Divergent    ・發掘問題 (D₁₁)
  ・定義問題 (D₂)                ・盤點問題
  ・確認問題          D※M        ・檢討問題
  ・診斷問題                      ・評量問題
  ・現狀掌握 (D₃₁)   Convergent    ・數據搜集 (D₃₂)

  ・主因分析 (Pareto Chart/Diagram)    ・原因分析 (BS)
  ・真因分析 (Conflict Diagram)   ※A※  ・要因分析 (C & E Diagram)
  ・細部原因分析 (D₅₁)                 ・初步原因判定 (D₄₁)

  ・決策分析                      ・決策分析
  ・最佳方案          I           ・解決方案
  ・治本對策 (D₅₂)                ・治標對策 (D₄₂)

  ・效果確認 (D₆₂)                ・執行對策 (D₆₁)
  ・CA               C₁          ・PD
  ・績效評估                      ・方案執行

  ・標準／模式／防呆化 (D₇₂)      ・預防再發 (D₇₁)
  ・再發控制          C₂          ・再發防止
  ・防堵措施                      ・預防措施

  ・結案                          ・未來方向 (D₈)
  ・認知              F.          ・殘餘問題
                                  ・潛在問題
```

* 上市公司問題盤點：(1) 現金流量表；(2) 資產負債表；(3) 損益平衡表；(4) 五個週轉率；(5) VOC；(6) VOE；(7) Problem；(8) Requirement；(9) KPI；(10) 三現主義＝現場＋現物＋現況

⊃ **圖 4-12** 8D$^{6\sigma}$ PsP 問題解決程序

3. TS 16949 五大工具

美國汽車工業行動聯盟 (Automobile Industry Action Group, AIAG) 依據 ISO 9000 品質管理系統，訂定汽車零組件供應商品質管理標準 (QS 9000) 及其「五大核心工具」(如圖 4-13)：(1) APQP & CP (Advanced Product Quality Planning and Control Plan，先期產品品質規劃與管制計畫)；(2) PPAP (Production Part

APQP&CP	PPAP	FMEA	SPC	MSA
先期產品品質規劃與管制計畫	生產零件核准程序	失效模式效應分析	統計製程管制	量測系統分析

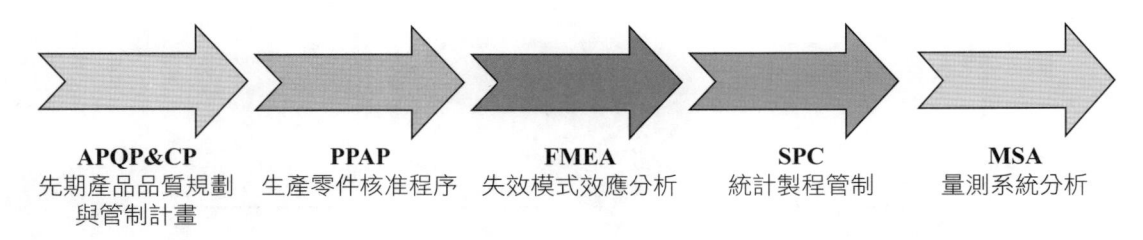

⇒ 圖 4-13　ISO/TS 16949: 2002 五大核心工具

Approval Process，生產零件核准程序)；(3) FMEA (Failure Mode Effects and Analysis，失效模式效應分析)；(4) SPC (Statistical Process Control，統計製程管制)；(5) MSA (Measurement Systems Analysis，量測系統分析)。自此，各國汽車廠相繼訂定所屬之汽車零組件供應商管理規範 (如：法 EAQF，德 VDA-6，義 AVSQ)，以資依循。惟為事權統一，國際汽車工作小組 (International Automobile Task Force, IATF) 與 ISO TC 176 技術委員會以 ISO 9001: 1994 為基礎，整合 QS 9000、EAQF、VDA-6 及 AVSQ 汽車零組件供應商管理規範為一通用規則。

於 1999 年公布第一版 ISO/TS 16949: 1999 汽車零組件供應商認證系統。復因 ISO 9000: 2000 之改版，IATF、ISO TC 179 與日本自動車製造協會 (JAMA) 共同制訂新版「ISO/TS 16949: 2002」並於 2002 年發佈實施，TS 16949 [註6] 儼然成為全球汽車製造商及零組件供應商所奉為圭臬之品質管理系統認證與運營標準。

4. *i*CATs 問題解決法

問題解決需先經確認目標狀態後，個體 (或群體) 將採用一系列複雜「心智運作過程 (歷程)」，以達目標狀態。而問題解決之心智運作過程 (歷程) 即為「問題解決程序 (Problem Solving Process, PsP)」，筆者特提出「*i*CATs 原理」以資因應。

　　(1) 問題界定 (Problem *i*dentification)
　　　　a. 發現問題 (Dig Problem)；b. 面對問題 (Face Problem)；c. 瞭解問題 (Understand Problem)；d. 診斷問題 (Diagnose Problem)；e. 定義問題 (Define Problem)；f. 規範問題 (Specify Problem)。
　　(2) 繪製魚骨圖、心智圖 [註7] 與衝突圖 [註8] (**C**onflict Diagram)
　　(3) 分析 (**A**nalysis)

a. 系統-再現性-可靠度 (System-Repeatability-Reliability)；b. 功能-資源-結果-緩衝-限制-衝突 (Function-Resource-Result-Buffer-Constraint-Conflict)

(4) 選擇問題解決技法 (Choose Ps **T**echniques)

藉由問題解決智庫 (Bank of Ps, BPs) 且與創意網站 (http://www.mycoted.com/creativity/techniques) 逹結，以查詢「問題解決技法」。

(5) 問題解決 (Problem-solving, P**s**)

a. 設訂問題解決之目標-成功關鍵因素 (Create Ps Objective-KSF)；b. 創新問題解決方案與策略-創意思考 (Innovative Ps alternative and strategy)；c. 資源整合 (Resource integration)；d. 最適方案選擇 (Choose the best alternative by AHP)；e. 方案執行 (Implement)；f. 績效 (方案執行前後) 評估與改正措施 (Performance before/after evaluation and action taken)；g. 微調或修補 (護)：a.~f. (Minor adjustment/Tuning or modification）

4.4 創新學習

Senge (1990) 指出真正學習是：提昇「創新與創造能力 (innovation & creativity)」，做到前所無法做到之事。而「創新性學習」即 Argyris & Schon (1978) 所提之「雙圈學習」(double-loop learning) —— 組織於界定及解決問題時，公開質疑廣被接受之假設，並敞開心胸予以持續試驗與回饋；組織可藉此增強組織學習與創新能力，改善組織效能。茲綜整五種創新學習模式 (如圖 4-14 創新學習輪)：(1) 問題導向學習 (PBL)；(2) 行動學習 (AL)；(3) 體驗式學習 (EL)；(4) 融滲式學習 (AC)；(5) 服務學習 (SL)，以資依循。

4.4.1 問題導向學習

問題導向學習 (Problem-based Learning, PBL) 係 1969 年加拿大 McMaster 大學醫學院基於知識快速累積成長，期望培養學生主動吸取知識之能力，而展開之一種教學方式。其基本概念是知識之獲取在於主動組織與整理知識，藉由學生間之討論與分享知識歷程，讓學生獲得更穩固之知識表徵。課程之有效學

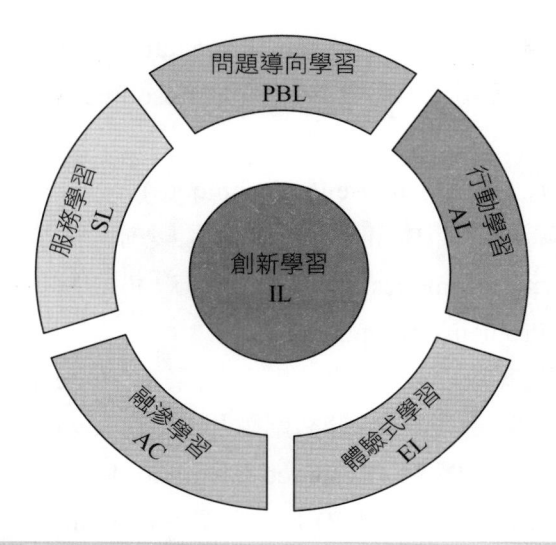

◯ 圖 4-14　創新學習輪

習需依賴學生主動練習與組織,並利用 PBL 教學方式來強化學生之學習。其建置過程為:(1) 組成基礎學習組與進階學習組;(2) 利用課餘時間,在小班導師 (保母) 引導下,以適當作業,讓學生學習重要課程相關之課題,以強化其專業知識;(3) 強調討論、積極回饋與正向回應 (aggressive feedback and positive response);(4) 依循學習七大原理,自行組織所知,將其用語言表達出來,以學習溝通表達能力及培養其信心與喜好。學習步驟有七,如表 4-15 **[4~7]**。PBL 之教育方式係以 3C (Constructive, Contextual, Collaborative) 為準則:(1) Constructive —— 建構歷程;(2) Contextual-儲存知識之脈絡訊息;(3) Collaborative —— 人際間之合作與分享。除可建立正向之學習情境與積極態度外,亦可延續學習動機與樂趣 **[4]**。

4.4.2　行動學習

行動學習 (Action Learning, AL) 係於 1940 年英國管理學家 Reg W. Revans 提出「行動學習公式 (L = P + Q)」,旨在藉由團隊合作、傾聽與提問技巧,激發團對成員專業經 (體) 驗,並融合專業知識 (P) 與問題解決能力 (Q) 之實踐 (如圖 4-15),以達成組織發展、變革與學習型組織建構目的 **[68]**。

行動學習係以學習者面臨現實問題為主軸,訓練者 / 引導者 (trainer/facilitator) 將結構化之深度匯談融滲至行動學習作業流程 (如下述及圖 4-16)。引導學習者「從經驗中學習」,經歷「過去經驗學習之反思」,使學習者及時

表 4-15　問題導向學習步驟與原理

1. Opening* 啟始	1.5-2hrs	1. 澄清問題 (Clarification of terms) 2. 定義問題 (Definition of Problem) 3. 腦力激盪 (Analysis of Prob.(BS)) 4. 重組創意 (Structuring Ideas and Clustering) 5. 研定學習議題 (Formulate Learning Issues)
2. Processing 進行	4-7 Days	6. 資料蒐集，自行研讀 　 (Collect new information and self-study)
3. Closing 結束	2.5-3 hrs	7. 小組分享交流與整合 (Sharing and integration)
Principle 原理		1. 建構知識 (Construction of knowledge)； 2. 啟動過去知識 (Prior knowledge activation)； 3. 精實知識 (Elaboration of knowledge)； 4. 組織知識 (Organization of knowledge)； 5. 學習脈絡 (Context of learning)； 6. 轉換 (Transfer)； 7. 協同合作 (Cooperaticn / collaboration)

＊：Mentor (#1), Leader (#1), Tutor (#1), Secretary (#2), Member (#4)

$L = P + Q$
行動學習＝
專業知識＋問題解決能力

知識擷取
Knowledge Acquisition

團隊學習
Co-Learning in Groups

行動學習
Action Learning

體驗式學習
Experiential Learning

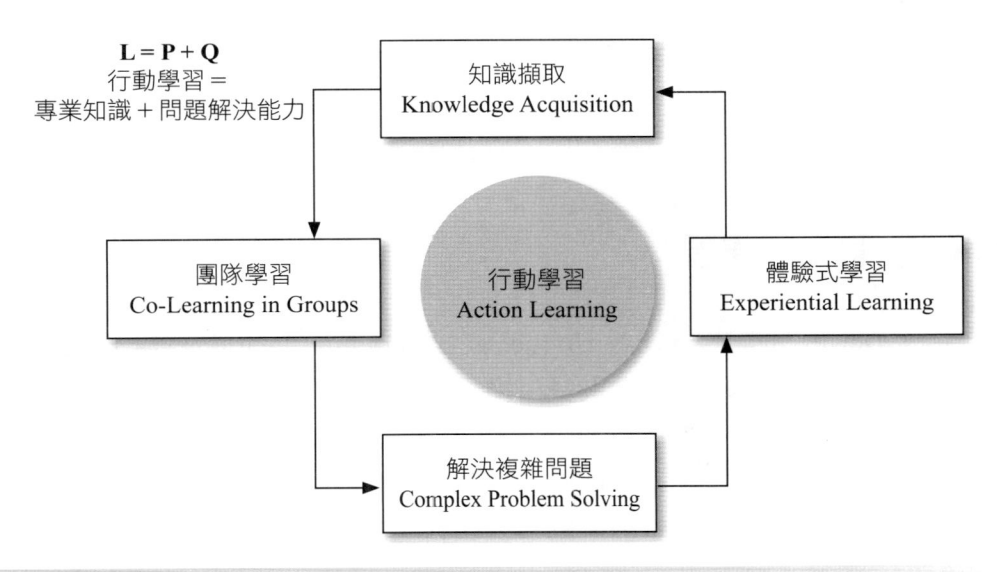

解決複雜問題
Complex Problem Solving

圖 4-15　行動學習網絡

將行動體驗內化為新的學習經驗。

1. 行動前反思：問題-反思-總結
2. 計畫
3. 行動

```
行動前反思 → 計畫 → 行動 → 探索新問題 → 行動後反思 → 自我評估與調整
```

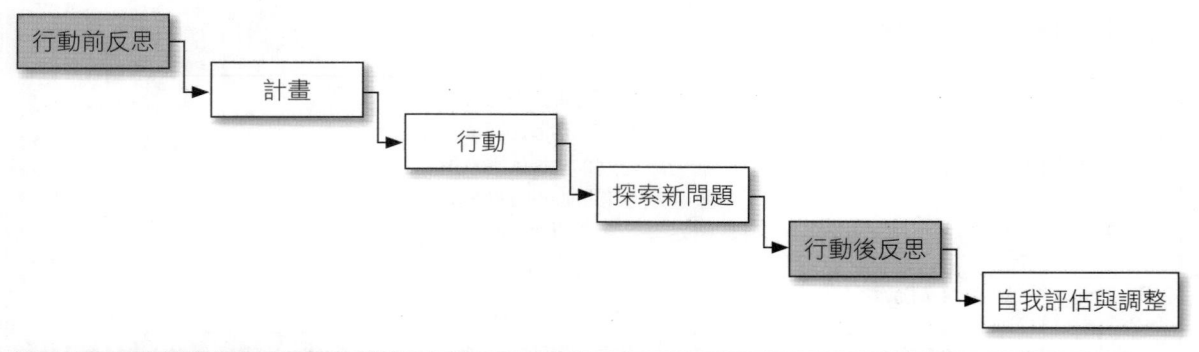

➲ 圖 4-16　行動學習作業流程

　　4. 探索新問題
　　5. 行動後反思：經歷經驗學習循環 (Lessons Learned Cycle)
　　　(1) 面對問題情境：學習在陪伴過程中發現問題與面對問題。
　　　(2) 觀察與分析：與學習者重新觀察、檢視、記錄、分析與討論過去經歷(驗)。
　　　(3) 反思與觀念重構：引導學習者進入自我觀察、反思與批判之「行動後反思」、「反思日誌撰寫」過程與觀念重構。
　　　(4) 試驗
　　6. 自我評估與調整

4.4.3　體驗式學習

　　John Dewey 的體驗式學習 (Model of Experiential Learning, EL) 係指學習者基於過去之知識和經驗，參與具有情境脈絡之經驗，並透過對該經驗之反思，以增進知識、改變態度、發展技能之方法。John Dewey 主張「做中學 (Learning by doing)」，無論學習課程編排或教材選擇，都以學習者興趣所在、隨手可得並能實地操作為原則。體驗式學習係經由經驗不斷之轉換而創造知識之歷程，學習強調適應之「歷程 (the process of adaptation)」，而非「內容」及「結果」。John Dewey 並提出體驗學習模式 (Dewey's Model of Experiential Learning) (如圖 4-17)，可供體驗之 **[8~10]**。

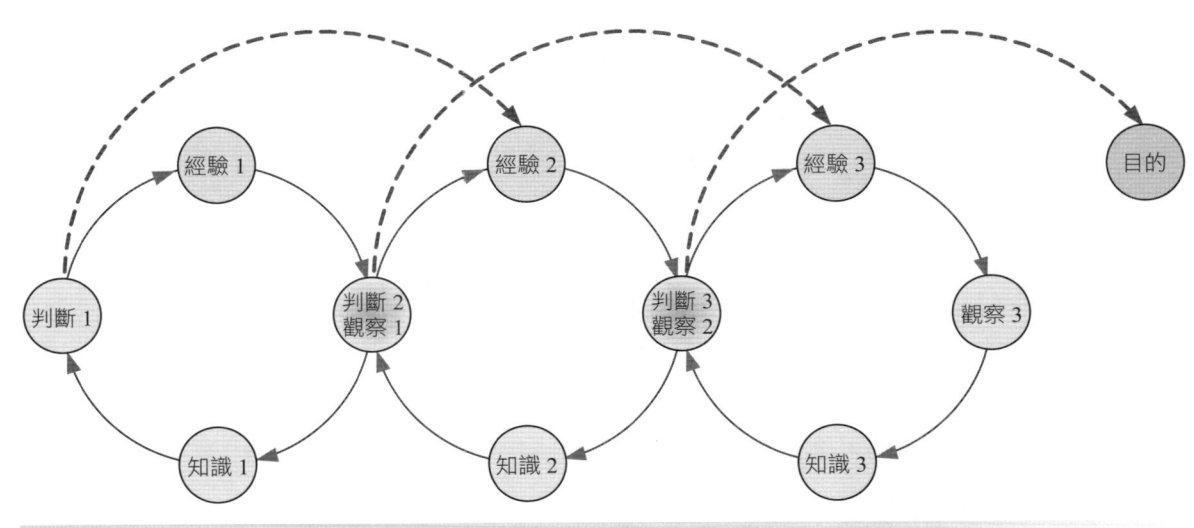

圖 4-17　John Dewey 體驗學習模式

4.4.4 融滲式學習

「融滲式教學 (Across Curriculum, AC)」係一潛移默化之教學法，將所要教導傳授之知識與觀念融合於主體科目之中。在介紹講解相關主題科目之時，以「滲透方式」將目標主題介紹傳授給學生，俾臻教育於無形之目的。「通識教育融滲至專業教育」中，或以「專業教育融滲至通識教育」中。而融滲式生命教育 (亦即融滲教育模式，如圖 4-18) [1] 則指將有關「生命教育或全人教育」之相關概念，融入一般之相關課程中，使授課者在課程中，把這些觀念融滲至日常課程中，而學習者亦可在日常課程受到生命教育與全人教育之薰陶。美國融滲式教學多以「XYZ Across Curriculum」語詞呈現，如 Ethics Across Curriculum，即在相關課程中，討論企業社會責任 (CSR) 與專業之倫理

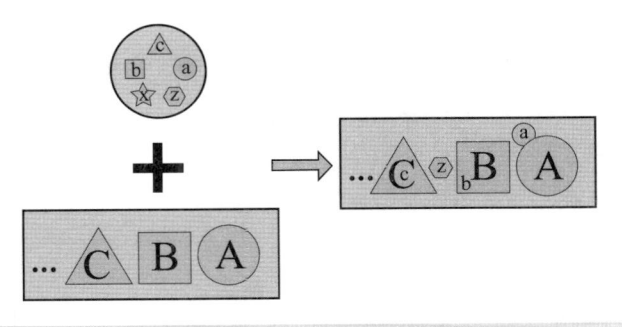

圖 4-18　融滲教育模式圖

課題，無形中加深學習者職業道德意識與提昇其道德辨識之抉擇能力。融滲式教學係將一些極待教導給學習者之觀念或技能，經化整為零之過程，結合相關課題，「融入」相關課程之中，經由「滲透方式」傳輸教導給學習者，以達到教育於無形之目的。又如 Communication Across Curriculum，即在一些相關課程中，加入書面寫作之作業與口頭報告機會。讓學習者有機會磨鍊加強溝通表達之能力。美國工程技術教育評議會 (Accreditation Board for Engineering and Technology, ABET)，對各大學工學院評鑑及對工程倫理教育之考察，除評鑑相關之課程外，更重視各校用什麼方式把工程倫理融滲至專業課程之中 **[11-14]**。實施方式有二，如表 4-16。筆者研發之「吳氏融滲法」中之「協同式與混搭式融滲法」，則可進行通識 (含：企業社會責任、專業倫理道德、工程倫理) 與專業科目之融滲。

4.4.5 服務學習 (Service Learning, SL)

服務學習亦即服務與學習並重，二者交相融滲於學習專業知識技能課程中，並在服務歷程反思學習成效 (如表 4-17)。其中「服務學習金三角則 (SL△ = 知識 + 經驗 + 反思)」為引導者與學習者共同依循之準則。

表 4-16　融滲實施方式

	王氏融滲法		吳氏融滲法
插撥式	1. 打帶跑方式 2. 針對當代議題簡短討論示見 3. 專業倫理與基礎倫理解說	單方式	體驗式學習 (EL) 問題導向式學習 (PBL) 主動式學習 融滲式學習 意識匯談法
延伸式	以專業倫理觀點延伸討論技術性議題	協同式	專業科目 + 通識科目 1. 教師和合 2. 教材融合 3. 教學協同： 　(1) 先滲再融；(2) 中西合璧；(3) 融滲合一
混合式	教導、互動與深入討論特定議題	多方式	深度匯談法
化和式	全程融滲相關教材與議題	混搭式	圓桌論壇法

表 4-17　服務學習歷程

SL 服務學習歷程	1. 準備 (P)＝暖身體驗＋生命故事分享與創作 聯絡合作單位、確認服務內容與時間、規劃課程大綱、分組討論與設計 2. 服務 (S)：行動、供需調查、缺口分析、雙系統開發與導入、專業與服務學習融滲 3. 反思 (R)：小組報告／分享／討論／反省／檢討、撰寫「反思日誌」＝個人 PSL Portfolio＝What?(服務了啥？)＋So What?(服務真諦？學習意涵？)＋Now What?(然後呢？如何運用所學？)＋…… 4. 慶賀 (C)：海報／展覽／網頁分享服務學習歷程、成果發表
引導者 (Facilitator)	1. 適時引導分析，強調過程重於結果之觀念(內化，而非結果論)。 2. 歷程＝服務學習並重＋無中生有＋人性激發＋正向經驗＋做中學(如：社區服務／志工服務／海外志工服務……) 3. SL 金三角＝知識＋經驗＋反思
學習者 (Client)	開放心胸及自身之體驗學習狀態

註解

1. Independent, Intuition, Imagination, Innovation, Invention, Creativity。

2. 紮根理論基本要素有三：(1) 概念 (Concepts)：資料分析之基本單位；(2) 範疇 (Categories)：理論發展之基礎；(3) 命題 (Propositions)：源自於假設，偏重於概念間之類化關係。

3. 典範登錄 (coding paradigm) 係指刺激思考反應之策略：(1) 事件產生現況 (conditions)；(2) 結果 (consequences)；(3) 處理措施 (coping mechanisms)；(4) 過程 (processes)。

4. D_4 = Desire (期待) + Decision (決定) + Discipline (紀律) + Determination (決心)

5. QC Story 步驟：(1) 問題界定 (Define problem)；(2) 現況分析 (Status Analysis)；(3) 真因分析 (Root-cause Analysis)；(4) 矯正措施研提與實施 (Identify & Implement Corrective Action)；(5) 確證成效與防止再發 (Validate & Prevent Recurrence)；(6) 標準化 (Standardization)；(7) 殘餘與潛在問題 (Remaining & potential problem)；(8) 持續改善 (Continuous improvement)。

6. TS 16949 相關之指導手冊亦相繼出爐：ISO/TS 16949: 2009 Guidance Manual 指導手冊 (CQI-16) = ISO/TS 16949: 2002 Implementation Guide 執行方案 (CQI-7) + Guidance to ISO/TS 16949: 2002 汽車認證方案 (IATF)。

7. Joxce Wycoff (1991)「心智地圖」係一全腦創意思考與問題解決技法，以視覺思考之景（意）象呈現，允許創意、點子及想法自由奔放與流竄。將主題具象化，以一主題為中心概念，再從中心分枝，連結其他相關概念。如此不斷擴散，心智圖法可畫出思考脈絡，縱覽思考想法之全貌。心智地圖係一擴散思考之方法，運用線條-顏色-文字-數字-符號-圖像-圖畫-關鍵詞……等各種方式聯想及統整，把所學所想之概念、意象表現之，是一種視覺化或圖像化之思考方法。

8. Dr Eliyahu M. Goldratt 於1986 年提出限制理論 (Theory of Constraints, TOC) 之管理新思維與方法，以挑戰企業經營管理八大範疇迷思之解決之道。Goldratt定義「限制理論」為：藉由 (1)系統思考程序 (Thinking Process)；(2) 衝突圖 (Conflict Map)；(3) 混沌理論 (Chaos Theory)，聚焦組織與個人間之因果邏輯關係 (即系統之固有簡單性)，找出阻礙或限制組織在短時間內得到整體效益與高績效之少數關鍵／限制因子 (Key/Constraint Factor, Leverage Point)。而有效管理「限制」之方法與解決方案，謂之「限制理論」。企業內部溝通、協調機制狀況頻仍，矛盾衝突層出不窮。有效導入「限制理論」，跳脫原有習慣領域與思考模式，藉由現實樹-衝突解決圖-否定樹-預詢樹-轉換樹發掘、面對、定義與分析問題，求證不同假設是否真實存在，認知是否正確。復聚焦兩造之共同「思考程序 (Thinking Process)」與「認知 (Cognitive)」，引導雙方解決問題，創造雙贏「共識」。

參考文獻

一、中文部分

1. 吳贊鐸，職場問題解決心智圖庫，勤益管理學術研討會，2006。
2. 吳贊鐸等編著，科技管理，全華圖書 (股) 公司，2012，第 330~331 頁。
3. 台北希望園區，意識匯談法與 STORY 核心價值: 發展具生命力的學習型組織，第九期讀書會導引人培訓班，2007。
4. 卓淑玲，PBL 式教學經驗分享 - Teaching experience of Problem Based Learning，台灣師範大學心理系，2007。
5. 劉金源，我國大學通識教育的現況、問題與對策，通識學刊：理念與實務，第一卷第一期，頁 1~30，民 95 年。
6. 劉金源，大學通識教育實務-中山大學的經驗與啟示，中山大學出版社，頁 37~60，民 95 年。
7. 黃坤錦，通識課程之設計與教法，中大通識教育，8 期，1998。
8. 吳贊鐸，退休生活錦囊，第四屆產業管理研討會，2006。
9. 中華工程教育學會認證委員會，工程及科技教育認證規範 (AC2004+)，中華工程教育學會第二屆第二次認證委員會會議通過認證規範 1~9，2006。
10. 吳贊鐸，融滲式教學實務導入標準作業指導書-I，2009 Conference on Innovation of Industry Management，2009。
11. 王晃三，迎接教室裡的春天 – 融滲教育模式與策略，東南科技大學，2008。
12. 王晃三，全人理念與生命教育，生命教育與二十一世紀學術研討會，中原大學，2000。
13. 劉金源，融滲式通識課程之實施，融滲式教學與全人教育研討會暨工作坊，東南科技大學，民 98 年。
14. 吳贊鐸，融滲式教學實務導入標準作業指導書-II，2009 Conference on Innovation of Industry Management，2009。

二、英文部分

15. http://www.theworldcafe.com/
16. http://www.theworldcafe.com/tools.html

17. http://www.empowermentinstitute.net/lcd/lcd_files/World_Cafe_Hosting_Guide.pdf
18. Juanita Brown, David Isaacs, "The World Café," Berrett-Koehler Publishers, Inc., 2005.
19. http://www.theworldcafe.com/
20. http://www.theworldcafe.com/tools.html
21. http://www.empowermentinstitute.net/lcd/lcd_files/World_Cafe_Hosting_Guide.pdf
22. Juanita Brown, David Isaacs, "The World Café," Berrett-Koehler Publishers, Inc., 2005.
23. http://www.frontier.org.tw/ost/paper1.htm
24. http://www.co-intelligence.org/P-Openspace.html
25. Goldratt, E. M. and Fox, R. E., The Race, North River Press, 1986.
26. Goldratt, E. M., Theory of Constraints, North River Press, 1990.
27. Goldratt, E. M. and Cox, J., The goal, North River Press, 1992.
28. Woeppel, M. J., "Manufacturer's Guide to Implementing the Theory of Constraints, The St. Lucie Press/ APICS Series on Constraints Management, 2001.
29. Gerald I. Kendall, "Securing the Future-Strategies for Exponential Growth Using the Theory of Constraints," The St. Lucie Press, 1997, pp.31-58, 105-131.
30. Gerald I. Kendall, "Securing the Future-Strategies for Exponential Growth Using the Theory of Constraints," The St. Lucie Press, 1997, pp.31-58, 105-131.
31. Ume, C. and Timmerman, M., "Innovative communications oriented design projects in mechatronics courses," IEEE Transactions on Education, 38(3), 1995, pp. 223-229.
32. Baillie, C. & Walker, P., "Fostering creative thinking in student engineers," European Journal of Engineering Education, 23(1) 1998, pp. 35-44.
33. Blicblau, A. S. & Steiner, J. M., "Fostering creativity through engineering projects," European Journal of Engineering Education, 23(1), 1 998, pp.55-65.
34. Mintzes, J. J., & Novak, J. D., "Assessing science understanding: The Epistemological Vee Diagram," Academic Press 1999.
35. http://www.triz-journal.com/archives/1998/11/d/index.htm

第四章 問題

36. Savransky S.D., "Engineering of Creativity: Introduction to TRIZ Methodology of Inventive Problem Solving," CRC Press, Florida: Boca Raton, 2000.

37. http://ocw.metu.edu.tr/pluginfile.php/1792/mod_resource/content/0/home/lecture/triz/cont radi .htm

38. http://www.mazur.net/triz/

39. B. G. Glaser, A. L. Strauss, "The Discovery of Grounded Theory," Aldine, Chicago, IL, 1967.

40. http://www.groundedtheory.com/

41. http://www.groundedtheoryonline.com/what-is-grounded-theory

42. B. G. Glaser, A. L. Strauss, "The Discovery of Grounded Theory," Aldine, Chicago, IL, 1967.

43. http://www.groundedtheory.com/

44. http://www.groundedtheoryonline.com/what-is-grounded-theory

45. http://www.mycoted.com/creativity/techniques

46. http://www.gaya.org.tw/hkbi/journal/no8/features1.htm

47. John Mason, Leone Burton & Kaye Stacey," Thinking Mathematically," Addison-Wesley PublishersLimited, 1985.

48. http://www.google.com.tw/imgres?imgurl=http://3.bp.blogspot.com/_WXShsNH9K2w/S wu_cTjUBXI/AAAAAAAAACE/E6gJVcUZIos/s400/7S-McKinsey-model.jpg&imgrefurl=http://b4tea.com/information/mckinsey-7s-framework-7s-model/&h=235&w=275&sz=20&tbnid=_cZsRnnHtktfDM:&tbnh=97&tbnw=114&prev=/search%3Fq%3Dthe%2Bmckinsey%2B7s%2Bframework%26tbm%3Disch%26tbo%3Du&zoom=1&q=the+mckinsey+7s+framework&hl=zh-TW&usg=_U5Qopgurrd5suNWX_JTEtNKUnBQ=&sa=X&ei=PnECT-PkKtDOmAXWjO2AAg&ved=0CCUQ9QEwBg

49. http://cdnet.stpi.org.tw/techroom/analysis/images/pat_A048.jpg

50. Ethan M. Rasiel, "The McKinsey Way: using the techniques of the world's top strategic consultants to help you and your business", McGraw-Hill Professional, 1999.

51. Ethan M. Rasiel, Paul N. Friga, "The McKinsey Mind: Understanding and Implementing the Problem-Solving Tools and Management Techniques of the World's Top Strategic Consulting Firm," McGraw-Hill Professional, 2001.

52. MckinseyQuarterly: http://www.mckinseyquarterly.com/home.aspx
53. http://www.sims.com.tw/ec.L.htm
54. http://www.cifs.dk/scripts/artikel.asp?id=1497
55. http://www.personalstrategicplan.com/
56. http://www.youtube.com/watch?v=SgAN_wOyd88
57. http://www.youtube.com/watch?v=SgAN_wOyd88
58. http://www.fieldstonealliance.org/productdetails.cfm?PC=39
59. http://www.exinfm.com/workshop_files/strategic_planning_model.ppt#1476, 8, Strategic Planning Model A B C D E
60. http://lamarrassociates.com/Lamarr/Docs/Strategic%20Plan/Strategic%20Life%20Plan.doc
61. http://www.bmgindia.com/innovation-consulting-d4-methodology
62. http://www.dwassoc.com/ford-8-ds.php
63. http://www.8dreport.com/
64. http://osn.oshkoshcorp.com/docs/quality/8D%20-%20Corrective%20Action%20Report.pp t# 256,1,8D Corrective Action
65. http://cjkurtz.com/quality-tools/CA%20References/Corrective%20Action.ppt#256,1,Corre cti ve Action Problem Solving
66. http://osn.oshkoshcorp.com/docs/quality/8D%20-%20Corrective%20Action%20Report.ppt
67. http://www.quality-one.com/services/8d.php
68. http://wiki.mbalib.com/zh-tw

Chapter 5

流程管理

工作流程管理聯盟 (Workflow Management Coalition, WfMC) 係推動企業流程管理 (Business Process Management, BPM) 標準之國際組織，其中 BPEL 2.0 規範企業需對內外執行點對點之流程管理，始能獲得更相容之流程執行環境。而定義表單中所需使用「標準符號」之幾何位置，及指定流程之相關人員，則需藉由 XPDL 規範將描繪好之 BPM 流程以 XML 格式儲存規範之。並以專為不同系統追蹤流程所制定之新標準 ASAP (Asynchronous Service Access Protocol)，強化 BPEL 2.0 與 XPDL 標準規範間之互補性 [3]。本單元係依據 WfMC 之標準規範，定義工作流程管理系統之相關專有名詞 [4]。

5.1 流　程

　　流程 (process)註1 係為達到某一特定結果所必須執行之一連串系列作業活動，且該活動需包含 5M1E：人員 (Man)、設備 (Machine)、材料 (Material)、特定之作業方法 (Method)、量測 (Measurement) 與環境 (Environment)，以達成預期之結果。另依據 ISO 9001:2008 (或 CNS 12680) 定義為一組將輸入轉換為輸出之相互關連或交互作用之活動 (Activity)。一流程之輸入通常為另一流程之輸出。組織中之流程，通常皆經過計畫，並在管制之狀況下執行，以增加其價值。其基本操作步驟為 SIPOC：(1) Supplier [供應商 (者)]；(2) Input (投入) (如：資料、原物料、技術、時間、設施、設備、人力、資源、資金)；(3) Process (增加附加價值之作業活動過程且可重複，亦即執行者)；(4) Output (產出) (如：軟體-資訊、服務，硬體-產品)；(5) Customer (顧客)，最終仍須輔以績效評估 (Performance evaluation) 與矯正預防措施始臻完善。

　　組織需就「關鍵流程」之重要關係部門，依流程範圍及性質指派一人為「流程擁有者 (Process Owner)」，籌組「流程小組 (Process Team)」並負責推動與執行「流程推動委員會 (Process Promotion Committee)」決議事項、流程內各部門及小組成員 (Process Team Member) 之溝通協調、流程問題解決 (PPs)、流程設計 (PDs)、流程建立 (PE)、流程診斷 (PD_g)、流程分析 (PA)、流程改善 (PI)、流程管理 (PM)、流程再造 (PR) 及流程績效評估 (PPE)，執行架構如圖 5-1。

第五章　流程管理

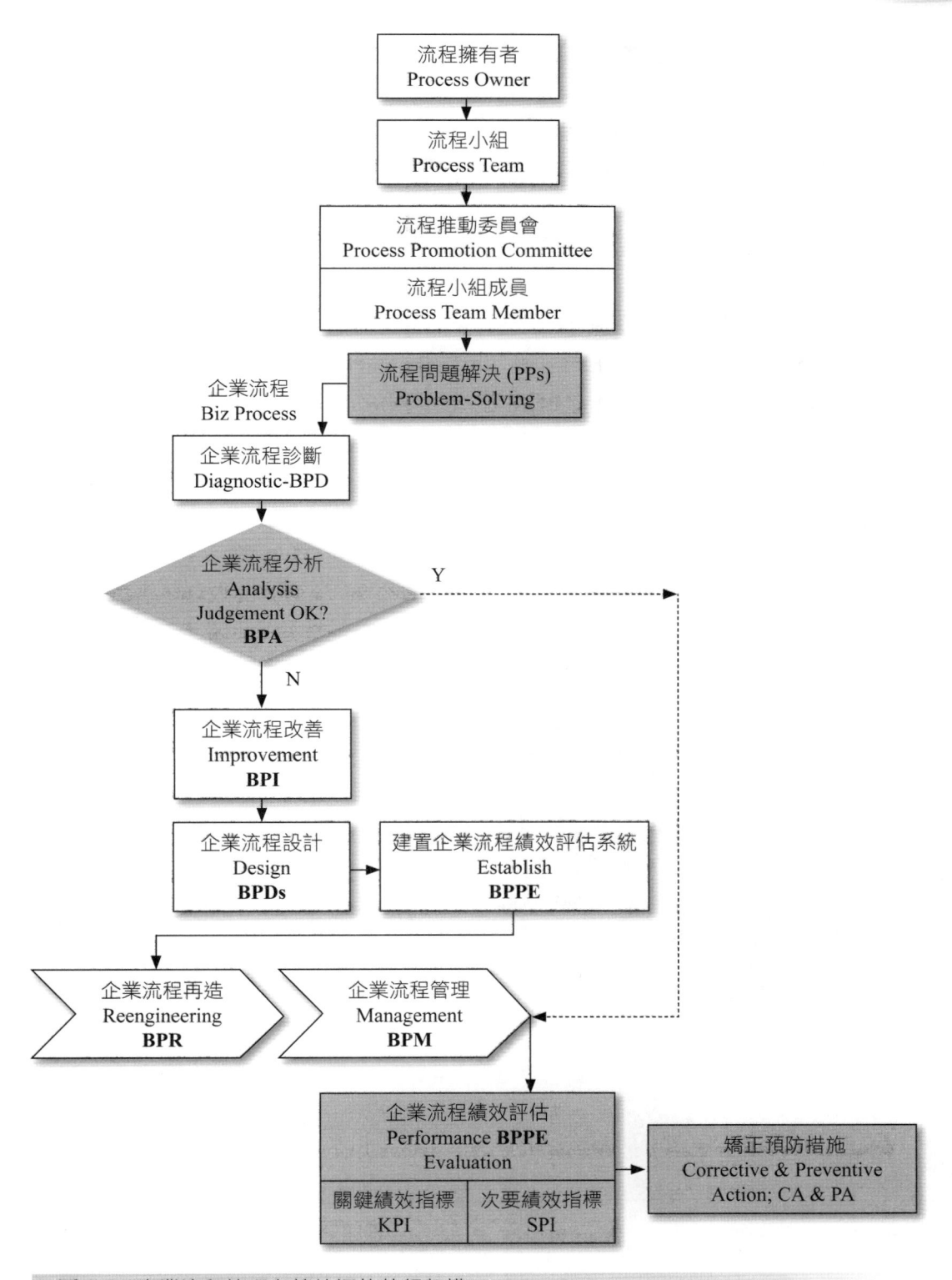

○ 圖 5-1　企業流程管理與績效評估執行架構

5.1.1 工作流定義

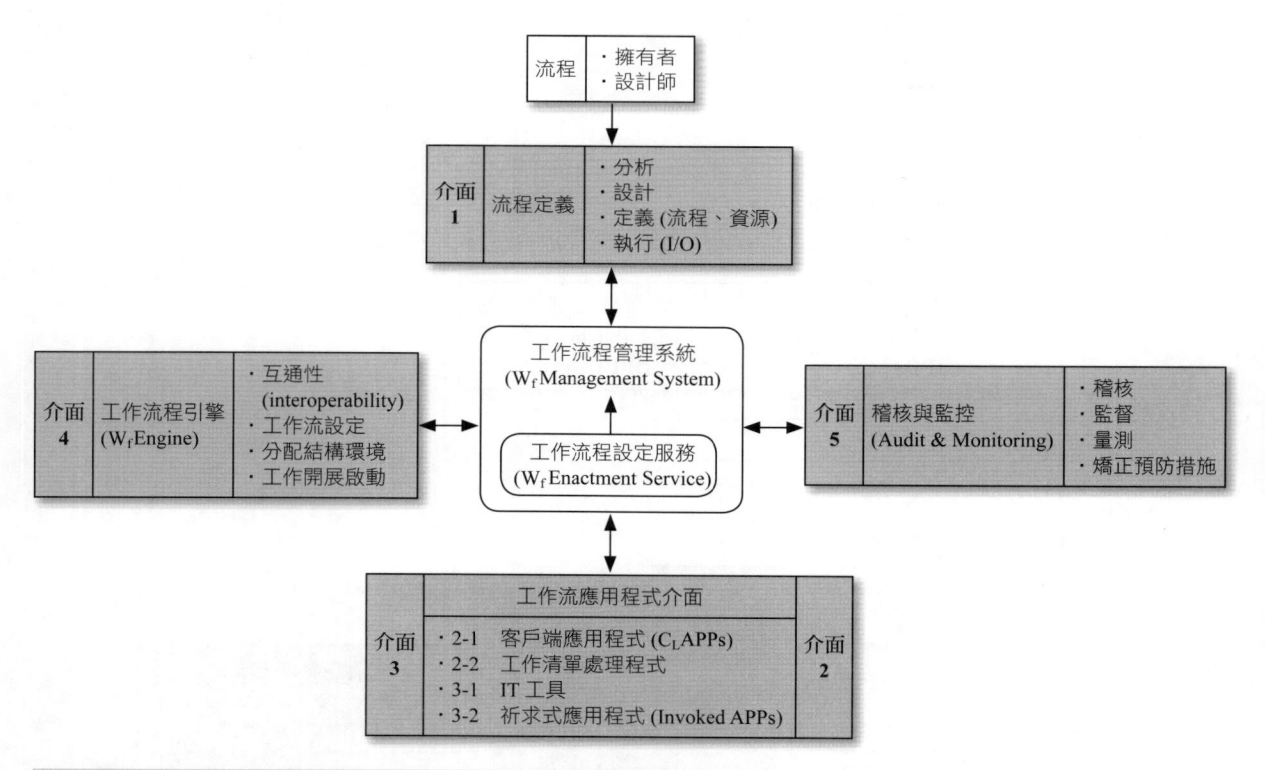

1996 年,美國國防部以工作流程參考模組 (Workflow Reference Model) 之五大介面 (Five Interfaces) [註2] (圖 5-2) 為核心主軸,籌組工作流程管理聯盟 (Workflow Management Coalition, WfMC) 並定義工作流 (Workflow, W_f) (圖 5-3 為企業體或部門間之文件、訊息或任務 (或活動) 流程之自動化,亦即藉由一套標準作業規則將文件、訊息或任務 (或活動) 從甲地傳輸至乙地之自動化流程 [註3]。而企業間則以商流 (Biz. Flow)、資訊流 (Information Flow)、物流 (Logistic Flow)、金流 (Cash Flow)、人流 (Human Flow)、工作流 (Work Flow) 與價值流 (Value Stream Flow) 交相運行之 (如圖 5-4)。

工作流係屬計算機支持之協同工作 (Computer Supported Cooperative Work, CSCW) 之一部分,依其實際運用特性,可分類為四種:(1) 嵌入式 (Embedded Workflow);(2) 協同式 (Collaborative Workflow);(3) 生產式 (Critical Production Workflow);(4) 企業式 (Enterprise Workflow)。

◯ **圖 5-2** 工作流程參考模組 (Workflow Reference Model)

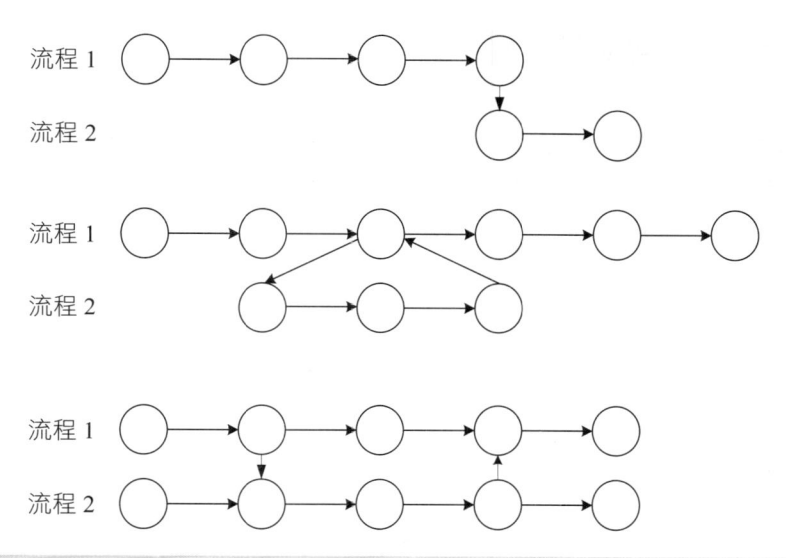

➲ 圖 5-3　工作流 (Workflow, W_f)

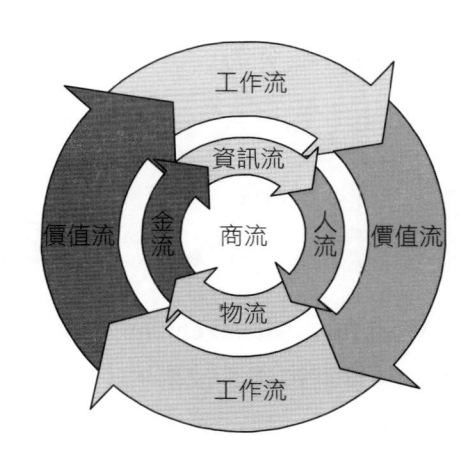

➲ 圖 5-4　企業流

5.1.2　工作流程管理

　　係指人機 (電腦) 共同工作之自動化協調、控制與通訊。在工作流程管理 (Workflow Management) 軟體系統下，所有文件流程與命令之執行均處於受控制狀態且工作量可被監督與分派，以臻平衡之效。

5.1.3 工作流程管理系統

系統理論 (System Theory) 創始者 L. von Bertalanffy 定義系統 (System) 為處於一特定相互關係並與環境發生關聯之各個組成部分之整體。中國科學家錢學森則主張：「極複雜之研究對象為系統」，即相互作用與依賴之若干組成部分合成具有特定功能之有機整體，而系統本身又是所從屬之更大系統之組成部分。整體而言，系統係由一群相互關聯且與環境發生相互作用之物件 (或個體或要素或部分) 所組成之群體 (集合)。物件間彼此以規則之互動或相互依賴，以達成預設目標。系統與外在環境存在一有形或無形之間隔，並受外在環境影響 (系統示意，如圖 5-5)。

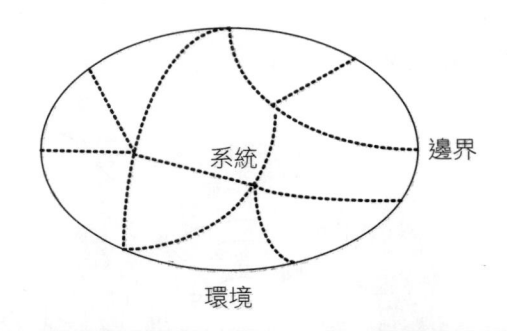

⊃ 圖 5-5　系統示意圖

「工作流程管理系統 (Workflow Management System, W_fMS)」係一工作流建模 [註4] (Workflow Model) 與管理之核心技術，主要功能則是藉由計算機技術 (如：軟體、IT 工具、模型) 定義、執行與管理工作流，並協調工作流執行過程中之工作間與群體成員間之信息交換及將流程調整、重組與轉化為應用軟體系統。而工作流則需依工作流管理系統來實現，其應用架構、生命週期 (Workflow Life Cycle) 與有形與無形之效益 (benefit)，如圖 5-2 介面 3、圖 5-6 與表 5-1 所示。

工作流程管理系統 (Workflow Management System) 亦是一「人機系統」，藉由工作流程管理軟體之定義，建立工作流程並予管理與執行。必須在一個或多個工作流程引擎上執行，流程引擎必須了解相關過程之定義，且與工作流程間之參與者 (或流程擁有者) 相互作用，並依據需求配合其他工具或程式相互應用之。其基本功能有三：(1) 定義工作流程 (包含流程活動 (Activity) 與規則)，同時被人機 (電腦系統) 所共同瞭解與確實瞭解；(2) 依據定義，建立實例

第五章　流程管理

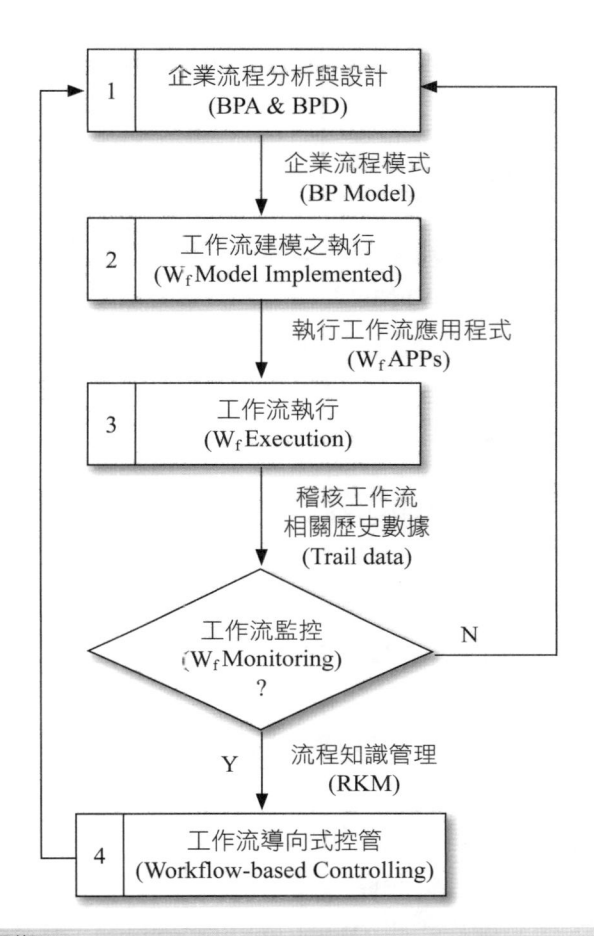

```
       ┌──────────────────────────┐
       │ 1  企業流程分析與設計      │←─────┐
  ┌───→│    (BPA & BPD)           │       │
  │    └──────────────────────────┘       │
  │              │ 企業流程模式            │
  │              │ (BP Model)              │
  │              ↓                         │
  │    ┌──────────────────────────┐       │
  │    │ 2  工作流建模之執行       │       │
  │    │    (W_f Model Implemented)│       │
  │    └──────────────────────────┘       │
  │              │ 執行工作流應用程式      │
  │              │ (W_f APPs)              │
  │              ↓                         │
  │    ┌──────────────────────────┐       │
  │    │ 3  工作流執行             │       │
  │    │    (W_f Execution)        │       │
  │    └──────────────────────────┘       │
  │              │ 稽核工作流              │
  │              │ 相關歷史數據            │
  │              │ (Trail data)            │
  │              ↓                         │
  │          ◇ 工作流監控                  │
  │          (W_f Monitoring)  ── N ───────┤
  │              ?                         │
  │              Y │ 流程知識管理          │
  │                │ (RKM)                 │
  │                ↓                       │
  │    ┌──────────────────────────┐       │
  └────│ 4  工作流導向式控管        │       │
       │    (Workflow-based Controlling)│
       └──────────────────────────┘
```

➲ 圖 5-6　工作流生命週期

表 5-1　工作流管理系統效益

有形 (Tangible)	無形 (Intangible)
1. 減少操作成本 2. 提高生產力 3. 加速處理時間	1. 改善服務品質 2. 改善員工工作效率 3. 改善組織變革管理 4. 改善品質 5. 改善組織溝通管道 6. 有效之決策 7. 改善規劃能力 8. 改善研發能力

(Instant) 與實際執行之工作流程；(3) 監督、量測、控制與管理執行中之業務活動與工作流程。

1. 微軟流程管理系統

微軟 Windows Workflow Foundation (WF) 係整合在 VS2005 下之程式開發環境與工具，且需符合 WFMC 協議。程式設計師可利用 WF 建構工作流程管理系統，開發「流程活動元件 (Activity)」。執行時，可藉由 Web Service 或其他遠端服務程序整合流程中各活動元件與需配合之商業邏輯及資料庫服務。並依下列順序執行之 [5]：

(1) 界定流程活動 (Activity)：工作流程中之最基本單元，係屬 Sequential (依序) 類型。

(2) 定義工作流程 (Workflow)：為一組多個流程活動所組成之部分或全部之商業處理程序，當流程在引擎中被建立時，會製造一個流程實例 (Instant)。

(3) 選定流程圖形設計工具 (WF Designers)：新增與修改工作流程中之各個流程活動。

(4) 使用流程活動基本元件組 (WF Base Activity Library)：開發者可直接使用並自行設計活動元件。

(5) 啟動工作流程程式庫 (WF Runtime Engine)：係指 WF 工作引擎，提供與外部整合及溝通之機制與服務，以加強引擎之彈性能力。

(6) 執行流程主機程序 (Host Process)：當 WF 之 Runtime Engine 執行時，將提供穩定之執行服務。

2. 鼎新 Easy Flow 電子流程管理系統

以 N-tier 架構開發純瀏覽器介面與建構企業訊息交流平台。運用微軟 DNA 與 Browser 運作技術，結合群組軟體及建立無紙化辦公環境。E-mail、電子表單、電子看板、線上傳呼、討論區與公佈欄，以供強化企業訊息溝通管道與資訊之傳遞。其中「EasyFlow 流程引擎」為電子流程管理系統之核心，可將企業必備之電子表單系統、知識文件管理系統、會議追蹤系統與 ISO 文件管理系統套裝模組化，俾使組織內部 Intranet 之規劃能予快速建置與導入。

EasyFlow 模組包括：(1) 流程管理系統內建之「電子表單系統模組」：協

助企業流程再造，提昇組織溝通效率、降低企業成本；(2)「ISO 文件管理模組」：推行 ISO 完整制度；(3)「OA 表單」：提供即裝即用之多樣實務表單範本；(4)「行動簽核模組」：藉由智慧手機平台，提供行動主管隨時隨地，快速簽核 [6]。

3. 華苓 Agentflow 流程管理系統

華苓「Agentflow 工作流程自動化系統」係一企業流程管理 (Business Process Management, BPM) 之解決方案，且提供企業快速建構以流程為導向 (Process-Oriented) 之資訊系統。該系統係以「直覺式流程思考 (Intuitive Process Thinking)」為主軸，思考企業之營運分析及行動模式。提供知識工作者流線化之知識管理 (Streamline Knowledge Management)、人性化之流程企業 (Humanistic Process Enterprise) 與智慧型之工作介面 (Intelligent Workspace)，將企業累積運作知能體現於流程改造之中。

Agentflow 企業流程管理平台，涵蓋：流程設計 (Process Design)、流程執行 (Process Execution)、管理維護 (Administration) 與流程最佳化 (Optimization)。

Agentflow 系統，係以 Java® 技術及 Web-based N-tier 架構開發之工作流程管理系統，符合國際工作流程管理聯盟 (WfMC, Workflow Management Coalition) 所定義之標準規範。而 Agentflow® Studio – Designer 則提供線性、扇狀、迴圈、會簽、動態加簽、條件式判斷流程類型，並支援動態退回機制、階層式流程、呼叫流程，可依需求自行搭配組合，以滿足企業需求[7]。

4. ARIS 整合型資訊系統

ARIS (Architecture of Integrated Information Systems) 係由 Dr. August-Wilhelm Scheer 所發展之流程規劃方法論，以「組織-資料-控制-功能」敘述觀點 (Descriptive Views) 描述企業流程。並以控制之敘述觀點 (或稱面向)，水平連結與垂直整合其他三面向之「整合型資訊系統架構」(如圖 5-7)。

ARIS 同時在各觀點中融合發展資訊系統之三大敘述層次 (descriptive levels)：

(1) **需求定義** (Requirement Definition)：確定名詞的一致性。
(2) **設計規格** (Design Specification)：將需求定義轉換為資訊技術及介面 (如：網絡佈線圖)。

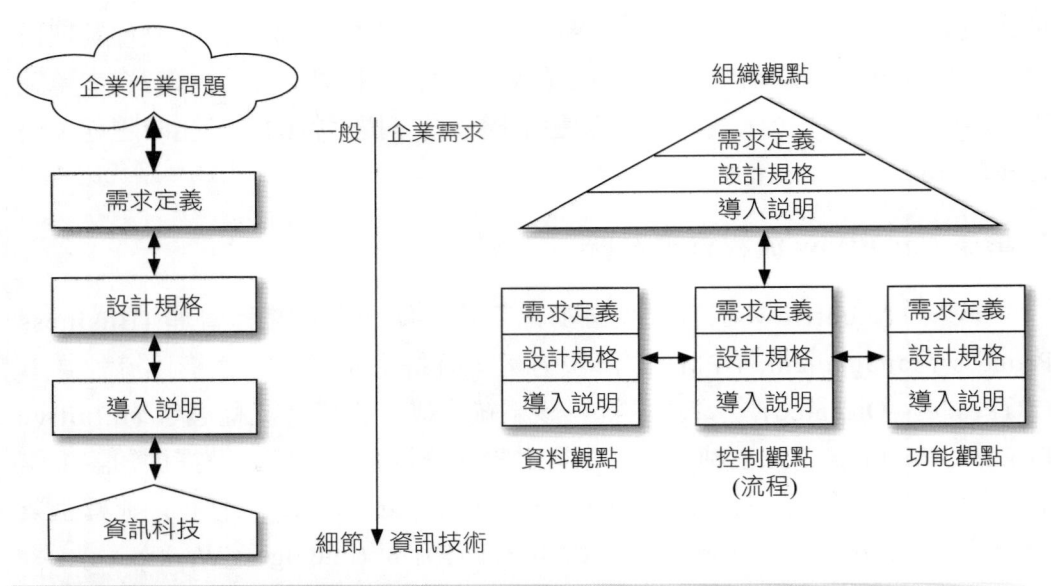

◯ 圖 5-7 ARIS 整合型資訊系統圖

(3) 導入說明 (Implementation Description)：將設計規格轉換為具體之硬體、軟體元件與連結 (如：網絡通訊協定之規格與組合)。

(4) ARIS 三項敘述層次將企業流程逐步細分，並將一般敘述性語言依序發展為結構化程式語言，以完成系統發展之程序。

5.2 工作流程發展法

工作流程發展法 (Workflow Development Metholdologies) 係以工作導向 (task-oriented) 為主，並以流程開發與工作排序為重。一般以「人工法 (artifacts)」為流程發展第一步，其圖示 (graph) (如圖 5-8) 有三：(1) 企業流程圖 (Business Graph)；(2) 工作流程圖 (Workflow Graph)；(3) 執行圖 (Execution Graph)。

流程發展之第二步則需整合上述三種圖示，以進行工作流之發展。方法有三：(1) 上下法 (Top-Down Methodology)；(2) 下上法 (Bottom-Up Methodology)；(3) 雛形法 (Prototyping Methodology)，如圖 5-9 [8~15]。

第五章　流程管理

流程圖	圖示	建模語言
企業流程圖 (Business Graph)		企業流程建模語言
工作流程圖 (Workflow Graph)		企業流程建模語言之衍生
執行圖 (Execution Graph)		不同建模語言之組合

◯ 圖 5-8　企業流程圖、工作流程圖與執行圖圖示

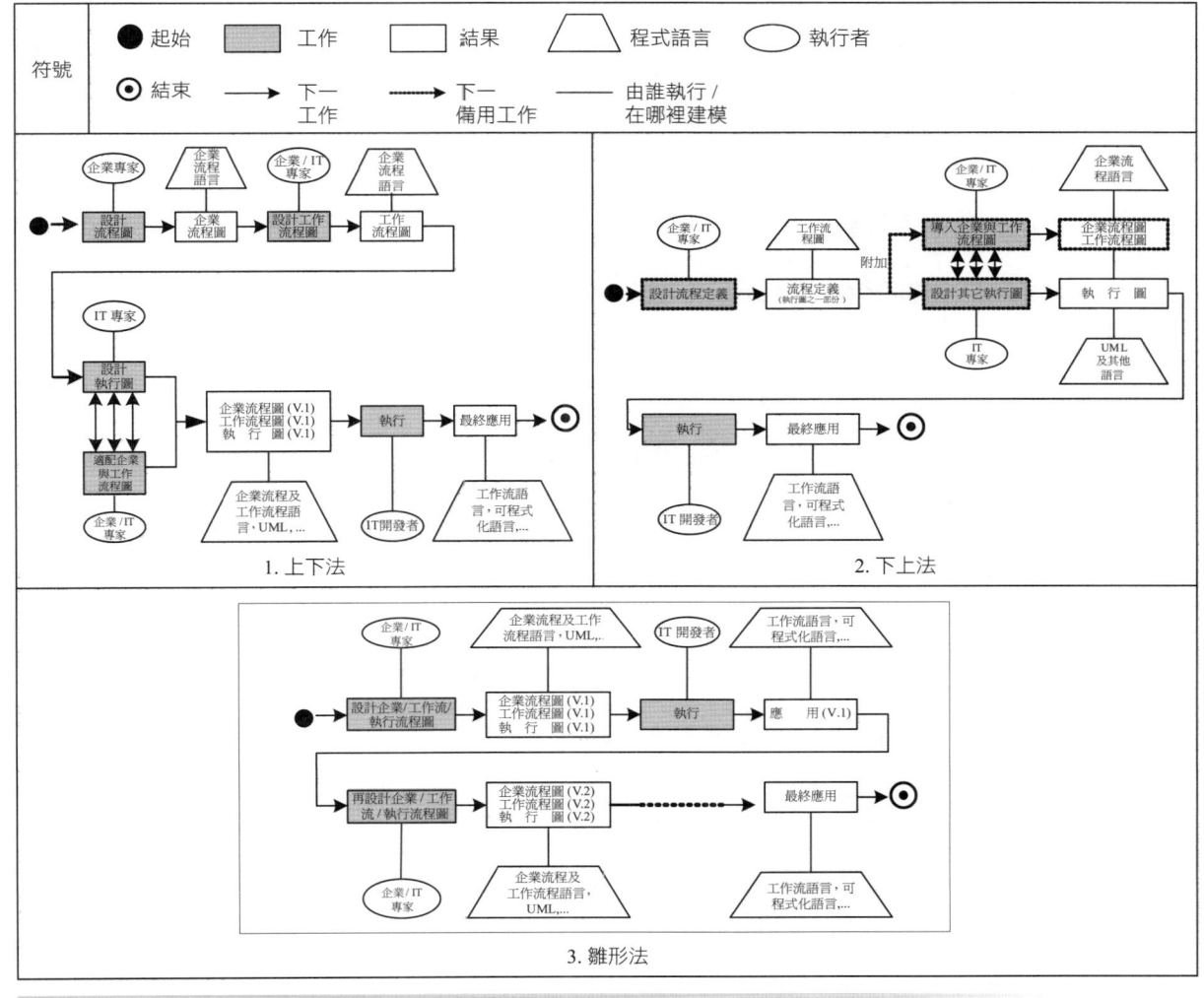

◯ 圖 5-9　工作流程發展法

91

5.3 流程分析

針對產品生命週期之工作流程 [包含：基本動作 (Motion)、標準作業／工作方法 (SOP)、標準工時 (ST)、投入產出 (SIPOC)] 進行整體性盤查，並診斷及分析過程中之工作效率、效能、產能 (生產力)、衝突點 (問題真因) 與緩衝點 (延遲等候)，以選擇最適之工作人員、機器設備、設施規劃與流程工序，並為後續持續維持或矯正預防之用，謂之流程分析 (Process Analysis, PA)。

5.3.1 輔助分析圖

流程分析之輔助分析圖有五 [16]：(1) 作業流程圖；(2) 工作 (活動) 流程圖；(3) 實體流線圖；(4) 供應鏈與設計鏈；(5) 價值流。而整體之企業流程分析 (BPA)，請參閱本章 5.5 節企業流程管理。

1. 作業流程圖 (Operation Process Chart)

藉由流程圖基本符號 (basic symbol)：

○ 橢圓形 (起迄點)　　□ 矩形 (工作／活動)　　◇ 菱形 (決策-是／否)
▱ 梯形 (手動作業)　　⬡ 六邊形 (準備)　　→ 箭頭 (工作流方向)
▱ 平行四邊形 (資料)　　⌒ 流線形 (文件)

以表示產品／服務生命週期中之標準過程與作業 (如：SIPOC、IDEFO、SOP、生產流程、工序、品質檢驗-IQC/PQC/OQC步驟、物流、資訊流……等) (如圖 5-10)，並應用於商業程序、製造程序及 ISO 品質管理系統之文件製作上。

2. 工作 (活動) 流程圖 (Work Flow Process Chart)

藉由美國機械工程師學會 (American Society of Mechanical Engineers, ASME) 訂定之流程圖 (Process Chart) 標準符號 (Standard Symbol)：○操作、⇨搬運、□檢驗、D 延遲／等候、▽儲存，以表示工作或工程程序之活動 (如圖 5-11，又名工序圖)，且可補充與強化作業流程圖不足之處。另可將圖 5-11 分割為左右手二邊，衍生為作業員左右手工作流程圖，用供標準作業分析之用。

第五章　流程管理

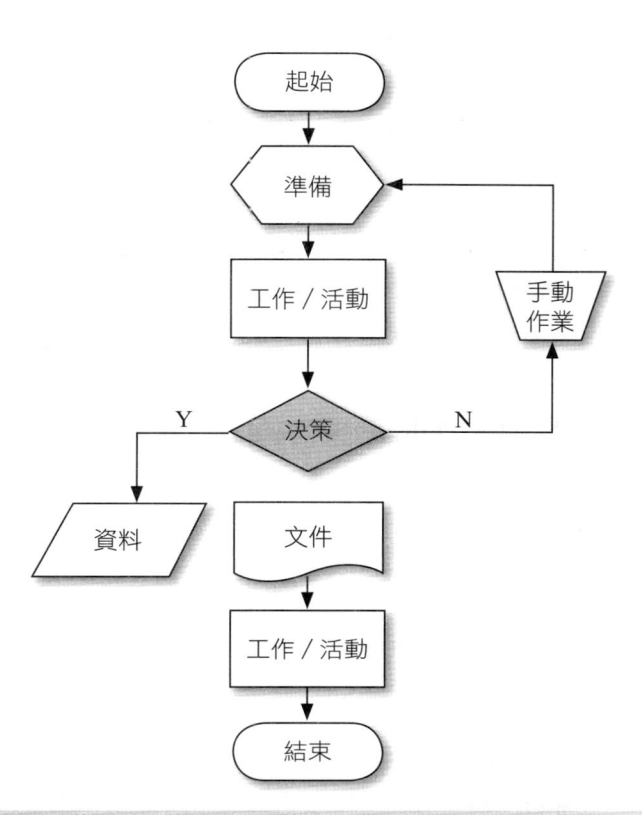

◯ **圖 5-10**　作業流程圖

編　號	工作說明	符　號				
1	……	◯	⇨	□	D	▼
2	……	◯	⬛➤	□	D	▽
3	……	◯	⇨	□	◗	▽
4	……	●	⇨	□	D	▽
5	……	●	⇨	□	D	▽
6	……	◯	⇨	■	D	▽
7	……	◯	⇨	□	◗	▽
8	……	◯	⇨	□	D	▼
總　計		2	1	1	2	2
流程圖符號	◯	O	Operation		操作	
^	⇨	T	Transportation		搬運	
^	□	I	Inspection		檢驗	
^	D	D	Delay		延遲保留	
^	▽	S	Storage		儲存	

◯ **圖 5-11**　工作(活動)流程圖(工序圖)

3. 實體流線圖 (Flow Diagram)

實體流線圖包含：應用於專案時程管理之甘特圖 (Gantt Chart)、產品細部拆解之爆炸圖、產品細部組裝之裝配圖、分析各部門間活動關係之活動關係圖 (Activity Relationship Chart, ARC) (活動關係重要性係以AEIOUX符號表示，如圖 5-12) 與結合人流 (human flow)、工作流 (work flow)、物流 (material/logistic flow)、資訊流 (information flow)、工序圖、活動關係圖及系統配置規劃圖 (Systematic Layout Planning, SLP) 之設施規劃實體圖 [17~19]，其步驟為：(1) 輸入設施規劃需求活動 (PQRST)；(2) 導入活動關係圖 (ARC)；(3) 空間與物流需求分析 (Space & Material Flow Analysis)；(4) 調整與修正 (Adjustment & Modification)；(5) 成本效益評估與方案選擇 (C/B Analysis & Alternative Selection)。

4. 供應鏈與設計鏈 (Supply Chain & Design Chain)

企業外部上游供應商、製造商、配銷商、批發商、零售商至下游消費者之「供需」關係與實體「物流」，謂之供應鏈 (Supply Chain)。另需輔以價值流 (Value stream) 水平連結供應鏈上下游供需關係之資訊流、物流與金流，以強化企業內外部之資源整合與夥伴關係、優化供應鏈系統中 PDCA 之活動、流程、效率及溝通與管理能力。而供應鏈協會 (SCC) 1996 年發佈之供應鏈作業參考模型 (Supply Chain Operations Reference Model, SCOR) 則為供應鏈設計之主要依據與標準作業指導書 (如圖 5-13)。

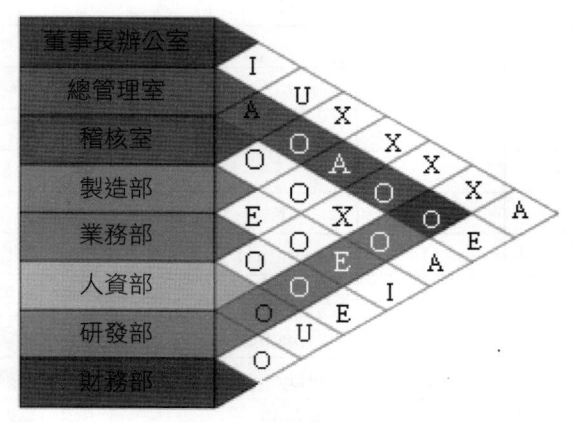

A＝絕對重要　E＝非常重要　I＝重要　O＝普通　U＝不重要　X＝無關

圖 5-12 活動關係圖

SCOR 基本作業流程 **[20]** 為 PSMDR：(1) 規劃 (Plan)；(2) 原物料 (Source)；(3) 製造 (Make)；(4) 配銷 (Deliver)；(5) 退貨 (Return)，以為從 As-Is 至 To-Be 之企業流程再造、精實生產、六標準差 DMAIC 分析、限制理論TOC 問題真因分析、平衡計分卡與標竿管理之用。SCC 更於 2004 年提出設計鏈作業參考模型 (Design Chain Operations Reference Model, DCOR)，以為供應鏈上中下游協同合作與設計 (Collaborative Coordination & Designation)、縮短新產品設計開發 (NPD) 時程及快速回應與滿足顧客需求。

　　DCOR 基本作業流程 **[21]** 為 PRDIA (如圖 5-14) **[20~21]**：(1) 規劃 (Plan)；(2) 研發 (Research)；(3) 設計 (Design)；(4) 整合 (Integrate)；(5) 修正 (Amend)。

5. 價值流 (Value Stream)

　　價值流係在精實生產制度下，以資訊流及物流繪製原物料至產品與服務之活動過程 (詳如第六章 6.2.4)。並比較其現況圖與標準圖，從中尋找立即暴露存在之浪費問題，並徹底排除浪費。

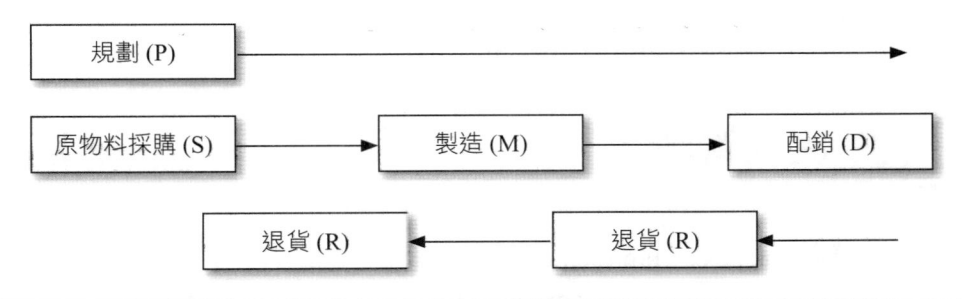

◯ 圖 5-13　供應鏈作業參考模型 (SCOR) 基本作業流程

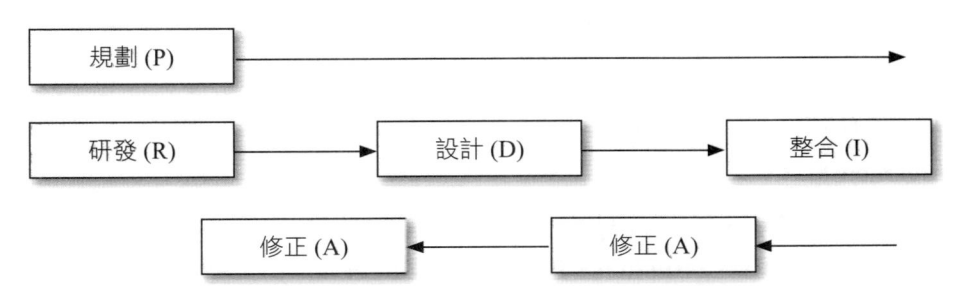

◯ 圖 5-14　設計鏈作業參考模型 (DCOR) 基本作業流程

5.3.2 企業流程分析

整體之企業流程分析 (Business Process Analysis, BPA) 步驟為：(1) 建置企業流程模式 (Biz. Process Model)；(2) 以 CPS 模式 (Customer-Producer-Supplier Model) 定義流程與活動；(3) 執行流程價值分析 (Process Value Analysis, PVA) [註5]；(4) 研擬矯正預防措施。惟企業流程管理仍需從巨觀與微觀兩方面進行剖析：

1. 企業情境之巨觀分析 (Biz. Scenario Analysis)

分析企業目標 (包含：企業願景、企業績效、企業環境、外部情境)、企業流程 (包含：企業角色、企業資源、企業功能、內部情境) 及企業組織結構 [22]。

2. 企業流程之微觀分析 (Biz Process Analysis)

(1) 建模 (Modeling)；(2) 整合 (Integrating)；(3) 監控 (Monitoring)；(4) 最佳化 (Optimizing)。

5.4 流程管理

流程管理 (Process Management, PM) 緣起於工作研究領域之流程分析技術 (Process Analysis Technique, PAT)。1980 年，流程管理與品質管理觀念結合，並發展為以「品質 (quality)」為核心，以「預防 (prevention)」為基本手段之流程管理系統。以供企業流程之建立、維持與其作業活動 (activity) 之標準化 (standardize)、執行 (plan)、分析及稽核 (analyze & check)、矯正預防措施 (Corrective & Preventive Action, CA & PA) 與持續改善 (continuous improvement)。

1984 年 IBM 公司提出 QFBP (Quality Focus on Business Process) 作法，1988 年更名為 BPM (Business Process Management)，1991 年則定名為 PM (Process Management) 流程圖 (flowchart) 係針對過程、演算法、流程之一種圖像表示，廣泛應用於文件流程化、管理系統化、分析、設計、化工製程、單元

第五章　流程管理

操作、管線配置與溝通交流。

而流程圖之製作 (符號[註6]，詳如圖 5-15)、流程管理之操作程序 (如表 5-2)

(1) Word 快取圖案

(2-1) Visio 流程圖符號

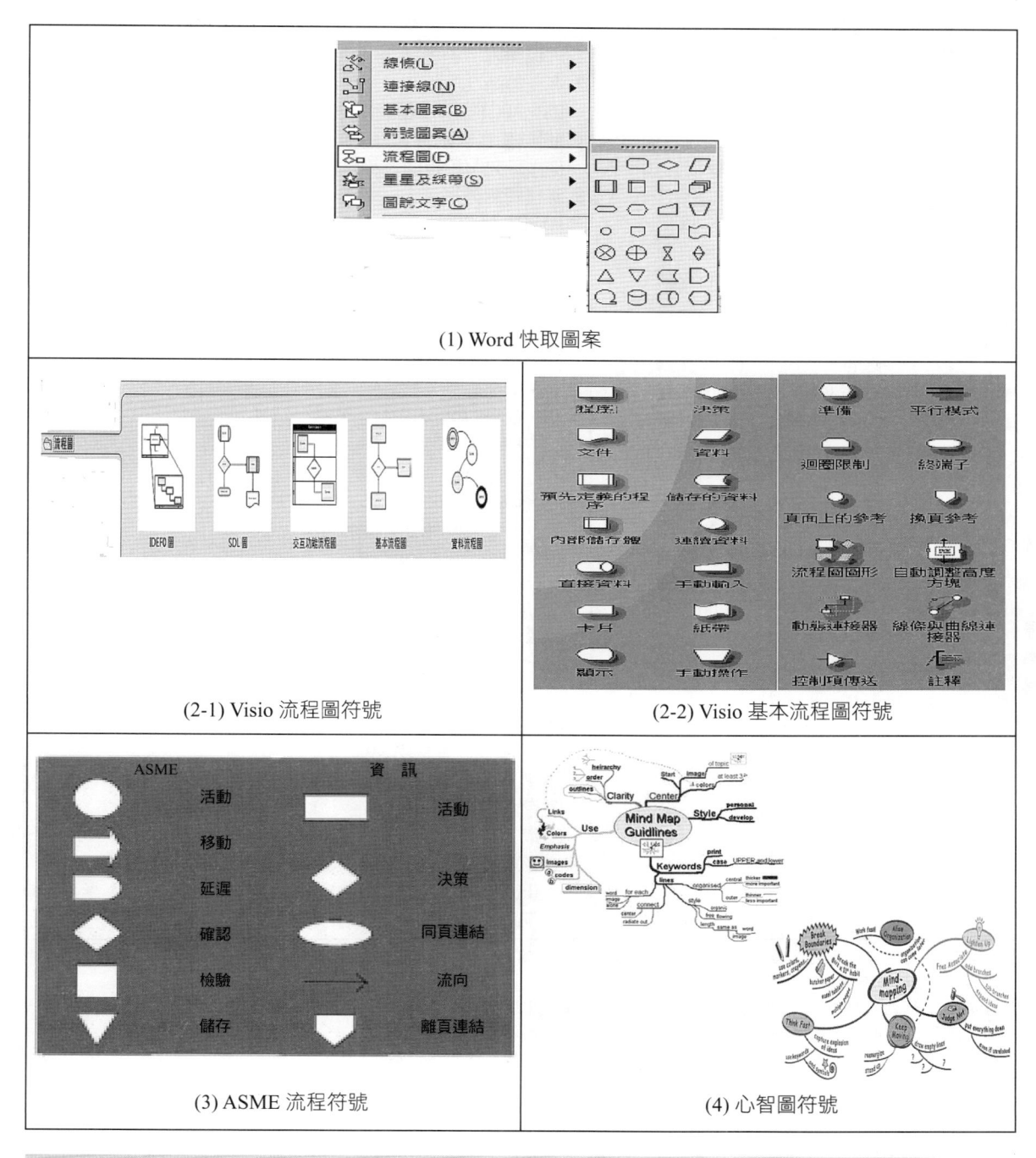

(2-2) Visio 基本流程圖符號

(3) ASME 流程符號

(4) 心智圖符號

➲ 圖 5-15　Word 快取圖案、VISIO 流程圖符號、ASME 流程圖符號與心智圖符號

表 5-2 流程管理程序

I	II	III	IV
共識建立	流程建立	流程分析與改善	流程管理標準化
1. 品質教育 2. 流程小組 　Process Owner (1) ＋ Team Member (n) 3. 流程管理 　(1) 原則： 　　所有權(Ownership) 　　需求(Requirement) 　　衡量(Measurement) 　　矯正措施(CA) 　(2) 角色： 　　投入：供應者 　　執行：執行者 (流程) 　　產出：使用者 (顧客)	1. 流程盤查： 　金流、物流、 　人流、資訊流、 　價值流、商務流 2. 流程樹 (CTQ) 　(1) CTQ 　(2) K_j 圖 　(3) 系統圖 　(4) 心智圖 　(5) 流程圖[1] 　(6) 甘特圖 　(7) PERT 圖 　(8) 矩陣圖 　(9) 流程鏈圖 　　(PCD) 3. 關鍵樹 (TOC) 　(1) 柏拉圖 　(2) 衝突圖 　(3) 關鍵圖 　(4) 失效圖 　　(FTA, FMEA)	1. 流程需求／範圍調查 2. 流程診斷 　BS、ABC (基本活動成本分析)、ABM (基本活動管理分析)、工作(時) 研究、柏拉圖、標竿法 3. 流程關鍵因子 　(1) VOC → CSI 　(2) VOE → KPI 　(3) PQFD → KPI, SPI 4. 流程分析[2] (PA) 5. 流程改善 (PI) 　(1) 架構/作業/系統改善 　　・5W3H 　　・ECRS[3]-BPI: 　　　Eliminate, Combine, Rearrange, Simplify 　　・EISSIC-BPR: 　　　Eliminate, Integrate, Simplify, Specify, IT Improvement, Comprehensive Method 　(2) 客訴／抱怨分析 　(3) 矯正／預防措施 　(4) 問題解決 (Problem-solving) 　　People ≠ Problem 6. 流程新模式建置 　(1) 新流程／查核點建構 　(2) 新流程品質機能展開 (PQFD) 　(3) 新流程管制標準訂定實施 　(4) 新流程管理計畫書／SOP 　(5) 流程品質保證方案 　　(PQA-ISO9001:2000) 　(6) 流程問題解決典範彙編	1. 流程管理組織 2. 流程管理會議 3. 流程管理標準 4. 流程績效管理 (PPM) 5. 流程發表 (PIssue) 6. 流程診斷 (PD) 7. 流程再造 (PR) 　I⇔II⇔III⇔IV 8. 產品生命週期管理 (PLM)

[1] 依照活動或任務發生之先後順序，精簡概述流程中每一事件 (如：主流程[1st]、次流程[2nd]、功能[3rd]、作業活動[4th]、工作任務[5th]) 之圖形表徵。

[2] 將流程分解為數個作業活動或工作任務，檢視分析彼此間之關連性與關係，並探索其不當之投入、需求、作業活動、流程、產出、時間、障礙、衡量、回饋、技術、工具及方法。

[3] 將不恰當、不合理且效率不彰之作業活動或工作任務或資源，予以「刪除-合併-重組-簡化」之。

資料來源：[1]

表 5-3　流程管理階段與步驟

流程管理 (Process Management, PM)	
階段 (Stage)	步驟 (Step)
1. 啟始 (Initialization)	1. 決定流程所有權 (Determine/Assign Process Ownership) 2. 架構流程邊界與介面 (Delineate process boundaries and interfaces)
2. 定義 (Definition)	3. 定義一組清晰且易解之工作活動 　 (Define a set of work activities in a clearly understandable way) 4. 確定顧客需求 (Determine customer requirements)
3. 管制 (Control)	5. 建立管制點 (Establish control point) 6. 量測與評估流程 (Measure & assess the process) 7. 回饋與矯正預防措施 (Feedback & corrective action)

Source：[23]

[1] 與執行階段及步驟 (如表 5-3) [23]，已為流程管理所亟需。

5.5　企業流程管理

　　Gartner Group 定義企業流程管理 (Business Processes Management, BPM) 為一套完整之工具與服務，且提供：(1) 企業內部工作流程分析 (Work Flow Analysis, WFA) 與資訊系統之整合；(2) 建立標準化及自動 e 化之企業流程 (business process)，包括企業外部交易夥伴之應用整合，以因應未來企業協同運作之需求 [24]。

　　而企業流程管理之生命週期 (Life Cycle) 包含五大面向：(1) 設計 (Design)；(2) 建模 (Modeling)；(3) 執行 (Execution)；(4) 監控 (Monitoring)；(5) 最佳化 (Optimization)。

　　另需考量四大主軸：(1) 流程擁有者 / 所有人 (Process Owner) 之所有權與應負責任 (Ownership/Responsibility)；(2) 明訂可衡量需求 (Requirement)；(3) 定期檢討與衡量 (Measurements) 績效；(4) 藉由矯正措施 (Corrective Action) 改善缺失，以配合企業流程管理階段與步驟 (如表 5-4) 之施行 [25~26]。

表 5-4　企業流程管理階段與步驟

企業流程管理 (Business Process Management, BPM)	
階段 (Stage)	1. 設計 (Design) 2. 利害關係者 (Stakeholders) 3. 定義現有流程 (Define the Current Process) 4. 量測現有流程 (Measure the Current Process) 5. 界定障礙改善 (Identify Barriers to Improvement) 6. 真因分析 (Root Cause Analysis, RCA) 7. 開發解決執行方案 (Develop the Solutions and Implementation Plan)
步驟 (Step)	1. 界定 BPM 標的與組織目標之關聯性 　 (Identify BPM goals in line with corporate objectives) 2. 評估與文件化現有流程 　 (Evaluate and document existing processes) 3. 設計與文件化符合新BPM標的之流程 　 (Design and document new BPM processes in line with BPM oals) 4. 以 BPM 模組模擬新流程 　 (Simulate new processes using a BPM model and break them into components) 5. 設定 BPM 核心專家團隊規劃、審核、監督及執行 　 (Set up a core BPM expert group to plan, oversee and monitor implementation) 6. 因應組織與文化變革之規劃 　 (Plan for organizational change, introducing culture changes slowly) 7. 選定一先期計畫，評估 BPM 效益 　 (Identify a pilot project to assess BPM benefits) 8. 包含其他關鍵部門及其衍生性之執行 　 (Involve other key departments and extend implementation to other departments) 9. 建立關鍵績效指標 　 (Establish key performance indicators (KPIs))

5.6　企業流程改善

企業流程改善 (Business Process Improvement, BPI) 需符合流程選擇「4R原則 (Resource, Return, Risk, Reward)」，並依下述三階段進行之：

1. 快速修護與調整 (quick tuning & adjust)

(1) 流程窒礙難行與成效不彰，需憑主觀與經驗方式強化或簡化該流程。
(2) 忽視流程中或流程間，各活動間之相互依存關係。

2. 全面品質管理 (Total Quality Management, TQM)

依據戴明 PDCA 管理循環循序改善：改善規劃 (Plan)、執行微調或局部更新或再造 (Do)、稽核與評估改善績效 (Check)、矯正措施 (Act)。

3. 企業流程再造 (Business Process Reengineering, BPR)。

5.7 企業流程設計

對企業內部各部門現行之作業流程與方式予以盤查後，復以流程定義方法與流程圖等工具，界定公司之管理作業流程。針對「關鍵流程」，評估與診斷現行作業流程之再造關鍵點 (Reengineering Critical Point, RCP)。

藉由組織再造推動委員會之參與討論，針對公司營運作業流程之再造關鍵點，重新設計流程。而企業流程設計 (Business Processes Design, BPD) 方法，有 IDEFO (ICAM DEFintion)、ARIS (Architecture of Integrated Information Systems)、PERA (Purdue Enterprise Reference Architecture)、CIMOSA (CIM (Computer Integration Manufacturing))、GIM/GARI、GERAM (Generalized Enterprise Reference Architecture and Methodology) 六大理論可資依循 [27~36]。

惟流程設計需以 ESIA：(1) 刪除 (Eliminate, E)；(2) 簡化 (Simplify, S)；(3) 整合 (Integrate, I)；(4) e 化 (Automate, A)，進行全方位之整體設計 [2]。

5.8 企業流程再造

企業流程再造 (Business Process Reengineering, BPR) 係指企業為配合快速變革之環境、企業永續發展之過程與組織持續營運管理機制之有效運作 (如圖 5-16)，需瞭解現行 (As is) 與未來 (To be) 流程，徹底進行根本之反思 (reflect) 與企業流程分析 (business process analysis)，並重新設計企業流程 (business process)、建立標準化管理系統與組織變革及其架構之調整，期使企業在品質、成本、交期、服務、速度及士氣等關鍵績效指標上，獲得突破性之改善，但對企業將產生較高之風險 [37]。而企業流程再造步驟有五：

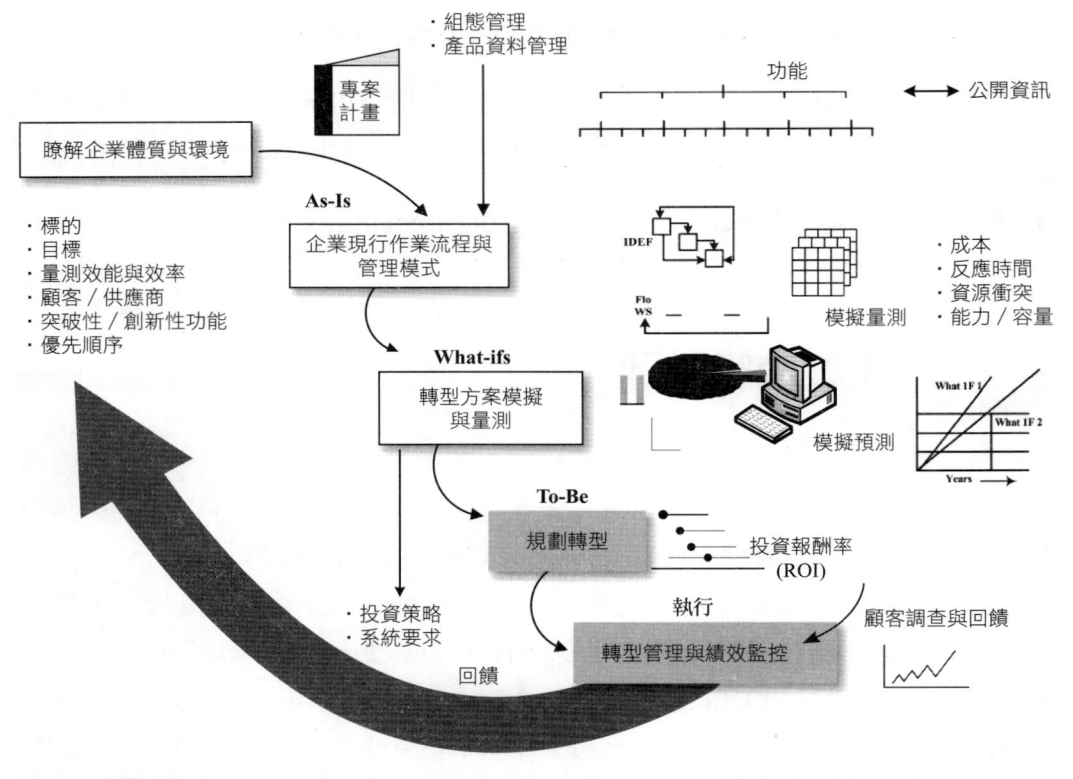

➲ 圖 5-16　企業流程再造示意圖

1. 確定企業願景與目標。
2. 籌組企業流程再造推動委員會

   流程再造小組，將企業各部門現行作業活動流程或工作任務，進行全面盤查。過程中，若發現不恰當、不合理且效率不彰之作業活動或工作任務或資源，應予以 ECRS (刪除-合併-重組-簡化) 或 EISSIC (刪除-整合-簡化-優化- e 化-綜合 EISSI) 處理之 (詳如表 5-2 III)。
3. 辨識關鍵顧客與衡量關鍵顧客之需求。
4. 辨識與決定再造之「關鍵流程」

   辨識滿足企業願景、經營目標、競爭優勢、企業流程績效及顧客關鍵需求之「關鍵流程」，並予優先再造之。
5. 依據企業流程再造三大突破面向 (BPM Breakpoint Phase) (表 5-5) [38]：(1) 探索 (Discover)；(2) 重設計 (Redesign)；(3) 實現 (Realize)，進行組織突破與再造。

表 5-5　企業流程再造突破架構 (BPR Breakpoint Framework)

步驟＼面向	Phase 1 探索 (Discover)	Phase 2 重設計 (Redesign)	Phase 3 實現(Realize)	
Step 1	動員 Mobilize	動員 Mobilize	動員 Mobilize	1. 籌組團隊 2. 細部規劃 3. 效益評估 4. 衝擊評估
Step 2	評估 Assess	分析 Analyze	溝通 Communicate	1. 願景勾勒 2. 工作流之願景 3. 合理說明 4. 願景、計畫、衝擊確證
Step 3	選擇 Select	創新 Innovate	行動 Act	1. 執行 2. 管控 3. 溝通
Step 4	參與 Engage	設計 Engineer	量測 Measure	1. 目標規範 2. 成本效益分析
Step 5	-	保證 Commit	永續 Sustain	1. 持續管理 2. 關鍵績效衡量

Reference：[39]

註解

1. Process: A process is a set of linked activities that take an input and transform it to create an output.
2. Five Interfaces: (1) Interface 1: Process Definition; (2) Interface 2,3: Workflow APIs (Application Programming Interfaces); (3) Interface 4: Inter-Engine Workflow; (4) Interface 5: Audit & Monitoring
3. W_f : The automation of a business process, in whole or part, during which documents, information or tasks are passed from one participant to another for action, according to a set of procedural rules.
4. 工作流建模：將工作流程中之工作如何前後組織在一起之邏輯與規則，並在計算機中以適當之模型進行與實施計算。
5. 流程價值分析 (Process Value Analysis, PVA) 步驟：(1) 選擇合適流程分析；(2) 蒐集記錄流程週期時間；(3) 估算作業活動成本；(4) 評估附加價值 (VA) 活動。
6. ASME 流程圖供工業製造程序 (Industrial Process) 之用。資訊流程圖 (Information Flowchart) 供描述資訊實體 (entity) 與資料流 (data flow) 間之關聯系統。

參考文獻

一、中文部分

1. 張志強，流程管理技術手策，中國生產力中心，1998。
2. 翁德昌，企業流程管理技巧，憲業企管顧問有限公司，2007。

二、英文部分

3. http://en.wikipedia.org/wiki/Workflow_Management_Coalition
4. http：//www.wfmc.org
5. http://www.microsoft.com/en/us/default.aspx
6. http://www.dsc.com.tw/Product_Solution/Product_ERPII_2/BPM/Easy Flow/_Feature/tabid/932/Default.aspx
7. http://www.flowring.com/tc/product/solutions.jsp
8. Layna Fischer, "Workflow Handbook 2001," Future Strategies Inc., Book Division, 2001.
9. Layna Fischer, "Workflow Handbook 2002," Future Strategies Inc., Book Division, 2002.
10. Layna Fischer, "Workflow Handbook 2003," Future Strategies Inc., Book Division, 2003.
11. Layna Fischer, "Workflow Handbook 2004," Future Strategies Inc., Book Division, 2004.
12. Layna Fischer, "Workflow Handbook 2005," Future Strategies Inc., Book Division, 2005.
13. Layna Fischer, "Workflow Handbook 2006," Future Strategies Inc., Book Division, 2006.
14. Layna Fischer, "Workflow Handbook 2007," Future Strategies Inc., Book Division, 2007.
15. Layna Fischer, "Workflow Handbook 2008," Future Strategies Inc., Book Division, 2008.
16. http://eng.rmutsb.ac.th/events/industrial/data/Work%20Study/process%20analysis.pdf

17. http://www.ie.eng.chula.ac.th/academics/course /2104328/references/muther/RMA_1146_SLP_Overview_Mfg.pdf
18. Richard Muther, "Overview of Systematic Layout Planning (SLP): Manufacturing Plant Example," Richard Muther & Associates, 2005.
19. http://www.raymondnet.com/AGRCo-Articles/presentations/act_rel_chart.pdf repository.binus.ac.id/content/D0214/D021467166.ppt
20. http://supply-chain.org/
21. http://www.gs1tw.org/twct/web/conference2006/09.pdf
22. John A. Zachman, Zachman International (810) 231-0531
23. http://itmanagersinbox.com/846/the-7-stages-of-business-process-management/
24. http://www.iiiedu.org.tw/ites/BPM.htm
25. http://itmanagersinbox.com/846/the-7-stages-of-business-process-management/
26. http://www.bpmenterprise.com/content/c060501a.asp/
27. Theodore J. Williams and Hong Li, "PERA and geram—Enterprise Reference Architectures in enterprise integration," Institute for Interdisciplinary Engineering Studies Purdue University.
28. Theodore J. Williams, "The Purdue Enterprise Reference Architecture and Methodology (PERA)," Institute for Interdisciplinary Engincering Studies Purdute University.
29. http://www.atb-bremen.de/projects/prosme/Dorku/oqim/pera_old.htm
30. http://www2.isye-gatech.edu/~lfin/8851/EIRA.ppt
31. http://en.wikipedia.org/wiki/Generalised_Reference_Architecture_and_Methodolgy
32. Bernus, P., and Nemes, L., "Modelling and Methodologies for Enterprise Integration," Chapman and Hall, London. Contains papers on all the architectures discussed and related research by Task Force members and others, 1996.
33. Bernus, P., Nemes, L., and Williams, T. J., "Architectures ofr Enterprise Integration," Chapman and Hall, London, 1996.
34. Sage, A.P., "Systems Engineering," John Wiley and Sons, Inc., New York, NY, 1992.
35. Thome, B. (ed.), "Systems Engineering, Principles and Practice of Computer-

Based Systems Engineering," John Wiley Sons, Inc., New York, NY, USA, 1993.

36. Williams, I. J., Rathwell, G.A., and Li, Hong (eds.), "A Handbook on Master Planning and Implementation for Enterprise Integration Programs," 1996.
37. http://www.abovee.com/knowledge/knowledge20061016.htm
38. Henry J. Johansson, Patrick Mchugh, A. John Pendlebury, William A.Wheeler III, "Business Procees Reengineering - Breakpoint Strategies for Market Dominance," John Wiley & Sons Ltd., 1993, pp.85-101.
39. http://en.wikipedia.org/wiki/Flowchart
40. http://en.wikipedia.org/wiki/Process_Diagram
41. http://itmanagersinbox.com/846/the-7-stages-of-business-process-management/
42. Henry J. Johansson, Patrick Mchugh, A. John Pendlebury, William A.Wheeler III, "Business Procees Reengineering - Breakpoint Strategies for Market Dominance," John Wiley & Sons Ltd., 1993, pp.85-101.
43. Duncan R. Shaw, Christopher P. Holland and Peter Kawalek, Bob Snowdon and Brian Warboys., "Elements of a business process management system: theory and practice," Business Process Management Journal, Vol. 13 No. 1, 2007, pp. 91-107.
44. Henry Quesada, Rado Gazo., "Methodology for determining key internal business processes based on critical success factors A case study in furniture industry," Business Process Management Journal, Vol. 13 No. 1, 2007, pp. 5-20.
45. Peter Dalmaris, Eric Tsui, Bill Hall, Bob Smith, "A framework for the improvement of knowledge-intensive business processes," Business Process Management Journal, Vol. 13 No. 2, 2007, pp. 279-305.
46. S. Limam Mansar, H.A. Reijers, "Best practices in business process redesign: use and impact," Business Process Management Journal, Vol. 13 No. 2, 2007, pp. 193-213.
47. Mark E Nissen, "Experimental assessment of an innovation knowledge system for decision support," Business Process Management Journal, Vol. 11 No. 5, 2005, pp. 444-475.
48. Abdullah S. Al-Mudimigh, "The role and impact of business process management in enterprise systems implementation," Business Process

Management Journal, Vol. 13 No. 6, 2007, pp. 866-874.
49. Matti Rossi and Virpi Kristiina Tuunainen, Marju Pesonen, "Mobile technology in field customer service Big improvements with small changes ," Business Process Management Journal, Vol. 13 No. 6, 2007, pp. 853-865.
50. Nadja Damij, "Business process modelling using diagrammatic and tabular techniques, " Business Process Management Journal, Vol. 13 No. 1, 2007, pp. 70-90.
51. Sang M Lee; David L Olson; Silvana Trimi; Kris M Rosacker, "An integrated method to evaluate business process alternatives," Business Process Management Journal, Vol. 11 No. 2, 2005, pp. 198-212.
52. Bouchaib Bahli and Fei Ji., "An assessment of facilitators and inhibitors for the adoption of enterprise application integration technology An empirical study," Business Process Management Journal Vol. 13 No. 1, 2007, pp. 108-120.
53. Oscar Barros, "Business process patterns and frameworks Reusing knowledge in process innovation," Business Process Management Journal, Vol. 13 No. 1, 2007, pp. 47-69.
54. Vichita Vathanophas, "Business process approach towards an inter-organizational enterprise system," Business Process Management Journal, Vol. 13 No. 3, 2007, pp. 433-450.
55. T.T. Niranjan, K.B.C. Saxena and Sangeeta S. Bharadwaj, "Process-oriented taxonomy of BPOs: an exploratory study," Business Process Management Journal, Vol. 13 No. 4, 2007, pp. 588-606.
56. Mihyar Hesson, "Business process reengineering in UAE public sector A naturalization and residency case study," Business Process Management Journal, Vol. 13 No. 5, 2007, pp. 707-727.
57. Mohsen Attaran, Sharmin Attaran, "Collaborative supply chain management The most promising practice for building efficient and sustainable supply chains," Business Process Management Journal, Vol. 13 No. 3, 2007, pp. 390-404.
58. Aihie Osarenkhoe, Az-Eddine Bennani, " An exploratory study of implementation of customer relationship management strategy," Business Process Management Journal, Vol. 13 No. 1, 2007.pp. 139-164.
59. Sherry Finney, Martin Corbett, "ERP implementation: a compilation and

analysis of critical success factors," Business Process Management Journal, Vol. 13 No. 3, 2007, pp. 329-347.
60. E'ric Alse`ne, "ERP systems and the coordination of the enterprise," Business Process Management Journal, Vol. 13 No. 3, 2007, pp. 417-432.
61. Ming-Fong Lai and Gwo-Guang Lee, "Risk-avoiding cultures toward achievement of knowledge sharing," Business Process Management Journal, Vol. 13 No. 4, 2007, pp. 522-537.
62. D. Jamali, "Insights into triple bottom line integration from a learning organization perspective," Business Process Management Journal, Vol. 12 No. 6, 2006, pp. 809-821.
63. Wayne Cartwright, John L. Craig, "Sustainability: aligning corporate governance, strategy and operations with the planet," Business Process Management Journal, Vol. 12 No. 6, 2006, pp. 741-750.
64. Simon S. Gao and Jane J. Zhang, "Stakeholder engagement, social auditing and corporate sustainability," Business Process Management Journal, Vol. 12 No. 6, 2006, pp. 722-740.
65. Nigel John Roome, Ronald Bergin, "Sustainable development in an industrial enterprise: the case of Ontario Hydro," Business Process Management Journal, Vol. 12 No. 6, 2006, pp. 696-721.
66. Margarete A. Seitz, Peter E. Wells, " Challenging the implementation of corporate sustainability The case of automotive engine remanufacturing," Business Process Management Journal, Vol. 12 No. 6, 2006, pp. 822-836.
67. Paul Belliveau, Abbie Griffin and Stephen M. Somermeyer, "The PDMA Toolbook 2 for New Product Development," John Wiley & Sons, Inc., 2004.
68. Paul Trott, "Innovation Management and New Product Development," Financial Times Press, 2008.
69. http://ebookbrowse.com/
70. Cooper, Robert G., Scott J. Edgett, and Elko J. Kleinschmidt, "Benchmarking Best NPD Practices," Research-Technology Management 47, no. 6, 2004.
71. Crawford, C. Merle, "New Products Management. 5th ed.," Chicago: Irwin, 1997.
72. "Making NPD Work," Nilewide Marketing Review, 2004.

73. Moorman, Christine, and Anne S. Miner, "The Convergence of Planning and Execution: Improvisation in New Product Development," Journal of Marketing 62, no. 3, 1998.
74. Poolton, Jenny, and Ian Barclay, "New Product Development from Past Research to Future Applications," Industrial Marketing Management 27, no. 3, 1998.
75. Steenkamp, Jan-Benedict E.M., Frenkelter Hofstede, and Michel Wedel, "A Cross-National Investigation into the Individual and National Cultural Antecedents of Consumer Innovativeness, " Journal of Marketing 63, no. 2, 1999.
76. Wells, Melanie, "Have It Your Way," Forbes Global 8, no. 3, 2005.
77. http://www.referenceforbusiness.com/management/Mar-No/New-Product-Develop ment.ht ml#ixzz1cQIB1WrJ
78. http://www.google.com.tw/imgres?imgurl=http://www.referenceforbusiness.com/m anagement/images/eom_0005_0001_0_img0129.jpg&imgrefurl=http://www.referenceforbusiness.com/management/Mar-No/New-Product-Development.html&h=430&w=425&sz=49&tbnid=m4t13sO6pPeIGM:&tbnh=126&tbnw=125&prev=/search%3Fq%3Dnew%2Bproduct%2Bdevelopment%26tbm%3Disch%26tbo%3Du&zoom=1&q=new+product+development&hl=zh-TW&usg=__Hg_3NPQiuHoh7Ebr6OW8me-mB6o=&sa=X&ei=C2-vTtTTCMydmQX12emCAg&ved=0CCEQ9QEwAw
79. Paul Belliveau, Abbie Griffin and Stephen M. Somermeyer, "The PDMA Toolbook 2 for New Product Development," John Wiley & Sons, Inc., 2004.
80. e-book: PDMA Handbook
    PDMA Toolbook 1 Tools for engineering & design-TRIZ
    PDMA Toolbook 2 Tools to improve customer & market inputs for New Product Development
    PDMA Toolbook 3 Strategic tools for improving NPD performance Winning at New Projects
81. http://ebookbrowse.com/npdp-pdf-d116380572
82. Dale M. Brethauer, "New Product Development & Delivery: Ensuring Successful Products through Integrated Process Management," American

Management Association-AMACOM, 2002.
83. Wheelwright, Steven C., Clark, Kim B, "Revolutionizing Product Development: Quantum Leaps in Speed, Efficiency, and Quality," Simon & Schuster, 1992.

Chapter 6

三　創

「三創」係指創意 (Creativity)、創新 (Innovation) 與創業 (Entrepreneurship)，彼此互為因果與關聯 (如圖 6-1)。

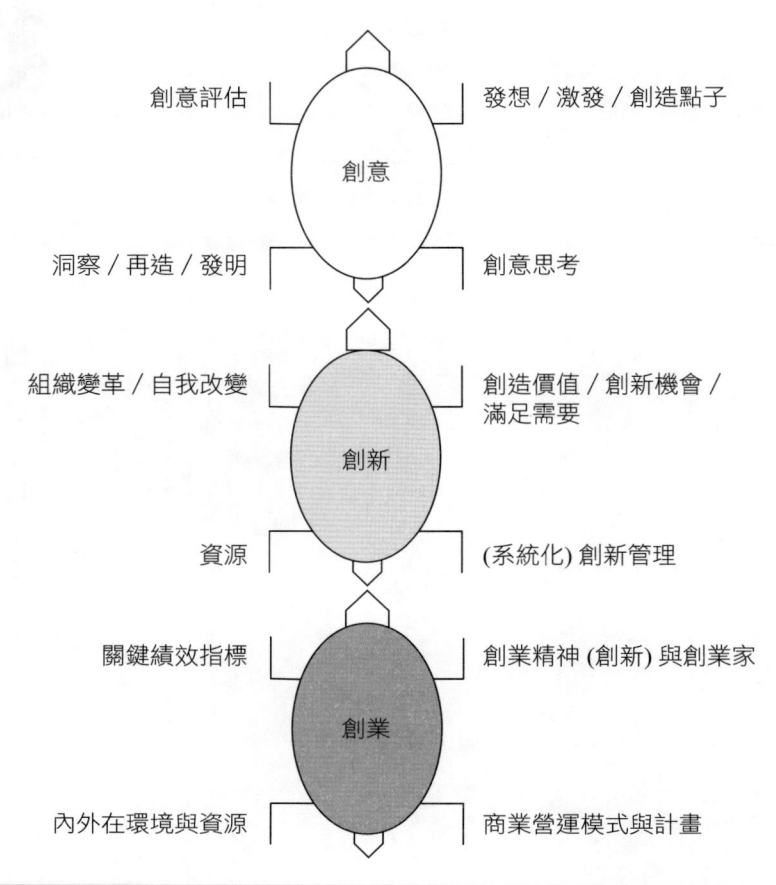

```
              創意評估          發想 / 激發 / 創造點子
                       ┌─────┐
                       │ 創意 │
                       └─────┘
           洞察 / 再造 / 發明    創意思考

        組織變革 / 自我改變     創造價值 / 創新機會 /
                       ┌─────┐  滿足需要
                       │ 創新 │
                       └─────┘
               資源           (系統化) 創新管理

            關鍵績效指標        創業精神 (創新) 與創業家
                       ┌─────┐
                       │ 創業 │
                       └─────┘
          內外在環境與資源       商業營運模式與計畫
```

➲ 圖 6-1　三創關聯烏龜圖

6.1　創　意

　　Vernon, P. Z. (1989) 定義「創意 (創造力)」(Creativity) 為一個人能：發想、激發或創造具新穎性 (new) 或原創性 (original) 之點子 (ideas) 或藝術品 (artistic objects)、洞察 (insights)、再造 (restructuring)、發明 (inventions) 之能力[註1]。而「創意思考 (Creativity Thinking)」則是核心思維與洞見觀瞻之關鍵技術。

6.2 創新

　　管理大師 Peter F. Drucker 定義「創新 (Innoveaion)」為改變資源之產出，並創造出新穎之價值與滿足。大多數成功的創新都是利用改變來達成，「創新」本身即包含著一個重大改變。Everett M. Rogers (1983) 則定義為個體視為是一種不受時間因素影響之「新的思維、觀念、價值觀、認知、知識、態度、行為、事物、系統、技術、產品、服務」。「機會」是創新的來源，「需要」則是一種重要的創新機會。組織變革 (change) 與自我改變 (self reengineering) 則可提供新穎且新奇的系統化創新機會。而「系統化創新」即是追蹤創新機會的來源，詳如表 6-1。

　　表現優異之創新者，唯有依循「創新原則」將創新轉換成訓練，創新始能有效 (詳如表 6-2)。另需將「創意」落實為產品或服務，並在企業內導入新點子、新觀念、新作法、新系統……等，始可提昇創新資源之效益與創造顧客之新價值。

　　「創新」是重新劃分產業版圖、板塊、疆界之關鍵力量，並以驅動長期總 (淨) 收益為使命。創新是企業少數具創造力員工之職責，而非全員均需創新與創意激發。激發創意不難，最難的是創意評估、精實創意與具體行動之「創新管理流程」[註2] 落實與「創造力文化」建置。相關之創新策略[註3]、創新解決方案 (Total Solution)、創新物聯網雲端平台 (i-Cloud)、創新商業模式[註4]、創新投資組合[註5]、創新關鍵績效指標[註6] (KPI-BSC) 與獎勵措施之配套施行，企業始能利潤最大化、維持成功與持續創新 (如：Apple, IBM, TOYOTA, NET, CocaCola, Canon, Dupont, Johnson & Johnson's, GE, Starbucks, P&G, Samsung) [9]。

表 6-1 Peter F. Drucker 創新機會來源

企業內部改變	企業外部改變
1. 意外成功 / 失敗事件 2. 實際與預期狀況之缺口 (Gap) 3. 企業流程再造 (BPR) 4. 產業 / 市場結構改變	1. 人口規模 2. 認知差異 3. 新科技-新知識-新衝擊 　(Green 綠色產品、Energy-saving 節能、 　Cloud Computing 雲端運算、IOT 物聯網)

表 6-2　Peter F. Drucker 創新原則

原　則	禁　忌	條　件
1. SWOT 分析 2. 望聞問切 3. 專注單一目標 4. 從小做起，小變變大變 5. 領導為先	1. 歸零，無能自居 2. 不分心 (專心) 3. 不為未來創新，為現在創新	1. 具聰明才智之創新者 2. 與創新者優勢契合 3. 市場需求，流程再造

基於明朝：方孝孺於「復鄭好義書」之三：「所貴乎君子者以能相容並蓄，使才智者有以自見，而愚不肖者有以自全。」及清朝：林則徐「海納百川，有容乃大；壁立千仞，無欲則剛」之處事之方與立身之道。頓悟：創新是無所不在，創新技法則可兼容並蓄。特整合各派創新大師之創新理論於「D_oA_sD 爹爹模式」(i.e., 破壞式創新 (D) → 開放式創新 (o) → 快捷式創新 (A) → 系統式創新 (s) → 擴散式創新 (D)) 於太極圖 (如圖 6-2) 上，作為企業依循及實務導入之用。

宋代理學開山祖師周敦頤之「太極圖書」：解釋太極奧秘：自無極而太極，……。太極生二儀，二儀生四象，四象生八卦，八卦演變至文王六十四卦。太極因 S 線而分為「陰陽魚」，白色魚屬陽，黑色魚屬陰，陽中有陰 (黑眼白魚)，陰中有陽 (白眼黑魚)。陰陽二氣 (儀，魚眼)，二元對立，相互連結為一體 (太極，圓心)。「D_oA_sD 爹爹模式」，即以破壞式創新 (D) 為黑眼白魚之破題階段，輔以渾沌之開放式創新 (o) 兼容並蓄，繼而以快捷式創新 (A) 之 AIM Model 進行太極圓心之創新研發，復經太極 S 線之系統式創新 (s) 收斂，最後仍須藉由擴散式創新 (D) 之溝通管道讓重要他人接受時間之淬煉與考驗。

D: Disruptive Innovation
O: Open Innovation
A: Agile Innovation
D: Diffusion Innovation
S: System Innovation

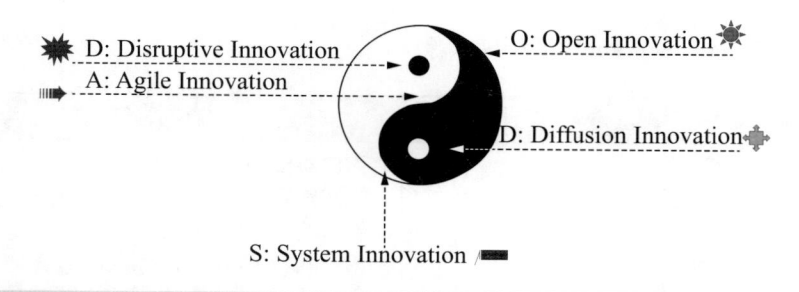

圖 6-2　D_oA_sD 太極爹爹模式

6.2.1 破壞式創新

「破壞式創新 (Disurptive Innovation)」係由哈佛創新大師克雷頓·克里斯汀生 (Clayton M. Christensen) 於 1997 年所提出。克里斯汀生並與後進相繼於：(1) *The Innovator's Dilemma: When New Technologies Cause Great Firms to Fail*；(2) *The Innovator's Solution: Creating and Sustaining Successful Growth*；(3) *Seeing What's Next: Using the Theories of Innovation to Predit Industry Change*；(4) *The Innovator's Guide to Growth: Putting Discrutive Innovation to Work*；(5) *The Silver Lining: An Innovation Playbook for Uncertain Times* 等專書，提出破壞式創新之理論基礎與實證模型。

破壞者 (Disrupter)：(1) 如何突破創新困境 (維持式創新vs.破壞式創新)；(2) 如何挑戰在位者之維持式創新；(3) 如何前瞻與洞察未來；(4) 如何破壞式創新[註7]；(5) 如何策略佈局「低階市場與創新市場之破壞式創新」，則為克雷頓·克里斯汀生創新理論之主要論證。而 Christensen 創新理論包含三大理論基礎：

1. DI 破壞式創新理論

係指新組織 (或新企業) 運用具新價值觀之「簡易 (Simple)、快捷 (Agile)、方便 (Convenient)、低成本 (Low Cost)」創新模式 (SAC^2 Model)，擊敗在位者與入侵者，以爭取 (尚) 未消費之顧客。並依據公司與顧客在時間向後推移下，對產品與服務之精實 (lean) 與性能 (performance) 要求，以二種創新模式：(1) 低階市場之破壞式創新[註8]；(2) 新市場之破壞式創新[註9] (如圖 6-3) [10] 為切入點，再轉向高階市場方向擴散。

2. RPV 資源流程價值理論

係指整合公司既有之有效資源、優化流程與價值 (鏈) 流 (Value Stream)，以決定公司之優劣勢。

3. VC 價值鏈理論

係指組織價值鏈上之活動 (activity) 經診斷、分析、評估後，重塑與整合「影響顧客最重視之產品品質與服務性能」之關鍵活動，使公司更具競爭力。

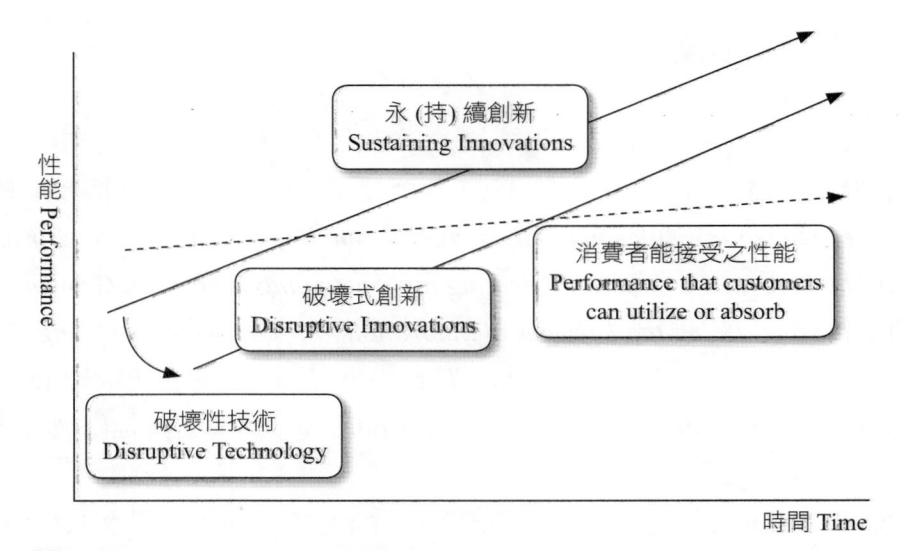

◐ 圖 6-3　破壞式創新模式

而春天航空 (中國，Spring Airline)、10 元店、快炒 100、日本大創百貨 DAISO￥39 の SHOP，則為典型成功案例。

6.2.2 開放式創新

2003 年，美國加州柏克萊大學教授 Henry W. Chesbrough 提出國際知名企業已突破過往保守藩籬，打破組織創新疆界，從封閉走向開放，由外而內或由內而外兼容並蓄 (purposive inflows and outflows of knowledge)。與外部顧客或競爭者策略聯盟攜手創新，引進外部資源，徵求外界創新元素與能量或創意與創新 (inventions or intellectual property) 之研究案、或外部技術內包 (insourcing)／內部技術移轉與專利授權 (Technology Transfer, Spin-offs & License) 之發展案、或釋出組織內未經使用之創意與創新點子，並藉由全球「開放式創新 (Open Innovation) 物聯網雲端平台[註10] (Open Innovation IOT Platform)」促進創新交流與分享及研發成效之提昇，二十一世紀企業競爭潛規則儼然成形。

而開放式創新之成功典範有：Intel, Nokia, UTEK, tsmc, P&G, IBM, Air Products, Google, 3M, GM, Wikipedia, Nintendo, Open-source, Cloud Apps。開放式創新模式，則如表 6.3 所示。

表 6-3　開放式創新模式

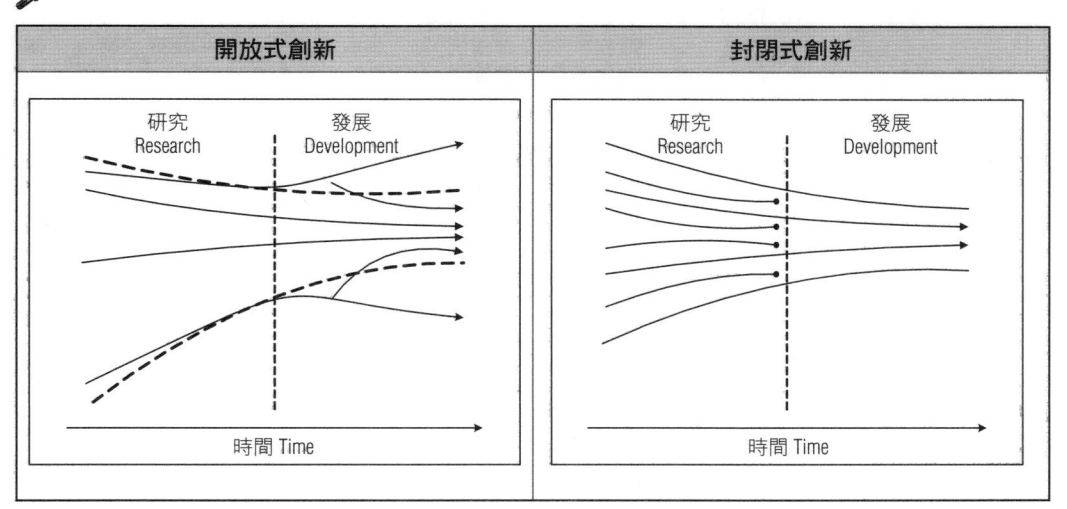

開放式創新	封閉式創新
（研究 Research／發展 Development　時間 Time 圖示）	（研究 Research／發展 Development　時間 Time 圖示）

6.2.3　系統式創新

企業需內部流程再造與系統整合，始能啟動創新流程，創造顧客認同之價值。而顧客價值、價值網路、價值流程、創新流程、商業模式與創新整合等均可視為企業系統創新之一環。

Peter F. Drucker (1984) 指出變革 (change) 激發人們創造新穎且不同價值與滿足感之機會，而有組織、有目的、有系統之變革與再造，並就可能提供之創新機會進行系統化分析，謂之「系統化創新 (Systematic Innovation)」。

系統化創新即是追蹤與分析企業內外部改變 (如：產業／市場結構改變、意外成功／失敗事件、問題缺口不一、流程創新、認知改變、科技新知、環境變遷) 所產生創新機會之來源 [28]。

1. 工研院產業學院

工研院產業學院依據多年實務培育經驗，提出「能創造企業價值才是創新，NSDB[註11] 創新思維元素啟動企業內部創新基因」。「NSDB 價值創造」係以使用者思考 (user-thinking) 為核心基礎之創新思維模式，逐步推展為創新學習模式 (表 6-4)，復將學習與實務緊密結合，以達成提昇顧客價值之創新績效。企業創新團隊將無所不在之創新構想，在組織內外自由流動與激盪，並藉由 NSDB 創新學習四階段，將「創新構想」轉化為具體之企業智財 (3P)，以創造企業運營價值 [29~31]：(1) 智慧財產 (Intellectual Property, IP)；(2) 營運計畫

表 6-4 NSDB 創新思維元素與創新學習模式

1.	I	建立創新思維與方法	**情境模擬**：導引者 (facilitator) 將 NSDB 思考元素縈繞在「價值主張」之氛圍下共同運作，使創新者彼此間凝聚獨特之創新氣質，啟動企業特殊創新基因與利基
2.	P	創新過程與實務緊密結合	**創意問題解決法 (Creative Ps)**： 創新者提出日常實務可能遭遇之困境、阻力與問題，藉由導引者預先設定之主題專案，反覆修改與去蕪存菁原創構想，並強化與發展創新構想。 創新實務過程／階段： (1) 評鑑與分析 (Analysis) (2) 設計解決方案 (Design & Development) (3) 執行解決方案 (Implementation)
3.	R	建立反思與回饋	**NSDB 行動學習**： ※歷程： (1) 準備＝暖身體驗＋生命故事＋創新構想分享與創作 (2) 行動；(3) 反省/檢討；(4) 慶賀成果發表 ※導引者 (Facilitator)： (1) 適時引導分析，強調過程重於結果之觀念 (內化，而非結果論) (2) 過程＝創新行動學習並重＋無中生有＋人性激發＋正向經驗＋做中學＋學中做 (3) 金三角＝知識＋經驗＋省思 ※創新者 (Innovator)
4.	P	用顧客價值檢視創新績效	

書 (Business Plan, BP)；(3) 快速雛型 (Rapid Prototype, RP)。

2. 德國工研院生產技術研究所

德國工業技術研究院生產技術研究所 [IPT, Fraunhof (FhG)] 與阿亨大學 (Aachen University) 依據瑞士聖加倫大學 (St.Gallen University) 整合型經營管理模式 (SGMK) 所發展之系統化 AIM 創新管理模式 (Aachen Innovation Management Model) 又稱「W 模式」，則是以創新策略地圖法 (Innovation Roadmap Method, IRM) 系統性地進行產品之創意激發、創新流程、創新規劃、創新組合、創新專案與創新領導。

其創新流程為：(1) 目標設定 (Goal Setting)；(2) 創新趨勢屋[註12] 分析 (Future House Analysis) 及創新潛能屋[註13] 分析 (Potential House Analysis)；(3) 激發創意 (Idea Generation)；(4) 創意評估 (Idea Evaluation)；(5) 精實創意 (Idea Detailing)；(6) 概念評估 (Concept Evaluation)；(7) 行動計畫 (Implementation Planning)，如圖 6-4 [32~33] 及表6-5。

第六章 三 創

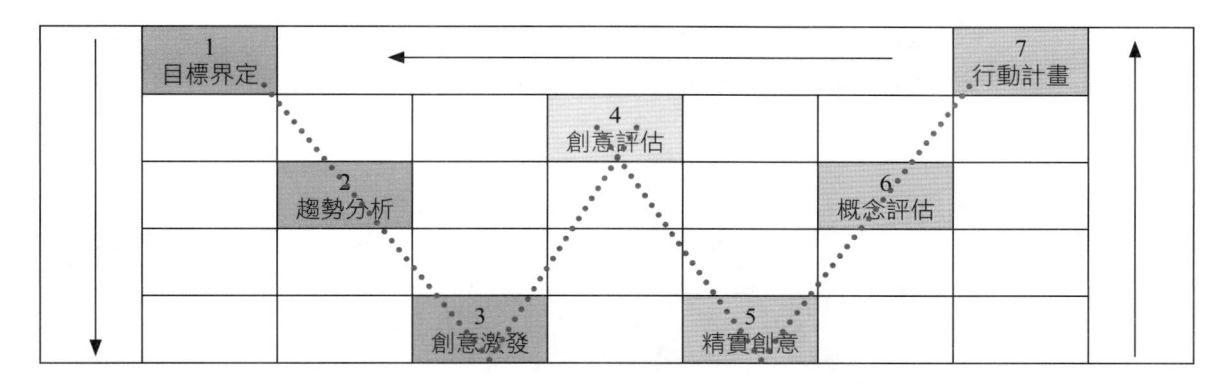

○ 圖 6-4　AIM 創新管理-W 模式

表 6-5　AIM 創新管理-W 模式方法論

	1. 目標界定	2. 趨勢分析	3. 創意激發	4. 創意評估	5. 精實創意	6. 概念評估	7. 行動計畫
I 情境管理法 Scenario Mgt.		✎					
II 品質機能展開法 QFD			✎	✎			
III 問題解決法 Ps-iCATs			✎	✎			
IV 創意問題解決法 TRIZ			✎	✎			
V 技術演進法則[註14] Altschuller-E8		✎	✎				
VI 仿生學[註15] Bionics			✎	✎			
VII 組合分析法 BCG Matrix		✎		✎		✎	
VIII 聯合分析法 Conjoint M						✎	
X 技術策略地圖 Tech.Roadmap						✎	✎

3. AIM 系統性創新

AIM (Advanced Innovation Management) 係以三創 (商業模式創新、產品研發創新、營運管理創新) 及三軟 (組織變革管理、領導效能開發、組織學習發展) 為核心之全球化創新諮詢機構。而「AIM 系統性創新」之創新策略佈局

121

有「5 大階段 15 步驟」(如圖 6-5) [1]，可供企業診斷、組織變革與永續發展之用。另需藉由創新觀念與內涵、創心核心能量、創新能量評估與創新行動計畫，進行體驗式學習。

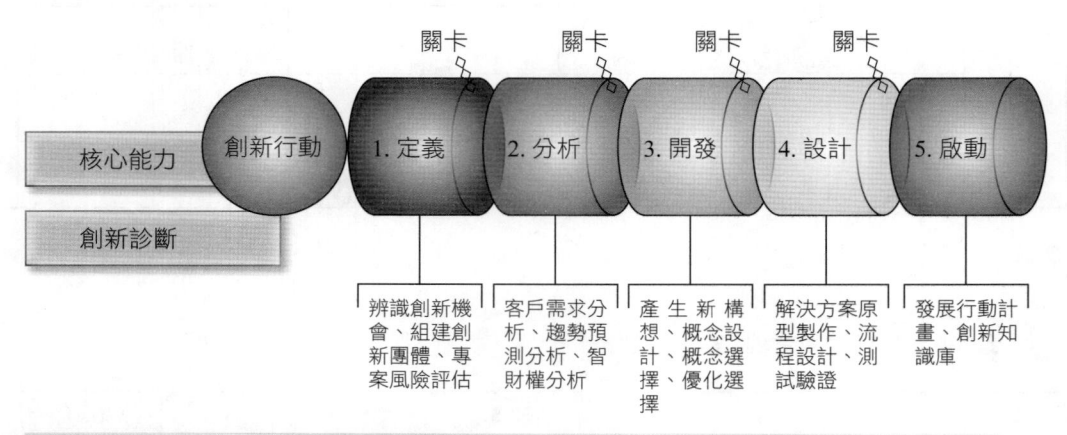

◯ 圖 6-5　AIM 系統性創新 5 大階段

6.2.4　快捷式創新

二十一世紀係一快速變革、快速回應與快速創新之藍海三快時代，而迅速 (quick)、快速 (rapid)、快捷 (agile)、精實 (lean)、永續 (sustainable) 更是企業競爭優勢再造之不二法門。整合「快捷式創新 (Agile Innovation)」專案與精實品質之「快捷式創新管理 (Agile Innovation Management)」，已為所亟需。而「快捷式創新管理模式 (AIM Model) (如圖 6-6)：

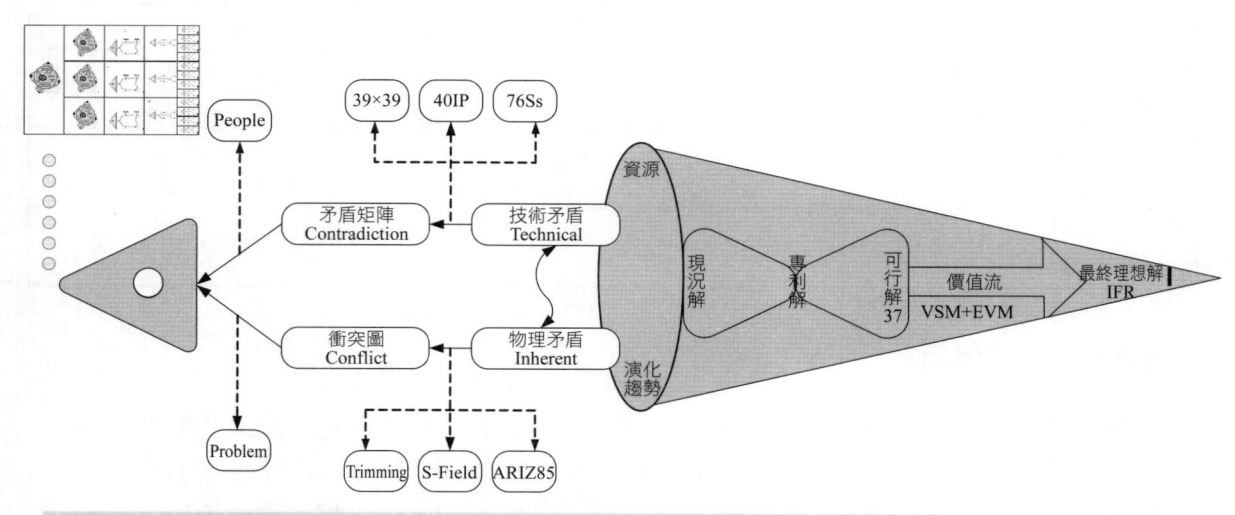

◯ 圖 6-6　快捷式創新管理模式 (AIM Model)

1. 企業體體質健檢 (OPD System)

將企業體依人體五臟六腑及經絡分為五大系統：(1) 核心系統-心 (生產部)、肝 (行銷部)、腎 (人資部)、腦 (研發部)、胃 (財務部)、肺 (資訊部)、膽 (法務部)；(2) 血液系統-管理；(3) 骨骼系統-組織架構與業務活動；(4) 神經系統-神經網絡；(5) 行為系統-人格特質 (詳如圖 6-7)，並據此進行「企業體體質健檢」與問題真因分析 (Root Cause Analysis, RCA)。

企業體							
核心系統	產	銷	人	發	財	資	法
	心	肝	腎	腦	胃	肺	膽
血液	管　理						
骨骼	組織架構・業務活動						
神經系統	神經網絡	C_1	C_2	C_3	C_4	C_5	C_6	I
		溝通	協調	妥協	協同	承諾	下令	整合
組織行為	人格特質	A	B	C	D	紅	白	黃	藍
		理智	組織	感覺	開創	權力	和平	樂觀	助人

C^6I：Communication, Coordination, Compromise, Collaboration, Commitment, Command, Integration

◯ 圖 6-7　企業體體質健檢系統圖

2. 圓桌論壇 World Café 創新活動

(1) 人格特質 ABCD 分析

創意團隊先進行 Herrmann Brain Dominance Instrument (HBDI) 人格特質分析，遴選 A 型者為組長，僅量以四人為一組且涵蓋 A 理智型 B 組織型 C 感覺型 D 開創型 四種人格特質為原則。

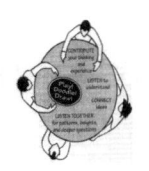

(2) 開放空間技術 (Open Space Technology, OST)

由 Harrison Owen 所創，藉由「規劃、對話、資料蒐集及分享」之過程，並輔以熱忱與責任二大要素，以有效解決衝突與立即處理問題之技術。「開放空間」提供一可相互討論之平台，基於沒有人知道答案 (nobody knows the answer)、對未知答案開放 (open) 與隨時準備迎接驚喜 (be prepared to be surprised) 之心態，勇於提出個人看法，且用心傾聽。並提出四大原則、一大法則及「新聞牆 (Monster Sticky Wall)」以資依循 [34, 35]。

  a. 開放空間原則 (OST 4W Principle)

    P1：任何參與者均是最適人選 (Whoever comes is the right people)

    P2：任何時間開始均是好時機 (Whenever it starts is the right time)

    P3：任何發生之事均是唯一會發生之事：一次一件事 (Whatever happens is the only thing that could have)

    P4：結束時即結束 (When it's over, it's over) (Over is over)

  b. 雙腳法則 (Law of 2 feet)

    每個人都要為自己之學習負責，任何人均可在任何時段加入有興趣之議題 (issue) 參與討論。若自覺在該議題已「三無」（無興趣或無貢獻或無法學習新知識），即可跨出您的「雙腳」，靜靜地、自由地、隨性地至他組討論，或休息片刻亦可。原則上每一組員均需即興參與至少二組之論壇，最後再回至原組進行總結會議。

  c. 新聞牆 (Monster Sticky Wall)

    引導者或主席 (Facilitator or Chairman) 應先預約成員 (Member or Traveler or Guest) 會議時間。每一成員依開放空間四大原則及雙腳法則等技巧，針對討論主題 (theme) 提出自己認為重要之「議題 (issue)」，並擔任該議題之會議召集人 (Host)。各成員均應主動參與發言與論證，並推舉一人擔任記錄。

    每項議題之「會議記錄」需以「海報 (Post)」方式貼在「新聞牆」上，且所有成員應：(1) 各成員除觀看新聞牆之議題討論成果外，亦可以「黃色立貼」留下自己之意見或註解於有興趣議題之會議記錄下；(2) 各成員就手上之「五張紅色立貼」，貼在個人認為最重要之會議記錄上 (可重複貼)，主席找出多方之共識與焦點，繼而深度匯談與計畫行動。

第六章 三創

(3) 圓桌論壇指引 (World Café Guide)

圓桌論壇七大原則與指引 (Wold Café 7 principles & Guide)，如表 6-6 所示；而其作業流程為 [36~38]：

表 6-6　World Café 七大原則

(圖：圓桌論壇七步驟示意圖 1.範疇界定 2.營造溫馨舒適環境 3.探索問題真因 4.鼓勵貢獻己見 5.連結不同觀點 6.傾聽與洞見 7.分享與反思)	1. 設定主題 (Set the context)	3P*：目的、參與者、參數 (I^{6}C**：獨立、直覺、理想化、想像、創新、發明、創造)
	2. 營造溫馨開放空間 (Create hospitable space)	
	3. 探索核心問題 (Explore questions that matter)	
	4. 鼓勵團隊，激發創見 (Encourage everyone's contribution)	(1) 人 P_H^D ≠ 問題 (P^{10}) 問題＝問題 (2) 正向思考力：刺激 S-正向反應 R^+ (3) 敘事治療 (NT)：說故事 (Story telling)
	5. 海納百川，匯集建言 (Cross-pollinate and connect diverse perspectives)	
	6. 傾聽與洞察 (Listen together for patterns, insights, & deeper questions)	
	7. 收穫與分享 (Harvest and share collective discoveries)	

＊：3P：Purpose, Participants, Parameters
＊＊：I^{6}C：Independent, Intuition, Ideation, Imagination, Innovation, Invention, Creativity

　　a. 暖身

　　　(a) 與會人寒暄。

　　　(b) 各 Café 桌分發：大海報紙 (1)，色筆 (紅藍綠黑)，氣球 (3～5)。

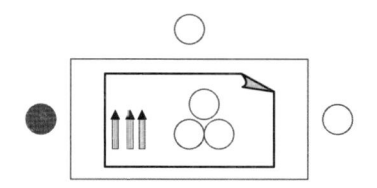

125

(c) 吹彩色氣球。

(d) 即興恣意寫下觀感於大海報紙上，適時綜整。

b. 議題：總主持人設定與宣告。

c. 分組：3～4 人／組‧桌。

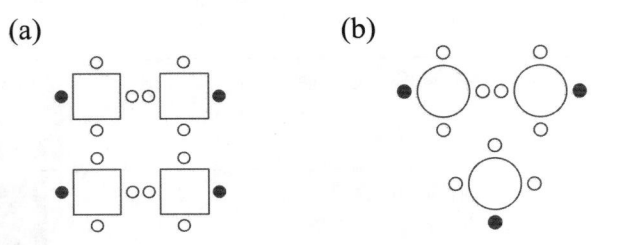

(a)   (b)

d. 時段：20 分／Round×3～4 Rounds (Rounds = Topics)

e. 方法：

(a) 開放空間技術 (OST)

(b) 預約時間，每位與會者均需發言，留下記錄

(c) 四大原則：right people, right time, only thing, over is over

(d) 雙腳法則 (Law of Two feet)

(e) 新聞牆：海報、立貼

(f) 總召 (leader)：至各 café 桌帶領……

    組長 (host)：闡述議題、內容，寫在大海報紙上，隨時修正，綜整之

    組員 (member)：發表個人論述，寫在大海報紙上，隨時修正，綜整

(g) 同一段短時間

    ※激發鼓舞：所有與會人之個人思維與對話討論 (放鬆／自然／效率)

    ※情境設定：不談現在 (×)，僅談未來 (○)

- 圓桌論壇：塗鴉 (Doodle)、魚骨圖／心智圖／衝突圖、咖啡＋甜點、大哉問 (Big Question)、問題後之問題 (QBQ)、Café Traveling、摘要與總結報告

- 深度匯談：程序，如表 6-7

表 6-7　圓桌論壇之深度匯談程序

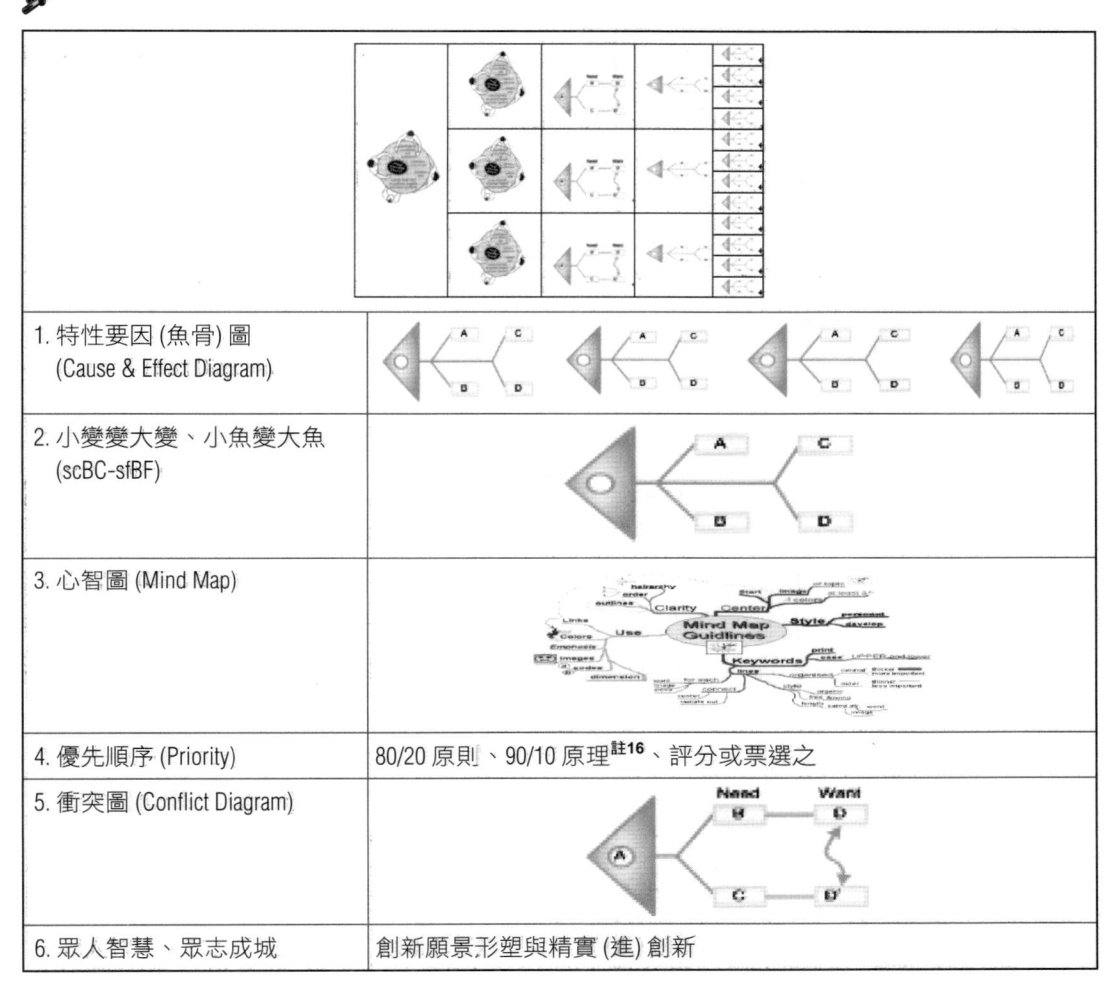

	(流程圖)
1. 特性要因 (魚骨) 圖 (Cause & Effect Diagram)	(魚骨圖)
2. 小變變大變、小魚變大魚 (scBC-sfBF)	(魚骨圖)
3. 心智圖 (Mind Map)	(心智圖)
4. 優先順序 (Priority)	80/20 原則、90/10 原理[註16]、評分或票選之
5. 衝突圖 (Conflict Diagram)	(衝突圖)
6. 眾人智慧、眾志成城	創新願景形塑與精實(進)創新

※創新願景激發：

- 分組：依組織部門別 (產銷人發財資法) 分組，部門主管為當然組長。所有與會人員依部門別分組 (1,2,3……) 入座，每組 4-6 人。各組組長於創新願景激發總結會議時，需與總經理及副總經理就座於一級主管桌 (○桌)，座位分配如下圖所示：

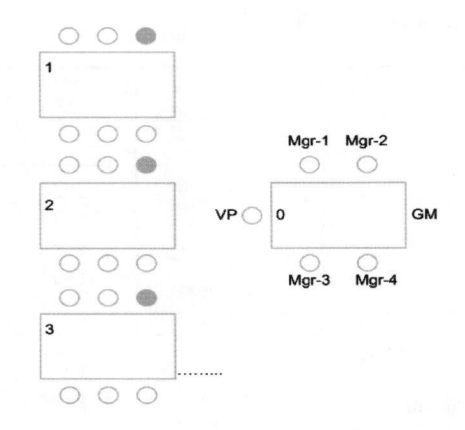

- 角色扮演 -I：內部環境優勢劣勢分析法 (SWA)：
  ⇨ 扮演：總經理、副總經理、協理、經理、專員⋯⋯⋯步驟 1
  ⇨ 基調：內部環境優勢劣勢
  ⇨ 激盪：公司/部門業務之優勢 (S)、劣勢 (W)
  ⇨ 記錄：寫在 A_4 紙上
  ⇨ 靜思：三分鐘，自我放鬆一下 / 緩和一下
  ⇨ 分小組：3-2人 / 小組×2 小組⋯⋯⋯⋯⋯⋯⋯⋯步驟 2
  ⇨ 小組討論：5 分鐘
  ⇨ S 優勢組：綜整小組意見 (至少 5 個)，以馬克筆寫在 B_4 紙上

   W 劣勢組：綜整小組意見 (至少 5 個)，以馬克筆寫在 B_4 紙上
  ⇨ 組長收錄：寫下「小組組別 (如：1-S, 1-W)」，「大組長」收錄之
  ⇨ 大組討論：5 分鐘，濃縮至 10-15 個意見，以馬克筆寫在 A_0 紙上⋯⋯⋯⋯⋯⋯⋯⋯⋯⋯⋯⋯⋯⋯⋯⋯⋯步驟 3
  ⇨ 回收建檔：A_4，B_4
  ⇨ 張貼公布：各組張貼於白板上 (A_0) (如圖 6-8)

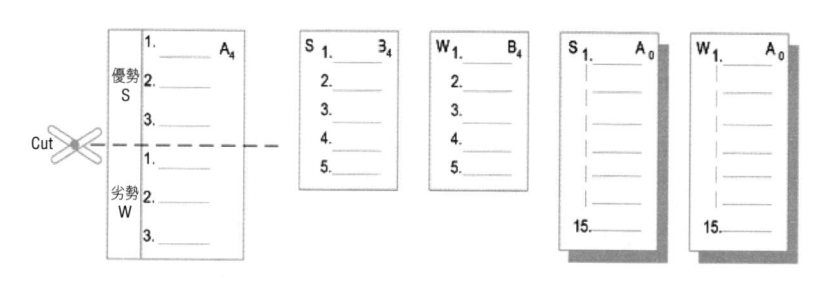

◯ **圖 6-8** 內部環境優勢劣勢 A_4-B_4-A_0 法

- 角色扮演-II：外部環境機會威脅分析 (OTA)：
  ⇨ 扮演：總經理、副總經理、協理、經理、專員………步驟 1
  ⇨ 基調：外部環境機會威脅
  ⇨ 激盪：公司/部門業務之機會 (O)、威脅 (T)
  ⇨ 記錄：寫在 A_4 紙上
  ⇨ 靜思：三分鐘，自我放鬆一下/緩和一下
  ⇨ 分小組：3-2 人 / 小組×2 小組…………………………步驟 2
  ⇨ 小組討論：5 分鐘
  ⇨ O 機會組：綜整小組意見 (至少 5 個)，以馬克筆寫在 B_4 紙上
    T 威脅組：綜整小組意見 (至少 5 個)，以馬克筆寫在 B_4 紙上
  ⇨ 組長收錄：寫下「小組組別 (如：1-S, 1-W)」，「大組長」收錄之
  ⇨ 大組討論：5 分鐘，濃縮至 10-15 個意見，以馬克筆寫在 A_0 紙上……………………………………………步驟 3
  ⇨ 回收建檔：A_4，B_4
  ⇨ 張貼公布：各組張貼於白板上 (A_0) (如圖 6-9)

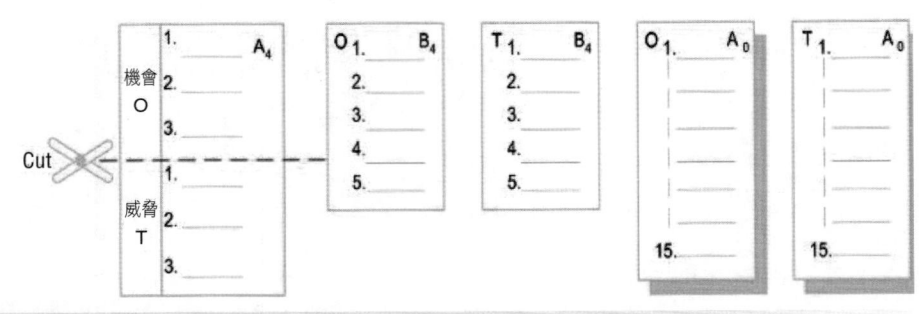

➲ 圖 6-9 外部環境機會威脅 A_4-B_4-A_0 法

- 去蕪存菁
    - ⇨ 報告：由本會議召集人於○桌，報告各組張貼於白板上之 A_0 內容
    - ⇨ 主管修正：○桌主管就各組 SWOT 內容進行會商，並以紅筆修正之
    - ⇨ 組員評比：各組組員將 A_4 紙，分成四等分

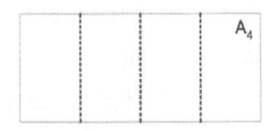

        - 評比：各組組員依主管修正之 S-W 及 O-T，各 15 項逐一核對或成對比較或一對多比較。
        - 自問：是否為您心目中的優勢-劣勢／機會-威脅
            (a) 若是，標記 A^+
            (b) 若不是，標記 B^-
            (c) 二者同樣比重，標記 $+1$
            (d) 二者均不中意，標記 -1
    - ⇨ 統計分析：

S-W	$B^- = 22$	$\Sigma = 22$	5:22	B^-
	$A^+ = 3$	$\Sigma = 5$		
	$+1 = 2$			
	$-1 = 0$			

註：Σ 小於半數者，刪除之。

O-T	$A^+ = 10$	$\Sigma = 10$	10:22	B^-
	$B^- = 16$	$\Sigma = 22$		
	$+1 = 6$			
	$-1 = 0$			

註：Σ 小於半數者，刪除之。

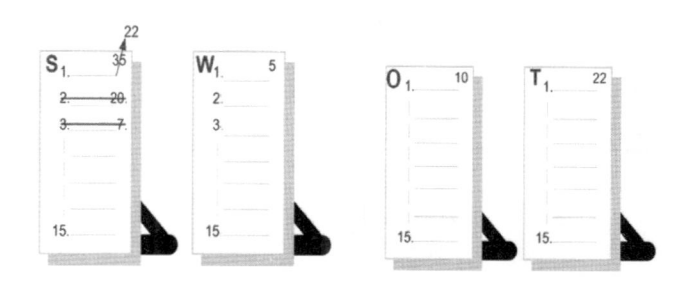

```
S₁. 35      W₁.  5      O₁. 10      T₁. 22
 2. 20       2.           2.          2.
 3.  7       3.           3.          3.
15.         15.          15.         15.
```

- 自我評量：各組就組織文化與企業 SWOT，精選 3-5 個關鍵因子，並填寫於表 6-8 中

表 6-8　組織文化與企業 SWOT 關鍵因子

組織文化		企業			
正面	負面	S	W	O	T
1.	1.	1.	1.	1.	1.
2.	2.	2.	2.	2.	2.
3.	3.	3.	3.	3.	3.
4.	4.	4.	4.	4.	4.
5.	5.	5.	5.	5.	5.

正面：優良、優點、讚美、好
負面：不良、缺點、批評、壞

- 核心價值：各組依表 6-8 激發組織與部門之信/理念與核心價值 (各三條)，並精萃為「八字絕」(如表 6-9 所示)。各組再將核心價值八言絕句送○ (一級主管) 桌上，並由○桌綜整之

表 6-9　組織部門信念與核心價值表

	企業信念／理念	核心價值觀	
		核心價值	八字絕
組織	1. 2. 3.	1. 2. 3.	○○○○。○○○○
部門	1. 2. 3.	1. 2. 3.	○○○○。○○○○

- 願景：由組織內部成員所制訂，藉由團隊討論，獲得組織一致之共識
  ⇨ 各組組員以「顧客面向」，寫下願景及各部門未來對企業之貢獻 (每人 2 條)
  ⇨ 組長綜整為 3 條，精粹為「12 字箴言」
  ⇨ 各組組長將「12 字箴言」送○桌，並由○桌綜整之

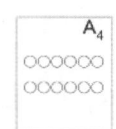

- 精神標語：各組寫出 2011-2015 未來每一年各部門 (組)，逐年將產出之「偉大事記、政策與方案」
  ⇨ SMART：訂定階段性目標
  ⇨ 激發：一年一大事
  ⇨ 正名：2011 物聯網元年、2012 雲端服務年、2013 雲端應用年、2014 精緻農業年、2015 低碳綠活年

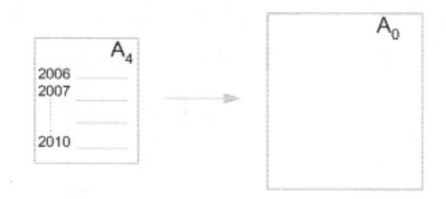

(h) 設施規劃

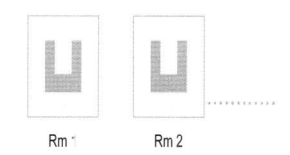

Rm 1   Rm 2

(i) 圓桌論壇第二循環 (Round 2)
- After Round 1：host 綜整結論-1 (綜合結論)
- Host 不變
- 組員任意尋找有興趣議題之 Café 桌
- (e) (f)
- After Round 2：host 綜整結論-2 (詳實報告)
- After Round 3：host 綜整結論-3 (進階報告)
- After Round 4：host 綜整結論-4 (精實報告)

(J) 圓桌大論壇

如下圖所示，由各桌召集人 (組長) 扮演組員、總召權充總主持人就前提議題 (b) 作深度匯談

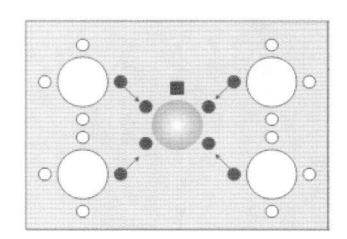

(k) Host$_1$，Host$_2$…：各桌召集人精實簡報 (Present lean conclusion)
　　Leader：總主持人評論 (Comments)

(l) 公佈欄 (Bulletin Board)：公告周知，如下圖所示：

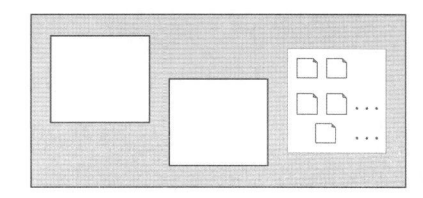

3. TRIZ 創意問題解決 (CPs)

(1) **People (P_H^D) ≠ Problem (P^{10})，Problem = Problem**

人不等於問題，問題等於問題本身 (人 ≠ 問題，問題 = 問題)。先解決人的問題，再解決問題本身，乃是根本之道 (詳如表 6-10) (詳如第三、四章)。

表 6-10 People (P_H^D) ≠ Problem (P^{10})，Problem = Problem 解決之道

心 Mental				人 Personal		
P_H^D	P_a	Pay attention	專注用心	P^{10}	P_C^1	Personality Characteristics	人格特質
	P_A	Positive-Aggressive Thinking	主動積極思考		P_R^2	Public Relationship	人際關係
	P_P	Peace-Pleasure	平安喜樂		P_N^3	Personal Nerves	放鬆十法
	H_H^H	Honest-Hope-Happy	信望樂		P_{Qr}^4	Personal Quick Remember	快速記憶
	H_T	Heart-Thinking Murphy - Wu Law	心想事成		P_{Pt}^5	Presentation	簡報十法
	D_B	Beautiful Dream	美夢成真		P_f^6	Professional	專業智能
	D_b	Do your best	盡人力聽天命		P_S^7	Problem-solving	問題解決
					P_j^8	Project Management	專案管理
					P_{Ng}^9	Project Negotiation	專案談判
					P_E^{10}	Performance Evaluation	績效考核

(2) TRIZ

TRIZ (Teoriya Resheniya Izobretatelskikh Zadatch) 係 1946 年由蘇聯發明家 Genrish S. Altshuller 與其國家研究團隊，於 50 年間就 1,500,000 份專利文件 (Patterns) 分析發展而成。並假設「萬物存在一萬用發明原則，以為創新新技術之基礎」，且發現：(1) 不同領域之創新發明問題中，存在一基本共同問題及其解題模式 (Problem Solving Model)；(2) 相同解決方案，重複使用於解決不同時期、不同領域所發生之問題。

TRIZ 定義為：(1) 創新發明問題之解題理論 (Theory of Inventive Problem Solving, TIPS) 與工具；(2) 具系統性、重複性、可靠性之創新思考與解題模式；(3) 以 40 項創新發明原則 (TRIZ 40 Principles) 對應 39×39 階

工程參數矩陣組合 ($P_{Improving} \times P_{Avoiding\ Degeneration}$) (即衝突表)，以解決工程矛盾與技術衝突及提昇創新發明之品質與效率。其中 TRIZ 創意問題解決流程[註17] (Process for Creative Problem-solving, CPs) (如圖 6-10)，已為問題解決之新典範 [39]。

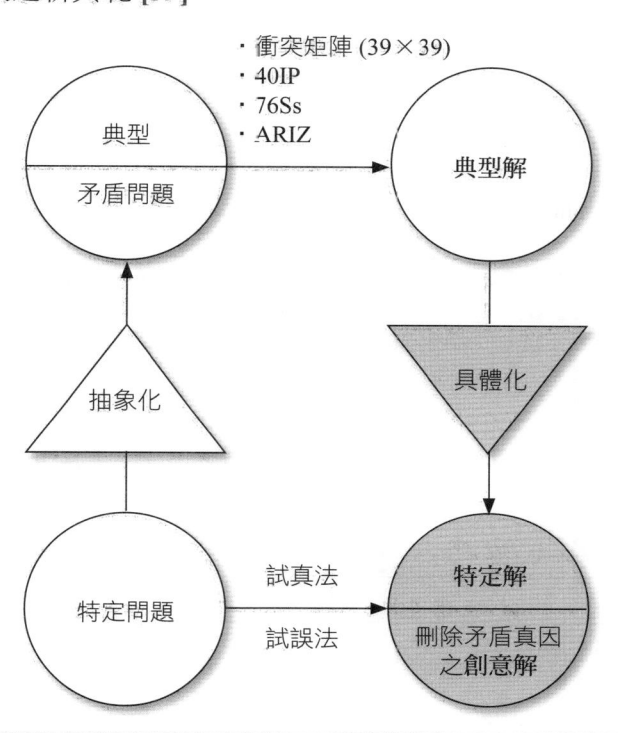

```
                        ・衝突矩陣 (39×39)
                        ・40IP
         典型            ・76Ss
                        ・ARIZ          典型解
        矛盾問題    ────────→

            ↑                    ▽
                                具體化
         抽象化
            △                    ↓

                    試真法       特定解
        特定問題   ────────→   刪除矛盾真因
                    試誤法        之創意解
```

○ 圖 6-10　TRIZ 創意問題解決流程 (Process for Creative Problem-solving, CPs)

a. 技術系統

任何物品能執行某種機能者，則稱為「技術系統」。而技術系統可由一個或多個次系統組成，且其層級組織亦至少有二元件之次系統或有很多交互作用之元件組成之次系統所構成。當技術系統產生不良機能或不具預期機能時，則必需改善之。一般係以試誤法 (trial and error) 或試真法 (trial and true) 進行系統之簡化，惟無法適時準確找出問題真因 (root-cause)。

b. 技術衝突

當改善系統某一參數屬性，將導致另一參數特性惡化，謂之技術矛盾。前者為改善參數 (Improving Parameter, IP)，後者則稱惡化參數 (Avoiding Degemeration Parameter, ADP)。Altshuller 從 1,500,000 項

專利資料庫歸納技術系統常見 39 種工程特性參數及 40 項創新發明原則 (如附錄II及第四章所述)。當技術系統發生問題時，專案團隊可藉由腦力激盪方式 (Brainstorming)、曼陀羅 (Mandala) 或九宮格 (9 Windows) 思考法及馬兒跳躍法[註18] (TAMR'S-SCAMPER) 篩選關鍵工程改善及惡化參數，並建立「衝突矩陣 (Conflict Matrix) (如表 6-11)，繼而從「Altshuller 衝突表」中找出合適「發明原則」或「解決方案」，俾便重行概念設計與系統設計。

表 6-11 Altschuller 衝突矩陣 (表)

②惡化參數 ①改善參數	1.	2.	3.	......	10.	......	39.
1.							
2.							
3.						③	
......							
39.							

③：發明原則（#1, 27, 28, 29）

c. 質場分析

質場分析 (Substance Field Analysis) 係 TRIZ 之分析工具，為解析與改進現存或新設之技術系統 (technological system) 所建置之功能模式。並由兩個物質 (Substance, Su)：(1) S_1：目標 (Object)；(2) S_2：工具 (Tool) 及其間之作用力／能量 [即場 (Field, F)] 形成一質場三角型 (Su-Field Triangle)，其技術系統模組如圖 6-11。當質場三角形建構完成後，則需就 TRIZ 76 標準解 (Standard Solution, S_s) 中選擇合適之標準解 (如表 6-12) 以資運用 **[39]**。

d. 綠色質場分析- $e^{6\sigma}$-G^D76S^S-DRW1 綠色設計即時決策管理系統

係以設計「綠色產品」需符合歐盟危害性物質限制指令 (RoHS)、廢電機電子設備指令 (WEEE)、能源相關產品指令 (ErP)、產品碳足跡指令 (PAS 2050) 之規範，所研發之「綠色質場分析 (Green Su-Field Analysis)」。

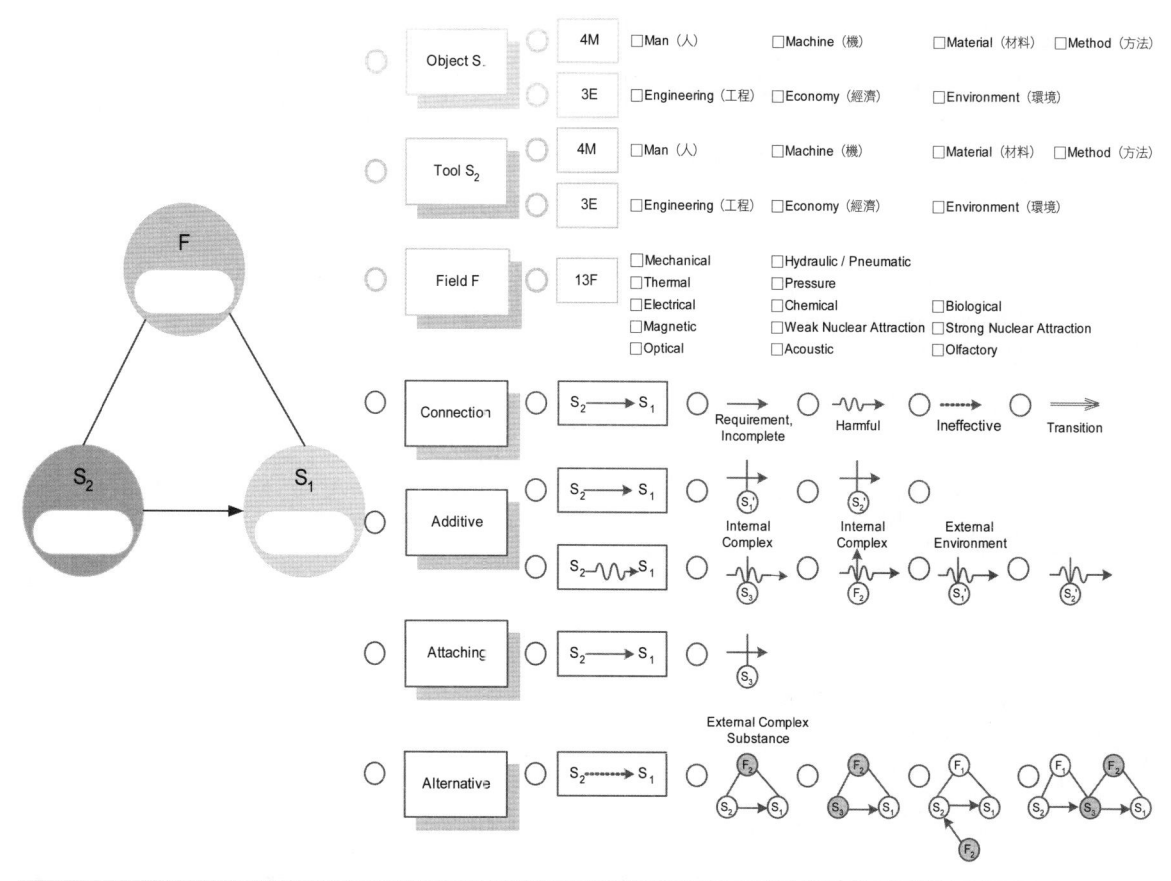

○ 圖 6-11　質場三角型技術系統模式 [39]

綠色質場分析共分五階段 (如圖6-12、表6-13)：(1) 定義 (Define-identification-BD)：以圓桌論壇界定綠色「問題點及專利」；(2) 量測 (Measure-Contraint-En)：以限制理論之衝突圖及質場圖計測「限制點」；(3) 分析 (Analysis-TN)：以衝突矩陣及 TRIZ 40IP 發明原則，找出最適「衝突點」之發明原則。復以質場分析系統，再覓「標準解 (S_S)」；(4) 設計 (Design-Tool-Dm)：藉由 $e^{6\sigma}$-G^D76S^S-DRW1 綠色設計即時決策管理系統中之專家系統 (TRIZ-76SsQFD-DRW2) (如圖 6-13)，以精選標準解 (VOE＝D＋M＋A＋D＋V) 與十二項顧客聲音 (VOC＝KPI＋BOI＋GPI ?)，優先排序「最適標準解」；(5) 驗證 (Verify-SS)：驗證及統整「1頁標準解」。其中 $e^{6\sigma}$-G^D76S^S-DRW1 綠色設計即時決策管理系統係將六標準差五大主軸 (D 定義 - M 量測 - A 分析 - D 設計 - V 驗證) 所需之專用程式 (程式庫) 及相關參數、

表 6-12　Altschuller TRIZ 76 標準解對照表

Class 等級	Description 說明
1. Building and Destroying Su-Field Model 建構與破壞質場模型	1.1 Building Su-Field Models 建構質場模型
	1.2 Destroying Su-Field Models 破壞質場模型
2. Enhancing Su-Field Models 強化質場模型	2.1 Transition to Complex Su-Field Models 轉換複雜質場模型
	2.2 Enforcing Su-Field Models 質場模型
	2.3 Enforcing by Matching Rhythms 符合節奏
	2.4 Ferromagnetic-Field Models (Complex Enforced Su-Field Model) 鐵磁場模型
3. Transition to the Super-System and Micro-Level 超／微系統轉換	3.1 Transition to Bi-and Poly-System 轉換雙／多系統
	3.2 Transition to the Micro-Level 轉換微型
4. Standard Solutions for Detection and Measurement 監測標準解	4.1 Indirect Method 間接方法
	4.2 Building Measurement Su-Field Models 建構量測質場模型
	4.3 Enforcing Measurement Su-Field Models 強化量測質場模型
	4.4 Transition to Ferro-Field Models 轉換鐵場模型
	4.5 Direction of Evolution of Measurement System 量測系統演化趨勢
5. Standards for applying the Standard Solutions 應用標準解	5.1 Introducing Substances 導入物質
	5.2 Introducing Fields 導入場域
	5.3 Phase Transitions 相轉換
	5.4 Peculiarities of Applying Physical Effects and Phenomena 應用物理特殊現象
	5.5 Experimental Standard Solutions 實驗標準解

管制表單與資訊 (即資料庫)，藉由 Visual Basic 6.0 整合一交談式功能表單並由API (Application Programming Interface) 負責功能表與 6σ–DMADV，G^D-IRAEG，$76S^S$-$B_D E_N T_N D_M S_S$ 程式庫與資料庫之界面連結，俾供研發及製造主管人員有效管理與決策，其管理系統結構如圖 6-14 所示。

第六章 三 創

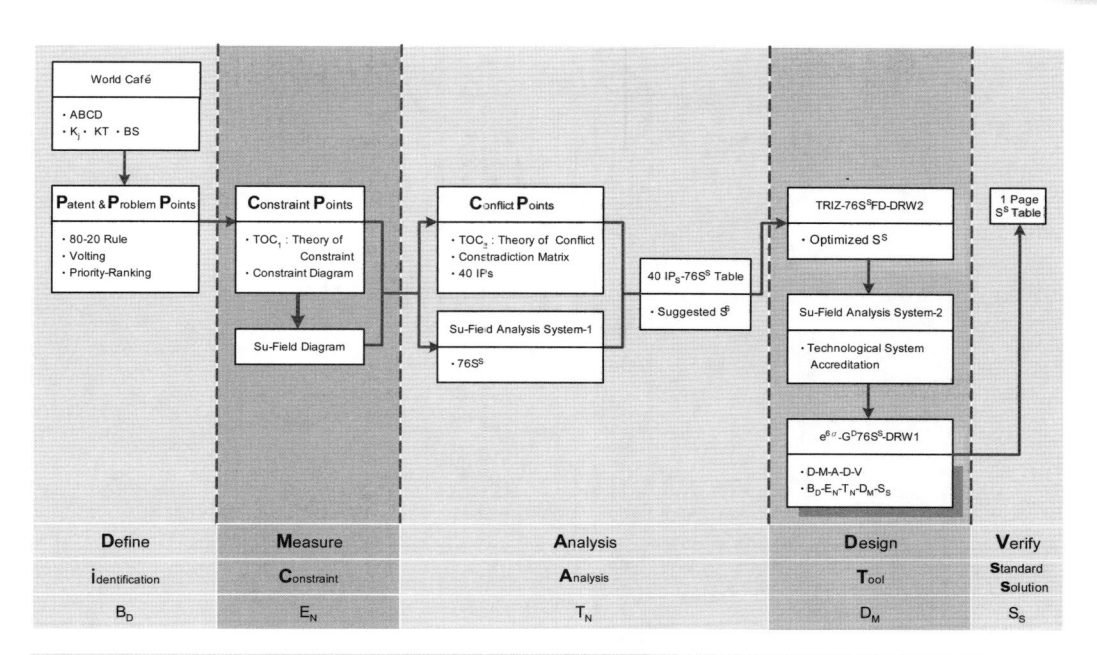

⮕ 圖 6-12　綠色質場分析

📖 表 6-13　理想化綠色質場分析

$$I = \frac{\sum \text{Useful Functionrs}}{\text{Harmful Functions} + \sum \text{Costs}}$$

	BS	TOC$_1$	TOC$_2$	Su-Field	QFD	BSC
Design						
1 Concept						5 Financial
2 System						6 Customer
3 Parameter						7 Internal Process
4 Robust						8 L & G

139

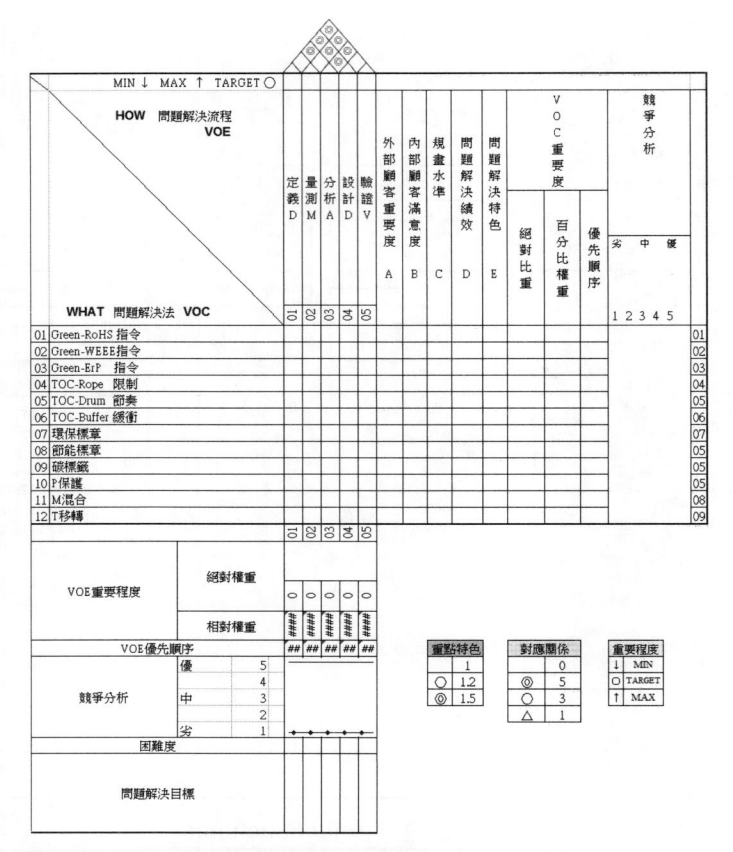

➲ 圖 6-13　TRIZ-76SsQFD-DRW2 綠色設計魔法屋

4. 限制理論 (TOC) 激發與繪製衝突圖

　　Dr. Eliyahu M. Goldratt 於1986 年提出限制理論 (Theory of Constraints, TOC) 之管理新思維與方法，係一強化問題解決之理論架構。

　　Goldratt「限制理論」之定義為；藉由：(1) 系統思考程序 (Thinking Process)；(2) 衝突圖 (Conflict Map)；(3) 混沌理論 (Chaos Theory)，聚焦組織與個人間之因果邏輯關係 (即系統之固有簡單性)，找出阻礙或限制組織在短時間內得到整體效益與高績效之少數關鍵／限制因子 (Key/Constraint Factor or Leverage Point)。而有效管理「限制」之方法與解決方案，謂之「限制理論」。

　　企業內部溝通、協調機制狀況頻仍，矛盾衝突層出不窮。有效導入「限制理論」，跳脫原有習慣領域與思考模式，藉由現實樹-衝突解決圖-否定樹-預詢樹-轉換樹 (如圖 6-15) [40] 發掘、面對、定義與分析問題 (Problem)，求證不同

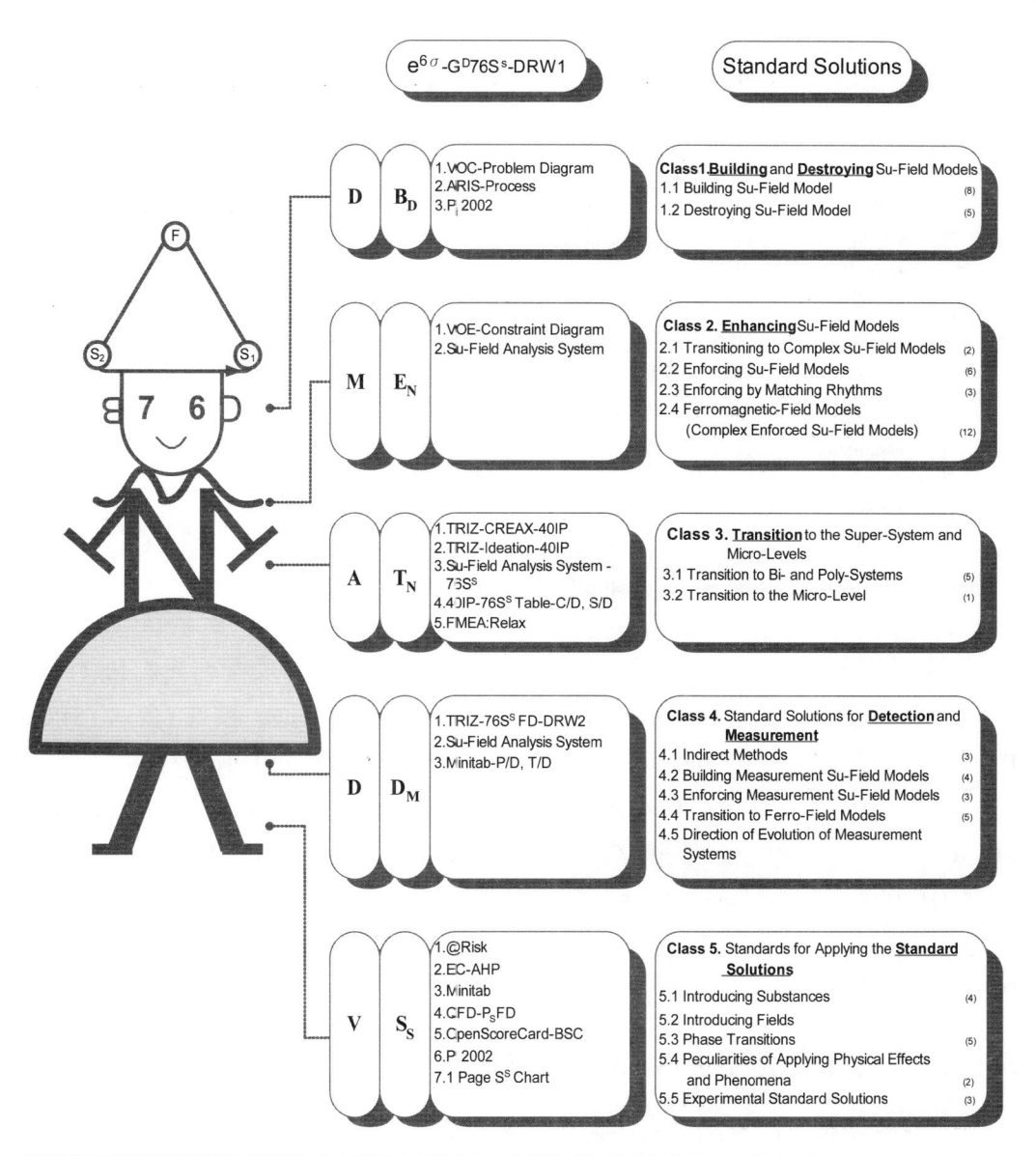

圖 6-14　$e^{6\sigma}\text{-}G^D 76S^S\text{-}DRW1$ 綠色設計即時決策管理系統

$e^{6\sigma}\text{-}G^D 76S^S\text{-}DRW1$

- D　B_D
  1. VOC-Problem Diagram
  2. ARIS-Process
  3. P_i 2002

- M　E_N
  1. VOE-Constraint Diagram
  2. Su-Field Analysis System

- A　T_N
  1. TRIZ-CREAX-40IP
  2. TRIZ-Ideation-40IP
  3. Su-Field Analysis System - $76S^S$
  4. 4OIP-$76S^S$ Table-C/D, S/D
  5. FMEA:Relax

- D　D_M
  1. TRIZ-$76S^S$ FD-DRW2
  2. Su-Field Analysis System
  3. Minitab-P/D, T/D

- V　S_S
  1. @Risk
  2. EC-AHP
  3. Minitab
  4. CFD-P_SFD
  5. OpenScoreCard-BSC
  6. P 2002
  7. 1 Page S^S Chart

Standard Solutions

- **Class 1. Building** and **Destroying** Su-Field Models
  - 1.1 Building Su-Field Model　(8)
  - 1.2 Destroying Su-Field Model　(5)

- **Class 2. Enhancing** Su-Field Models
  - 2.1 Transitioning to Complex Su-Field Models　(2)
  - 2.2 Enforcing Su-Field Models　(6)
  - 2.3 Enforcing by Matching Rhythms　(3)
  - 2.4 Ferromagnetic-Field Models
    (Complex Enforced Su-Field Models)　(12)

- **Class 3. Transition** to the Super-System and Micro-Levels
  - 3.1 Transition to Bi- and Poly-Systems　(5)
  - 3.2 Transition to the Micro-Level　(1)

- **Class 4.** Standard Solutions for **Detection** and **Measurement**
  - 4.1 Indirect Methods　(3)
  - 4.2 Building Measurement Su-Field Models　(4)
  - 4.3 Enforcing Measurement Su-Field Models　(3)
  - 4.4 Transition to Ferro-Field Models　(5)
  - 4.5 Direction of Evolution of Measurement Systems

- **Class 5.** Standards for Applying the **Standard Solutions**
  - 5.1 Introducing Substances　(4)
  - 5.2 Introducing Fields
  - 5.3 Phase Transitions　(5)
  - 5.4 Peculiarities of Applying Physical Effects and Phenomena　(2)
  - 5.5 Experimental Standard Solutions　(3)

假設是否真實存在，認知是否正確。復聚焦兩造之共同「思考程序 (Thinking Process)」與「認知 (Cognitive)」，引導雙方解決問題，創造雙贏「共識」。

　　1990 年代美國汽車製造業為因應日系汽車之市場競爭優勢，企業流程再造 (BPR) 已為不可或缺之管理工具。而 TOC 限制理論大師 Goldratt 所提出之聚焦五步驟 (The Five Focusing Steps - IESEB) 更是唯一可持續改善流程之方法：(1) Identify：確認企業弱勢；(2) Exploit：以 O-I-T[註19] 法，探索系統限制與瓶頸；

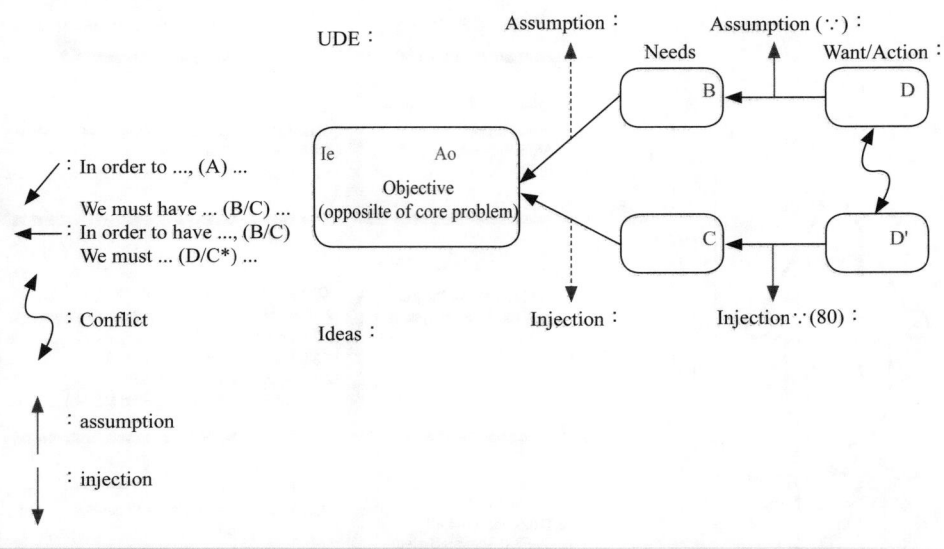

○ 圖 6-15　衝突解決圖 (Conflict Resolution Diagram, CRD)

(3) Subordinate：動員組織 (或供應鏈) 中各環節全力支持與配合，打破 (或解決) 資源 [即 Goldratt 之鼓 (Drum, D)]「限制」；(4) Elevate：精進 (實)；(5) Go Back：持續改善，永續運營 [(5) → (1) → (2) → (3) → (4) → (5)]。

惟為防患於未然，在持續改善過程 (Process of On-Going Improvement, POOGI) 中，仍須輔以鼓-緩衝-繩 DBR[註20] (Drum-Buffer-Rope) 機制。其中緩衝管理 (Buffer Management) 即用於監控「工作流」、「價值流」與問題真因診斷之用，俾便在突發中 (終) 止前，事先採取緊急預防措施 [即緩衝滲透 (Buffer Penetration)]。

5. 價值流與實獲值管理 (VSM + EVM)

價值流係源自於豐田精實生產中為鑑別系統中八大浪費因子所需之方法，而實獲值管理則是將「排除浪費因子專案」之時程與成本做一有效管理之工具，以及早發現專案執行問題之所在，提供早期預警之預防措施。

(1) 豐田生產系統 (TPS)

豐田生產系統 (TPS) 又名精實生產 (Lean Production/Manufacturing) 為日本工業復活之父-大野耐一帶領豐田人所創造之最佳生產組織形式，係由轉換 (conversion)、流 (flow) 及價值 (value) 三大模型所組成 **[41]**。而 Jeffrey K. Liker 之 "The TOYOTA Way: 14 Management Principles from

表 6-14　TOYOTA Way-4P 模式

TOYOTA Way: 14 MP	4P			
	Philosophy 理念	Process 流程	People 人	Problem-solving 問題解決
	1. 管理決策需以長期理念為基礎	2. 建置永續作業流程 3. Pull：使用後拉式即時生產制度 4. 平準化：生產平均化 5. 自化：建置即時暫停解決問題機制 6. 建置標準作業書 (SOP) 7. 現場目視管理 (Visual Mgt.) 8. 使用純熟技術	9. 培訓內部忠誠幹部 10. 培訓優秀人才與教導團隊合作 11. 優化供應鏈伙伴	12. 現地現物勘查 13. 凝聚共識，快速解決 14. 省思，持續改善

the World's Greatest Manufacturer" 已為顯學，所建構之 TOYOTA Way-4P 模式 (如表 6-14) 係基於長期創造顧客與社會價值之思維下，強化精實生產與節約公帑之流程管理，並由學習型組織中委以專業人員持續改善與解決相關之問題 [42~44]。

另 James P. Womack 及 Daniel T. Jones 於精實思維 (Lean Thinking) 書中則指出：精實係藉由五大原理：(1) 界定產品價值 (specify value)；(2) 確定產品價值流 (identify value stream)；(3) 價值暢流 (flow)；(4) 顧客拉力 (pull)：後拉式 (pull) 之顧客需求滿足 (生產)；(5) 追求完美 (perfect)，查檢每一產品之整體作業流程與價值流、消除製程浪費 (Muda) 與提高真正效率 [即自働化 (JIDOKA)]，學習「少量多樣化」及「平準化排程」之生產模式，秉持「不分批、無中斷／等待／浪費之動作、穩定連續流程」之暢流管理 [又稱及時化 (Just-in-Time, JIT)] 系統，追求全面品管、全員持續改善。推廣至研發、銷售及上下游廠商，讓公司供應鏈徹底「暢流」創造最大之真實價值與獲利。而精實系統 (Lean System) 則以顧客為導向，從新建構整體流程與價值流，在價值最大化與浪費最小化之 PDCA 循環架構下，確保整體流程之暢流化。

在操作與實現過程中，生產管控 (Production Control) 主要在時間浪費與材料浪費之管控，為此監測指標主要包括時間與材料使用。結合價值流之流程、監控之計畫 (週期) 表、所有時間及材料之管控指標即成為價值流程圖 (Value Stream Mapping, VSM) [45]，可將價值 (Value) 與流程 (Process) 以數據化與圖表化方式有效呈現之 (如圖 6-16)。

創新管理

(2) 價值流程圖

價值流 (Value Stream) 之繪製是探索「浪費 (Muda) 問題真因」之前哨站，其中仍須經由價值流程圖 (VSM) 建構、價值鏈[註21] 建構與分析[註22] (VCA) 及限制理論之問題真因分析 (執行步驟，如表 6-15)，始能精確診斷立即暴露浪費之問題點。

價值流程圖 (Value Stream Mapping, VSM) 係由 Mike Rother 及 John Shook 依據豐田精實生產 (TOYOTA Lean Manufacturing) 系統下之資訊流 (Info. Flow) 與物流 (Logistic Flow) 所繪製 (如圖 6-16)，提供描繪一產

表 6-15 探索浪費問題真因執行步驟

工作流 SIPOC (WF) ↑	商流 (Biz. Flow) →	↓ 人流 (HF)	價值流程圖(VSM)		問題真因
	資訊流 (Info. Flow)		6σ 六標準差專案-DMAIC		限制理論 (TOC)
	物流 (Logistic Flow)		現在	未來	
	價值流 (Value Stream)		As-is	To-be	
	金流 (Cash Flow) ←		D-M	I-C	
診斷立即暴露浪費問題					
(1) 不良 / 修理品；(2) 不當流程 / 過分加工 (3) 不必要行動 / 動作；(4) 運輸搬運；(5) 不當庫存；(6) 生產過剩 / 過早；(7) 等待；(8) 管理 (節能減碳)。			A		

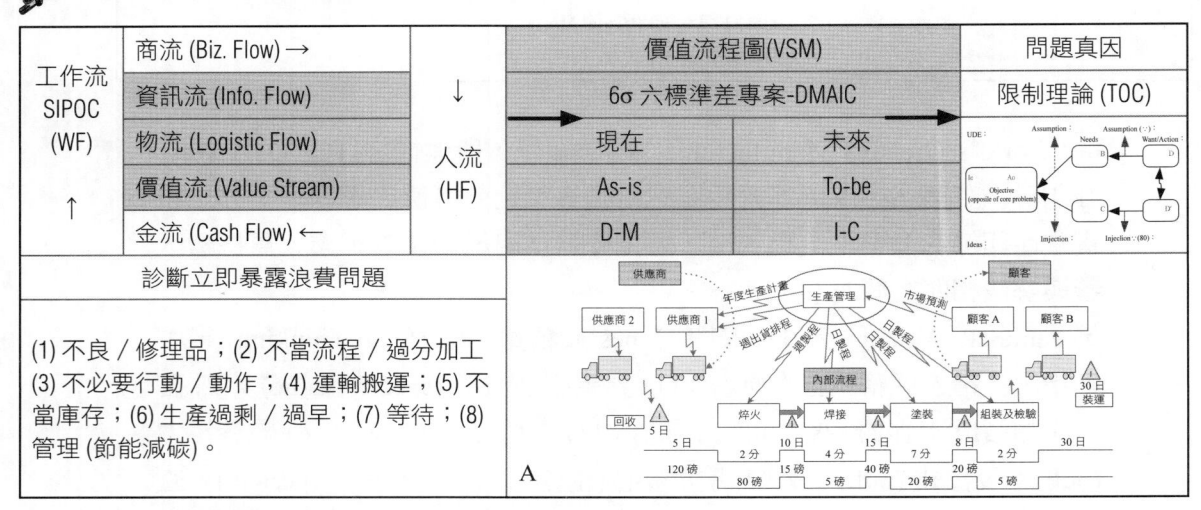

註：D (定義)、M (量測)、I (改善)、C (管控)、A (分析)

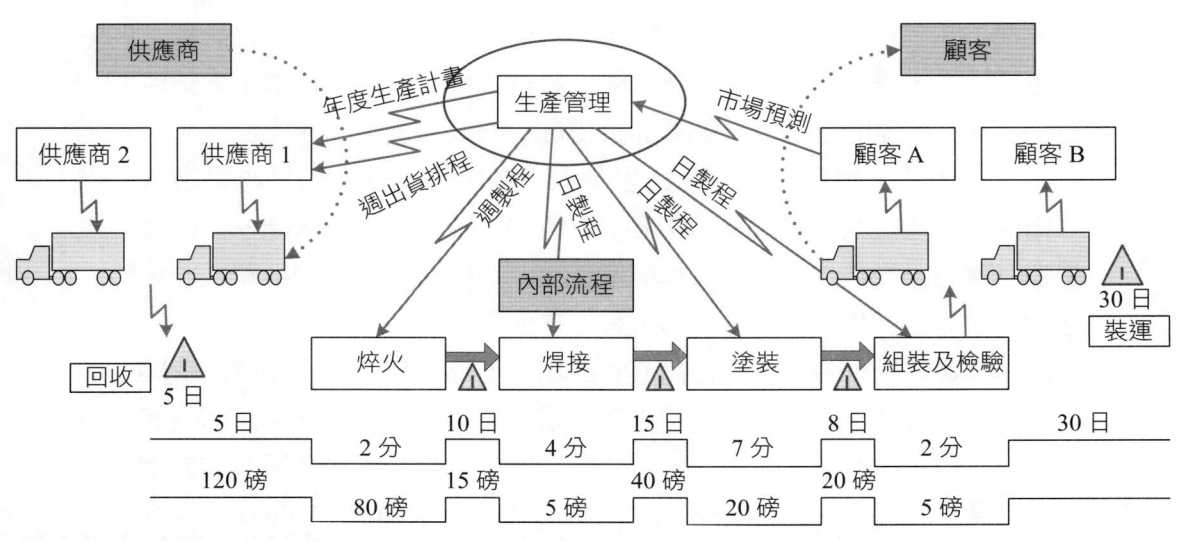

圖 6-16 價值流程圖 (Value Stream Mapping, VSM)

品家族之製程、資訊流與物流,以協助辨別系統中之八大浪費 (Muda),並予徹底排除之:(1) 不良／修理品;(2) 不當流程／過分加工;(3) 不必要行動/動作;(4) 運輸搬運;(5) 不當庫存;(6) 生產過剩/過早;(7) 等待;(8) 管理 **[46~47]**。

(3) **實獲值管理 (Earned Value Management, EVM)**

經 (2) 價值流程圖鑑別系統之浪費因子後,需新立一專案項目以資排除與管理。實施專案管理之目的係為確保企業對未來在進度、成本、風險與產品品質預測及掌握能力。Electronic Industries Alliances (EIA) 於 1998 年 6 月出版 ANSI/EIA-748-1998 *Earned Value Management System*,實獲值管理系統正式成為美國國家標準,美國國防部副部長 Ganslere 亦於 1999 年 8 月簽署備忘錄。實獲值管理 (EVM)[註23] 係一整合式專案管理系統,提供整合式之績效評量指標 (整合時程、成本、品質),供客戶及合約商監控專案之執行。而時程 (Schedule)、成本 (Cost)、品質 (Quality) 則為專案管理之三大目標,能夠將專案之時程與成本做一有效管理之工具,謂之實獲值管理 **[48]**。

實獲值管理 (如圖 6-17) (Alexander, S., 1998) 為專案管理知識領域中最重要且不可或缺之風險管理控制工具,得以及早發現專案執行問題之所在,提供早期預警之預防措施,以達到企業永續發展與營運持續管理 (Business Continuity Management, BCM) 之目標。惟需輔以「實獲值預警系統[註24]」(如圖 6-18) 即時偵測與消除可能產生之潛在風險,並發展相

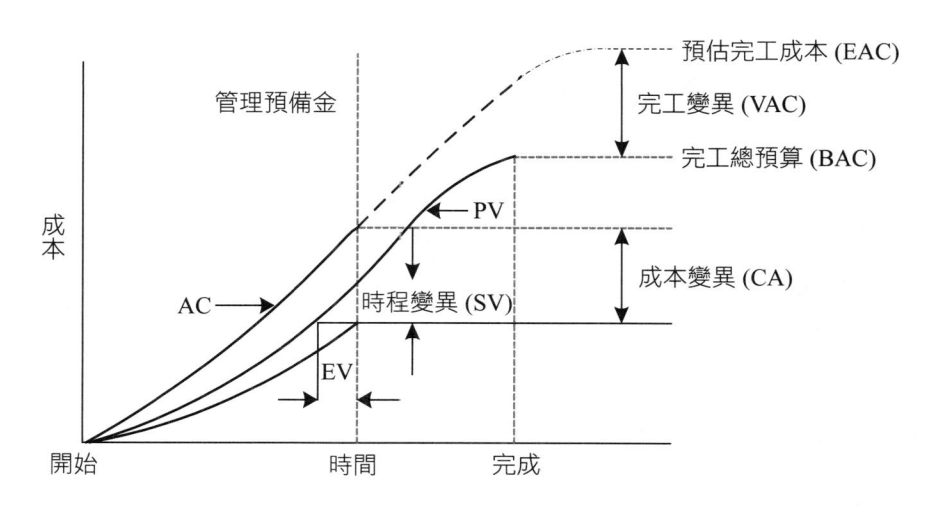

⇨ **圖 6-17** 實獲值管理圖

任務名稱	工期	開始時間	完成時間	計畫值(PV)	實際成本(AC)	時程績效警報燈	成本績效警報燈
OO專案	424 工作日	95/5/17	96/12/31	NT$1,920,000.00	NT$2,016,200.00		
D3階段	128 工作日	95/5/17	95/11/10	NT$1,174,832.00	NT$1,192,400.00		
T3.01	0 工作日	95/5/17	95/5/17	NT$0.00	NT$0.00		
I3.01	31 工作日	95/5/17	95/6/28	NT$851,705.00	NT$845,000.00	◐	◐
I3.06	31 工作日	95/5/17	95/6/28	NT$34,593.00	NT$28,500.00	●	●
I3.07	30 工作日	95/5/18	95/6/28	NT$160,600.00	NT$192,000.00	●	●
P3.06	26 工作日	95/6/29	95/8/3	NT$83,134.00	NT$80,200.00	●	●
P3.07	27 工作日	95/8/4	95/9/11	NT$29,000.00	NT$30,900.00	●	●
T3.02	44 工作日	95/9/12	95/11/10	NT$15,800.00	NT$15,800.00	●	●
D4階段	132 工作日	95/11/13	96/5/15	NT$331,358.00	NT$346,200.00		
T4.01	33 工作日	95/11/13	95/12/27	NT$270,100.00	NT$290,000.00	●	●
P4.01	45 工作日	95/11/13	96/1/12	NT$3,129.00	NT$3,100.00	◐	●
P4.02	17 工作日	95/11/13	95/12/5	NT$600.00	NT$460.00	●	●
V4.04	44 工作日	95/11/13	96/1/11	NT$33,112.00	NT$32,000.00	●	●
P4.06	20 工作日	96/1/12	96/2/8	NT$2,625.00	NT$2,740.00	●	●
P4.07	33 工作日	96/2/9	96/3/27	NT$11,792.00	NT$10,000.00	●	●
T4.02	35 工作日	96/3/28	96/5/15	NT$10,000.00	NT$7,900.00	●	●
D5階段	164 工作日	96/5/16	96/12/31	NT$413,810.00	NT$477,600.00		
T5.01	27 工作日	96/5/16	96/6/21	NT$90,000.00	NT$124,800.00	●	●
P5.01	50 工作日	96/6/22	96/8/30	NT$910.00	NT$1,000.00	●	●
V5.01	33 工作日	96/6/22	96/8/7	NT$190,000.00	NT$189,000.00	●	●
P5.05	27 工作日	96/8/8	96/9/13	NT$3,200.00	NT$3,000.00	●	●
P5.06	34 工作日	96/9/14	96/10/31	NT$700.00	NT$700.00	●	●
T5.02	43 工作日	96/11/1	96/12/31	NT$129,000.00	NT$159,100.00	●	●

●：高風險　◐：中風險　●：低風險

⊃ 圖 6-18　實獲值預警系統圖

對應之管制與矯正或預防措施。

6. 演化趨勢：現況解-專利解-可行解

「快捷式創新管理模式 (AIM Model)」係在價值流與實獲值之持續監控下，依據企業體質健檢系統診斷企業體質，並營造圓桌論壇 World Café 創新情境，以釐清及定義人的問題與問題本身。復以 TRIZ 創意問題解決法整合現有資源 (質場、空間、時間、資訊、系統、功能、結構、環境、能源、4M 人機料法)，找出「現況解」 (詳如綠色質場分析第一至四階段建構最適標準解之過程)。並藉由國際專利分類檢索系統 (IPC) 查詢、經濟部智財局中華民國專利資訊檢索系統 (twpat) 與全球線上專利檢索 (Patent Search) 專利號碼及專利名稱及專利分析，以萃取國內外相關「專利解」與其實質驗證。

最終，以 TRIZ 37 Evolutionary Trends 演化趨勢 [50] 進行空間 (Space) -時間 (Time) -介面 (Interface) 趨勢之分類 (如表 6-16)、「演化潛力雷達圖 (Evolutionary Potential Radar Plot)」(如圖 6-19~6-21) 繪製及演化潛力與極限 (程

表 6-16　Mann TRIZ 37 Evolutionary Trends 演化趨勢

演化趨勢 37			演化層級 ☒
Space₁₃ (空間)	Smart Materials 智慧材料	4	被動元件 → 1° 主動元件 → 2° 主動元件 → 多° 主動元件
	Space Segmentation 空間區隔	5	單片固體 → 凹洞結構 → 多洞結構 → 多孔 / 毛細管結構 → 多孔 + 主動元件
	Surface Segmentation 表面區隔	4	光滑表面 → 2D 激突表面 → 3D 粗糙表面 → 粗糙表面 + 主動元件
	Object Segmentation 物件區隔	9	單固體 → 分段式固體 → 粒狀體 → 流體 → 膠體 → 氣體 → 電漿 → 場 → 真空
	Macro to Nano 奈米級	6	$10 \to 10^{-3} \to 10^{-6} \to 10^{-9} \to 10^{-12} \to 10^{-13}$
	Webs to Fibers 網絡與纖維	4	均質 → 2D 網格 → 3D 光纖 → 附加主動元件
	Decreasing Density 減低密度	3	金屬 (10^4 kg/m²) → 塑膠 (10^3 kg/m²) → 氣體 ($10^2 - 10^{-3}$ kg/m²)
	Asymmetry 不對稱性	4	全對稱系統 → 1D 非對稱 → 2D 非對稱 → 3D 非對稱
	Boundary Breakdown 跳脫空間邊界	3	多邊界 → 少邊界 → 無邊界
	Geometric Evolution (Lin) 線性幾何演化	4	點 → 1D → 2D → 3D
	Geometric Evolution (Vol) 立體幾何演化	4	平面 → 2D → 軸對稱 → 全 3D
	Nesting-Down 向下巢套	4	非層級結構 → 2 階層級 → 3 階層級…… → 遞迴結構
	Dynamization 動態性	5	固定系統 → 接和系統 → 全彈性系統 → 流體 / 氣動系統 → 場域系統
Time₆ (時間)	Action Co-ordination 動作協調	4	無協調動作 → 部分協調動作 → 全協調動作 → 間隔不同動作
	Rhythm Co-ordination 節奏協調	4	連續動作 → 週期動作 → 共振 → 諧波
	Non-Linearity 非線性	3	線性系統 → 部分非線性系統 → 非線性系統
	Mono-Bi-Poly (Similar) 單-雙-多 (時間不變)	4	單系統 → 雙系統 → 三系統 → 多系統
	Mono-Bi-Poly (Various) 單-雙-多 (時間變化)	4	單系統 → 雙系統 → 三系統 → 多系統
	Macro to Nano Scale 奈米級	6	$10 \to 10^{-3} \to 10^{-6} \to 10^{-9} \to 10^{-12} \to 10^{-13}$
Interface₁₈ (介面)	Mono-Bi-Poly (Sim) 單-雙-多 (介面不變)	4	單系統 → 雙系統 → 三系統 → 多系統
	Mono-Bi-Poly (Var) 單-雙-多 (介面變化)	4	單系統 → 雙系統 → 三系統 → 多系統
	Mono-Bi-Poly (Inc.Diff.) 單-雙-多 (增加介面差異)	4	相同零件 → 同質零件 → 零件 + 負零件 → 不同零件
	Nesting-Up 向上巢套	3	獨立架構 → 與高階系統連結之架構 → 完全整合至高階系統
	Damping 減震	3	超阻尼 → 在減震下之振盪 → 無減震 + 主動控制

表 6-16　Mann TRIZ 37 Evolutionary Trends 演化趨勢 (續)

	演化趨勢 37		演化層級 ⊠
Interface[18]（介面）	Sense Interaction 感官互動	5	V 視覺 → A 聽覺 → K 觸覺 → O 嗅覺 → G 味覺
	Color Interaction 顏色互動	4	單色 → 雙色 → 可見光譜 → 全彩
	Transparency 透明度	4	不透光結構 → 部分透明 → 透明 → 主動透明元件
	Customer Purchase Focus 顧客購買重點	4	性能 → 可靠度 → 便利性 → 價格
	Market Evolution 市場演進	5	商品 → 產品 → 服務 → 經驗 → 轉換 → ……
	Desing Point 設計點	4	單點最佳化設計 → 雙點最佳化設計 → 多點最佳化設計 → 永續最佳化設計
	Degree of Freedom 自由度	6	1° → 2° → 3° → 4° → 5° → 6°
	Boundary Breakdown 跳脫介面邊界	3	多邊界 → 少邊界 → 無邊界
	Trimming 合併減縮	4	複雜系統 → 刪除不重要零件 → 刪除不重要子系統 → 刪減系統
	Controllability 可控性	4	直接控制行動 → 媒介行動 → 附加回饋 → 智能回饋
	Human Involvement 人員參與	6	人 → 人＋工具 → 人＋動力工具 → 人＋半自動化工具 → 人＋自動化工具 → 自動化工具
	Design Methodology 設計方法	6	試驗 → 穩態設計 → 暫態效應 → 緩退化效應 → 交互效應 → 莫非設計
	Reduce Energy Conv. 減少能源轉換	4	3° 節能 → 2° 節能 → 1° 節能 → 0° 節能

Mann TRIZ 37 Evolutionary Trends-Space 空間演化趨勢

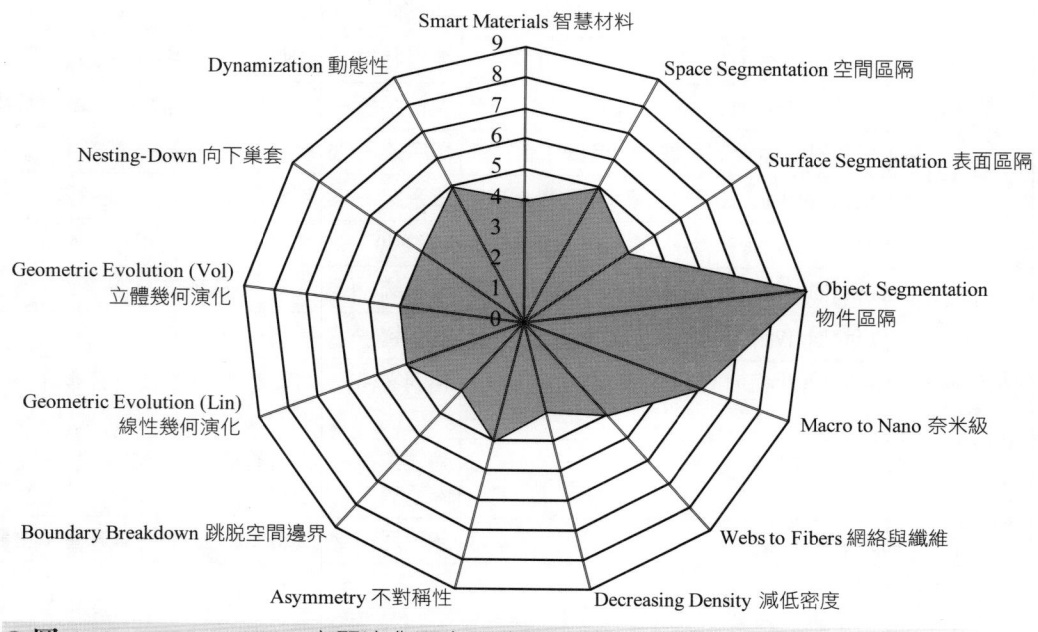

圖 6-19　Mann TRIZ 37-空間演化潛力雷達圖

第六章 三 創

Mann TRIZ 37 Evolutionary Trends-Time　時間演化趨勢

- Action Co-ordination 動作協調
- Rhythm Co-ordination 節奏協調
- Non-Linearity 非線性
- Mono-Bi-Poly(Similar) 單-雙-多 (時間不變)
- Mono-Bi-Poly(Various) 單-雙-多 (時間變化)
- Macro to Nano Scale 奈米級

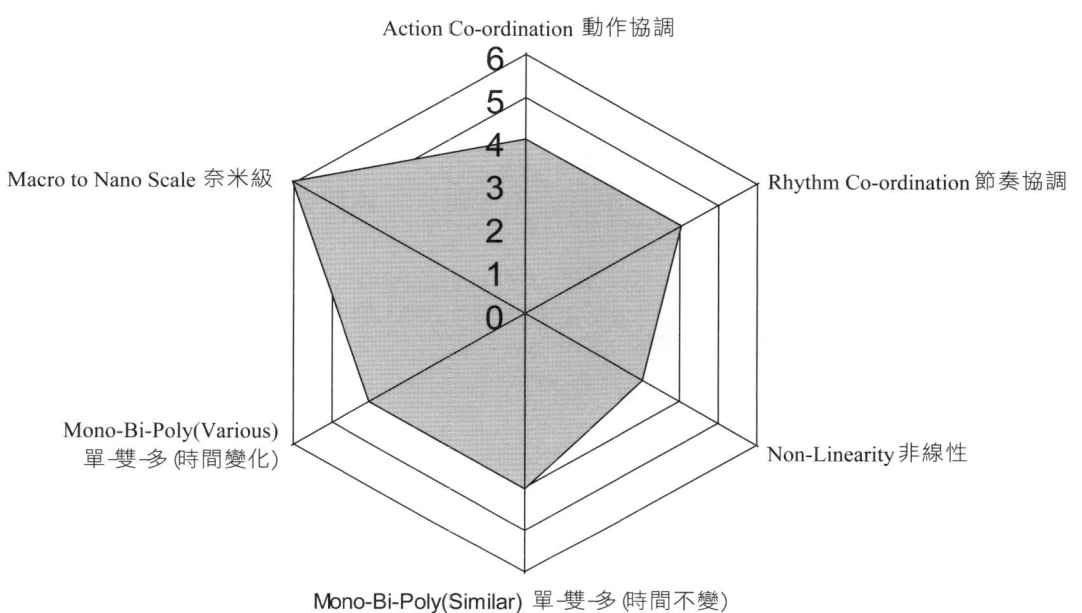

➲ 圖 6-20　Mann TRIZ 37-時間演化潛力雷達圖

Mann TRIZ 37 Evolutionary Trends-Interface　介面演化趨勢

- Mono-Bi-Poly(Sim) 單-雙-多(介面不變)
- Mono-Bi-Poly(Var) 單-雙-多(介面變化)
- Mono-Bi-Poly (Inc.Diff.) 單-雙-多 (增加介面差異)
- Nesting-Up 向上巢套
- Damping 減震
- Sense Interaction 感官互動
- Color Interaction 顏色互動
- Transparency 透明度
- Customer Purchase Focus 顧客購買重點
- Market Evolution 市場演進
- Design Point 設計點
- Degree of Freedom 自由度
- Boundary Breakdown 跳脫介面邊界
- Trimming 合併減縮
- Controllability 可控性
- Human Involvement 人員參與
- Design Methodology 設計方法
- Reduce Energy Conv. 減少能源轉換

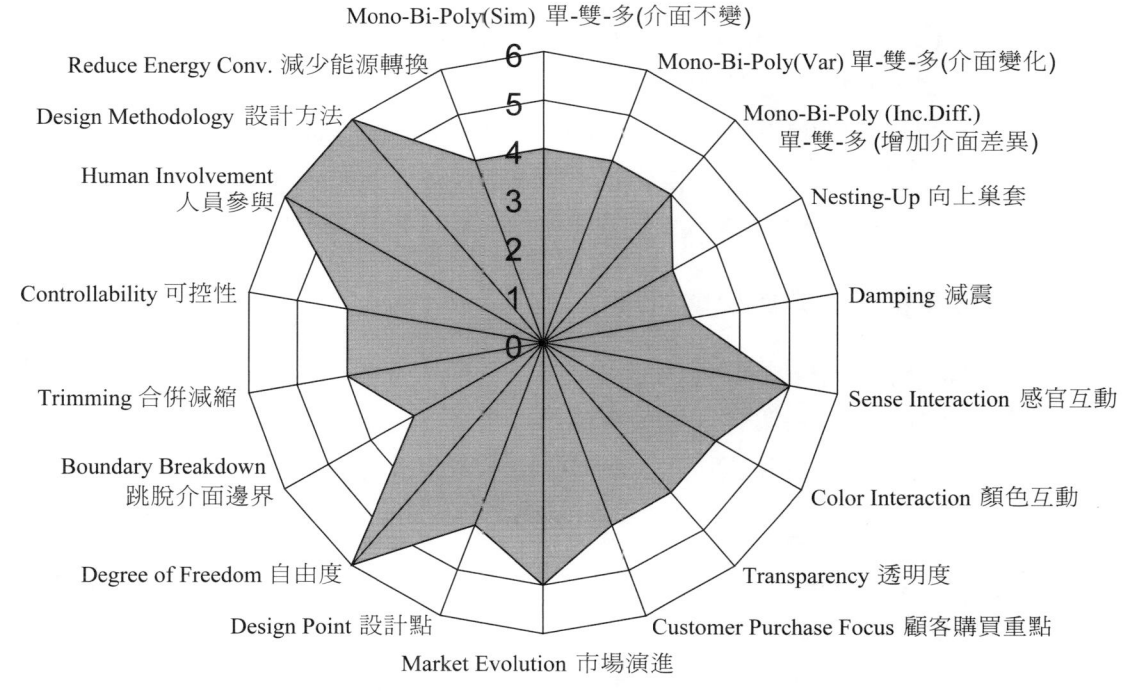

➲ 圖 6-21　Mann TRIZ 37_介面演化潛力雷達圖

149

度) 分析，繼而精實化、利基化、迴避化與可行化，「最佳可行解」乃因運而生。

7. 最終理想解 (Ideal Final Result, IFR)

清霽園主人：濟南某富翁，擁資數十萬，性慳吝，居積取贏，……鄉人號為鐵公雞，謂其一毛不拔也。年近五旬，無子，議納妾，價欲極廉，而人欲至美，媒笑曰：「翁所謂又要馬兒好，又要馬兒不吃草也。」[2]。「又要馬兒好，又要馬兒不吃草」這是左右刁難，這也是完美主義，這更是理想主義，這也就是產品設計之最終理想解，如何從中取得共識，這也是一門藝術。

若以綠色產品為設計主軸，則其最終理想解為：零缺點/零災害/零污染/零客訴之製程、高品質/高利潤/高滿意/低成本/低污染/低毒性/省能源及 5R (Recovery, Recycling, Reduce, Reuse, Regenerate) 之產品。Genrish S. Altshulle 認為創新發明永無止境，而最終理想解更是演化之最高境界。將理想性 (Ideality, I) 定義如下公式，並以「E^2SRCR 法」達成之：(1) 排除次要功能 (Exclude auxiliary functions, E)；(2) 排除次要元素 (Exclude elements, E)；(3) 自助服務 (Self-service, S)；(4) 取代 (Replace, R)；(5) 改變使用方法 (Change operation method, C)；(6) 善用資源 (Utilize resources, R)。

$$I = (\Sigma \text{Useful Functions} + \Sigma \text{Benefits}) \div (\Sigma \text{Harmful Functions} + \Sigma \text{Costs})$$
$$= \Sigma \text{Benefits} \div (\Sigma \text{Harmful Functions} + \Sigma \text{Costs})$$
$$= \Sigma \text{Useful Functions} \div (\Sigma \text{Harmful Functions} + \Sigma \text{Costs})$$
$$= \Sigma \text{ 有益功能} \div (\Sigma \text{ 有害功能} + \Sigma \text{ 成本})$$

註：工作包之各項成本 (Σ 成本)，均應在價值流與實獲值之持續及有效監控下。

8. 精實品質、績效與風險管理

即時整合「精實品質與快捷專案之快速創新管理一頁報告書」，俾供高階管理者 (TM) 即時決策管理與永續經營，企業亦可於獲利目標下，管理績效、事前預防、降低或排除風險之衝擊與維持市場競爭力則為所需之關鍵技術。

(1) 精實卓越品質

以 BS 25999-2：2007 企業營運持續管理 (BCM) 機制 (如表 6-17) 為藍本，並藉由現行 ISO 9001: 2008 品質管理系統導入以「流程管理導向」之 4P (Preparation, Perform, Perfect, Progress) 機制 [3]，以接軌「產品服

務導向」之 PDCA (Plan, Do, Check, Action Taken) 循環 (如圖 6-22)。
針對與企業營運持續管理之生命週期五大階段進行融滲,以臻精實卓越品質:(1) 定義營運任務 ($B=P_1$) 階段-做好計畫之相關準備作業與資源整合;(2) 營運持續管理策略 ($S=P_2$) 階段-訂定計畫願景、使命、價值觀、目標與策略,以資依循;(3) 計畫實施 ($I=P_2$) 階段-團隊合作,執行計畫;(4) 文化建立與深化 ($C=P_3$) 階段-強化組織文化,精進計畫目

表 6-17　ISO 9001：2008 新 4P、舊 PDCA 與 BS 25999-2:2007 比較表

ISO 9001：2008 品質管理系統 (QMS)							
PDCA 循環			4P 循環			
品質合格			品質卓越			
產品服務導向			流程管理導向			
P	Plan	規劃	P_1	Preparation	做好準備作業	準備
D	Do	執行	P_2	Perform	做好一件事	執行
C	Check	稽核	P_3	Perfect	將近目標值,遠離管制上下限	精實
A	Action Taken	矯正	P_4	Progress	降低與目標值偏差	卓越
BS 25999-2:2007 企業營運持續管理系統 (BCMS)						
B	S		I	C		E
定義 營運任務	營運 持續策略		計畫 撰寫實施	文化 建立深化		測試 維持評鑑
P_1	P_2			P_3		P_4

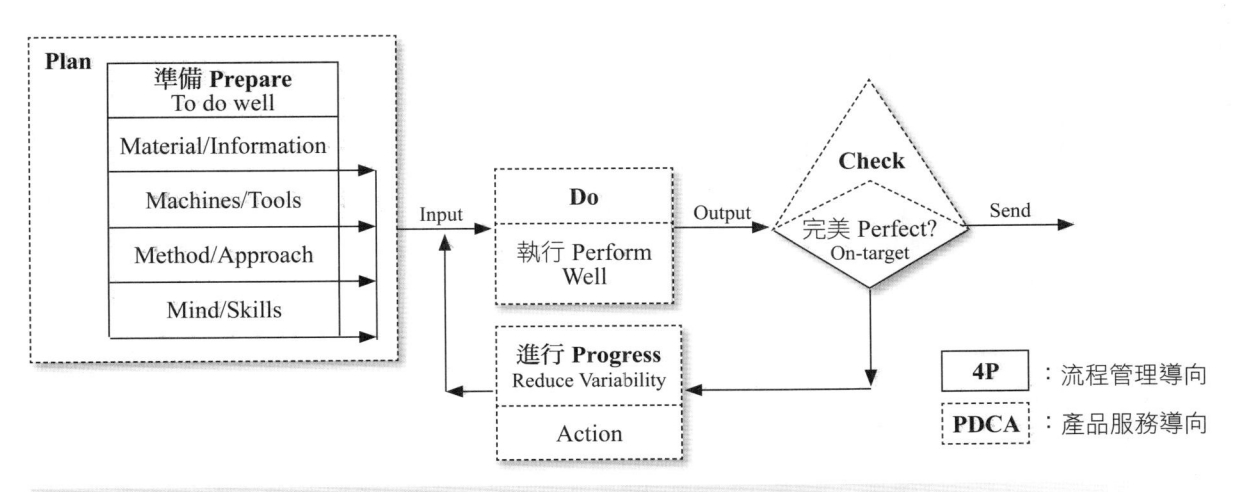

圖 6-22　4P 與 PDCA 循環接軌圖

標；(5) 測試維持評鑑 ($E = P_4$) 階段-降低與計畫目標之偏差，追求計畫之卓越。惟為追求創新計畫之卓越品質 (Excellence Quality, EQ) 需針對計畫工作包 [如 6.3.1 (2)] 與其價值流之各項關鍵績效指標 (KPI)、實獲值進行盤查、評估與分析，繼而持續管理卓越品質，並據此訂定管考所需之質化與量化指標及預期成效 (如表 6-18)，以供計畫永續經營、內外部稽核與公司治理之用。

(2) **精實績效管理**

計畫之進度管制，應以 Project 2010 甘特圖 (Gantt Chart) 進行進度超前或落後之即時管理與資源撫平 (如圖 6-23-1~2)。而經費管理則需以「實獲值預警系統」，評估此專案於成本、進度、風險與產品品質預測及掌握能力。除可提昇管理之能見度與評估專案執行之績效外，另可及早發現專案執行之問題所在，提供早期預警以有效管控。

實獲值分析係依專案執行實際狀況 (如圖 6-24 專案成本圖) 以 EVM 圖呈現 (如圖 6-25)，且以「實獲值預警系統」追蹤、探討、判斷與分析專案實際落後或超前之影響原因為何 (如圖 6-25)。而實獲值預警系統則經由時程績效指標 (Schedule Performance Index, SPI) 與成本績效指標 (Cost Performance Index, CPI)，以判定為何種風險等級，俾供管理者即時決策管理之用。另依專案實際狀況建立時程與成本績效指標，並運用六標準差之管理水準 (如表 6-19、表 6-20) 衡量建立風險範圍與紅綠藍警示燈之早期預警 (詳如表 6-21)。

表 6-18 計畫管考指標

計　　畫：○○○○○○○○○計畫							
分項計畫 XX：○○○○○○○○○計畫							
工作項目	量化 / 質化	衡量指標	分年預期成效				考核週期
^^^	^^^	^^^	100 年				^^^
^^^	^^^	^^^	Q_1	Q_2	Q_3	Q_4	^^^
X-X-X ○○○○	量化						週 / 季
^^^	^^^						週 / 季
^^^	質化						週 / 季
^^^	^^^						週 / 季

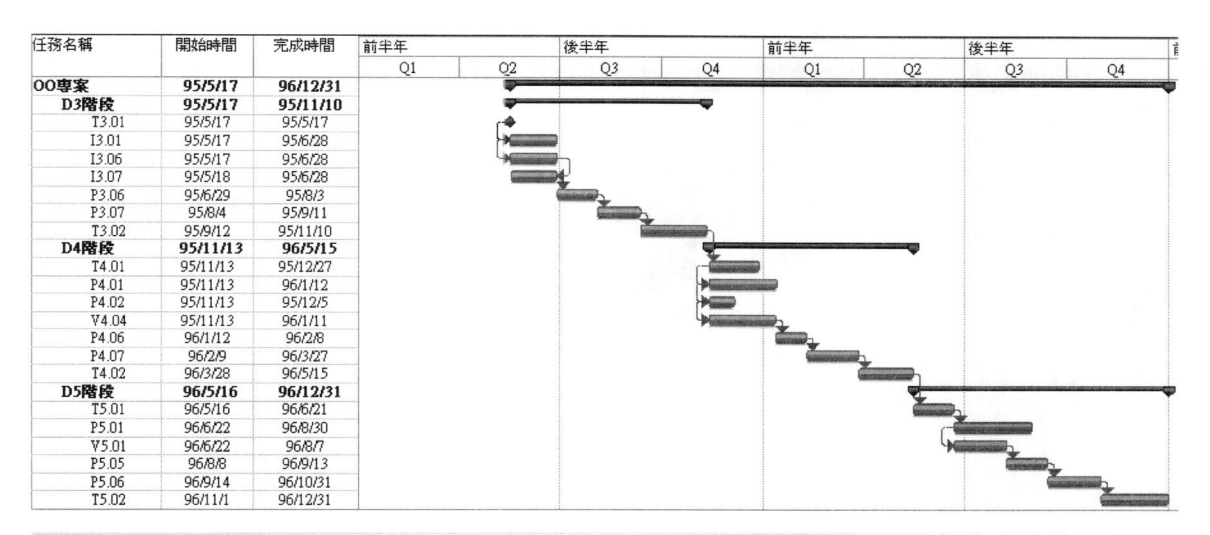

任務名稱	開始時間	完成時間
OO專案	95/5/17	96/12/31
D3階段	95/5/17	95/11/10
T3.01	95/5/17	95/5/17
I3.01	95/5/17	95/6/28
I3.06	95/5/17	95/6/28
I3.07	95/5/18	95/6/28
P3.06	95/6/29	95/8/3
P3.07	95/8/4	95/9/11
T3.02	95/9/12	95/11/10
D4階段	95/11/13	96/5/15
T4.01	95/11/13	95/12/27
P4.01	95/11/13	96/1/12
P4.02	95/11/13	95/12/5
V4.04	95/11/13	96/1/11
P4.06	96/1/12	96/2/8
P4.07	96/2/9	96/3/27
T4.02	96/3/28	96/5/15
D5階段	96/5/16	96/12/31
T5.01	96/5/16	96/6/21
P5.01	96/6/22	96/8/30
V5.01	96/6/22	96/8/7
P5.05	96/8/8	96/9/13
P5.06	96/9/14	96/10/31
T5.02	96/11/1	96/12/31

⊃ 圖 6-23-1　專案圖

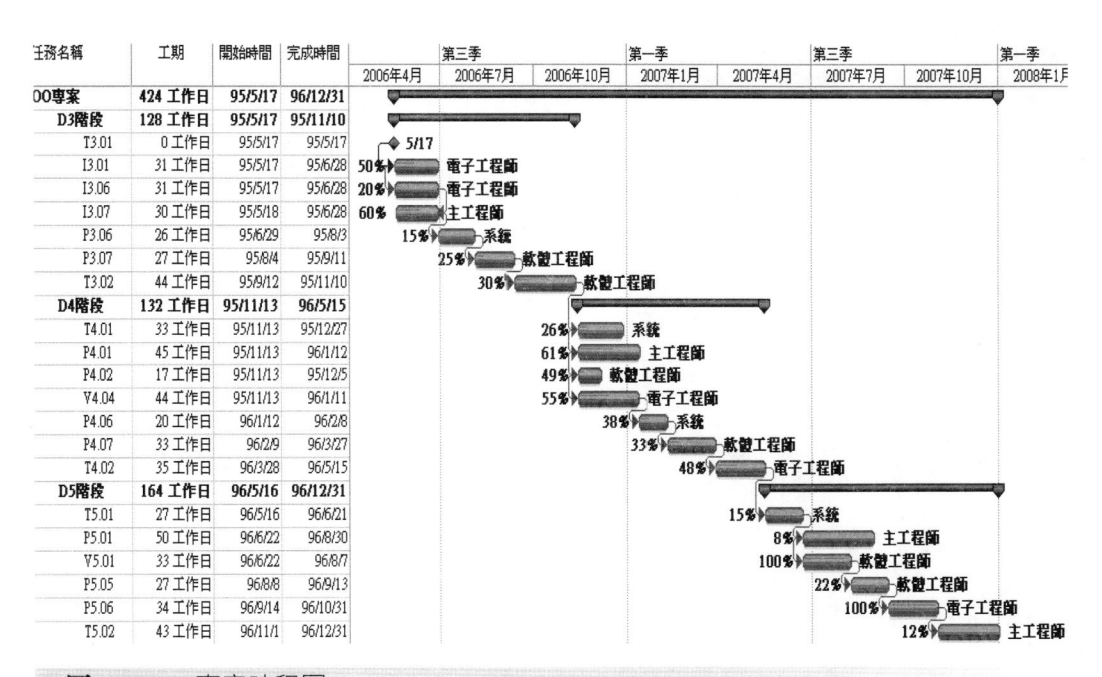

任務名稱	工期	開始時間	完成時間
OO專案	424 工作日	95/5/17	96/12/31
D3階段	128 工作日	95/5/17	95/11/10
T3.01	0 工作日	95/5/17	95/5/17
I3.01	31 工作日	95/5/17	95/6/28
I3.06	31 工作日	95/5/17	95/6/28
I3.07	30 工作日	95/5/18	95/6/28
P3.06	26 工作日	95/6/29	95/8/3
P3.07	27 工作日	95/8/4	95/9/11
T3.02	44 工作日	95/9/12	95/11/10
D4階段	132 工作日	95/11/13	96/5/15
T4.01	33 工作日	95/11/13	95/12/27
P4.01	45 工作日	95/11/13	96/1/12
P4.02	17 工作日	95/11/13	95/12/5
V4.04	44 工作日	95/11/13	96/1/11
P4.06	20 工作日	96/1/12	96/2/8
P4.07	33 工作日	96/2/9	96/3/27
T4.02	35 工作日	96/3/28	96/5/15
D5階段	164 工作日	96/5/16	96/12/31
T5.01	27 工作日	96/5/16	96/6/21
P5.01	50 工作日	96/6/22	96/8/30
V5.01	33 工作日	96/6/22	96/8/7
P5.05	27 工作日	96/8/8	96/9/13
P5.06	34 工作日	96/9/14	96/10/31
T5.02	43 工作日	96/11/1	96/12/31

⊃ 圖 6-23-2　專案時程圖

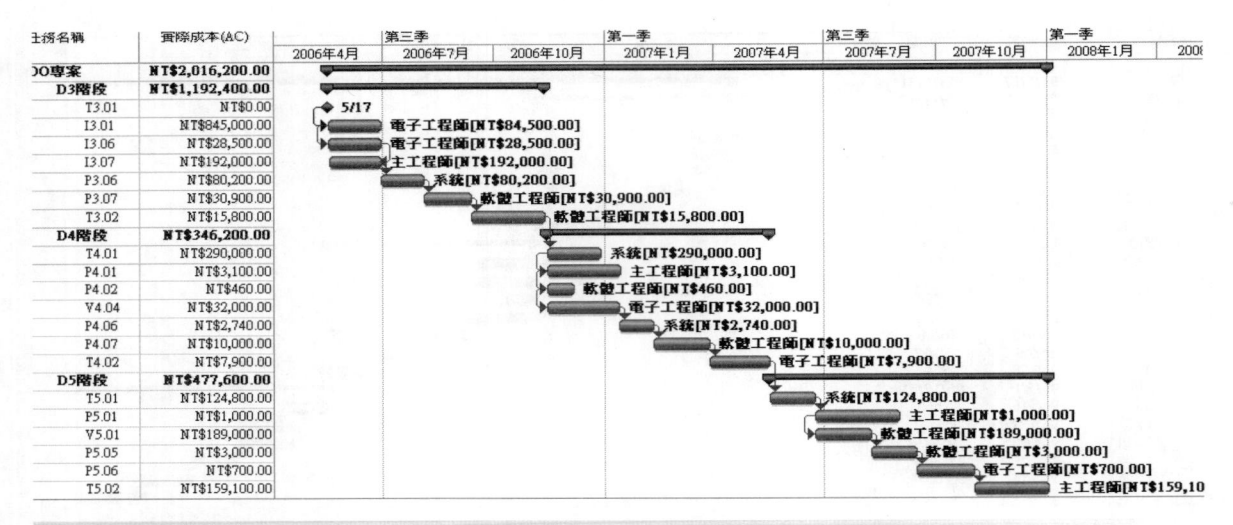

○ 圖 6-24　專案成本圖

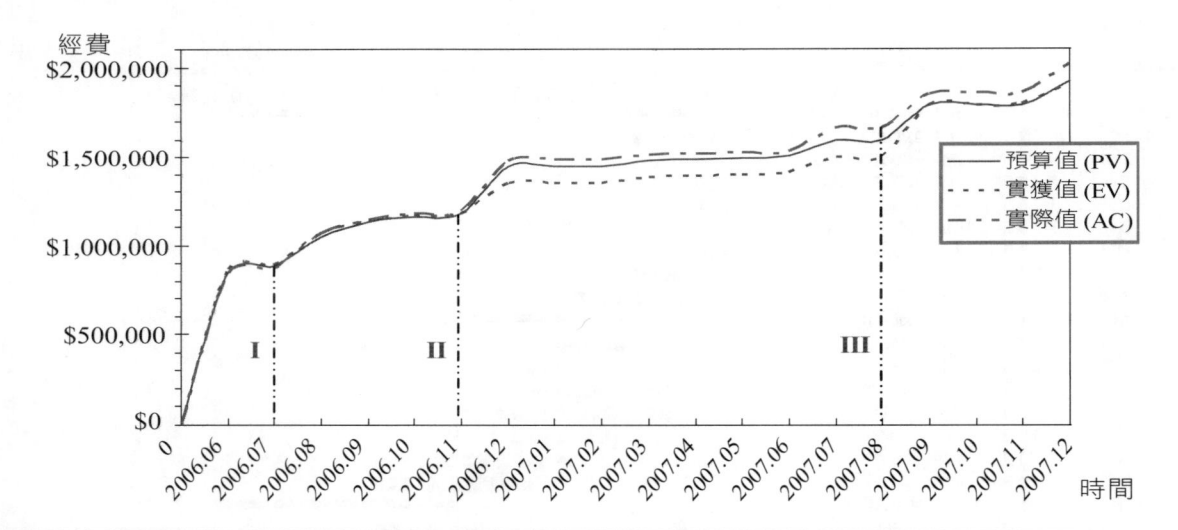

○ 圖 6-25　EVM 圖

※ 表 6-19　品質管理之水準

規格界線	良率 (Yield)	百萬分之不良比率 (PPM)
± 1σ	30.23%	697700
± 2σ	69.13%	308700
± 3σ	93.32%	66810
± 4σ	99.379%	6210
± 5σ	99.9767%	233
± 6σ	99.99966%	3.4

表 6-20　六標準差範圍

規格界線	時程績效指標 (SPI) UCL	時程績效指標 (SPI) LCL	成本績效指標 (CPI) UCL	成本績效指標 (CPI) LCL
1σ	1.065667	0.723333	1.032633	0.689367
2σ	1.236834	0.552166	1.204266	0.517734
3σ	1.408001	0.380999	1.375899	0.346101
4σ	1.579168	0.209832	1.547532	0.174468
5σ	1.750335	0.038665	1.719165	0.002835
6σ	1.921502	-0.132502	1.890798	-0.168798

表 6-21　六標準差風險管理範圍

警示燈	Risk	時程績效	成本績效
紅燈 ●	高風險	＜35%	＜1.0
綠燈 ●	中風險	35%-65%	1.0-1.5
藍燈 ●	低風險	65%-100%	1.5-2.0

(3) 精實風險管理

專案風險係專案常會因為一些始料未及之事件發生 [如：專案之技術瓶頸尚未突破、某項關鍵資源 (人、設備、場地) 無法使用]，導致無法滿足原專案目標，且專案績效將受影響。Chris Chapman and Stephen Ward (1997) 定義「專案風險管理」為：「藉由識別、評估與管理專案相關之風險，以促進專案目標之達成。」如何事前降低或排除風險之衝擊，專案之風險管理已為所亟需。

本書作者吳贊鐸博士特研發「整合型專案風險評估模式」，以資依循，其步驟有七：(1) SWOT 調查分析；(2) 生命週期盤查分析：運用 SimaPro7.0 評估工具；(3) 實獲值預警系統：運用實獲值 (EV)，即時管控專案進度與成本是否有潛在風險存在；(4) 層級結構分析法 (AHP)：藉由專家意見篩選關鍵績效指標 (KPI)；(5) 策略因果圖：運用ARIS軟體衡量各指標間關係強弱；(6) 績效圖：運用 OpenScorecard 軟體，以圖形方式衡量財務、顧客、內部流程及學習與成長之績效評估；(7) 六標準差 DMAIC 模式：運用失效模式分析法尋找潛在風險真因。復綜整一頁專案風險管理報告書 (1 Page Project Risk Management Profile) (如表 6-22)，俾供專案管理階層決策與績效評估之用。

表 6-22 1 Page P_j^RM-Profile

1.專案章程	專案名稱	○○○○專案			
	日　　期	○○年○○月○○日			
	緣　　起				
		目標管理		交付標的	
	S				
	M				
	A				
	R				
	T				
	專案職掌	○○管理中心		專案權限	○○
	專案期程			專案預算	
	專案限制	經費限制		專案成效	品質達到水準
2.生命週期盤查	產品回收表		盤查分析表		環境衝擊圖
3.甘特圖					
4.實獲值預警系統	●：高風險　　●：中風險　　●：低風險				
5.失效模式	潛在失效模式	風險評估			風險值 RPN
		嚴重性 (SEV)	發生率 (OCC)	查偵能力 (DET)	

表 6-22　1 Page P_j^RM-Profile (續)

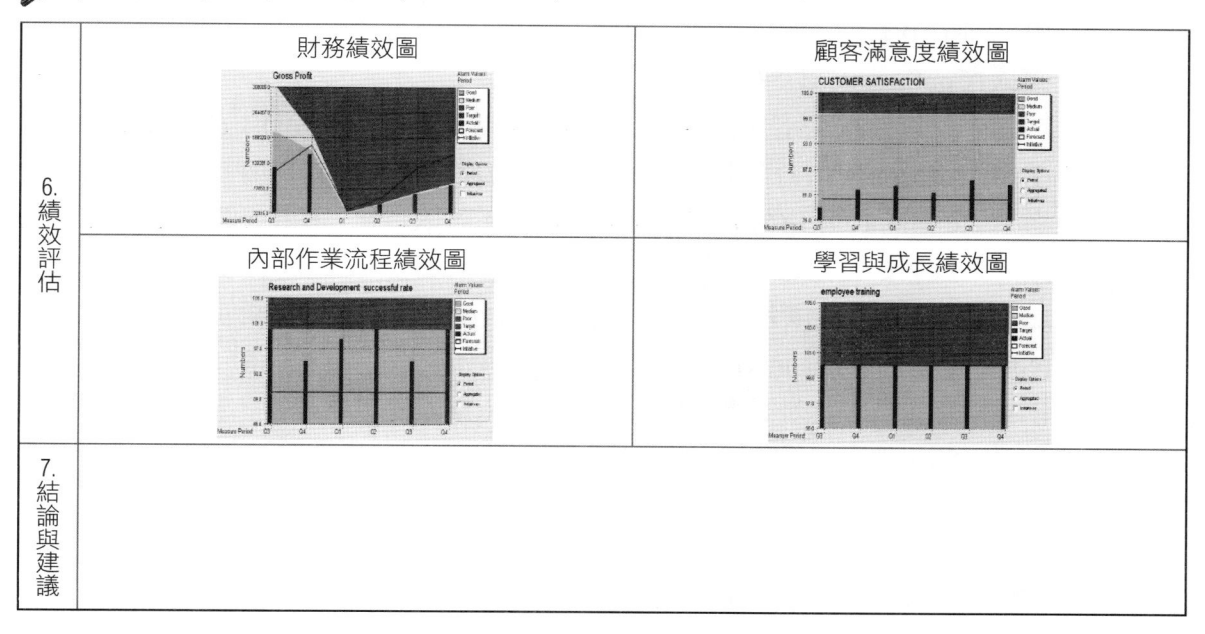

6.績效評估	財務績效圖	顧客滿意度績效圖
	內部作業流程績效圖	學習與成長績效圖
7.結論與建議		

6.2.5 擴散式創新

　　新觀念、新技術、新發明、新事物、新方法、新產品等訊息藉由溝通管道讓重要他人 (即創新性接受者) 接受之過程，除常需面臨拒絕、終止使用及再發明等現況挑戰外，另需經時間之淬煉與考驗；這就是「擴散 (Diffusion)」。

　　「擴散式創新 (Diffusion Innovation)」係由傳播學大師艾佛雷特·羅杰斯 (Everett M. Rogers) 於 1962 年所提出，成功或有效之擴散式創新案例不勝枚舉 (如：iPhone, iPad, i-City/Traffic/Travel/Logistic/Health Care, FaceBook, Skype, GPS, GSM, Green, 節能減碳、低碳城市、一度電‧救地球、綠建築、台灣家庭避孕計畫、威而鋼 (Viagra,1998)、美國 911 恐怖攻擊事件 (911,2001)、美國舊金山反愛滋計畫 (Stop AIDS)、樂活 (LOHAS)、精緻/有機農業、食品安全、全球疫情 -SARS、登革熱、口蹄疫、狂牛症)。

　　從新事物發生、傳播，被社會關鍵少數接受，至內化為社會之一部分均為擴散式創新之範圍，惟需先找出 KAP 缺口[註25]，再對症下藥始為首要之務。Rogers 擴散式創新流程為：(1) 認知需求或問題；(2) 研究；(3) 發展；(4) 商品化；(5) 擴散與接受；(6) 創新成果-接受或拒絕。其中研究與發展 (R&D)則需仰賴企業秘密基地 (Skunk Works)[註26] 之運作。而創新成果之決策則需依

「擴散式創新決策過程」(如圖 6-26) 抉擇之：(1) 覺知 (Knowledge)；(2) 說服 (Persuasion)；(3) 決策或試用 (Decision or Trail)；(4) 執行 (Implementation)；(5) 確認 (Confirmation) [51]。

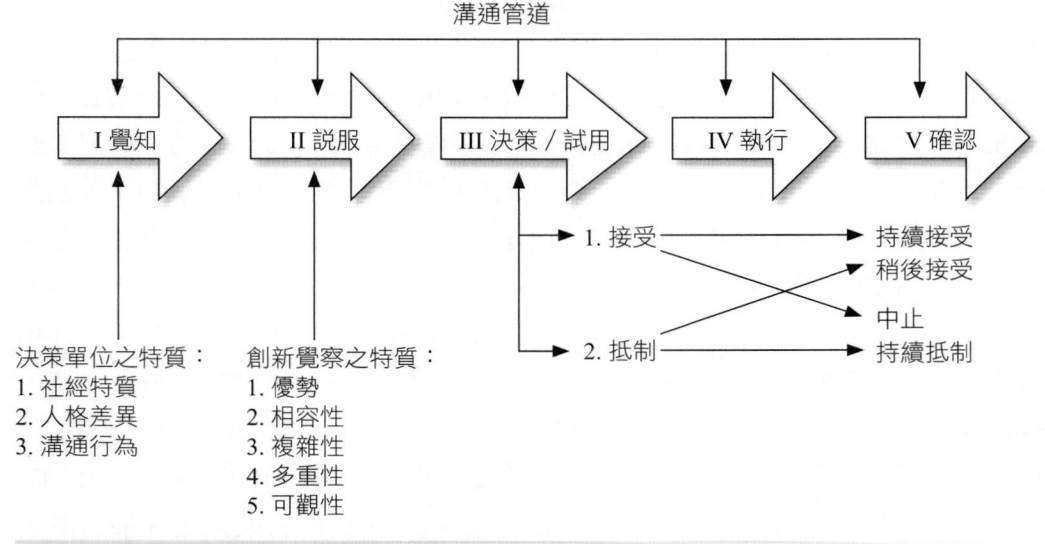

「創新性接受者」類型有五：(1) 創新者 (Innovator)；(2) 早期接受者 (Early Adopters)；(3) 早期大多數接受者 (Early Majority)；(4) 晚期大多數接受者 (Late Majority)；(5) 落後者 (Laggards)。若以時間為橫軸，則創新性接受者累計人數呈 S 曲線之常態分佈 (如圖 6-27) [52~53]。

Rogers 以擴散式創新決策過程五階段模式分析其「溝通管道 (communication channel)」時指出，「說服階段 (Persuasion stage)」最為重要且「早期接受者」更是關鍵重要少數。在個人創新決策過程中，不同階段、不同資訊來源、不同溝通管道 (如：大眾傳播管道、人際溝通管道) 或溝通模式，扮演著不同角色。

1969 年行銷學者法蘭克‧巴斯 (Frank Bass) 提出預測新消費性商品擴散預測模式 (Bass Forecasting Model)，預測新產品接受率因「人際溝通」而接受創新者遠高於因大眾傳播而接受創新者。相關訊息藉由大眾媒體傳播至參考群體[註27] (Reference Groups, RG) 或意見領袖 (Opinion Leader, OL) 或創新擁護者[註28] (Supporter)，參考群體或意見領袖再傳至追隨者 (Follower) 並予說服接受或拒絕創新之人際溝通模式 (OFP Model) 已為溝通擴散網絡[註29]之主流。

當創新性接受者之接受率達到一系統臨界值 (Critical Mass, CM) 或個人門檻值 (threshold) (一般發生在早期接受者之說服階段)，爾後之「創新接受率」

◌ 圖 6-26　擴散式創新決策模式

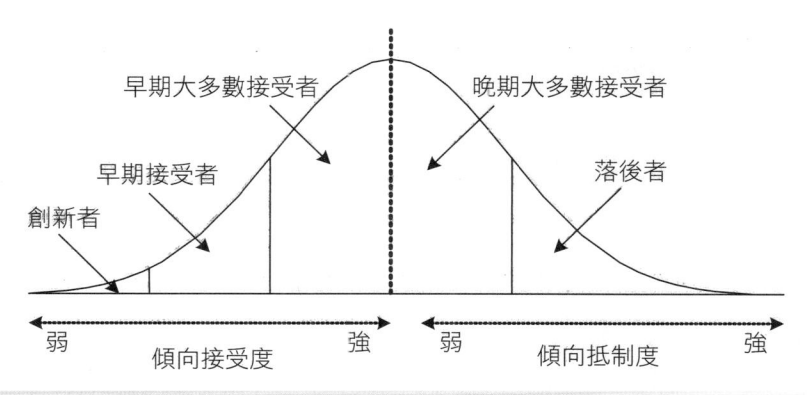

○ 圖 6-27　創新性接受者類型與創新性接受者 S 曲線常態分佈圖

將日益增長。而在人際溝通網絡中，與同儕溝通創新訊息則有助於加速擴散式創新之歷程。倘能輔以區域性微型「實體試驗或實務示範 (Experimental/Exemplary Demonstration) 或臨床實驗 (Clinical Trail)」(即試用階段)，增加創新之可觀察性，將有助於潛在顧客 (創新性接受者) 對創新之評估並加速創新接受率。

6.3　創　業

「創業 (Entrepreneurship)」是創新歷程與機會之衍生事業，與內外在環境和資源之優劣勢及機會威脅 (或挑戰) (SWOT) 息息相關 [54]。而「創業精神」之本質在於創新 (創業精神即是一創新活動之行為過程)，其實踐與「創業策略 (Entrepreneurial Strategy)」之擬定 (詳如表 6-23)，更是創業家 (entrepreneur) 成功之關鍵因素 [55~57]。

Christian (2000) 依據對創業者個人改變與創新市場價值之影響程度，將創業劃分為四種類型 (如圖 6-28)：(1) 複製型 (Entrepreneurial Reproduction, ER)：創新價值小-個人改變小 (複製本業，新創事業)；(2) 模仿型 (Entrepreneurial Imitation, EI)：創新價值小-個人改變大 (放棄本業，新創事業)；(3) 安定型 (Entrepreneurial Valorization, EV)：創新價值大-個人改變小 (企業內部創業)；(4) 冒險型 (Entrepreneurial Venture, EV)：創新價值大-個人改變大 (新事業)。並依循 Christian 創業模式 (如圖 6-28) [58] 進行之。

CE Model[註30] 強調在時間軸 (T) 與外在環境 (E) 之變動下，創業者 (I)、新事業 (NVC) 與創業流程 (EP) 是密不可分之「創業金三角」關係且互為因果。

表 6-23　Peter F. Drucker 創業策略

1	2	3	4
孤注一擲	致命一擊	優勢利基	改變價值

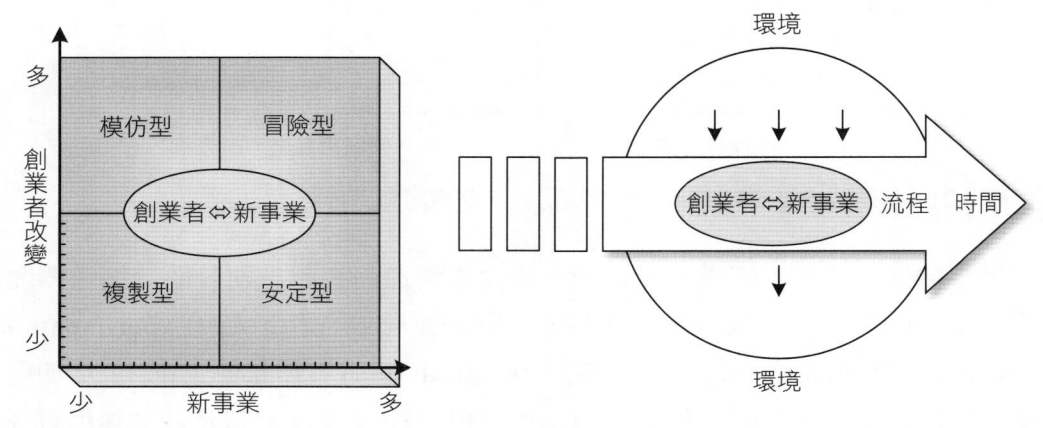

I：創業者個人 (Individual)　　NVC：新事業 (New Value Creation)
E：環境 (Environment)　　EP：創新流程 (Entrepreneurial Process)　　T：時間 (Time)

圖 6-28　Christian Bruyat & Pierre-André Julien 創業類型與創業模式

而全方位之創業管理模式則應考量創業者個人、團隊、資源、環境、機會、風險、時間、新事業、創業流程／策略／管理、人際關係網絡等元素，彼此間之關連性、交互作用與動態平衡更不容小覷。

6.3.1　新創事業評估

新事業失敗率高 (≧80%)，風險更高。事先評估新事業之可行性，實有其必要性。而「新事業績效評估準則」(表 6-24) 於投資新創事業之成敗與否更顯重要，並可供創業者 (家) 是否投資新事業決策之用 **[59~61]**。

1. 平衡計分卡

組織績效與效能及效率呈正向關係，兩者相輔相成，缺一不可，組織始能發揮最大成效。Gareth R. Jones 及 Jennifer M. George 定義效能 (Effectiveness) 為衡量管理者達成組織目標之程度，亦即作對的事 (Do the right things)。以 SIPOC 為主，以「結果」為重。而效率 (Efficiency) 則為衡量管理者善用組織資源之程度，亦即把事情作對 (Do the things right)。以 IO 為主，以「方法」為

表 6-24　新事業績效評估準則

財務面	顧客面	內部作業流程	學習與成長
・政府政策獎勵措施 ・資金週轉率 ・現金流量 / 資產負債 ・緊急預備金 ・創新育成準備金	**S 市場區隔** ・金字塔-頂中底 ・地域性-國內外都會城鄉 ・市場趨勢 ・市場衝擊 ・市場區隔 MSADA	・創業者人格特質 ・創投經理人專業能力 ・經營團隊專業管理能力 ・組織文化、管理與行為 ・市場行銷策略	・企業形象 CIS ・企業社會責任 CSR ・社政經衝擊 ・環境安全衝擊 Green ・歐美日法令規章
・稅後淨利 (5-15%) ・損益平衡 (2-3-5yr.) ・ROI (15-25%) ・資本額 (資金規模) ・成本結構 / 獲利率 ・毛利率 (20-40%) ・每股盈餘 EPS ・回收期 / 清償率	**T 目標市場** ・市場利基 ・市場結構 ・市場規模 ・市場 滲透 / 擴張力 Ansoff ・市場佔有率 (5-20%) ・市場成長率 (5-20%) ・市場活力 / 競爭力 ・市場潛力 / 消費潛力	・定價 3C / 促銷策略 ・防禦 / 攻擊 / 退場策略 ・ISO/CNS 符合性 ・RoHS/WEEE 符合性 ・Er(u)P/PPw 符合性 ・REACH/PAS 符合性 ・綠色供應鏈管理 GSCM ・價值鏈-逆物流管理	・行銷組合 4P-4C-SIVA ・市場調查 SWOT/5F ・消費者行為 CB ・進場時機 Timing ・售後服務機制系統 ・後勤支援 Logistic ・廣告促銷 AE-5Ms ・服務品質 SERVQUAL
・多樣少量生產 ・少樣多量生產 ・即時上市-量產-變現 ・附加價值 VA ・BOT/BOO/BTO/CTO	**P 產品定位** ・新發明 / 新型 / 新式樣 ・產品技術特性 / 門檻 ・產品地圖 ・新穎性-進步性 ・創作性-產業利用性	・通路設計管理決策 ・產品佈局-BCG (明日之星,金牛,狗,?) ・產品開發 (新技術-新產品) ・產品多角化 (新產品新市場) ・982/955	・產品生命週期 PLC ・產品 QA/QC ・JIT/TPS ・Lean 6σ/8D ・綠色產品 Green
・金流-物流-資訊流-人流-商流即時決策管理系統 ・專利研發 / 授權金 ・技術移轉金 ・創業 / 創投資金 ・行銷生產 / 獲利力	**P 績效** ・顧客滿意度 ACSI ・顧客抱怨 / 再購率 ・重要性績效分析 IPA ・狩野模型 (Kano Model) ・顧客認知價值 CPV	・ERP- e 化 (雲端) 平台 ・流程管理 workflow ・專業純熟度 ・緊急應變能力 ・風險評估管理能力	・行銷企畫書 BP ・商業運營模式 BM ・OEM/ODM/OBM ・品牌商標識別強度 ・綠色產品驗證 Eco

重。擁有有效率的組織未必為有效能的組織，組織追求目標之達成遠優於組織資源之善用 (即效能>效率) (詳如組織效能-效率矩陣，如圖 6-29) [62]，有效率未必有效能，效率是效能之必要條件。而「平衡計分卡」於組織效能-效率評估上，扮演一重要角色。

1954 年，管理大師彼得・杜拉克 (Peter Drucker) 提出「目標管理 (Management by Objectives, MBO)」，主張企業應經由整體目標考量，設定其個別目標，並藉由自我控制、分權管理與績效考核，以臻企業經營績效。值此組織快速變革之世紀，以「經營策略」為主之「平衡計分卡」手法，則可解決企業流程再造之瓶頸。

平衡計分卡 (Balanced Scorecard, BSC) 係於 1996 年由美國哈佛大學教授

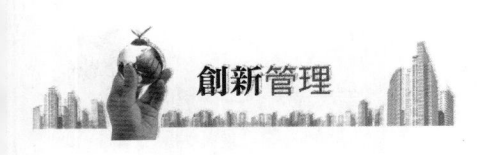

	低效率-高效能	高效率-高效能
	目標正確	目標正確
	・濫用資源 ・顧客品質、高價格	・善用資源、達成目標 ・顧客品質、顧客價格
	低效率-低效能	高效率-低效能
	目標錯誤	目標不當
	・濫用資源 ・低品質、顧客不要	・善用資源、達成目標 ・高品質、顧客不要

◯ 圖 6-29　組織效能-效率矩陣

(Robert S. Kaplan) 與波士頓企管顧問大衛‧諾頓 (David P. Norton) 所共同發展。係由組織願景、任務、文化、價值觀、標的、目標與策略所衍生，並以四大構面：財務 (F)、顧客 (C)、內部作業流程 (P)、學習與成長 (L&G)，衡量組織之績效。BSC 績效評估步驟，有四：

(1) **界定關鍵績效指標**

關鍵績效指標 (Key Performance Index, KPI) 係由落後指標 (Outcome Measure) 及領先指標 (Performance Drivers) 所組成。需先初步蒐集與評選初步指標，復藉由層級結構分析法 (AHP) 篩選專家意見，界定關鍵績效指標。

(2) **繪製：願景樹、策略地圖與策略樹**

a. 願景樹：企業經營者對企業所秉持之「經營理念、精神、哲學及使命感」，需經文字描述，並公諸於企業體奉行之。並由高階管理階層據以訂定經營目的與目標，以供依循。而企業願景則可全員參與，共同腦力激盪企業未來之願 (希) 望。蒐集各方意見，張貼於「願景樹」上，復經全員票選而贏得共識、拔得頭籌者，即為「企業願景」。(如 6.2.4 節第 2 點圓桌論壇 World Café 創新活動※創新願景激發所述)

b. 策略地圖與策略樹：係提供描述策略之工具，藉由企業顧問與高階主管之雙向式啟始會議 (Kick–off Meeting) 中，以平衡計分卡四大構面為基準、C-NAP (Customer-Needs Analysis Procedure) 為手法，進行企業診斷、檢核與經營理念、願景、任務、文化、價值觀、標的、目標、策略研擬，謂之「策略地圖 (Strategy Map)」 (如圖 6-30)。並據

以溝通連結經營策略間之關聯性及訂定中長程 (5-10 年) 經營計畫，以資遵循與執行。復以「策略樹」(如圖 6-30) 進一步落實、推移及展開至各部門，使其如何達成上開計畫，並訂定「年度工作計畫」、「經營關鍵績效指標」(如圖 6-31)，俾便量度該行動方案之成果與績效，繼而獎懲之 [4]。

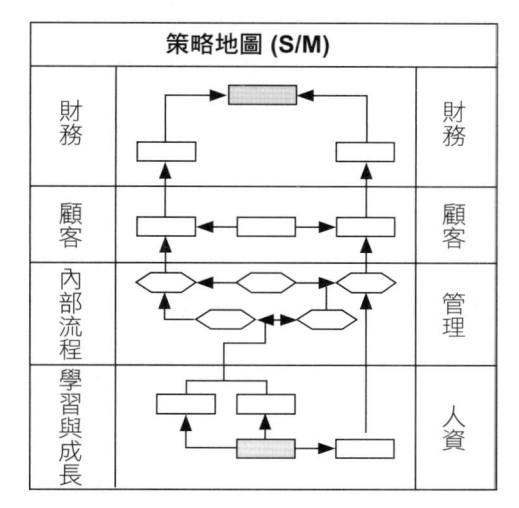

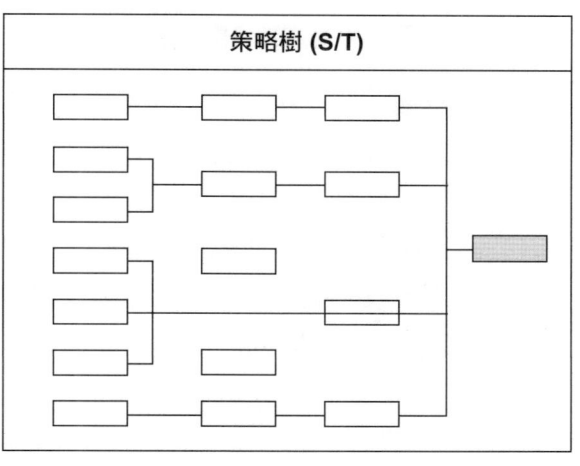

➲ 圖 6-30　組織策略地圖-部門策略樹 (範例)

構面	經營目標	經營策略	KPI						評比		
			落後指標			領先指標			A	B	C
			基準	量度	權重	基準	量度	權重			
1. 財務											
2. 顧客											
3. 內部流程											
4. 學習與成長											

全公司 / 各部門 - 策略地圖 (S/M) - 經營關鍵績效指標 (KPI)

➲ 圖 6-31　組織策略地圖-策略樹-經營關鍵績效指標 (範例)

(3) 繪製：策略因果圖、平衡計分卡績效圖
　　a. 策略因果圖：運用 ARIS 軟體，衡量各指標間關係強弱與策略分析 (如圖 6-32)。
　　b. 績效圖：運用 OpenScorecard 軟體，以圖形方式衡量與評估財務、顧客、內部作業流程及學習與成長之績效 (如圖 6-33)。並據此評估結果研提「新事業評估一頁報告書 (1 Page NVC - Profile)」，以供 6.3.1 節第 2 點創業計畫書撰寫之用。

(4) 平衡

將企業 (或新事業) 之「經營理念與目標」、「願景與策略」、「中長程經營計畫」及「年度工作計畫」，具體釐清策略目標與四大構面間之因果關係、有效連結策略目標與量度、轉化願景與策略、溝通與整合、規劃與設定指標及回饋與學習，以創造企業之競爭優勢。其策略轉化行動方案 (Translating Strategy into Action Plan) 架構，如圖 6-34 **[63]**。

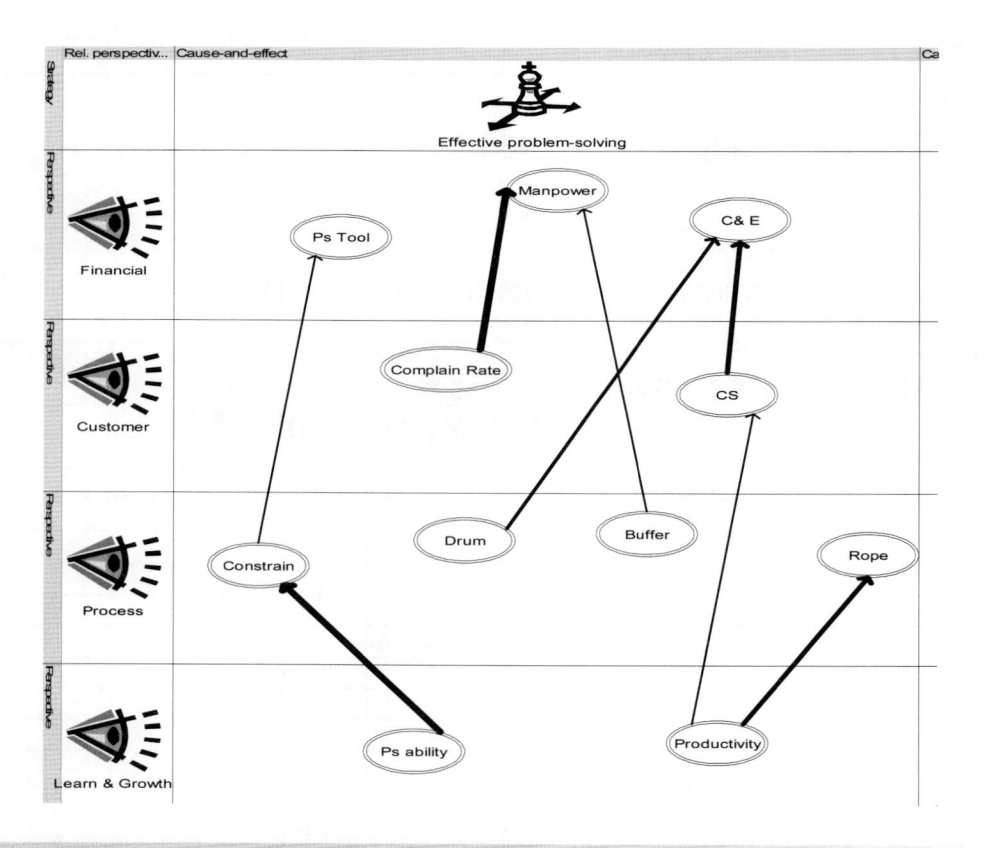

⬤ 圖 6-32　平衡計分卡策略因果圖

第六章 三　創

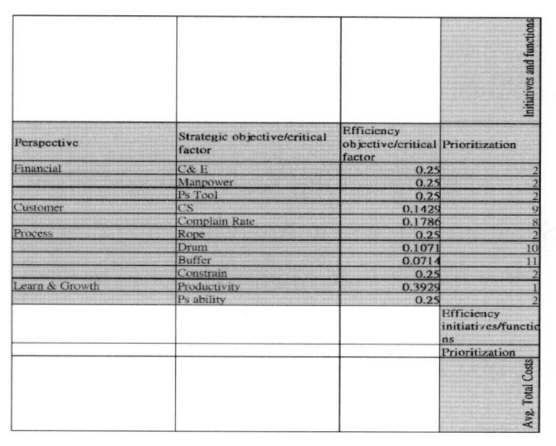

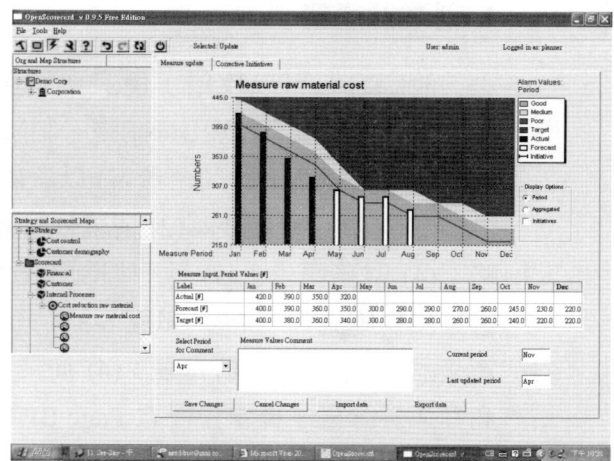

➲ 圖 6-33　平衡計分卡績效圖

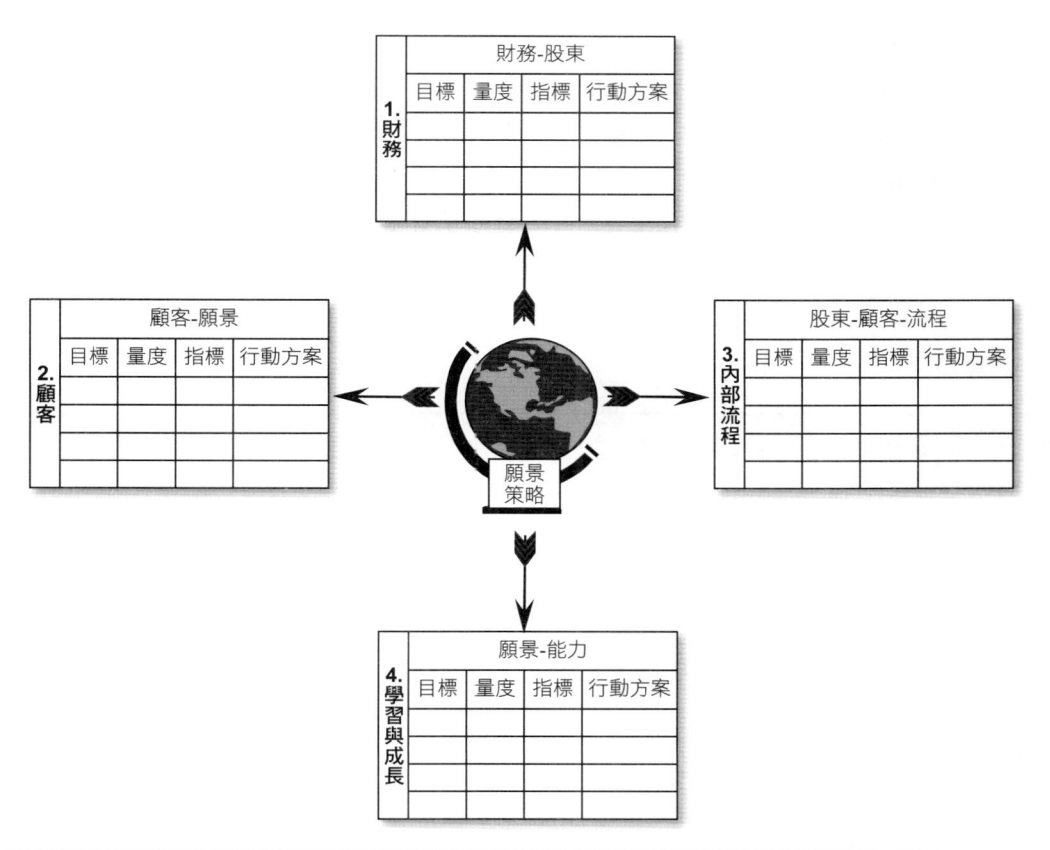

➲ 圖 6-34　平衡計分卡策略轉化行動方案架構圖

165

2. 創業計畫書

他山之石可以攻錯，優良典範可以借鏡 (相關創業諮詢網，如表 6-25) [5~8]。創業者 (家) 想出奇制勝、制敵機先，更需一套創業計畫書 (或創業藍本或創業策略地圖或行銷企畫書) 以資依循。行銷大師 Philip Kotler (2006) 認為計畫書應包含：(1) 摘要；(2) 情境分析 (Situation & Scenario Analysis)；(3) 行銷策略；(4) 財務報告；(5) 執行控制等五大單元 (如表 6-26) [64~67]。而創業計畫書具體實施流程 (EPP) (如圖 6-35) 分為：(1) 情境分析；(2) 公司策略目標；(3) 新產品 (或服務) 行動方案；(4) 商業運營模式與計畫 (Biz. Model & Plan)；(5) 商業運營計畫一頁報告書 (1 Page BP Profile)。

(1) 情境分析 (Situation & Scenario Analysis)

以未來情境模擬與投／影射 (Simulating, Projecting & Mapping) 新創公司可能之場景與遭遇狀況，並推移/論與衍生不同假設性與不確定性之問題，繼而激發與跟進不同對策與解決方案，俾供因應與未雨綢繆。其分析手法有：SWOT, BCG Matrix, GE/McKinsey Matrix, Porter's 5F Model, Ansoff Matrix, PEST。茲以 SWOT 為例，說明之：

a. SW 優勢劣勢分析 (Strength-Weakness Analysis, SWA)

表 6-25　創業諮詢網

創業諮詢	網　　址	企業標識
創業圓夢網	http://sme.moeasmea.gov.tw/SME/	
青年創業資訊網	http://womenbusiness.nyc.gov.tw/	
中小企業處法律諮詢服務網	http://law.moeasmea.gov.tw/	
中小企業經營管理輔導體系	http://smecs.moeasmea.gov.tw/moeasmea/wSite/mp?mp=00204	
創業管理研究	http://www.erj.org.tw/	
青輔會創業知能育成專班	http://bpclass.careernet.org.tw/rigister.php	

表 6-26　計畫書內容總纜

來源	計畫書內容
Philip Kotler (2006)	1. 摘要 2. 情境分析 (＝現況-需求-缺口分析-總體環境分析) 　(1) 市場摘要：市場人口統計、市場需求、市場趨勢、市場成長、立地評估 　(2) SWOT 分析：BCG Matrix, GE/Mckinsey Matrix, Porter's 5F Model、競爭現況、產品提供物、成功關鍵、重要議題 3. 行銷策略：使命、目標、STP、策略、行銷組合、行銷研究 (市場規模／佔有率) 4. 財務預估：損益平衡分析、銷售預測、支出預測 5. 執行控制：執行 (運營模式)、行銷組織、應變計畫
Palo Alto Software (Steven D. Strauss, 2005)	1. 摘要：目標、任務、成功關鍵 (核心競爭優勢) 2. 公司簡介：願景、經營策略、運營模式、所有權、資金、地點、軟硬體 3. 產品：產品特性、競爭力分析、採購、技術、新產品 4. 市場分析：STP、市場需求／趨勢／成長、產業分析 (產業參與者、配銷模式、競合模式、主要競爭者)、預期效益 5. 策略與執行摘要：策略目標、價值觀、優勢、STP/4P 策略、研發計畫、生產計畫、專案管理計畫、行銷計畫 6. 管理摘要：組織架構、經營管理團隊、人力資源管理 7. 財務計畫：現金流量／資產負債／損益平衡分析、銷售／盈虧預測、退場機制

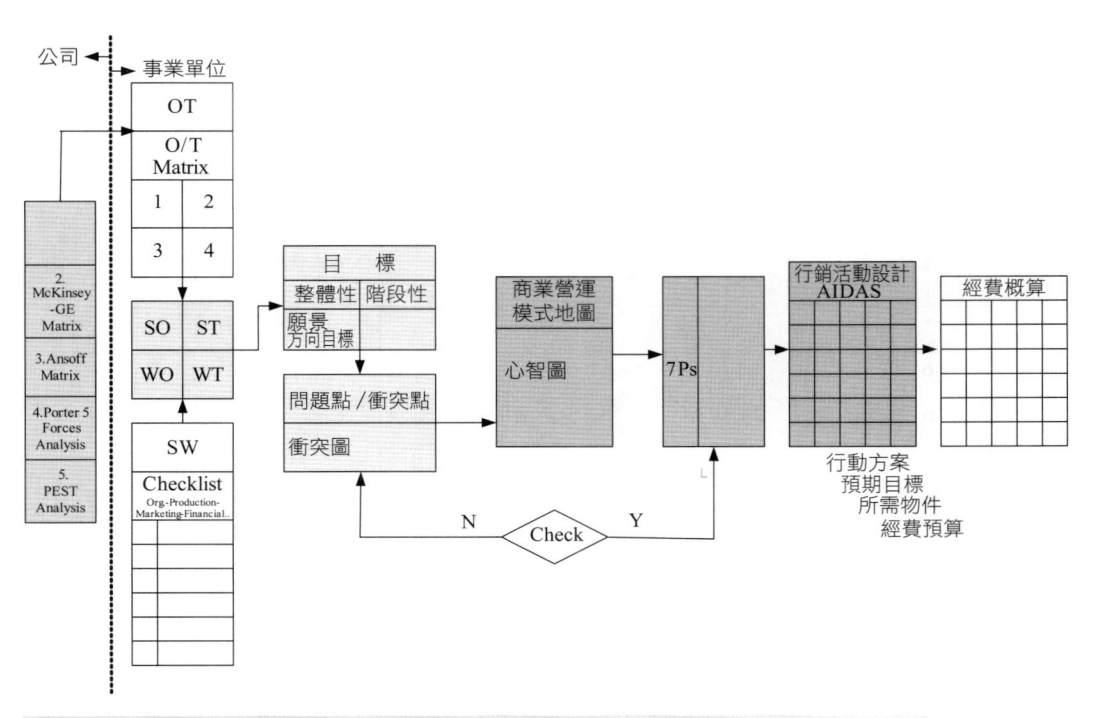

圖 6-35　創業計畫書具體實施流程 (EPP)

創業者 (家) 及經營團隊需先依「表 6-27 新事業績效評估準則」選定新創事業之關鍵指標項目,並藉由李克特量表 (Likert Scales) (如表 6-27) 進行反應態度 (或稱贊同程度) 之評分與各項目之加總,復以總分高低排序其優劣勢。

b. OT 機會威脅分析 (Opportunity-Thrat Analysis, OTA)

創業者 (家) 及經營團隊必需對新事業即將面臨之外部環境,依 BCG Matrix, GE/McKinsey Matrix, Ansoff Matrix, Porter's 5F Model, PEST 進行市場機會分析 (Market Opportunity Analysis, MOA) 並繪製「機會威脅矩陣 (OT Matrix)」 (如表 6-28) **[68]**。復將表 6-27 及 6-28 內容綜整於表 6-29 中。

表 6-27　新創事業內部環境優劣勢李克特量表 (Likert Scales)

新事業績效評估準則之關鍵指標		非常同意 5	同意 4	無意見 3	不同意 2	非常不同意 1	加總	排序
財物面								
顧客面	S	👍		👍		👍	9	1
	T		👍				4	3
	P	👍					5	2
	P				👍		2	4
內部作業流程面								
學習與成長面								

表 6-28 機會威脅 OT 矩陣

機會矩陣		成功機率		威脅矩陣		發生機率	
^^		高	低	^^		高	低
吸引力	高	最佳行銷機會：	持續監控：	嚴重程度	高	最主要威脅：	小心監控觀察：
^^	低	持續監控：	不考慮：	^^	低	小心監控觀察：	可忽略：

表 6-29 SWOT 策略方案

內部分析　策略方案　外部分析		外部環境分析	
^^		機會 O	威脅 T
^^		O_1............ O_2............ O_3............	T_1............ T_2............ T_3............
內部強勢分析	優勢 S	S_1............ S_2............ S_3............	SO 事業機會	ST 市場創造
^^	劣勢 W	W_1............ W_2............ W_3............	WO 策略聯盟	WT 事業風險

(2) **公司策略目標 (Strategic Objective)**

創業者 (家) 及經營團隊以「圓桌論壇[註31] (World Café)」法，群聚腦力激盪與勾勒新事業組織之願景、使命、任務、文化、價值觀、策略 (如表 6-29 中之 SO, ST, WO, WT) 及目標[註32]。

(3) **新產品 (或服務) 行動方案**

依據整體性及階段性策略目標進行新產品 (或服務) 設計開發時，需：(1) 先就內外部顧客的聲音 (VOC) 與顧客價值 (Customer Value, CV)，以塗鴉 (Doodle) 方式繪製「新產品 (或服務) 草圖、心智圖、衝突圖及 K_j 親和圖」；(2) 設定 STP (市場區隔、目標市場、產品定位) 準則；(3) 規劃行銷組合 (Marketing Mix) 與行動方案。其中行銷組合之 AIDAS 各行動方案亦即專案管理之工作包 (Work Package, Wp) 或管制帳戶 (Control

Account, CA)，需包含：方案負責人、階段性策略目標與工作說明書 (Statement of Work, SOW)、起迄時間、預算、資源 (如：人機料法)、執行技術與方法 (如圖 6-36，表 6-30~6-32)。

表 6-30　顧客聲音與顧客價值塗鴉法

Doodle 塗鴉	Mindmap 心智圖	K_j 親和圖	TOC 衝突圖
塗鴉 (Graffiti, Doodle) 係指在自由開放的空間無拘無束，發揮想像，信手拈來想什麼，就畫什麼。而塗鴉客在公有及私有設施或牆壁上，有意圖之噴漆圖畫或文字標記，謂之塗鴉牆	創始人 Tony Buzan：心智圖法係一擴散思考之方法，運用線條-顏色-文字-數字-符號-圖像-圖畫-關鍵詞……等各種方式聯想及統整，把所學所想之概念、意象表現之，是一種視覺化或圖像化之思考方法。	創始人川喜田二郎 (Kawakita Jiro) 於 1962 年提出一套科學發現之方法，即蒐集大量未經篩選之資訊情報，藉由腦力激盪法分類、歸納與組合問題全貌。步驟有四：(1) 資訊情報卡片化-一念一卡；(2) 親和性或類似性卡片群組化-分組與命名；(3) A 型圈圖化；(4) 說故事 (S_tT)。	Dr Eliyahu M. Goldratt 於 1986 年提出限制理論 (Theory of Constraints, TOC)，藉由衝突圖發掘、面對、定義與分析問題，聚焦組織與個人間之因果邏輯關係，找出阻礙或限制組織在短時間內得到整體效益與高績效之少數關鍵／限制因子。

表 6-31　新產品 (或服務) 行動方案[1]

新產品 (或服務) 設計開發準則	行銷組合(Marketing Mix)																
	P₁產品				P₂定價				P₃通路				P₄促銷			
	A	I	D	A	S	A	I	D	A	S	A	I	D	A	S	A	I	D	A	S
S	……																			
T	……																			
P	……																			

[1]：滿足顧客心理行動方案：**AIDAS** = **A**ttention 吸引 + **I**nterest 興趣 + **D**esire 慾望 + **A**ction 行動 + **S**atisfaction 滿意

表 6-32　工作包 (Work Package, Wp)

Wp 名稱	Wp 編號	WBS 編碼	CA 編碼
負責人	SOW 工作說明	起迄時間	預算
交付標的	限制條件	AQL 允收標準	預期成效
資　　源			
人	機	料	法

註：工作包 (Wp) 係指其 WBS (工作分解結構) 與 OBS (組織分解結構) 交會處之工作事項。
　　工作分解結構 (WBS) 包含：(1) 數字編碼；(2) 動詞+工作內容；(3) 5-10 工作日；(4) 細部分解至專案最底層 (約 3-6 層)。

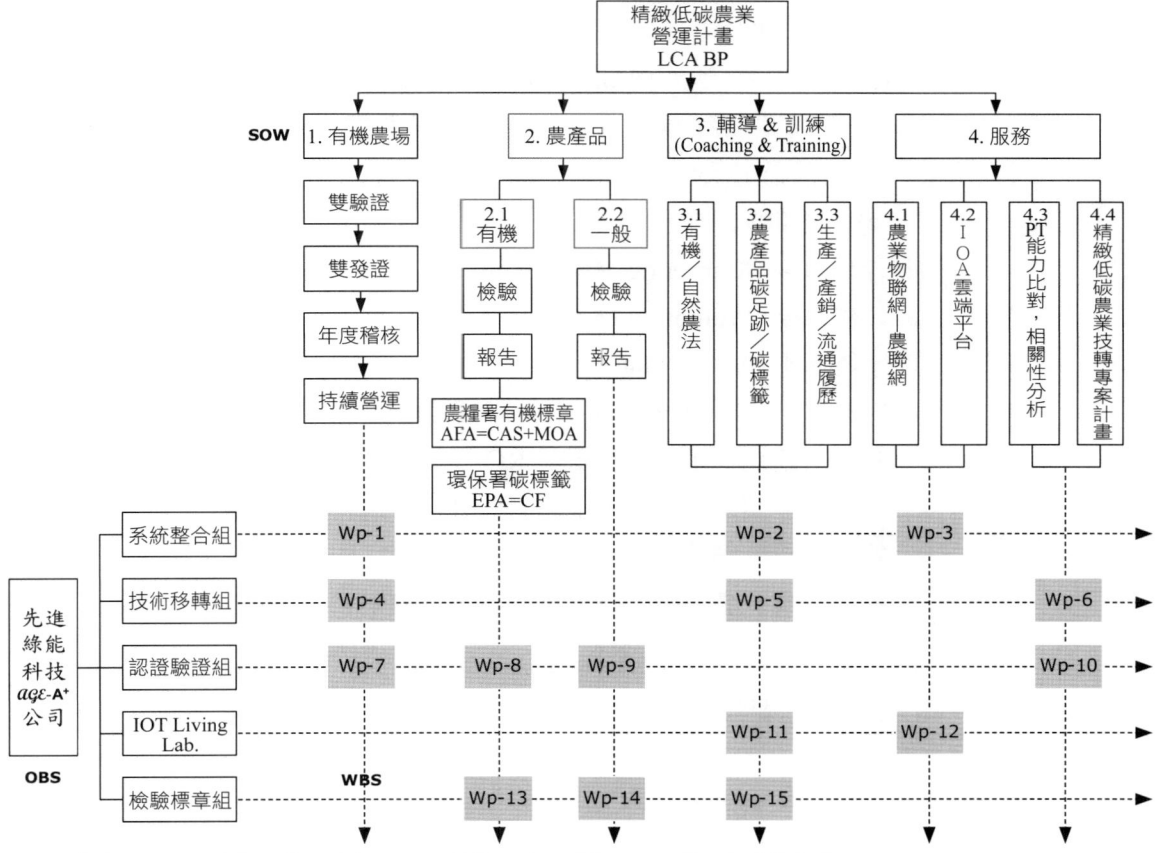

註：深灰色框即為工作包。第一列為 SOW，倒數一至五列為 OBS，每一行虛線即為 WBS。

◎ 圖 6-36　AIDAS 行動方案工作包 (管制帳戶)

(4) 商業運營模式與計畫 (Biz. Model & Plan)

藉由「新產品 (或服務) 行動方案」勾勒新事業之解決方案及商業營運模式 (Total Solution & Biz Model) (案例，如表 6-33、6-34) 與計畫書，俾供籌措資金／融資、招募菁英夥伴及開辦運營之用。倘能輔以「商業運營計畫一頁報告書 (1 Page BP Profile)」，管理階層更能即時管理、監控、稽核與微調計畫。計畫內容應有：

a. 新事業組織之願景、使命、任務、文化、價值觀、策略及目標。

b. 目標產品與服務

　(a) STP (S$_{市場區隔}$ - T$_{目標市場}$ - P$_{產品定位}$)
　(b) 產品品牌元素 (Brand Elements)[註33] 及規格 (spec.)
　(c) 產品線 (Product / Service Lines)

c. 產品設計 (Product Design)

　(a) 設計：概念設計 (C/D)、系統設計 (S/D)、參數設計 (P/D)、允差設計 (T/D)
　(b) 產品技術發展 (Product Technical Development, PTD)：產品整體架構／平台/模組、工程分析、失效模式分析 (FMEA)、產品原型設計 (Prototype)
　(c) 製程能力分析

d. 行銷組合 (Marketing Mix-7P)

e. 促銷組合 (Promotion Mix-A$_{廣告}$ S$_{人員銷售}$ D$_{直銷}$ P$_{公關}$)

f. 行動方案 (Action Plan)

g. 財務計畫 (Financial Plan)

關鍵財務指標 (投資報酬率 ROI、資產報酬率、淨價值報酬率)、現金流量／資產負債／損益平衡／利基分析、行銷獲利力分析、成本效益分析、銷售／盈虧預測、募資／融資

h. 風險回應計畫 (Risk Response Plan, RRP)

i. 退場機制

j. 績效評估 (Performance Evaluation, PE)

表 6-33　新事業解決方案及商業運營模式-Ⅰ環境監測物聯網

環境監測物聯網解決方案與運營模式		
Product	**Total Solution**	**Biz. Model**
空氣品質監測站／車 水質監測站／車	無線感知層-網路層-雲端服務層-應用層 RFID-IOT-Cloud-Apps	1. 綠雲會員制 2. 一站購足 3. 專案服務 4. 一站式服務
空氣品質動態資訊 水質動態資訊	GPS + GIS + Google Map RFID-IOT-Cloud-Apps	
環境監測物聯網	RFID-IOT-Verification-Cloud-Apps 即時資訊-即時影像-即時監控 感知層-網路層-驗證層-雲端服務層-應用層	
綠雲平台 Green Cloud PaaS/SaaS/IaaS	空氣污染總量管制／推估 水污染總量管制／推估 空氣／水污染排放係數(EF) 空氣／水污染管制與緊急應變	
空氣品質／水質監測	環境監測 績效量測與驗證實驗室 (E_PM^2&V Lab) ※ISO/IEC 19770-1:2006 　Information technology -- Software asset management -- Part 1: Processes ※ISO 10001:2007 　Quality management -- Customer satisfaction ※ISO/IEC 25001:2007 　Software engineering -- Software product Quality Requirements and Evaluation (SQuaRE) Planning and management ※ISO/IEC/IEEE 16326:2009 　Systems and software engineering -- Life cycle processes -- Project management	環境監測服務 環境監測績效量測 環境監測實驗室能力試驗 環境監測實驗室相關性測試 空氣品質／水質資質認定 核發空氣品質／水質合格證
污染減排 雲端技術服務	1. 污染減排雲端技術應用： 　排放總量、污染減排目標、總量減排、排污許可證制度 2. 環境監測品質保證： 　監測計量認證、品質管制、緊急應變措施	1. 綠雲會員費 2. 專案服務 3. 委託研究 4. 一站購足

表 6-34　新事業解決方案及商業運營模式- II 精緻農業物聯網

精緻農業物聯網解決方案與運營模式		
Product	Total Solution	Biz. Model
綠色有機農 (產) 業資質認證	1. 輔導建置品質及食品安全管理系統 2. 通過綠色有機農 (產) 業資質認證 (AFA-GAP-OCIA-MOA-Tesco) 3. 輔導建置生產／產銷／流通履歷系統	
綠色有機水質／土壤／農藥殘毒檢測實驗室建置與資質認證	1. 輔導建置綠色有機水質／土壤／農藥殘毒檢測實驗室 2. 通過資質雙認證 (品質技術監督局 (CNAS), TAF)：ISO 17021, 17025 3. PT 能力比對、相關性分析 4. 專案研發計畫	
綠色有機標準溫室及無毒農法建置與技術橋接	1. 輔導建置綠色有機標準溫室 2. 無毒／有機農法技術移轉 3. 有機農場驗證-發證-年度稽核-持續運營	
臺灣綠色有機觀光休閒產業及綠活園體驗中心試點橋接與資質認證	1. 臺灣綠色有機觀光休閒產業試點橋接與資質認證 2. 臺灣綠活園體驗中心試點橋接與資質認證	
PAS 2050: 2008 有機農場碳足跡 (CF) 與無線射頻辨識系統 (RFID) 實證	1. 有機農場農產品生命週期盤查分析與衝擊評估 (ISO14040-SimaPro7.2.4) 2. 有機農場農產品生命週期與碳足跡盤查及標準作業指導書建置 3. 有機農場農產品 QR Code-RFID 生產履歷雲平臺建置 (1) 農業物聯網；(2) IOA 雲端平台 4. 有機農場農產品生命週期管理 (Agile PLM) 與風險-績效評估試運行導入 5. 有機農場農產品有機標章 (CAS+MOA)、碳足跡、碳標章 (EPA) 及碳交易資質認證	

註解

1. Creativity means a person's capacity to produce new or original ideas, insights, restructuring, inventions,or artistic objects, which are accepted by experts as being of scientific, aesthetic, social, or technological value.
2. Tony Davila, Marc. J. Epstein, Robert Shelton (2005) 提出漏斗式創新管理流程：(1) 創造力階段；(2) 創意篩選階段；(3) 執行階段；(4) 創造價值階段。
3. 致勝策略Play-to-Win, 防禦策略Play-Not-to-Lose
4. Biz. Model：Value+Supply Chain+Target Customer
5. 均衡與無縫接軌 (Balance & Seamless Portfolio)：漸進式 (Incremental Innovation)、半激進式 (Semi-radical) 與激進式創新 (Radical Innovation)
6. KPI-BSC：SIPOC: **SI**＝創新時間、預算、訓練、資源、委外研發、聯盟、專利、溝通、產品或服務之成本／價格／認知／數量／規模／競爭力，**P**＝創新流程、投資組合、創新雲端平台、生產力、獲利力、開發新產品或服務時間／成本／品質／交期／專利，**OC**＝短中長期獲利率、報酬率、市場成長佔有率、創新活動收入／獲利率、顧客再購買率、營業額／毛利／淨利、平均客單價／年消費額、顧客成長／流失率、顧客忠誠度／滿意度、新產品或服務之數量。
7. 破壞式創新步驟：(1) 挖掘與辨識產業變革趨勢 → 依據 Kano Model (S 滿足型、D 喜悅型、I 抑制型) 找出 DI 型顧客 (尚未／未消費顧客、不／超滿足顧客) → 辨識潛在顧客之變化軌跡 → 洞察低階市場與新市場之創新機會；(2) 依據 DI-RPV-VC 創新理論進行競爭五力分析與 SWOT 分析；(3) 選擇入侵市場策略。
8. 從既有低階市場入侵 (invasion)。
9. 從邊緣市場及分離市場入侵。
10. 「物聯網 (Internet of Things, IOT)」係指「物物相聯、物物溝通之網際網路」，其將感知器 (Sensor)、可程式系統晶片 (PSoC)、行動條碼 (QR Code) 或電子標籤 (RFID Tag) 嵌入 (embedded) 環境／能源／生活／城市／旅遊／交通／醫療照護／精緻農業／工商業監測設備上，藉由網際網路 (互聯網) 聯結，並在特 (議) 定之通訊協定 (Communication Protocol) 介面下，賦予物體「智慧化或數字化 (intelligent, i-)」，進行物與物相聯之資訊交換、無線傳輸 (ZigBee, Bluetooth, 3G, WiFi) 與直接通信之智慧化網絡。物聯網用以實現「人與物體」或「物體與物體」之溝通與對話，以臻雲 (遠) 端控制或智慧化識別、定位、追蹤、監控與管理。IOT 係依附在 Internet 上之雲端 (Cloud) 遙控器，其核心關鍵技術則為「IOT 管理」。需在 IP 世界內運作，且凡插電者即需 IOT，而所有「有螢幕且需插電」之設施均需「IP 化」。物聯網層級架構 (Layer)，分為四層：(1) 感測層；(2) 網路層；(3) 雲端服務層；(4) 應用層。
11. NSDB 創新思維元素為：(1) 探索需求 (Needs)；(2) 提出解決方案 (Solution)；(3) 差異化 (Differentiation)；(4) 顧客最大效益 (Benefits)，謂之「NSDB價值創造」法。係以「研發問題解決之道在顧客身上」為核心，以改變創新者對問題之視野與見解。
12. 趨勢屋 (Future Function Deployment, FFD House) 其中 (I＝Importance [1, 5], T＝Trend, W＝Correlation [+,-], C＝Connectivity [0,1,3,9], FP＝Future Projection)：(1)

What = VOC_1 = 趨勢 $T_{1,2,\cdots n}$；(2) How = VOE_1 = 未來預測 $FP_{1,2,3\cdots k}$；(3) 趨勢適合度 (Trend Fitness) = $\Sigma I_{Tn} \times C_{FPn,k}$；(4) 相關適合度 = ΣW (FP)。

13. 潛能屋 (Potential Function Deployment, **PFD House**)，其中 (C = Connectivity [9,3,1,0], FC = Firm Competencies, FP = Future Projection, IP = Innovation Potential, R = Relevancy [5,1], W = Correlation[+,-])：(1) What = VOC_2 = 未來預測 $FP_{1,2,3\cdots n}$；(2) How = VOE_2 = 創新潛能 $IP_{1,2,3\cdots k}$；(3) What = VOC_3 = 公司能力 $FC_{1,2,3\cdots n}$；(4) 未來適合度 (Future Fitness) = $\Sigma R_{FPn} \times C_{IPn,k}$；(5) 企業相關能力適合度 = $\Sigma R_{FCn} \times C_{IPn,k}$。

14. http://www.trisolver.eu/index.html

    http://inventionmachine.com/about-Invention-Machine

    http://www.ideationtriz.com/home.asp

    http://www.creax.com/company_profile.htm

15. 仿生學 (Bionics) 係指研究生物系統之結構與性質，以為工程技術提供新的設計思維與工作原理之科學。「仿生學」係 1960 年由美國 J.E.Steele 依據拉丁字 "bios" (生命方式) 和字尾 "nic" (具有……的性質) 所組成，並定義為研究以模仿生物系統方式、或以具有生物系統特徵方式、或以類似於生物系統方式工作之系統科學。

16. 人的一生中，10% 的事無能為力，90% 的事盡在把握之中。Steven Covey (2005)：Discover the 90 / 10 Principle. It will change your life (at least the way you react to situations). What is this principle? 10% of life is made up of what happens to you. 90% of life is decided by how you react.

17. TRIZ 創意問題解決流程步驟為：(1) 將特定問題 (SP) 抽象化為 TRIZ 典型問題 (TP)；(2) 藉由 39×39 衝突表、40 IP 發明原則、76Ss 標準解及 ARIZ-85 演算法，轉化典型問題為 TRIZ 典型解 (TS)；(3) 將典型解具體化為 TRIZ 特定解 (SS)。

18. 他的馬兒跳躍法 (TAMR'S-SCAMPER)：

    TAMR'S=Trimming/Transfer+Avoidance/Acceptance+Mitigation+Retention+Sharing/ Spread

    SCAMER=Substitute+Combine+Copy+Adust+Adapt+Modify+Magnify/Minify+Put to other uses+ Eliminate / Elaborate+Reverse / Rearrange

19. OIT: O (Operating Expense, 營運費), I (Investment, 投資), T (Throughput, 產出)：(1) 投資報酬率 ROI= (T-O) ／ I; (2) 淨利 NP=T-O。

20. 在公司既定之法令規章 (Rope, R) 下，在有限資源及標準作業指導書 (即步調) (Drum, D) 下進行之，並需適時給予前置／暖身／緩衝／磨和時間 (Buffer, B)，以鼓舞士氣，全力以赴。

21. 價值鏈 (Value Chain, VC) 係指增加產品生命週期 (PLC) 每一階段「產品價值」之一系列價值作業活動 (Value Activity, VA)，有企業價值鏈、供應商價值鏈、通路價值鏈、購買者價值鏈等四種。其中價值鏈活動包含：(1) 主要活動 (PA)：原料取得 (IL)、生產製造 (O)、行銷配送 (OL)、行銷銷售 (MS)、售後服務 (S)；(2) 支援活動 (SA)：基礎建設 (FI)、人資管理 (HRM)、技術發展 (TD)、採購活動 (P)。

22. 價值鏈分析 (VCA)：係就產品／服務家族網格 (Product/Service Family Grid)，進行價

第六章 三 創

值鏈主要活動與支援活動之毛利、邊際效益、內部作業流程、品質與滿意度分析及評等 (如：A, B, C)。

23. 依據 DSMC Earned Value Management Gold Card [http://www. dsmc.dsm.mil /educdept/ EV_gold_card.htm] 核算實獲值 (EV)、實際成本 (AC) 與計畫值 (PV)，並比較其時程變異 (SV)、成本變異 (CV) 及其他實獲值管理績效指標 (SPI、CPI、工作達成率、預算支用率、TCPI、EAC、VAC、BAC)。

24. 將實際專案之時程與成本以「紅綠藍警示燈 (Alarm Signal)」告知管理者目前專案任務即時現況，隨時掌控整體專案之進度與控管成本，避免不必要成本支出或延誤專案整體進度。

25. KAP Gap = Knowledge+Attitude+Practice。

26. 秘密基地 (Skunk Works) 係由組織菁英與優勢資源所組成，並不受企業規範所制約，是技術創新與研發之先行者。

27. 參考群體 (RG) 係指任何會成為個人在形成其價值、態度、行為上之參考或比較對象之群體，其影響方式為資訊、規範與認同之影響。參考群體中包含一些會經常影響他人態度或意見之個人謂之意見領袖 (OL)。

28. 創新擁護者係一運用本身之影響力，克服組織推動創新所面臨阻力之先行者。

29. 溝通網絡 (communication network) 係指體系內相互聯絡之個人，彼此以固定模式交換資訊，使個人行為具可預測性。而溝通則是參與者相互提供與分享訊息之過程，冀有異中求同之共識。

30. CE Model 係指 Christian Bruyat & Pierre-André Julien 創業模式 (Christian Bruyat & Pierre-André Julien Entrepreneurial Model)。

31. People's Assembly in Thailand. The Thai people are struggling with creating a democractic society. Here is a story of hope and insight on how processes like the World Café, Open Space and Appreciative Inquiry can shape the future of a whole country [Chaiwat Thirapantu, 2005] [Juanita Brown. "The World Café," Berrett-Koehler Publishers, Inc., 2005, pp.162-175.]. World Café 執行流程為：0. 暖身：(1) 與會人寒暄；(2) 各 Caf'e桌分發：大海報紙 (1 張)、色筆 (紅藍綠黑)、氣球 (3～5 個)；(3) 吹彩色氣球；(4) 恣意寫下觀感於大海報紙上，並適時綜整之。1. 議題：總主持人設定與宣告。2. 分組：3～4 人／組・桌。3. 時段：20 分／Round×3～4Rounds (Rounds = Topics)。4. 方法：(1) 開放空間 (open space) 係一可相互討論平台，沒有人知道答案，對未知開放，隨時準備迎接驚喜，勇敢提出自己看法，敞開心胸，傾聽別人想法；(2) 預約時間，每位與會者均需發言，留下記錄；(3) 四大原則：a. 與會人都是最適當的；b. 任何時間都是最適當時間 (right time)；c. 一次一件事 (only thing)；d. 結束時即結束 (over is over)；(4) 雙腳法則 (Law of 2 feet)：在某時段討論有興趣議題，若覺得三沒-沒得學、沒興趣、沒貢獻，移動雙腳至它組討論或休息一下；(5) 新聞牆：海報、立貼；(6) 總召 (leader)：至各 café 桌帶領— a. 組長 (host)：闡述議題、內容，寫在大海報紙上，隨時修正，綜整之；b. 組員 (member)：發表個人論述，寫在大海報紙上，隨時修正，綜整；(7) 同一段短時間: a. 激發所有與會人之個人思維對話討論 (放鬆／自然／效率)；b. Scenario planning ：現在 (×)，未來 (○)；c. World Café Skills w/i coffee & desert：Big Question, QBQ, Linkage, Doodle, Draw, Play, Café Traveling, Summary-

Conclusion Report；d. Learning history；e. Innovation & B/S；f. 集「眾人智慧、表達空間」進行：－改善：精實 (品質管理，6σ)、使命 (價值管理，4D) －創新：革命 (典範領導)，革心 (人性領導) －看未來 (Vision)：真善美；(8) Round 2：a. After Round 1：host 綜整結論-1 (general)；b. Host 不變；c. 組員任意尋找有興趣議題之 Café 桌；d. (5) (6)；e. After Round 2：host 綜整結論-2 (detail)；f. After Round 3：host 綜整結論-3 (advanced)；g. After Round 4：host 綜整結論-4 (lean)；(9) Host1，Host2……：Present lean conclusion；(10) Billboard: Post & Sharing。

32. MBO 目標管理原則：SMART=Specific+Measurable+Achievable/Attainable+ Realistic Time-limited。

33. 品牌元素 (Brand Elements)：名稱 (Naming)、商標 (Logo)、象徵符號 (Symbol)、顏色 (Color)、廣告詞、口號 (Slogan)、包裝及外型 (shape)。

參考文獻

一、中文部分

1. 詹長霖，AIM 系統性創新專家，AIM 俐鉅創新管理顧問股份有限公司 (www.aimniche.com)，2012，。
2. 疁園主人，鐵公雞，夜譚隨錄，卷十一。
3. 吳贊鐸，教育部教學卓越計畫：教學卓越計畫經費與成效管制及推動計畫書 (草案)，○○大學，2009。
4. 吳贊鐸等編著，科技管理導論，全華科技圖書(股)公司，2004，pp.278-287。
5. 中小企業咨詢服務網 http://sme.moeasmea.gov.tw/ecatalog/
6. 中國青年創業協會總會 http://www.careernet.org.tw/
7. 成大三創研發中心 http://3c.acad.ncku.edu.tw/bin/home.php
8. 龍華三創研發中心 http://www.lhu.edu.tw/innovation/intro.htm

二、英文部分

9. Tony Davila, Marc. J. Epstein, Robert Shelton, "Making Innovation Work: How to manage it, measure it, and profit from it," Wharton School Publishing, 2005.
10. Clayton M. Christensen, Scott D. Anthony, Erik A. Roth, "Seeing What's Next: Using the Theories of Innovation to Predit Industry Change," Harvard Business School Press, 2004.
11. http://www.youtube.com/watch?v=2UDBaDtwXfI&feature=related
12. http://www.quickmba.com/entre/open-innovation/
13. http://openinnovation.berkeley.edu/
14. http://opensource.com/
15. http://www.opensource.org/
16. http://www.openoffice.org/
17. http://en.wikipedia.org/wiki/Main_Page
18. Chesbrough, H.(2003a). Open innovations: The new imperative for creating and profiting from technology. New York：Harvard Business School Press.
19. Chesbrough, H. W. (2003b).The era of open innovation. Sloan Management Review, 44(3), 35-41.

20. Chesbrough, H. W.(2003c).A better way to innovate. Harvard Business Review, 81(7), 12-14.
21. Chesbrough, H. W. (2003d).Open platform innovation: Creating value from internal and external innovation. Intel Technology Journal, 7(3), 5-9.
22. Chesbrough, H. W. (2004). Managing open innovation: Chess and poker. Research-Technology Management, 47(1), 23-26.
23. 6. Chesbrough, H. W. (2006). Open business models: How to thrive in the new innovation landscape. New York：Harvard Business School Press.
24. Chesbrough, H. & Appleyard, M. (2007) .Open Innovation and Strategy. California Management Review, 50(1), 57-76.
25. Chesbrough, H. & Crowther, A. K. (2006).Beyond high tech: early adopters of open innovation in other industries. R&D Management, 36(3), 229-236.
26. Chesbrough, H., West, J. & Vanhaverbeke, W. (eds)(2006). Open innovation: Researching a new paradigm. New York: Oxford University Press.
27. Paul Trott, "Innovation Management and New Product Development," Pearson Education Limited, 2008.
28. Peter F.Drucker, "Innovation and Entrepreneurship: Practice and Principles," Big Apple Tuttle-Mori Literary Agency, Inc., 1984.
29. http://college.itri.org.tw/NSDBValueCreation/way.html
30. http://college.itri.org.tw/NSDBValueCreation/case.html
31. http://www.tic100.org.tw/tic100/
32. Walter Eversheim, "Innovations Management für Technische Produkte," Springer-Verlag, 2003.
33. Walter Eversheim, "Innovation management for technical products: systematic and integrated product development and production planning," Springer-Verlag, 2009.
34. Harrison Owen, "Open Space Technology: A User's Guide," Berrett-Koehler Publishers, 2008.
35. http://www.frontier.org.tw/ost/index.htm, http://www.co-intelligence.org/P-Openspace.html
36. Juanita Brown. "The World Caf"e," Berrett-Koehler Publishers, Inc., 2005, pp.162-175.

37. http://www.empowermentinstitute.net/lcd/lcd_files/World_Cafe_Hosting_Guide.pdf]
38. http://www.epa.gov/ciconference/previous/2007/2007_presentations/thursday/130pm/haac k_cafetogo_462a.pdf
39. TRIZ Journal, www. Triz-journal.com]
40. Gerald I. Kendall, "Viable Vision: transforming total sales into net profits," J. Ross Publishing, Inc., 2005.
41. Javier Freirel, Luis F. Alarco'n, 2004
42. Jeffery K. Liker, "The TOYOTA Way: 14 Management Principles from the World's Greatest Manufacture," McGraw-Hill Companies, Inc., 2004.
43. Jeffery K. Liker, David Meier, "The TOYOTA Way Fieldbook," McGraw-Hill Companies, Inc., 2006.
44. Jeffery K. Liker, Michael Hoseus, "TOYOTA Culture: The Heart and Soul of the TOYOTA Way," McGraw-Hill Companies, Inc., 2008.
45. Michael L. George, David Rowlands, Mark Price and John Maxey, 2005; Hino Satoshi., 2005; Liker Jeffrey, 2004; Liker J., 2004; Liker J., Meier D., 2005
46. Mike Rother, John Shook, "Value Stream Mapping to Add Value and Eliminate Muda," Lean Enterprises Institute, Inc., 1999.
47. James M. Morgan, "High Performance Product Development: A Systems Approach to a Lean Product Development Process," Doctoral Disseration, University of Michigan, 2002.
48. Alexander, S., "Earned Value Management Systems (EVMS): Basic Concepts," Project Management Institute, Washington, DC. Chapter, 1998.
49. Darrell L. Mann, "Hands-on Systematic Innovation," IFR Consultants Ltd., 2007.
50. Darrell L. Mann, "Hands-on Systematic Innovation," IFR Consultants Ltd., 2007, pp.312-348.
51. Everett M. Rogers, "Diffusion of Innovations," New York: Free Press, 1995.
52. Everett M. Rogers, "Diffusion of Innovations," New York: Free Press, 1995.
53. Les Robinson, "A summary of Diffusion of Innovation," www.enablingchange.com.au, 2009.
54. http://www.raco.cat/index.php/Paradigmes/article/viewFile/226043/307616

55. Peter F. Drucker, "Innovation and Entrepreneurship: Practice and Principles," Harpercollins, 2006.
56. Peter F. Drucker, "Innovation and Entrepreneurship," Harper Row: New York, 1985.
57. Christian Bruyat, Pierre-André Julien, "Defining the Field of Research in Entrepreneurship," Journal of Business Venturing, 2000.
58. Christian Bruyat, Pierre-André Julien, "Defining the Field of Research in Entrepreneurship," Journal of Business Venturing, 2000.
59. Tzann-Dwo Wu, "Six Sigma real-time decision making management system for integrating production, design and development, marketing and finance management in Taiwan," 8th World Multiconference on Systemics, Cybernetics and Informatics (SCI 2004), July. 2004, pp.439-446.
60. Joseph A. Covello, Brian J. Hazelgren, "The Complete Book of Business Plans; Simple Steps to Writing a Powerful Business Plan," Better World Books Ltd., 1994.
61. Steven D. Strauss, "The Small Business Bible: Everything You Need To Know To Succeed In Your Small Business," John Wiley & Sons Inc., 2005.
62. Gareth R. Jones, Jennifer M. George, "Essentials of Contemporary Management," McGraw-Hill / Irwin Companies, Inc., 2011, pp.5-6.
63. Robert S. Kaplan & David P. Norton, "The Balanced Scorecard: Translating Strategy into Action," Boston: Harvard Business School Press, 1996.
64. Harold Kerzner, "Project Management: A Systems Approach to Planning, Scheduling, and Controlling," John Wiley and Sons, 2009.
65. Duncan Haughey, "The Project Management Body of Knowledge (PMBOK)," Project Management Institute, 2008.
66. Steven D. Strauss, "The Small Business Bible," John Wiley & Sons Inc., 2005.
67. http://EzineArticles.com/3474150
68. Philip Kotler, Kevin Lane Keller, "Marketing Management," Prentice-Hall, 2006.

Chapter 7

績效評估

7.1 績效評估 (PE)

　　績效評估 (Performance Evaluation, PE) 係指以既定之評量標準或績效指標，進行客觀[註1]公正之定性或定量評比 (價) 與分析。為維持組織目標文化與管理規章、企業營運持續管理 (BCM)、善盡企業社會責任 (CSR)、人力資源管理與決策及員工職能規劃與發展，企業執行「績效評估」有其必要性。而「平衡計分卡與卓越品質通行證」則為執行手段。其執行步驟為：(1) 工作說明書與工作分析 (Job Description & Analysis)；(2) 選用或發展評估工具[註2] (Tool)；(3) 績效評估 (PE)；(4) 回饋與矯正預防措施 (Feedback and Corrective/Prevention Action)；(5) 修正與微調關鍵績效指標 (Modify and Tuning KPI)；(6) 獎懲 (Award & Punishment)。

7.2 平衡計分卡 (BSC)

　　1954 年，管理大師彼得‧杜拉克 (Peter Drucker) 提出「目標管理」，主張企業應經由整體目標考量，設定個人目標，並藉由自我控制、分權管理與績效考核，以臻企業經營績效與組織目標。值此組織快速變革之世紀，以「經營策略」為主之「平衡計分卡」手法，則可解決企業流程再造之瓶頸。

　　平衡計分卡 (Balanced Scorecard, BSC) 係於 1996 年由美國哈佛大學教授 (Robert S. Kaplan) 與波士頓企管顧問大衛‧諾頓 (David P. Norton) 所共同發展，且由組織願景、任務、文化、價值觀、標的、目標與策略所衍生，並以四大構面：財務 (F)、顧客 (C)、內部作業流程 (P)、學習與成長 (L&G)，衡量組織之績效。

　　運用平衡計分卡可將企業之「經營理念與目標」、「願景與策略」、「中長程經營計畫」及「年度工作計畫」，具體釐清策略目標與四大構面間之因果關係、有效連結策略目標與量度、轉化願景與策略、溝通與整合、規劃與設定指標及回饋與學習，以創造企業之競爭優勢。BSC 績效評估步驟，有四 (詳如 6.3.1 節第 1 點所述)：(1) 界定關鍵績效指標；(2) 繪製：願景樹、策略地圖與策略樹；(3) 繪製：策略因果圖、平衡計分卡績效圖；(4) 平衡。

7.3 卓越品質通行證

二〇〇八年底全球金融風暴及二〇一一年歐債風暴延燒台灣，中小企業應聲而倒不計其數。如何以 BS 25999 企業營運持續管理 (Busine Continuity Management, BCM) 及企業體體質健檢系統 (詳如 6.2.4 節所述) 為設計準則，並整合國際標準組織之品質 (ISO 9001: 2000)、專案 (ISO 10006: 2003) 與風險 (ISO 31000: 2009) 三大管理系統，開發「企業營運持續卓越品質自主管理系統 [簡稱卓越品質通行證 (Excellence Quality) 系統，如圖 7-1]」，以為企業運營與卓越績效 (excellence performance) 再造之依據。

7.3.1 企業營運持續管理

BS 25999: 2007-2 企業營運持續管理 (Business Continuity Management, BCM) 係完整之管理程序，內容包含組織內外之潛在危害辨識與威脅影響，並提供完整架構以及有效且足夠之應變方法達到復原之目的。以保護股東、聲望、品牌與利益，有效因應能力之整體管理程序。其定義係指當企業發生緊急事故或危機時所採用之計畫，該計畫需具有清楚明瞭之文件，內容包含管理營運持續程序時所需要之關鍵人員、資源、服務以及行動。

企業營運持續管理所產生產業效益：(1) 維持營運持續，增加市場佔有率與競爭力；(2) 成為關鍵客戶下單之重要依據；(3) 創造產業供應鏈之服務價值；(4) 降低或抵減營運中斷險之保費。當一企業遭受到危機時，營運持續管理 (BCM) 可適時地提供企業一套管理流程 (整體流程，如圖 7-2) [1]，如：提供準則或方法給企業之關鍵財務管理人員參考以及如何保護公司之聲譽與利益、對媒體回應企業危機處理之能力及維持企業之品牌和價值。

創新管理

```
                    組織體質健檢系統
                       OPD System
```

品質管理系統 ISO 9001 : 2000			專案管理系統 ISO 10006 : 2003			風險管理系統 ISO 31000 : 2007			企業營運持續管理系統 BS 25999 : 2007		
P	準備	●●●●	I	起始	●●●●	R	減緩	●●●●	B	營運衝擊分析	●●●●
P	執行	●●●●	P	計畫	●●●●	R	預備	●●●●	S	營運管理策略	●●●●
P	精實	●●●●	E	執行	●●●●	R	反應	●●●●	P	營運持續計畫	●●●●
P	持續	●●●●	M	監控	●●●●	R	回復	●●●●	E	組織文化建立	●●●●
			C	結案	●●●●				M	演練及維護	●●●●

組織財務管理診斷-OFD
- 損益平衡表
- 資產負債表
- 股東權益
- 現金流量

組織財務管理診斷一頁報告書
1 Page FAT Profile
強 / 一般 / 弱

平衡計分卡 BSC			財務關鍵績效指標盤查 (KPII)										
□Q₁	□Q₂	□Q₃	□Q₄	財務面	顧客面	內部作業流程面					學習與成長面				
						產	銷	人	發	資	法	產	銷	人	發	資	法
現金流量			領先														
			落後														
存貨週轉率			領先														
			落後														
營收成長率			領先														
			落後														
獲利率			領先														
			落後														

組織體質與財務分析 (OPFA)
問題真因分析 (Root-Cause Analysis, RCA)

組織管理與行為問題解決 (OMBPs)

組織企業流程再造 (ERP-BPR) 自省系統
W^{P}MM System

SQ 生命力	AQ 競爭力	EQ 應變力	XQ 執行力

卓越品質自主治理與預警系統
EQM^{S}A System

紅燈　藍燈　綠燈　黃燈

實獲值管理 EVM　　敏捷式專案管理 Agile PM

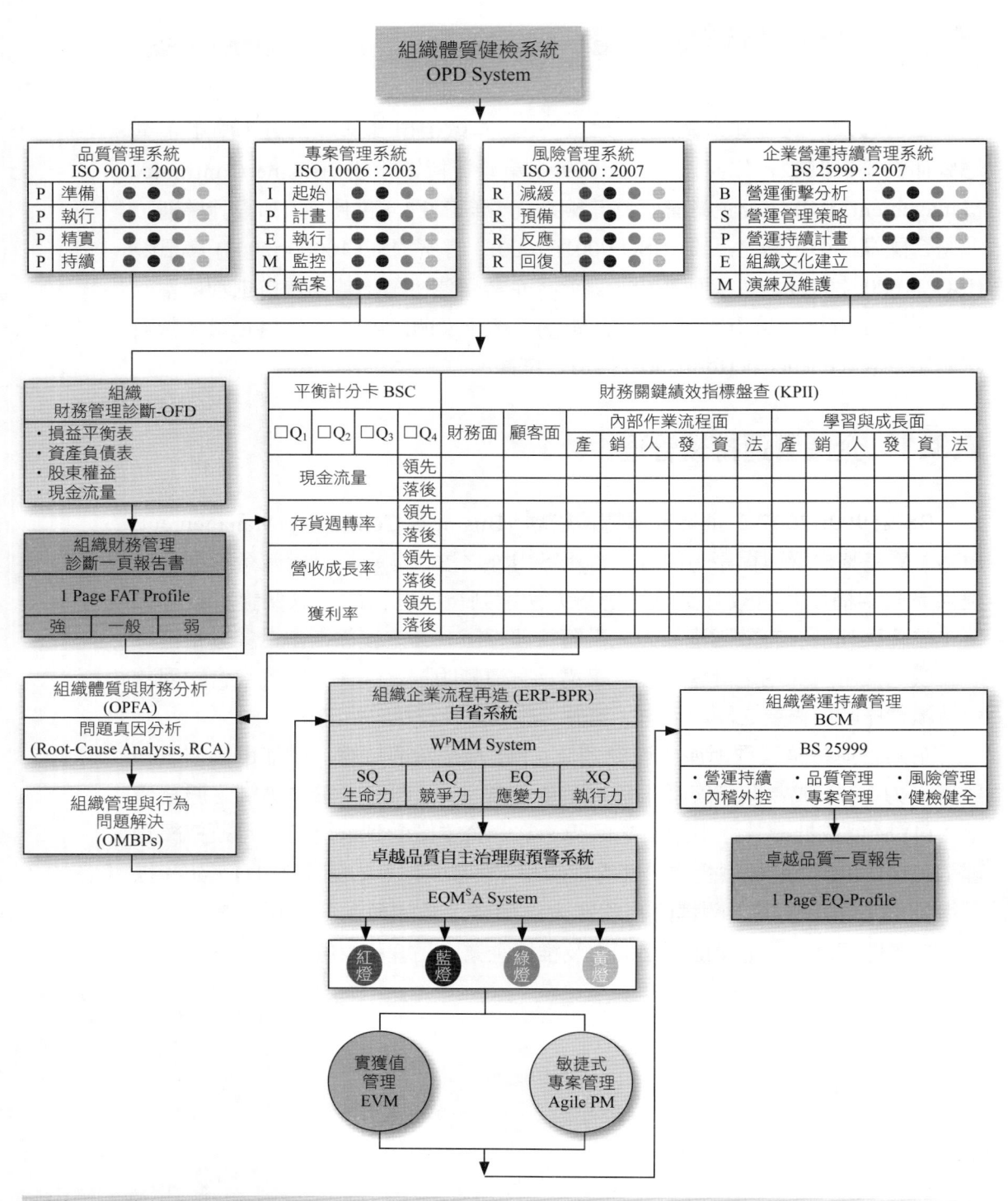

組織營運持續管理 BCM
BS 25999
- 營運持續　・品質管理　・風險管理
- 內稽外控　・專案管理　・健檢健全

卓越品質一頁報告
1 Page EQ-Profile

⊃ 圖 7-1　卓越品質通行證系統圖

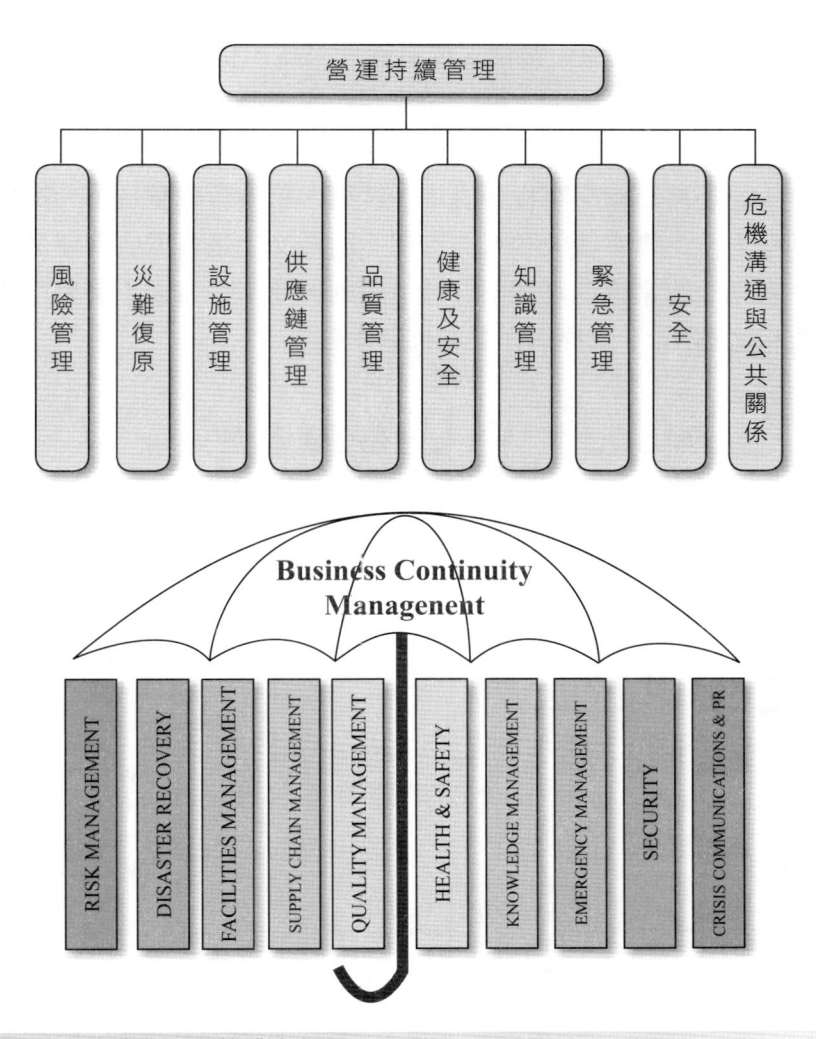

◐ 圖 7-2　營運持續管理之整體流程 [1]

7.3.2　實獲值管理

「時程、性能、成本」為專案管理最重要之三大管理目標，而「如期、如質、如預算」衍生為「更快、更好、更便宜」(Faster, Better, Cheaper)，更是所有專案努力追求之最高標竿。如何在結案 (close-out) 時同時達成該目標，對專案經理而言，實為一極大挑戰與重擔。Electronic Industries Alliances (EIA) 於 1998 年 6 月出版 ANSI/EIA-748-1998「Earned Value Management System」，實獲值管理 (Earned Value Management, EVM) 系統正式成為美國國家標準，美國國防部副部長 Ganslere 亦於 1999 年 8 月簽署備忘錄。

實獲值管理 (EVM) 係一整合式專案管理系統，提供整合式之績效評量指標（整合時程、性能、成本），供客戶及合約商監控專案之執行。實獲值管理是目前世界上專案管理最有效之工具之一。實獲值管理須與技術性能評量及風險管理整合，始能將範疇、時程、成本、技術、風險等統整為單一指標──實獲值，俾利全方位之專案績效評量與管理。組織文化是實獲值管理是否能夠成功之關鍵，各階層專案經理必須堅守誠信原則，及革除報喜不報憂之積弊。實獲值管理流程如圖 7-3，其標準作業程序有十四：

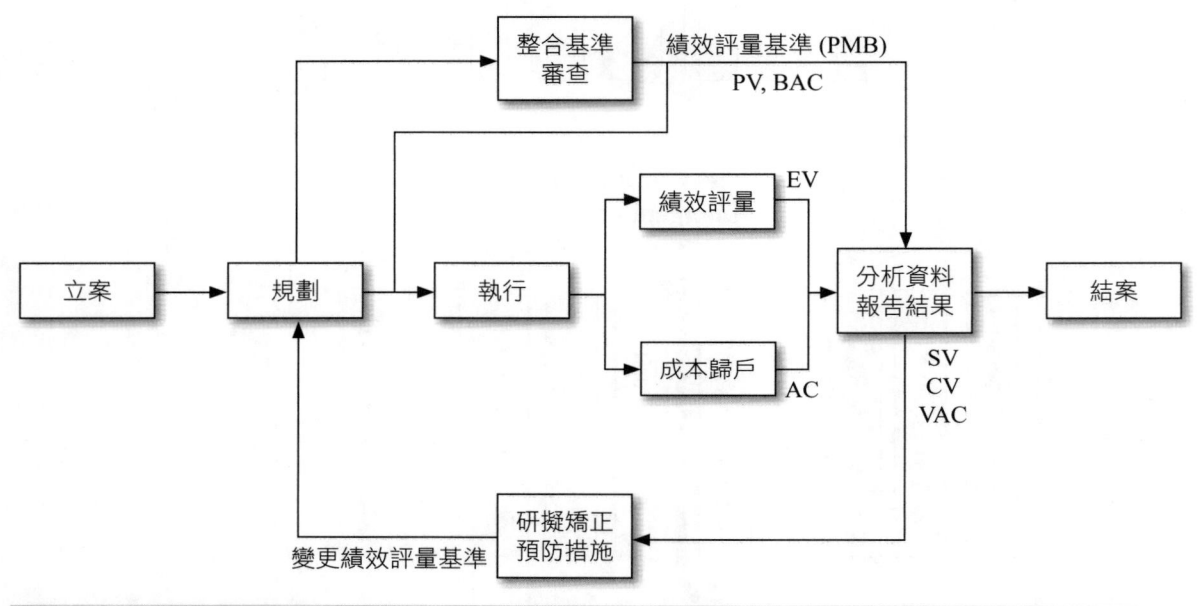

○ 圖 7-3　實獲值管理流程

(1) **建立完整工作分解結構** (WBS)：清楚定義工作範疇。工作分解結構必須以產品為導向之樹狀結構 (如：硬體、軟體與服務)，其分解深度則視管理所需，通常至少要分解至第三層。

(2) **建立組織分解結構** (OBS)：律定組織權責。組織分解結構通常按工程專業劃分。

(3) **建立責任指派矩陣** (Responsibility Assignment Matrix, RAM)：將 WBS 中之工作指派 OBS 中之單位執行。

(4) **指派管制帳戶經理** (Control Account Manager)：管理管制帳戶 (責任指派矩陣中之 WBS 與 OBS 交會處稱為管制帳戶，它是實獲值管理系統計算成本及評量績效之最低層級單位)，管制帳戶經理須負責管制帳戶

內工作之排程及資源分配、執行、檢核、計算實獲值管理績效指標及回(反)饋。

(5) **細分、排程工作及配賦資源**：管制帳戶經理依據專案主時程及其個人工作經驗，將所負責產品之細項工作列出。管制帳戶內之細項工作分為：(1) 工作包 (Work Package)：近程且確定性高；(2) 規劃分項 (Planning Package)：遠程且不確定性高。管制帳戶經理將執行細項工作所需資源(人力、物力、機力)分配至工作分項及規劃分項。

(6) **撰寫工作分解結構指導書 (WBSI)**：管制帳戶經理須撰寫工作分解結構字典，以說明其管制帳戶之詳細內涵。工作分解結構指導書須包含所有工作細項及其工作範疇定義、起止時間、配賦資源、實獲值核算法則、允收條件等。

(7) **計算合約成本**：建立成本分解結構。加總所有管制帳戶之預算需求及未分配預算可得績效評量基準 (Performance Measurement Baseline)，績效評量基準加上管理預備金可得總分配預算 (Total Allocated Budget)，總分配預算再加上利潤可得合約價款。

(8) **執行整合基準審查**：建立績效評量基準。績效評量基準為一整合時程、性能、成本、風險之整合性績效指標，它所描述係一條以時間為基礎之工作績效軌跡，亦是實獲值管理中最有威力之管理工具。

(9) **計算實獲值及實際成本**：依據合約於一定週期 (如每週或每月) 核算合約之實獲值及實際使用經費。

(10) **計算變異及實獲值管理績效指標**：依據 DSMC Earned Value Management Gold Card,http://www.dsmc.dsm.mil/educdept/EV_gold_card.htm 核算實獲值 (EV) 及實際成本 (AC)、計畫值 (PV)、完工總預算 (BAC) 與預估完工成本 (EAC)，並比較可得：時程變異 (SV)、成本變異 (CV) 及其他實獲值管理績效指標 (如：完工變異 (VAC))。

$SV = EV - PV \qquad CV = EV - AC \qquad VAC = BAC - EAC$

(11) **繪製實獲值管理圖**：依據上述資料繪製實獲值管理圖 (詳如 6.2.4 節所述)。

(12) **分析資料及研判**。

(13) **撰寫實獲值管理報告**：合約商應依據其內部會計系統結算週期（一月）撰寫實獲值管理報告，報告中應將每個管制帳戶之實獲值管理圖繪出，復按工作分解結構，逐層累加，並繪製實獲值管理圖，直至加

到全案為止。所有實獲值管理性能指標（SV、CV、SPI、CPI、工作達成率、預算支用率、TCPI、EAC）均應列表。

(14) 變更績效評量基準：專案經理閱讀實獲值管理報告，瞭解變異產生之原因及管制帳戶經理所提因應對策後，即須下決策如何變更績效評量基準。

7.3.3 卓越品質通行證

卓越品質通行證之執行步驟有八：(1) 企業體質與財務診斷 (PFD)；(2) 關鍵績效指標盤查 (KPII)；(3) 企業體質與財務分析 (PFA)；(4) 組織管理與行為問題解決 (OMBPs)；(5) 組織流程再造與自省 (W^PMM)；(6) 卓越品質自主與治理 (EQM^S)；(7) 實獲值管理與預警應變；(8) 組織營運持續管理。復依據執行成果自動編撰「卓越品質一頁報告書 (1 Page EQ-Profile)」（詳如 6.2.4 節所述）」內容包含：(1) 專案章程；(2) 專案甘特圖；(3) 專案預警系統；(4) 專案績效評估；(5) 結論與建議，以供企業永續發展、內外部稽核與公司治理之用。

上述中實獲值管理與專案預警應變系統需藉由微軟專案管理軟體進行核算管制帳戶 (Control Account, AC) 之實獲值 (EV)、實際成本 (AC)、計畫值 (PV)、時程變異 (SV)、成本變異 (CV) 與財物關鍵績效指標分析與評比，繼而標識其風險程度：(1) 低度風險；(2) 中度風險；(3) 嚴重風險，俾供風險處置與回應之用及落實 ISO 9001：2000 品質管理系統新 4P (Preparation, Perform, Perfect, Progress) 之追求卓越機制，以符合全面品質管理 (TQM) 精神及提昇精實卓越效能 [2]。

註解

1. 客觀之績效評估：避免刻板印象 (Stereotyping)、月暈效應 (Halo effect)、評估者偏差(Rater's error)、比較偏差 (Contrast error)、仁慈偏差 (Leniency error)、自利性偏差 (Self-serving bias)、基本屬性偏差 (Fundamental attribution bias)。
2. 績效評估工具：等級／圖表指標法、績效指標查核法、相對／序列／權重比較法、描述評語法、特殊系統法 (360 度法、行為導向指標法、情境模擬法、目標管理法、平衡計分卡)。

參考文獻

一、中文部分

1. 蒲樹盛，風險控制策略概論，行政院研究發展考核委員會，行政機關風險管理專業研習班，2005。
2. 吳贊鐸等，卓越品質通行證，第十屆 (2009) 永續發展管理研討會，國立屏東科技大學資訊管理系，2009.6.05。

Chapter 8

創新專案管理

本單元係以全球綠色環保 (Eco)、節能減碳 (Energy-saving & Carbon reduction)、物聯網 (IOT)、樂活養生 (LOHAS)、語言學習及創新服務管理等重要議題為主軸，運用本書創新管理技法進行創新專案管理之實證成果論述。

8.1 綠色專案風險管理

我國係屬全球資訊產業主要代工廠，產品品質亦受國際環保要求檢視與衝擊。而歐盟廢電機電子設備禁用毒性物質指令 (RoHS, 2006.7.1)、廢電機電子產品回收指令 (WEEE, 2006.12.31)、耗能產品環保設計指令 (EuP, 2007.8.11) 與包裝及廢棄物指令 (PPw, 2008.12.31) 相繼生效，為此需以「生命週期思維」(life cycle thinking) 進行綠色產品設計。歐盟均已要求產品需以環境化設計為導向，惟對於產業及其管理作業方式／流程將產生嚴重衝擊，導致企業遭受更大之壓力與潛在風險。

風險管理係指專案尚未發生前預先判斷可能發生之結果而預作之準備，現今歐盟所帶來之環境壓力與衝擊，已造成企業營運模式遽變。「綠色專案風險管理」也成為企業積極導入之管理手法，以求產品能完全符合環境法規之要求。為此，如何評鑑綠色專案績效並找出關鍵問題及績效指標，以進行風險之評估及防制措施，冀能協助企業突破現今綠色環境經營困境，以臻降低成本與提高經營績效益之目標。

8.1.1 綠色專案管理

全球化市場競爭日愈激烈，「綠色創新管理」已為企業競爭主要利器。而綠色知識管理 (Green Knowledge Management, KM) 則為企業藉由個人工作室、搜尋引擎、內外部智庫、創新育成中心、群組討論系統、問題對策解決系統 (問題案例輯)、電子公文系統，萃取所需資料、資訊、知識、智慧，永續經營與創新競爭力之不二法門。綠色知識需經不斷之創作、篩選、累積、分享、應用與回饋；始能增加企業核心知識 (如：問題改善、工作處理、會議記錄、標準作業指導書) 與競爭力。

而綠色科技知識管理 (K) 係在促進科技產業同僚間知識 (I)、分享 (S) 與提昇工作效率 (P) [公式：$K = (P + I)^S$] (吳贊鐸，2004)，如何擷取所需知識，適

第八章　創新專案管理

當應用,充份發揮其效益,已為所亟需。另以「綠色問題−真因−對策−效果」四大面向建置之「問題對策與解決系統」,可臻促進經驗傳承與提昇工作效率。運用資訊技術 (IT)、系統思考邏輯、綠色生命週期思維 (Green lifecycle thinking)、溝通技巧、綠色衝突與風險管理、問題解決手法與流程管理方法於「專案知識管理」上,以保證專案能在既定之「規劃、時間、預算、資源、技術、人力」下,符合歐盟綠色規範與預期效益並達成綠色專案目標與滿足內外部顧客需求。

8.1.2　綠色產品設計

綠色設計係為產品生命週期每一階段納入環境友善之設計技術 (Environmental Friendly Technologies)。而「綠色產品設計標準作業流程」為:(1) 產品基本資料:說明產品內容及產品拆解圖;(2) 產品拆解物質資料解析表 (BOM):係將標的物品進行拆解以瞭解產品之材質等資料;(3) 生命週期盤查 (LCI):係將產品生產分為原料開採與生產階段、製造與運輸階段、使用階段、產品棄置與回收階段,並產生生命週期盤查表;(4) 盤查評估分析列出之各成份對環境負荷影響情形,復將其轉檔輸入 EuP EcoReport-VHK。最終將盤查數據轉入SimaPro7以為環境衝擊評估;(5) 一頁生態風險管理特性說明書 (1 page Risk Management Eco-profile Report):瞭解產品整體績效與風險表現狀況,以作為後續改善之依據 (如表 8-1)。

8.1.3　綠色專案風險管理

1. 風險

(1) **危害與風險管理**

危害 (Hazard) 係指:「對人類、環境或財貨有潛在物質或情況上之傷害或不利之影響」。其威脅有三:(1) 人類:死亡、傷害、疾病與壓力;(2) 環境:植物及動物之損失、污染、環境舒適性之損失;(3) 財貨:財產損失、經濟損失。風險 (Risk) 則為「事件具有可能發生之機率性,對人類可能造成負面影響之規模大小」。而專案風險管理則需依五大步驟 (圖 8-1、8-2) 進行之:(1) 風險管理組織籌組;(2) 風險評估;(3) 風險控制;(4) 風險管理;(5) 風險回應。

創新管理

▶ **表 8-1** 一頁生態風險管理特性說明書

1.	產品概述：
	型　號：　　　　　　　　　　　　　　　　　　重量：
2.	目的與範疇界定：
3.	生命週期盤查：
	產品回收表　　　　　　盤查分析表　　　　　　環境衝擊圖
4.	績效及風險評估：
	專案成本改善績效圖　　　　　　　　專案績效圖
	產品可回收與　　　　　　　　　專案風險管理
	再循環比例績效圖　　　　　　　　績效圖
5.	結論與建議：

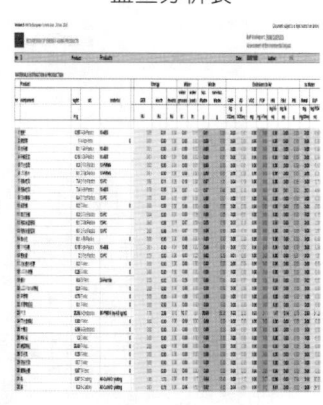

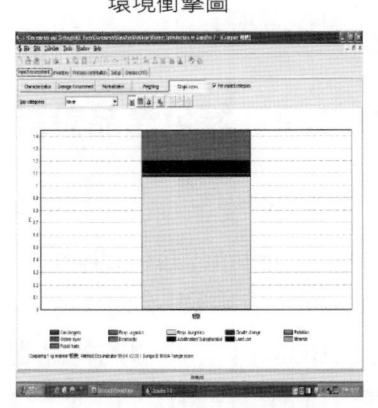

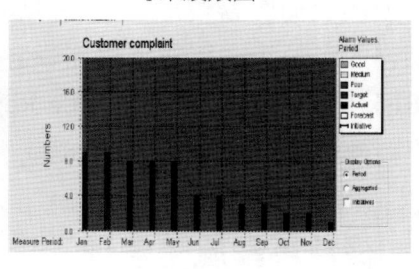

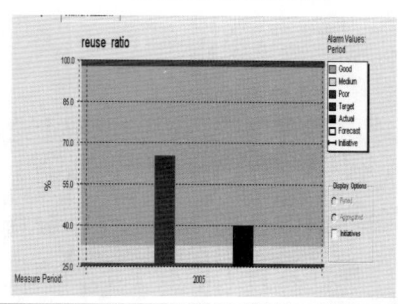

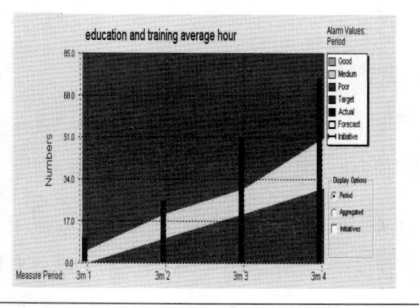

196

第八章 創新專案管理

```
┌─────────────────────────────────────────────┐
│              Green                          │
├──────┬──────────────────────────────────────┤
│ 綠色 │ 低污染・低毒性・省能源・可回收・再利用・再製造 │
└──────┴──────────────────────────────────────┘

┌─ 1. ─┬─ 六標準差專案管理即時決策管理系統 ─┐
│      │       $e^{6\delta}$-$P_i$FSS-DRW2      │
└──────┴─────────────────────────────────────┘

        ┌────────────────────┐
        │    綠色產品專案     │
        │ Green Products $P_i$│
        └────────────────────┘

        ┌────────────────────┐
        │   歐洲共同體－歐盟   │
        │    CE Directive    │
        └────────────────────┘

  ┌──────────┬──────────────┬──────────┐
  │  RoHS    │    WEEE      │   EuP    │
  │ 2006.7.1 │  2006.12.31  │ 2007.8.11│
  └──────────┴──────────────┴──────────┘

┌─ 2. ─┬─ 綠色產品問題解決心智模式管理系統 ─┐
│      │       $G_P$-$P_S$MM-DRW3         │
└──────┴─────────────────────────────────┘

┌─ 3. ─┬─ 六標準差綠色產品設計即時決策管理系統 ─┐
│      │       $e^{6\sigma}$-$G_P$DSS-DRW3      │
└──────┴──────────────────────────────────────┘
```

綠色專案風險管理模式
$G^{Pj}R^M$-Model

- 風險辨識
- 風險分析
  - 頻率 (F)
  - 嚴重性 (S)
  - 機率 (P)
  - EMEA
  - FTA
  - ETA
  - QRA
- 風險評估
  - 風險評估表
  - 風險等級
  - 風險矩陣
  - 風險評估圖 (NSCA)
  - 風險圖像分析
- 風險處置
  - 風險控制計畫
    - 策略
    - 方案
    - 流程
    - 評估 (R-$)
- 風險可否接受？ 是／否

溝通・諮詢　　監督・審核

┌─ 3.+1. ─┬─ 綠色專案內控自評風險管理系統 ─┐
│   │ G_PR_M-$I^4C_S^4$-DRW1   │
└─────────┴──────────────────────────────┘

1 Page E_{COR} Profile Report

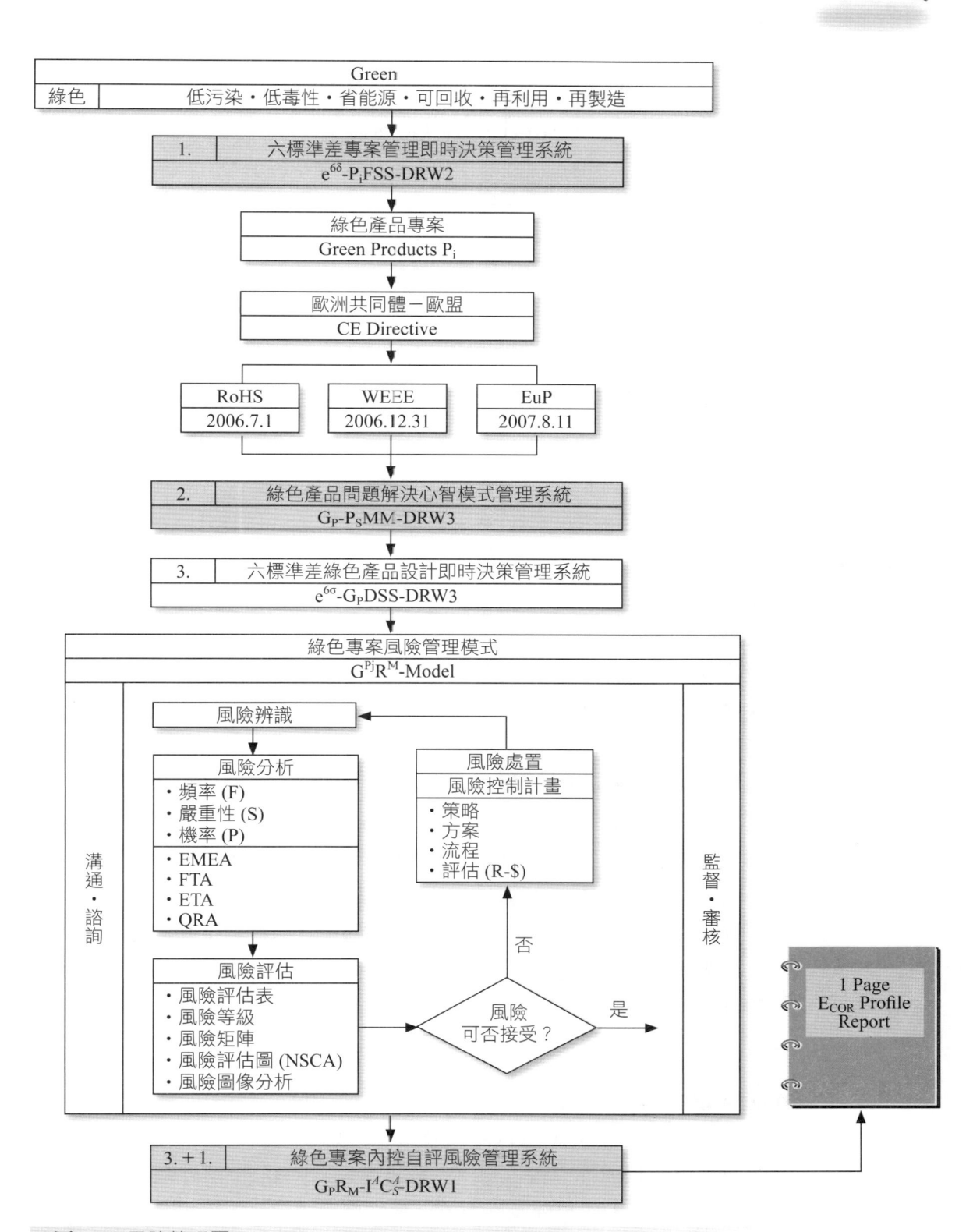

● 圖 8-1　風險管理圖

```
                    ┌─────────────────────────────┐
                    │            組織              │
                    │ Goal, Objective, Mission, Policy, │
                    │ Strategy, Vision, Law, Regulation, Act │
                    └─────────────────────────────┘
                         │                      │
                         ▼                      ▼
   ┌──────────────────────────────────────┐  ┌──────────────────┐
   │        風險評估 Risk Assessment       │  │    控制評估      │
   │  風險指標  │  風險評估  │  關鍵風險    │  │ Control Assessment│
   │Risk Indicator│Risk Evaluation│Critical Risk│  │                  │
   └──────────────────────────────────────┘  └──────────────────┘
                         │                      │
   Risk & Control Workshops                     │
        ↑                ▼                      │
        │         ┌──────────────┐              │
  ------┼---------│  風險管理    │◀─────────────┘
        │         │Risk Management│
        ↓         └──────────────┘
   Independent Business         │
   Control Reviews              ▼
                         ┌──────────────┐
                         │  風險回應    │
                         │Risk Response │
                         └──────────────┘
```

◯ **圖 8-2** 風險管理程序圖

(2) **環境危害與風險**

環境危害與風險可區分為自然環境風險與科技危害風險。自然危害係指大自然環境對人類所帶來之危害 (如：颱風、地震)；而科技危害風險則指科技應用或人為環境所帶來之危險 (如：化工廠對地下水之污染、殺蟲劑對人體之影響)。自然危害歸因於缺乏控制 (Lack of control)，而科技危害所反映則是失控 (Loss of control)，對於自然危害雖可事先作好準備或預防措施，但卻無法阻止其發生，而科技危害則是因人為疏忽或對於人為控制系統之失敗所產生不應發生之危害。

傳統對危害之研究多著重於自然危害，隨現代科技與技術之進步，使得人類擴大介入自然之影響範圍，產生許多不可預知之風險與危害，即所謂現代科技風險之產生。二者實已互為影響與作用，而成為複合性危害。

(3) **安全衛生危害與風險**

安全衛生危害可分為：(1) 物理性危害：切傷、割傷、捲傷、壓傷、夾傷及撞傷等機械性傷害；墜落、跌傷、X-ray、紅／紫外線、振動、燙傷、凍傷、壓力、電擊及感電等能量性傷害；窒息、通風、照明及噪音

等生理性傷害；(2) 化學性危害：包括火災、爆炸、人員中毒、呼吸系統吸入、皮膚吸收、誤食、注射、慢性疾病、皮膚腐蝕及肺部灼傷等；(3) 生物性危害：針頭感染、空氣感染、唾液感染、食物感染及皮膚感染等；(4) 人因工程性危害：包括搬舉重物、姿勢不良及過度疲勞。

2. 環安衛風險評估技術

環境風險係指某項環境危害發生機率之測度；及危害發生後，對人員傷亡、財產、及其他環境事物負面影響之量化指標。「環境風險」源於自然環境特性或人類行為 (實質或行政管理上)，所引發不受歡迎事件及其影響之機率價值 (Probability value)。就實質面，環境風險可視為機率與其影響之乘積。就管理面，環境風險在一般社會中，可能對不同人或在不同環境中有不同之意義 (McKenzie, 1994; Miller, 1994)。環境規劃決策之形成與執行，須面對不同利益團體 (個體) 不同之價值觀，亦可能產生對同樣危險源卻有不同之「風險認知」之情況。

風險不僅是實質面之概念，亦涉及價值判斷問題。為此，環境風險分析之主要目的是提供決策者或其他個人制訂有效地或減輕健康及環境問題之決策，其工作包括：「環境危害認定、風險評估、風險管理與風險溝通」。環境風險可指某一項環境「危害」發生之潛在機率及其影響。

3. 安全衛生風險評估

風險評估之模式，需以製程或作業特性為主要之選擇依據。如：連續製程、管線系統、自動控制系統，宜採工作場所導向式；如為批式製程、裝配作業、維修作業等則宜採作業步驟導向式。

工作場所導向評估模式可分為四個階段評估，以決定風險程度，判斷是否要進入後續階段之評估：(1) 判斷是否為法定之危險性工作場所或高潛在危害場所；(2) 初步危害分析，分析發掘重大潛在危害之區域或次系統；(3) 針對重大危害區域或次系統，可進行下列任一方法之評估：檢核表 (Checklist) 分析、What-if 腦力激盪法、失效模式與效應分析 (Failure Modes and Effects Analysis, FMEA)、危害與可操作性分析 (Hazard and Operability Study, HazOp)；(4) 針對關鍵性之事件或有特殊考慮需量化風險之事件，執行更專業性的失誤樹分析 (Fault Tree Analysis)。

作業步驟導向式評估模式則可分為 (1) 列出職務清冊，進行各職務的作業

盤點；(2) 進行作業安全分析 (Job Safety Analysis, JSA)；(3) 進行風險排序，再依據事業單位之政策、目標、人力資源等因素決定關鍵性之作業，即某一風險等級數以上的作業；(4) 針對這些作業，檢討其作業步驟，並進行關鍵性作業步驟分析 (謝錦發，2001)。一般在執行風險評估作業採取「半定量方法」：風險矩陣 (Risk Matrix) 之應用、關鍵性作業辨識與分析，較適合應用於一般行業之生產作業特性 (如：綠色產品設計／研發／試產／量產、裝配作業、批式作業、維修作業等)。

4. 比較性風險評估

比較性風險評估係採用環境風險作為評估指標，針對不同之環境危害問題所造成之風險程度 (造成人類健康、生態環境及生活品質之影響)，將環境問題作系統化排序之分析過程及方法。比較性風險評估係依據一組一致之風險特徵因素，分別評估不同環境問題之嚴重程度，並決定相對風險之過程，它是環境計畫中訂定優先順序及預算編列之重要參考依據，提供有利之管理工具，俾便評估並選擇最可能降低風險之補救或預防方案，藉此可臻成本有效性之目的，亦為本研究綠色產品風險評估之主要論證。

比較性風險評估之研究可作不同層級之解析：(1) 依據健康、生態或環境化或社會與經濟層面各項評估指標，分別衡量環境問題之風險，其內涵乃為瞭解各層面之風險特性；(2) 目前與未來環境風險比較，以目前之狀況為基準，考量未來可能之環境風險；(3) 不同層面間之環境風險比較，如比較環境問題在健康層面和社經層面的風險對於不同層面之間的互相關連性有較細緻之考量；(4) 分析環境問題形成之原因，並比較及解決方案或政策之有效性 (丁承等，1994)。1990年9月美國環保署提出一份有關比較性風險評估之報告，名為「降低風險-制定環境保護策略與優先順序排序」（Reducing Risk: Setting Priorities and Strategies for Environment Protection, U.S.EPA, 1990），係應用比較風險評估之觀念與方法，針對可能會造成人體健康、生態環境、社經環境等風險之環境議題，加以分析、比較、評估及排序，用供未來制定環境保護政策之參考依據，有助於環保資源之合理分配。

美國環境保護署 (U.S.EPA, 1993) 定義比較性風險評估係用以評比環境問題優先順序之流程，包括：(1) 採用一致性評估指標，判斷不同環境問題會對於人體健康、生態環境與生活品質之實際效應。需利用相關研究數據與專業之主觀判斷，做為評估上述效應重要性之依據；(2) 利用風險比較與排序法，決定

各項環境問題之優先處理順序。比較性風險評估中最重要步驟,即是針對環境風險之排序與不同風險類別提出比較。

美國環境保護署 (U.S.EPA, 1993) 針對有關環境風險排序的問題提出下列幾種方法:(1) 協商 (Negotiated consensus):通常希望能不經過票決程序,而改以討論方式取得一致之共識。協商過程中應採取開放討論之方式,並且要能依據一定之程序讓委員們充分地進行意見交換及溝通;(2) 票決 (Voting):票決是在決定環境風險排序中最常被採用之一種決策方式。主要精神在於以多數審查委員意見作為判斷之依據,但仍應事前在委員間進行充分之觀念溝通與意見交換;(3) 公式計算 (Formulas):可利用量化之公式計算環境風險大小。最常見使用的是權分法 (Weighted scoring);(4) 其他方式:失誤樹分析、決策分析理論與層級結構分析法 (AHP)。

8.1.4　內部稽核 (Internal Audit)

公司組織應定期執行內部稽核,以決定品質管理系統是否:

1. 符合產品實現之規劃安排,符合本國標準之要求與公司組織自己所建立之品質管理系統之要求。
2. 有效地被實施與維持。稽核計畫之規劃應考慮被稽核之過程與領域之狀況與重要性,及前次稽核之結果。稽核之準則、範圍、頻率與方法應被界定。稽核計畫應考慮:(1) 稽核過程之安排及稽核之範圍;(2) 稽核重點;(3) 稽核準則;(4) 稽核方法;(5) 稽核頻率;(6) 稽核員之選擇與執行稽核態度;(7) 稽核結果報告及缺點的改善措施與落實跟催。(8) 稽核作業程序一定要文件化;(9) 前次稽核結果之改善專案之成效的確認;(10) 稽核結果不符合規定要求之改善案的後續跟催之查證及查證結果報告;(11) 稽核員不可稽核自己業務。內部稽核管制程序之流程圖及作業說明如圖 8-3 及表 8-2~8-5。

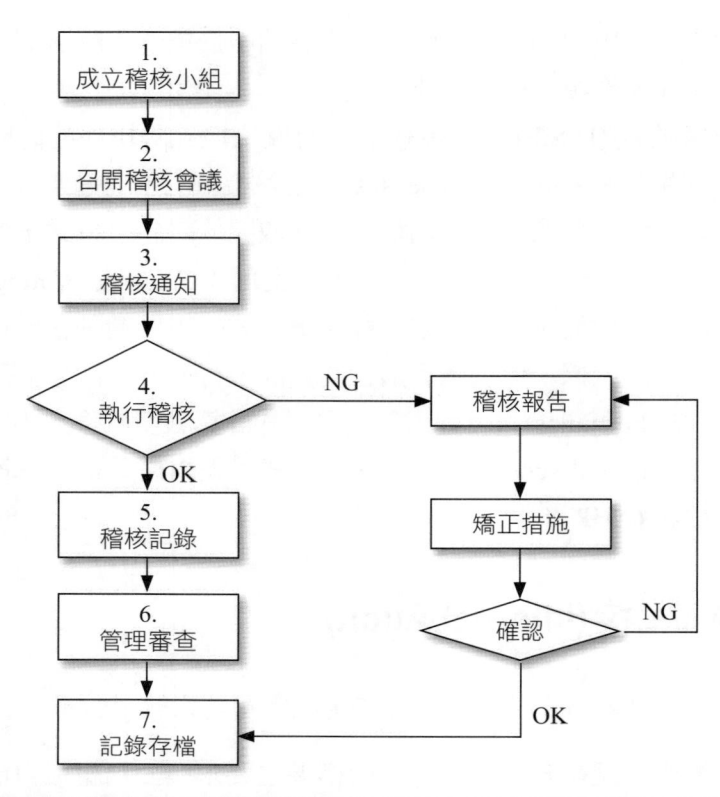

```
         ┌─────────┐
         │   1.    │
         │成立稽核小組│
         └────┬────┘
              ↓
         ┌─────────┐
         │   2.    │
         │召開稽核會議│
         └────┬────┘
              ↓
         ┌─────────┐
         │   3.    │
         │ 稽核通知 │
         └────┬────┘
              ↓
         ╱─────────╲         ┌─────────┐
        ╱    4.     ╲   NG   │         │
       ⟨   執行稽核   ⟩──────→│ 稽核報告 │←──────┐
        ╲           ╱        └────┬────┘       │
         ╲─────────╱              ↓            │
              │OK                ┌─────────┐   │
              ↓                  │ 矯正措施 │   │
         ┌─────────┐             └────┬────┘   │
         │   5.    │                  ↓        │
         │ 稽核記錄 │            ╱─────────╲   │
         └────┬────┘           ╱           ╲ NG│
              ↓               ⟨    確認    ⟩───┘
         ┌─────────┐           ╲           ╱
         │   6.    │            ╲─────────╱
         │ 管理審查 │                 │OK
         └────┬────┘                  │
              ↓                       │
         ┌─────────┐                  │
         │   7.    │←─────────────────┘
         │ 記錄存檔 │
         └─────────┘
```

◯ **圖 8-3** 內部稽核流程圖

8.1.5 內控自評

1. 內部控制

　　內部控制係為協助達成一項業務目標所做之事。如此做是要協助降低 (管理) 可阻礙業務目標達成之風險。若要「評估內部控制」，則必須先詢問關於業務目標及已辨識之風險。只有在該情況下內部控制才有意義。將最終目標謹記在心且不能遺漏細節，是促導一個有效內控自評 (CSA) 工作討論會之重點。

2. 內控自評 (Control Self-Assessment, CSA)

　　係一有助於組織增進其能力，以達成組織目標之方法。本研究特導入此內部稽核之新方法，以供綠色產品自我績效考核與管控之用。在多數時候，CSA 係透過一系列由內部稽核部門所促導之「工作討論會」來完成。這些工作討論可應用於專案、程序、組織單位、功能或任何可清楚定義其目標之層級。此種

第八章　創新專案管理

表 8-2　年度稽核計畫表 (內部稽核行程)

ISO 9001 稽核項目	負責單位	元月	二月	三月	四月	五月	六月	七月	八月	九月	十月	十一月	十二月
4.2 文件要求													
5.1 管理階層責任													
5.2 客戶為重													
5.4 品質規劃													
5.5 職責、權限及溝通													
5.6 管理階層審查													
6.1 資源提供													
6.2 人力資源													
6.3 基礎設施													
6.4 工作環境													
7.1 產品實現之規劃													
7.2 顧客有關之過程													
7.3 設計及開發													
7.4 採購													
7.5 生產與服務提供之管制													
7.6 量測與監督設備之管制													
8.2 量測與監督													
8.3 不合格品管制													
8.4 資料分析													
8.5 改善													

表 8-3　稽核查核表

ISO 9001	稽核內容	稽核結果 YES/NO/NA	說明	矯正通知單編號

表 8-4 矯正措施通知單

受稽核部門		稽核日期		缺點類別	主要／次要
稽核要項		對應之程序書		稽核人員	

此不符合事項需於　　月　　日前提出矯正與預防措施
不符合事項：   　　　　　　　　　　　　　　　　　　　　　　　受稽核部門 　　　　　　　　　　　　　　　　　　　　　　　簽　　　認：_____
改善建議：   　　　　　　　　　　　　　　　　　　　　　　　受稽核部門 　　　　　　　　　　　　　　　　　　　　　　　簽　　　認：_____
矯正與預防措施及完成日期   　　　　　　　　　　　　　　　　　　　　　　　受稽核部門 　　　　　　　　　　　　　　　　　　　　　　　簽　　　認：_____
改善確認：   　　　　　管理代表　　　　　　稽核主管　　　　　　稽核員 　　　　　簽　名：_____　簽　名：_____　簽　名：_____

表 8-5 CAR 報告跟催彙總表

　　　　　　　　　　　　　　年　　月　　日

No.	問題點	改善對策	改善期限	負責單位	確認	備註

工作討論包括直接負責達成組織目標之人員，係設計用來檢查、評估、及報導目標達成之可能性。

CSA 是一種過程，經由該過程，內部控制之有效性被檢查及評估。其目的在為所有業務目標得以達成提供合理之確保。此過程之責任是由組織內之所有員工共同負責。CSA 係在一結構化之環境內所引導，在該環境中過程完全文件化且其過程反覆作為持續改進之誘因。CSA 過程允許管理階層及/或工作小組直接負責一項業務功能，以：(1) 參與評估內部控制；(2) 評價風險；(3) 發展行動計畫以處理所辨識之弱點；(4) 評估達成業務目標之可能性。

3. 問卷調查

CSA 所用之問卷或調查方式是使用調查表，提供簡單之「是／否」或「有／沒有」之回答機會。流程擁有者使用調查之結果去評估他們之控制結構。CSA 問卷必須以受訪者之語言撰寫，不是稽核人員之語言。無需要有人拿著問卷向受訪者解釋或澄清問題。受訪者將以他們所解釋之方法回答，或者如果他們不瞭解問題，將會全部略過。當組織文化不能有效接受及支持正直之參與者在工作討論會中回答時 (當參與者無法公開及誠實討論議題時)，問卷常被使用。

(1) NAO 內部稽核問卷調查表

依 NAO 相關規範擬定內部稽核問卷調查表。內容如下：

敬請就英國國家稽核辦公室 National Audit Office 內部稽核六大要素：①組織目標 (Objectives of the organization)；②風險與風險管理之認知 (Understanding risk and risk management)；③風險辨識、評估與分析 (Risk identification, assessment and analysis)；④風險管理、監控、審查與報告 (Management, monitoring, review and reporting of risk)；⑤組織文化 (Organization and culture)；⑥風險管理要素 (Components of risk management)，以您個人之專業素養評估該六大要素，於工作職場實務操作管理時，是否認同或滿意 (如表 8-6)。

表 8-6　NAO 內部稽核問卷調查表

NAO	五格量表					小計
	極為認同	認同	普通	不認同	極不認同	
	5	4	3	2	1	
1. 組織目標	□	□	□	□	□	
2. 風險與風險管理之認知	□	□	□	□	□	
3. 風險辨識、評估與分析	□	□	□	□	□	
4. 風險管理、監控、審查與報告	□	□	□	□	□	
5. 組織文化	□	□	□	□	□	
6. 風險管理要素	□	□	□	□	□	

(2) COSO 內部控制自行評估表

依 COSO 相關規範擬定內部控制自行評估表。內容如下：

敬請就內部控制五大要素：(一) 環境控制；(二) 風險評估；(三) 控制作業；(四) 資訊溝通；(五) 監督，以您個人之專業素養評估該五大要素項下之內控準則，於工作職場實務操作管理時，是否認同或滿意 (如表 8-7)。

8.1.6　綠色專案風險管理系統

係將六標準差五大主軸 (D 定義 - M 量測 - A 分析 - I 改進 - V 驗證) 所需之專用程式 (程式庫) 及相關參數、管制表單與資訊 (即資料庫)，藉由 Visual Basic 6.0 整合一交談式功能表單，並由 API (Application Programming Interface) 負責功能表與 6σ-DMAIV 程式庫與資料庫之界面連結。繼而研發「綠色專案風險內稽內控自評即時決策管理系統 ($G_PR_M-I_S^4C_S^4$-DRW1)」，並導入掌上型電腦 (Pocket PC) 線上即時 (Real-time) 監控之，俾使風險主管人員有效管理與決策 (Decision)。

表 8-7　COSO 內部控制自行評估表

COSO	內控準則 C_S^A Criteria	極為認同 5	認同 4	普通 3	不認同 2	極不認同 1	小計
1. 環境控制 E_C	1. 員工操守與價值觀	☐	☐	☐	☐	☐	
	2. 職能結構適性度	☐	☐	☐	☐	☐	
	3. 組織架構與權責劃分	☐	☐	☐	☐	☐	
	4. 人力資源發展	☐	☐	☐	☐	☐	
	5. 經營理念與管理哲學	☐	☐	☐	☐	☐	
2. 風險評估 R_A	1. 企業體文化願景使命目標策略	☐	☐	☐	☐	☐	
	2. 企業內部控制能力	☐	☐	☐	☐	☐	
	3. 企業再造／風險／變革管理	☐	☐	☐	☐	☐	
	4. 風險辨識能力	☐	☐	☐	☐	☐	
	5. 風險分析／評估／處置能力	☐	☐	☐	☐	☐	
3. 控制作業 A_C	1. 程序書與作業指導書達成度	☐	☐	☐	☐	☐	
	2. 一般／營運／財務控制	☐	☐	☐	☐	☐	
	3. 系統控制績效	☐	☐	☐	☐	☐	
	4. 目標管理機制	☐	☐	☐	☐	☐	
	5. 權責劃分	☐	☐	☐	☐	☐	
4. 資訊溝通 I_C	1. 內外部資訊網絡	☐	☐	☐	☐	☐	
	2. 資訊準確性與時間性	☐	☐	☐	☐	☐	
	3. 組織溝通	☐	☐	☐	☐	☐	
5. 監督 M	1. 持續監督作業	☐	☐	☐	☐	☐	
	2. 定期再評估	☐	☐	☐	☐	☐	
	3. 缺失報告與改善建議	☐	☐	☐	☐	☐	

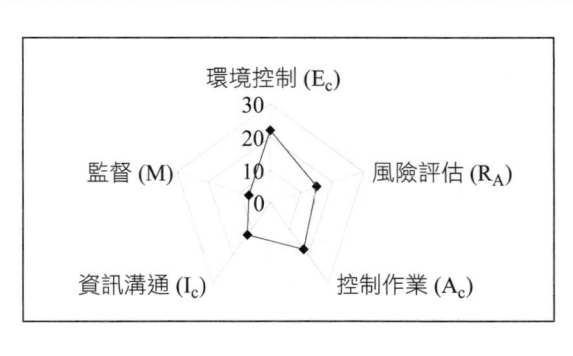

1. 綠色產品設計即時決策管理系統 (G_p-DFSS-DRW2)

綠色產品設計即時決策管理系統 (G_p-GDFSS-DRW2)，係整合六標準差五大主軸 (D 定義-M 量測-A 分析-D 設計-V 驗證) 相關功能，另有：(1) 風險管理；(2) 內部稽核；(3) 內控自評；(4) 平衡計分卡之績效評估；(5) 一頁生態環境說明書；(6) 問題解決；(7) 專利檢索；(8) 設計發明；(9) 生命週期盤查；(10) 綠色設計矩陣等功能，俾供綠色產品設計之用；詳如圖 8-4。

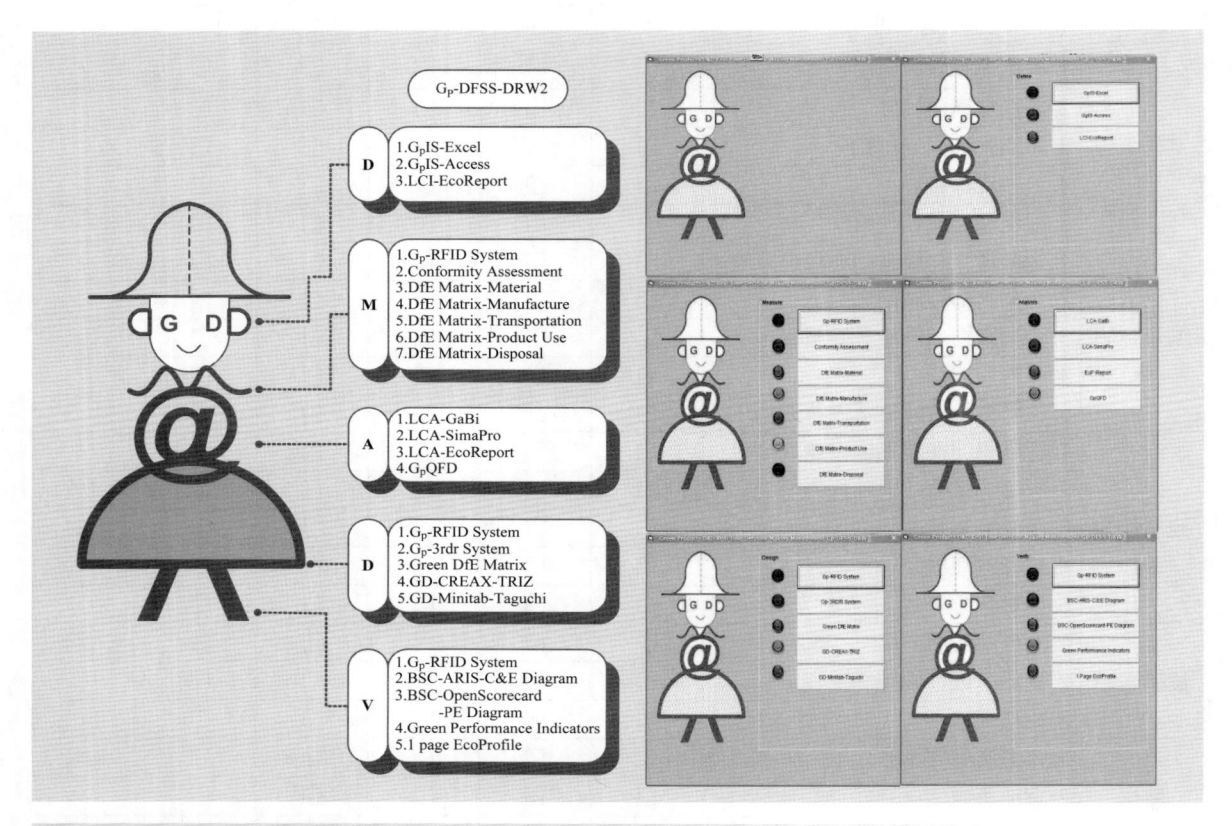

➲ 圖 8-4　綠色產品設計即時決策管理系統 (G_p-DFSS-DRW2)

2. 綠色專案風險內稽內控自評即時決策管理系統 ($G_P R_M$-$I^4 C_S^A$-DRW1)

為有效即時管控「內稽內控自評績效」，本研究特開發「綠色專案風險內稽內控自評即時決策管理系統 ($G_P R_M$-$I^4 C_S^A$-DRW1)」(詳如圖 8-5 及表 8-8)，以供綠色產品設計開發／試產／量產之風險評估及綠色產品設計即時決策管理之用。

第八章　創新專案管理

$G_P R_M - I^A C_S^A - DRW1$　　　　　　　　　Function

1. CSA Cafe
2. Questionnaire-PC
3. ARIS-Process
4. P_j 2000
5. QFD-PsFD

D — Define = Environment control
E_C
1. Integrity, ethical values, competence communicates, management philosophy
2. Responsibility, authority
3. Human resources, people development

1. **People** ≠ Problem
2. Mind Manager
3. TOC Insights
4. @Risk
5. Risk Checklist-Matrix

M — Measure = Risk Assessment
R_A
1. Identification & analysis of relevant risk to achieve an entity's objectives
2. Managing change

1. TOC
2. **Mind Manager**
3. COSO-CSA Model
4. **Business Risk Model**
5. FMEA-Relex 7
6. @Risk
7. EC-AHP
8. QFD-C_S^AFD

A — Analyze = Activities control
A_C
1. Procedures to implement mgt. directives
2. Top level reviews direct functional or activities management
3. Physical controls
4. Segregation of duties
5. Mechanism for managing the achievement of objectives

1. Hosting Guide (9-7-9)
2. People(P_H^{D}) ≠ Problem($P1^{10}$)
3. I am ready skills
4. BPst

I — Improve = Information & communication
I_C
1. Accuracy & timelines of operational & financial information
2. Access to internal & external information
3. Organizational communication

1. ARIS-BSC, Process, ABC
2. **OpenScorecard-BSC**
3. **EC - AHP**
4. P_j 2000
5. 1 Page $I^A C_S^A$ Profile

V — Verify = Monitoring
M
1. Assessment of control systems
2. Ongoing & on-time activities
3. Mechanism to report serious deficiencies

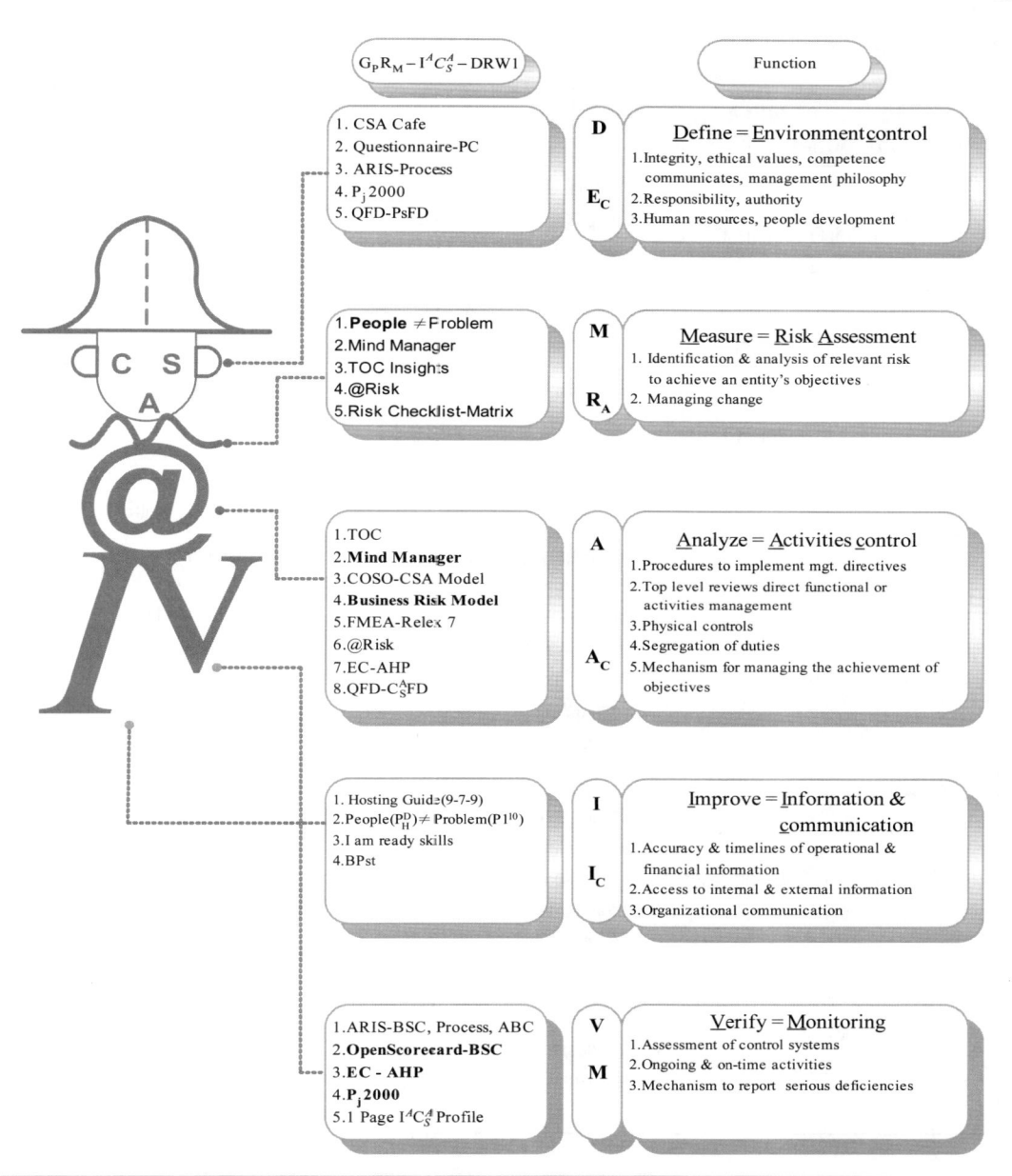

◯ 圖 8-5　綠色專案風險內稽內控自評即時決策管理系統 ($G_P R_M$-$I^A C_S^A$-DRW1)

表 8-8　綠色專案風險內稽內控自評即時決策管理系統 $G_PR_M\text{-}I^4C_S^4\text{-}DRW1$

6σ		COSO 5 Controlling Components	Function	Softwares
D Define 定義	E_C	Control Environment 環境管控	· Integrity, Ethical Values, Competence Communicates Management Philosophy · Responsibility, Authority · Human Resources, People Development	1. CSA Café 2. Questionnaire-PC 3. ARIS-Process 4. P_j2000 5. QFD-PsFD
M Measure 量測	R_A	Risk Assessment 風險評估	· Identification & analysis of relevant risk to achieve an entity's objectives · Managing change	1. People ≠ Problem 2. Mind Manager 3. TOC Insights 4. @Risk 5. Risk Checklist-Matrix
A Analyze 分析	A_C	Control Activities 管制行動	· Procedures to implement management directives · Top level reviews direct functional or activities management · Physical controls · Segregation of duties · Mechanism for managing the achievement of objectives	1. TOC Insights 2. Mind Manager 3. COSO-CSA Model 4. Business Risk Model 5. FMEA-Relex 7 6. @Risk 7. EC-AHP 8. QFD-C_S^AFD
I Improve 改進	I_C	Information & Communication 資訊與溝通	· Accuracy & timelines of operational & financial information · Access to internal & external information · Organizational communication	1. Hosting Guide (9-7-9) 2. People(P_H^D) ≠ Problem (P_1^{10}) 3. I am ready skills 4. BPst
V Verify 驗證	M	Monitoring 監測	· Assessment of control systems · Ongoing & on-time activities · Mechanism to report serious deficiencies	1. ARIS-BSC, Process, ABC 2. OpenScorecard-BSC 3. EC-AHP 4. P_j2000 5. 1 Page $I^{AC_S^A}$ Profile

8.2　產品碳足跡創新管理

　　依據英國調查報告 (Wiedmann et al., 2008) 指出，1992 年至 2004 年間溫室氣體排放量下降 5%。惟若將因消費所導致之間接溫室氣體排放量納入時，則排放量反而上升 18%。面對全球暖化議題，「低碳經濟、低碳生活、碳中和與

清潔生產」已為所亟需；而產品生命週期「碳足跡」盤查、分析、衝擊評估、溫室氣體減量與「碳標籤」核發則為必要手段。

8.2.1 PAS 2050:2008 產品與服務生命週期溫室氣體排放評估規範

　　PAS 2050: 2008 產品與服務生命週期之溫室氣體排放評估規範 (Specification for the assessment of the life cycle greenhouse gas emissions of goods and services)，係由英國標準協會 (British Standards Institute, BSI) 為評估產品生命週期內溫室氣體排放而編制之規範。而 PAS 2050 Guide 使用指南則提供組織作為導入產品或服務碳足跡排放之參考。「碳足跡 (Carbon Footprint, CF)」用於描述某特定活動或實體產生溫室氣體 (GHG) 排放量之專用名詞，俾供組織及個體評估溫室氣體排放對氣候變化之貢獻。PAS 2050 評估流程分為三大步驟：(1) 起始；(2) 計算產品碳足跡；(3) 下一步。

8.2.2 蝴蝶蘭碳足跡盤查

　　蘭花碳足跡 (Orchid Carbon Footprint, OCF) 定義為蘭花 (如表 8-9 蘭花家譜) 生命週期 (Product Life Cycle, PLC) 過程：(1) 原料取得；(2) 生長；(3) 使用；(4) 產品廢棄，所直接與間接產生之二氧化碳排放量。

　　本單元係以「蝴蝶蘭」進行碳足跡盤查，包含蘭花生長史 (表 8-10) 及生命週期五大面向之盤查 (LCI)、分析 (LCA) 與衝擊評估 (LCIA)。其步驟為：(1) 產品與服務碳足跡計算指引生命週期評估盤查；(2) 碳足跡範圍描述；(3) 製程地圖製作；(4) 碳足跡盤查鑑別 (一／二級活動數據)；(5) 溫室氣體排放盤查；(6) 實質貢獻／切斷原則/分配原則查證；(7) 生命週期評估軟體 SimaPro7.2.4 碳足跡分析與衝擊評估；(8) 不確定性分析說明。

表 8-9　蘭花家譜

1	2	3	4	5	6
蘭花之后	蘭花之王	女神之足	跳舞的女孩	蘭花之美	金釵蘭花
蝴蝶蘭	嘉德麗雅蘭	仙履蘭	文心蘭	萬代蘭	石斛蘭
Queen of the Orchids	King of the Orchids	Slippers of the Goddess	The Dancing Girl	Beauty of the Orchids	Bone of the Hairpin
Phalaenopsis	Cattleya	Paphiopedilum	Oncidium	Vanda	Dendrobium

資料來源：吳贊鐸整理，06.28.2010.

表 8-10　蘭花生長史與生長過程

Growth of Orchids = Structure of Orchids					
根	莖	葉	花	花梗	果莢
Root	Steams	Leaves	Flowers	Stalk	Pods

雌雄同體，平均壽命 2.5 年。PLC：組織培養→瓶苗→小苗→中苗→大苗→抽梗→催花

8.2.3　產品碳足跡查證專案歷程與 $G^{6\sigma}$-DFF^C-DRW6 開發

為有效整合產品生命週期碳足跡盤查 (LCI)、分析 (LCA)、衝擊評估 (LCIA)，以及綠色能源使用產品 (Eu/rP) 設計開發之輔導、查證與雲端服務及應用之資源，本單元整合甲骨文快捷式產品生命週期流程管理 (Agile PLM for Process) 協同創新平台之流程管理模組、Agile PLM 與 SimaPro7.2.4 關鍵技

術,開發「產品碳足跡查證專案歷程」與「綠色六標準差碳足跡即時查證管理系統」,俾供後續相關產品碳足跡物聯網 (Internet of Things, IOT) 與雲端平台 (Cloud Platform) 佈建之用。

1. 產品碳足跡查證專案歷程開發

(1) 甲骨文 Agile PLM

快捷式產品生命週期流程管理 [Agile Product Lifecycle Management for Process (Agile PLM for Process)] 係藉由整合協同型 (integrated and collaborative type) 之創新平台 (如圖 8-6,詳如下述),以加速產品創新研發、提昇品質、增加銷售、降低成本與減少風險。而產品生命週期之「產品記錄 (Product Record)」,則需將企業流程與價值鏈 (Business Processes and Value Chain) 之所有活動,依概念-設計-雛形-宣告-試產-量產-維護-廢棄等項目,持續維持記錄 (流程如圖 8-7) 之。

a. 產品組合管理 (Agile Product and Portfolio Management)
b. 規格管理 (Agile Specification management)
c. 供應商管理 (Agile Supplier management)
d. 格式標準化與物料清單管理 (Agile Formulation & BOM management)
e. 工程數據管理與整合 (Agile Engineering Data Management & Syndication)
f. 協同工程 (Agile Engineering Collaboration)
g. 產品品質符合與管理 (Agile Product Compliance and Quality Management)

➲ 圖 8-6　Agile 協同創新平台圖

Product Lifecycle
Putting Focus on Managing Product Variants

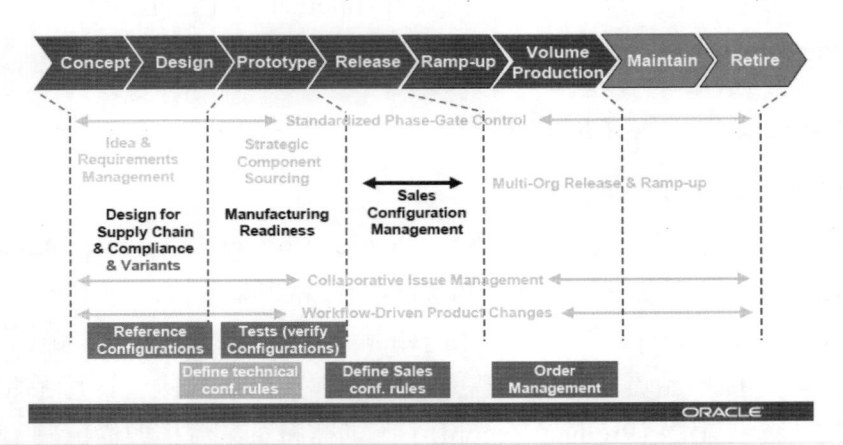

◯ 圖 8-7　產品生命週期之產品記錄流程

　　h. 產品協同治理與符合性管理 (Agile Product Collaboration Governance & Compliance)
　　i. 產品成本管理 (Agile Product Cost Management)
　　j. 包裝與標籤管理 (Agile Packaging and labeling management)

(2) **Agile PLM 蘭花碳足跡查證專案歷程**

　　在 Agile PLM 平台上結合產品碳足跡需求面所定義之製程及 BOM 資料，重新定義碳足跡「ProcessBOM」。並依 Agile PLM 與 SimaPro7.2.4 整合架構 (如圖 8-8)，整合「碳足跡查證管理與 Agile PLM 生命週期管理」之功能 (操作程序，如表 8-11)，所建構之「Agile PLM 蘭花碳足跡查證專案歷程」如表 8-12。

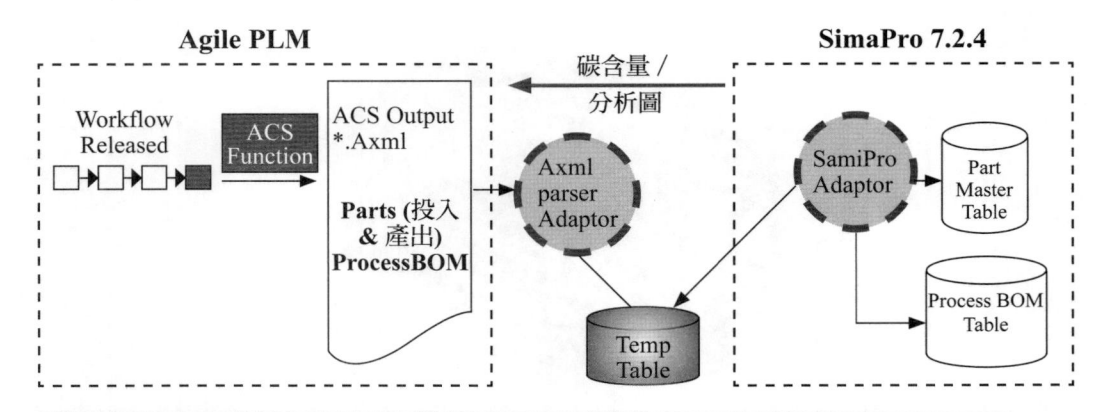

◯ 圖 8-8　Agile PLM 與 SimaPro7.2.4 整合架構

表 8-11 AgilePLM 與 SimaPro 轉換功能操作程序

Agile PLM	← 轉換作業 ←	SimaPro LCI/LCA/LCIA
1. Agile PLM 系統設定	碳足跡 ProcessBOM ※定義 ※變更作業	產品生命週期盤查 (LCI)： (1) 原料取得階段 (2) 生長階段 (3) 配送及銷售階段 (4) 消費者使用階段 (5) 清理與回收階段
2. Agile PLM 操作作業	碳足跡 ProcessBOM 與產品 BOM 之關聯。	-
3. Agile PLM 客製作業	1. 依據碳足跡 ProcessBOM 資料轉入 Agile PLM。 2. 碳足跡 ProcessBOM 拋轉 SimaPro7.2.4 之單向整合。	SimaPro7.2.4 客製作業
4. Agile PLM 客製作業	1. 依據 SimaPro7.2.4 計算產品五階段碳足跡 (CO_2) 衝擊評估 (LCIA) 數據轉入 Agile PLM。	SimaPro7.2.4 客製作業
5. Agile PLM 客製作業	1. 依據 SimaPro7.2.4 計算產品五階段碳足跡 (CO_2) 衝擊評估 (LCIA)圖表拋轉 Agile PLM 形成文件交付。 2. 與碳足跡 ProcessBOM 連結	SimaPro7.2.4 客製作業
6. Agile PLM 系統設定	1. 產品研發 WBS 規劃 2. 碳足跡專案子母任務 產品開發階段或量產階段之產品設計變更、用料變更、製程變更等，若可能影響碳足跡計算之結果，需重複步驟 (1)～(6)。	-

2. 綠色六標準差碳足跡即時查證管理系統

本系統開發係將六標準差五大主軸 (D 定義 - M 量測 - A 分析 - D 診斷 - V 查證) 所需之專用程式 (程式庫) 及相關參數、管制表單與資訊 (即資料庫) (如表 8-13)，藉由 Visual Basic 6.0 整合一交談式功能表單，並由 API (Application Programming Interface) 負責功能表與 6σ-DMADV 程式庫與資料庫之介面連結。繼而研發「綠色六標準差碳足跡即時查證系統 $G^{6\sigma}\text{-}DFF^C\text{-}DRW6$」(管理系統結構，如圖 8-9)，並導入 3G 手機線上即時 (Real-time) 監控功能，最終將產出「產品碳足跡一頁報告書 (1 Page CF-Profile)」(如表 8-14)，俾供主管人員即時有效管理與決策。

表 8-12　Agile PLM 蘭花碳足跡查證專案歷程

Agile PLM 蘭花碳足跡查證專案 -Project Summary	Agile PLM 蘭花碳足跡查證專案 -Project Detail	Agile PLM 蘭花碳足跡查證專案甘特圖
「盤查」任務連結交付	蝴蝶蘭 Process BOM 架構	蝴蝶蘭 Process BOM

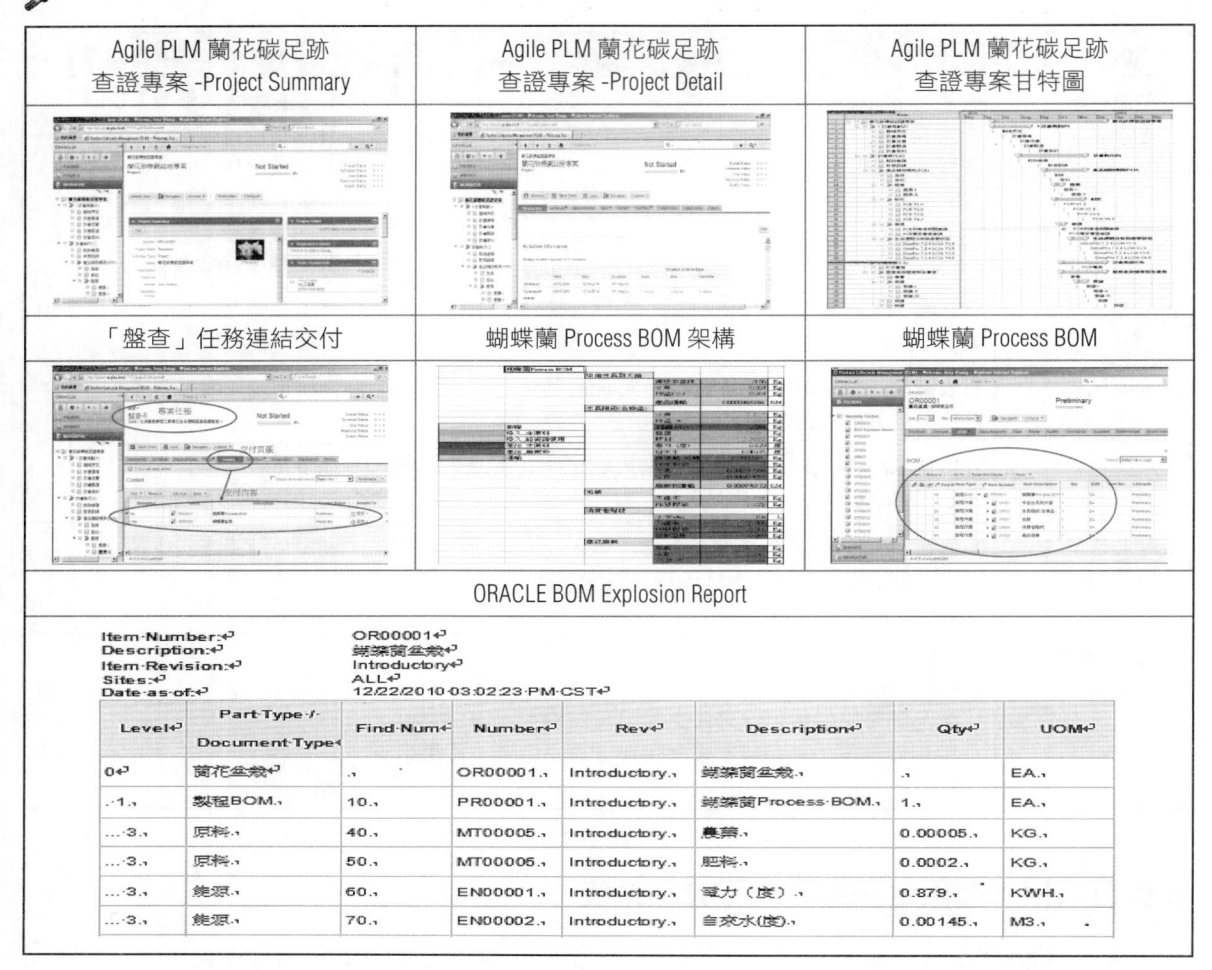

ORACLE BOM Explosion Report

Item Number: OR00001
Description: 蝴蝶蘭盆栽
Item Revision: Introductory
Sites: ALL
Date as of: 12/22/2010 03:02:23 PM CST

Level	Part Type / Document Type	Find Num	Number	Rev	Description	Qty	UOM
0	蘭花盆栽	.	OR00001	Introductory	蝴蝶蘭盆栽	.	EA
.1	製程BOM	10	PR00001	Introductory	蝴蝶蘭 Process BOM	1	EA
..3	原料	40	MT00005	Introductory	農藥	0.00005	KG
..3	原料	50	MT00005	Introductory	肥料	0.0002	KG
..3	能源	60	EN00001	Introductory	電力（度）	0.879	KWH
..3	能源	70	EN00002	Introductory	自來水(度)	0.00145	M3

表 8-13　綠色六標準差碳足跡 DMADV 查證指標

	碳　足　跡	
	碳足跡盤查原則 (RCCAT)	1. 相關性　2. 完整性　3. 一致性 4. 準確度　5. 透明度
	綠色六標準差碳足跡即時查證系統- $G^{6\sigma}$-DFF^C-DRW6	
D	產品類別規則 PCR、功能單位、製程地圖、系統邊界、實質貢獻、分配原則 (質能平衡)、切斷原則、數據品質規則 (CCRD)	
M	PLC 盤查表 .xl	
A	生命週期分析＝網絡圖＋衝擊評估圖＋產品碳足跡 LCA 圖、實質貢獻分析	
D	產品碳足跡盤查報告書、產品碳足跡二階段查證、節能減碳診斷、矯正預防措施	
V	碳足跡查證聲明書＋績效管理＋風險管理＋環保署碳標籤＋CSR	

第八章　創新專案管理

G$^{6\sigma}$–DFF^c–DRW6　　　　　**Function**

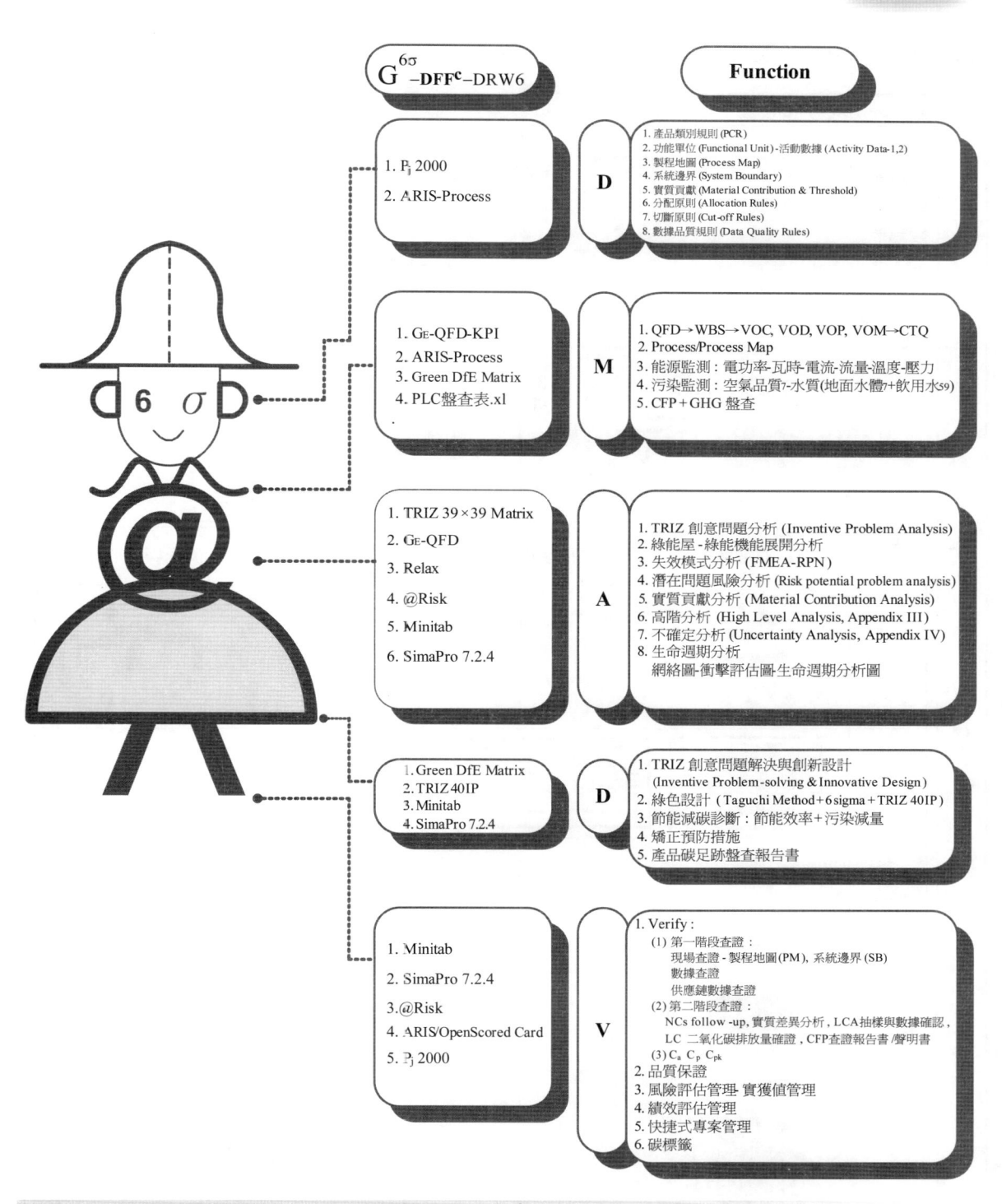

1. P_j 2000
2. ARIS-Process

D
1. 產品類別規則 (PCR)
2. 功能單位 (Functional Unit) -活動數據 (Activity Data-1,2)
3. 製程地圖 (Process Map)
4. 系統邊界 (System Boundary)
5. 實質貢獻 (Material Contribution & Threshold)
6. 分配原則 (Allocation Rules)
7. 切斷原則 (Cut-off Rules)
8. 數據品質規則 (Data Quality Rules)

1. G_E-QFD-KPI
2. ARIS-Process
3. Green DfE Matrix
4. PLC盤查表.xl

M
1. QFD→WBS→VOC, VOD, VOP, VOM→CTQ
2. Process/Process Map
3. 能源監測：電功率-瓦時-電流-流量-溫度-壓力
4. 污染監測：空氣品質7-水質(地面水體7+飲用水59)
5. CFP+GHG 盤查

1. TRIZ 39×39 Matrix
2. G_E-QFD
3. Relax
4. @Risk
5. Minitab
6. SimaPro 7.2.4

A
1. TRIZ 創意問題分析 (Inventive Problem Analysis)
2. 綠能屋 -綠能機能展開分析
3. 失效模式分析 (FMEA-RPN)
4. 潛在問題風險分析 (Risk potential problem analysis)
5. 實質貢獻分析 (Material Contribution Analysis)
6. 高階分析 (High Level Analysis, Appendix III)
7. 不確定分析 (Uncertainty Analysis, Appendix IV)
8. 生命週期分析
   網絡圖-衝擊評估圖-生命週期分析圖

1. Green DfE Matrix
2. TRIZ 40IP
3. Minitab
4. SimaPro 7.2.4

D
1. TRIZ 創意問題解決與創新設計
   (Inventive Problem-solving & Innovative Design)
2. 綠色設計 (Taguchi Method+6sigma+TRIZ 40IP)
3. 節能減碳診斷：節能效率+污染減量
4. 矯正預防措施
5. 產品碳足跡盤查報告書

1. Minitab
2. SimaPro 7.2.4
3. @Risk
4. ARIS/OpenScored Card
5. P_j 2000

V
1. Verify：
   (1) 第一階段查證：
      現場查證 -製程地圖(PM), 系統邊界 (SB)
      數據查證
      供應鏈數據查證
   (2) 第二階段查證：
      NCs follow -up, 實質差異分析, LCA抽樣與數據確認,
      LC 二氧化碳排放量確認, CFP查證報告書 /聲明書
   (3) C_a　C_p　C_{pk}
2. 品質保證
3. 風險評估管理- 實獲值管理
4. 績效評估管理
5. 快捷式專案管理
6. 碳標籤

⊃ **圖 8-9**　綠色六標準差碳足跡即時查證管理系統 (G$^{6\sigma}$-DFF^c-DRW6)

217

創新管理

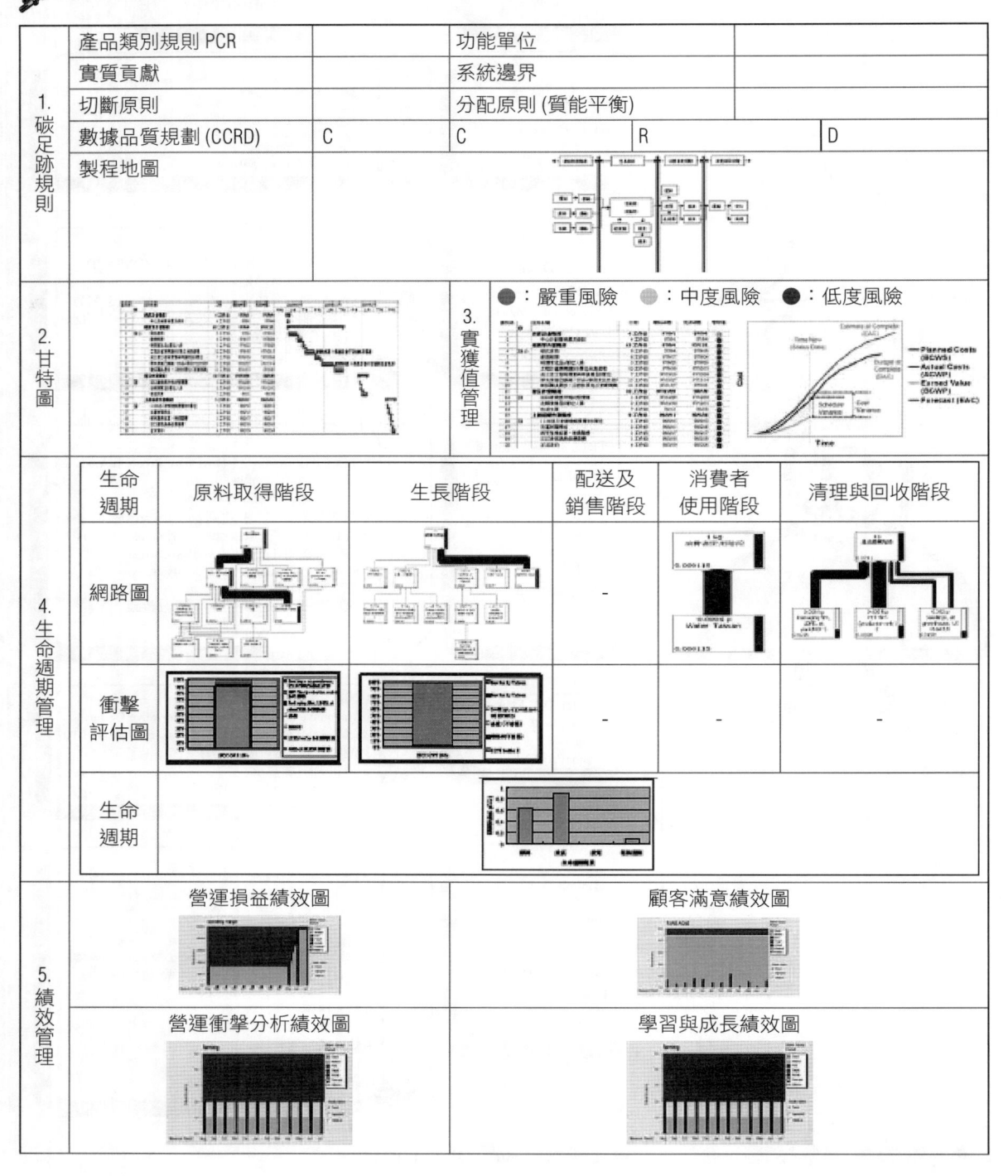

表 8-14　產品碳足跡一頁報告書 (1 Page CF-Profile)

1.碳足跡規則	產品類別規則 PCR			功能單位		
	實質貢獻			系統邊界		
	切斷原則			分配原則(質能平衡)		
	數據品質規劃 (CCRD)	C	C		R	D
	製程地圖					
2.甘特圖			3.實獲值管理			

	生命週期	原料取得階段	生長階段	配送及銷售階段	消費者使用階段	清理與回收階段
4.生命週期管理	網路圖			-		
	衝擊評估圖			-	-	-
	生命週期					

	營運損益績效圖	顧客滿意績效圖
5.績效管理		
	營運衝擊分析績效圖	學習與成長績效圖

第八章　創新專案管理

▲表 8-14　產品碳足跡一頁報告書 (1 Page CF-Profile) (續)

6.風險管理	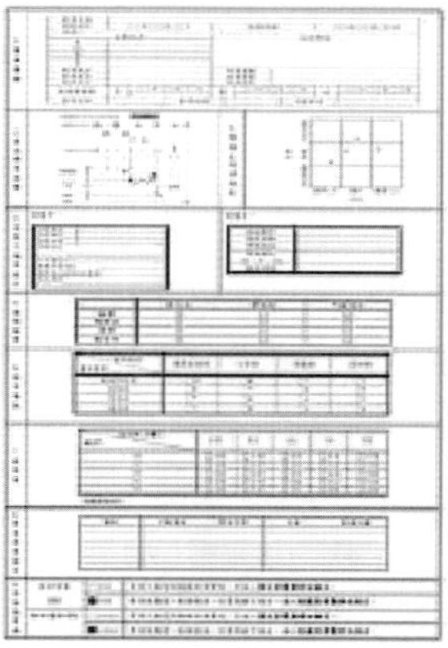
7.結論與建議	1. 2010/11/17 取得環境與發展基金會「蝴蝶蘭碳足跡查證聲明書」。 2. 2010/12/14 獲頒行政院環境保護署「蝴蝶蘭碳標籤」。 3. 「產品碳足跡查證專案歷程」、「綠色六標準差碳足跡即時查證管理系統 ($G^{6\sigma}$-DFF^C-DRW6) 與「產品碳足跡一頁報告書 (1 Page CF-Profile)」，可供後續相關產品碳足跡物聯網 (IOT) 與雲端平台 (Cloud Platform) 佈建及碳足跡輔導、查證與綠色設計之用。

8.3　綠色能源創新管理

　　依據能源局 2009 能源統計手冊指出：2009 年我國最終能源消費 113.1 百萬公秉油當量，1989~2009 年能源消費平均成長率 4.37%。工業部門則是能源消費大宗 52.48%。服務業因快速發展，能源消費占比大幅增加 (由 1989 年 9.2% 成長至 2009 年 11.48%)。且馬總統宣告 2010 年為「節能減碳年」，應儘速採取具體行動予以落實。並明訂國家節能減碳總計畫目標，如圖 8-10。面對

國家節能減碳總計畫目標

1. 節能目標
    - 未來 8 年 (自 2008 年起) 每年提高能源效率 2% 以上，使能源密集度於 2015 年較 2005 年下降 20% 以上；
    - 藉由技術突破及配套措施，2025 年較 2005 年下降 50% 以上。
2. 減碳目標
    - 全國二氧化碳排放減量：2020 年回到 2005 年排放量。2025 年回到 2000 年排放量。

◎ 圖 8-10　國家節能減碳總計畫目標

219

國家節能減碳政策與因應全球暖化議題,如何有效落實「節能減碳」已為所亟需。

8.3.1 能源管理

台灣高電價時代已來臨,如何藉由能源管理 (Energy Management) 機制,有效查核與驗證工廠動力系統或住商冷凍空調與照明系統之節能績效,實已刻不容緩。

1. 能源管理法

係我國中央能源主管機關為確保全國能源供應穩定及安全,考量環境衝擊、兼顧經濟發展、加強管理能源,促進能源之合理及有效使用,特制定本法並於九十八年七月八日發佈施行。該法第九條所稱「能源查核制度」包括:(1) 能源查核專責組織;(2) 能源流程分析;(3) 監視及測試儀表;(4) 定期檢查各使用能源設備之效率;(5) 能源耗用統計及單位產品能源使用效率分析。而「節約能源目標及執行計畫」,則應載明:(1) 節約能源總量及節約率;(2) 節約能源措施及其節約能源種類與數量;(3) 節約能源計畫之預定進度;(4) 執行計畫所需之人力及經費。

能源用戶則依能源管理法第十二條規定應於每年一月底前,彙集前一年「使用能源資料」向中央主機關申報。其內容包括:(1) 能源種類及其來源;(2) 能源使用數量;(3) 能源儲存數量 (包括安全存量);(4) 產品生產總量;(5) 單位產品能源耗用量;(6) 本期節約能源達成百分率。

2. ISO/CD 50001能源管理系統

ISO 50001 能源管理系統係由美、英、中、巴四國主導標準之制訂,預定 2011 年 5 月發佈 ISO 50001-IS 國際標準版。現行 ISO 50001: 2011 能源管理系統仍基植於 PDCA 循環與管理流程系統模式 (如表 8-15,8-16 與圖 8-11)。而 ISO 50001 關鍵條文規範有五:

(1) **4.4.2 能源剖面圖 (Energy Profile)**
組織應就過去、現在與未來之能源使用,界定設施、設備、系統或流程之重要能源使用面,進行評估與預估並開發、維持與記錄能源剖面圖 (如圖 8-12)。

第八章　創新專案管理

表 8-15　ISO 50001: 2011 能源管理系統 PDCA 循環

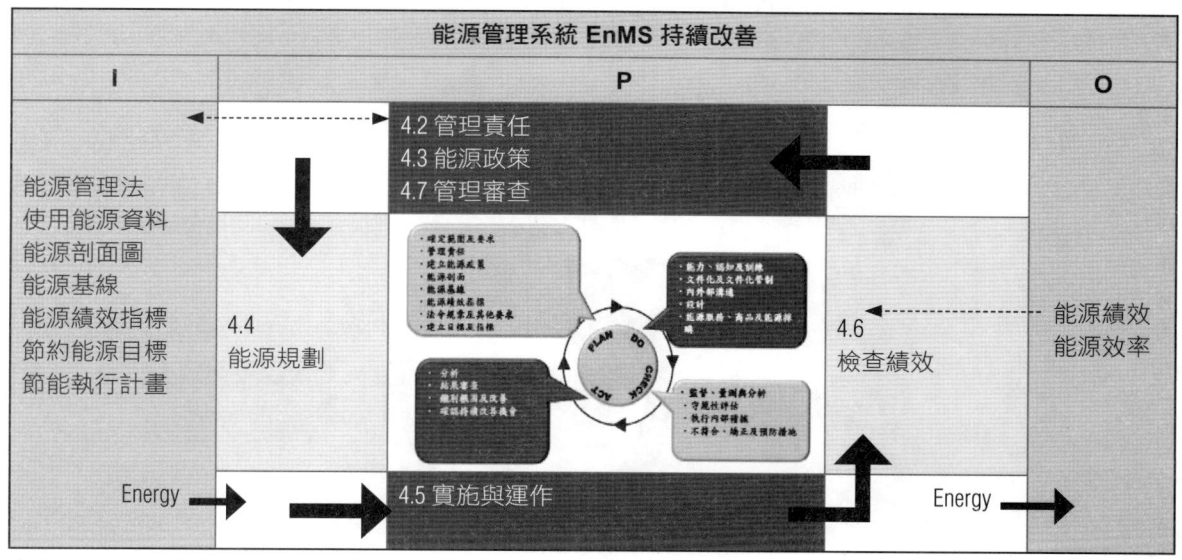

能源管理系統 EnMS 持續改善

I	P	O
能源管理法 使用能源資料 能源剖面圖 能源基線 能源績效指標 節約能源目標 節能執行計畫	4.2 管理責任 4.3 能源政策 4.7 管理審查 4.4 能源規劃 4.5 實施與運作	4.6 檢查績效 能源績效 能源效率

資料來源：本研究整理。

表 8-16　ISO 50001: 2011 能源管理系統條文規範

4 Energy Management System requirements		
4.1 General requirements	4.2 Management responsibility	4.3 Energy policy
	4.2.1 General 4.2.2 Roles, responsibility and authority	
4.4 Planning	4.5 Implementation and operation	4.6 Checking performance
4.4.1 General 4.4.2 Energy Profile 4.4.3 Energy Baseline 4.4.4 Energy performance indicators 4.4.5 Legal and other requirements 4.4.6 Objectives, targets and action plans	4.5.1 Competence, training and awareness 4.5.2 Documentation 4.5.3 Operational control 4.5.4 Communication 4.5.5 Design 4.5.6 Purchasing energy services, goods and energy	4.6.1 Monitoring, measurement and analysis 4.6.2 Evaluation of legal/other compliance 4.6.3 Internal audit 4.6.4 Nonconformities, corrective, preventive and improvement actions 4.6.5 Control of records
4.7 Review of the energy management system by top management	4.7.1 Inputs to management review 4.7.2 Outputs from management review	

(2) **4.4.3　能源基線 (Energy Baseline)**

組織建立能源基線作為基礎值，以為能源績效比較之用。能源基線需由過去至少 1 年之先期能源剖面資訊建立 (圖 8-13)，並依據能源基線量測能源績效之變異，以瞭解組織能源績效之實質貢獻與能源基線之調整。

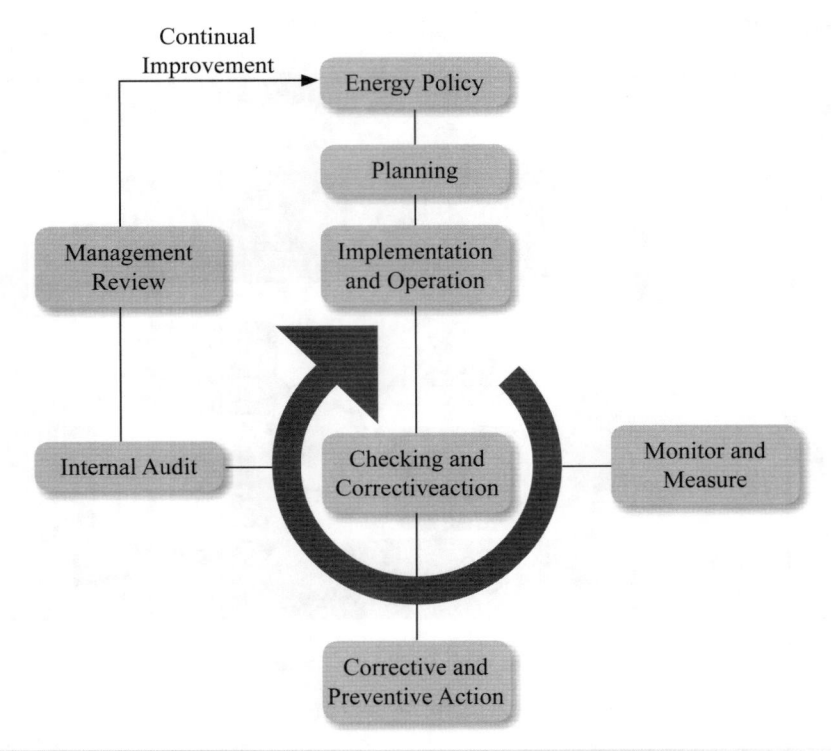

◐ 圖 8-11　能源管理系統模式

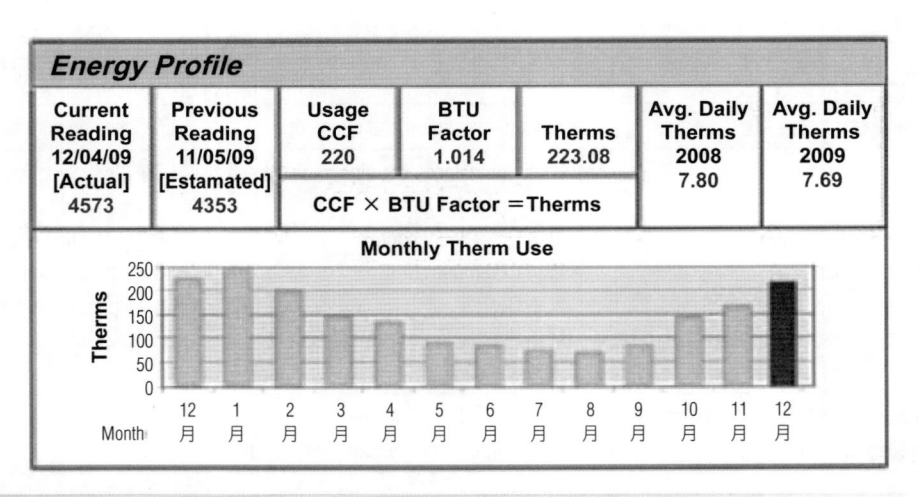

◐ 圖 8-12　能源剖面圖

第八章　創新專案管理

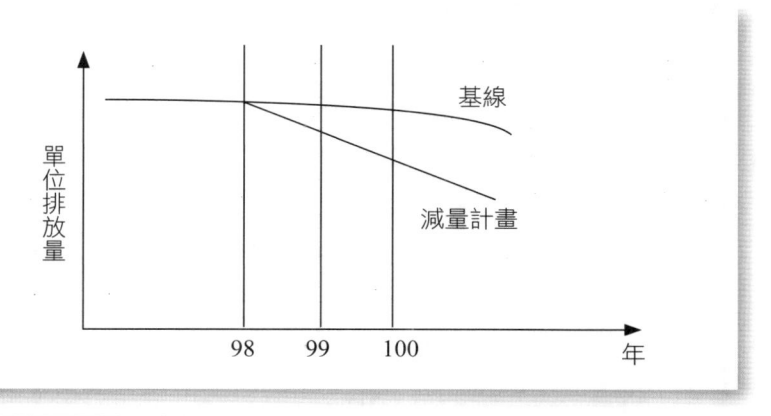

▷ 圖 8-13　能源基線

(3) **4.4.4**　能源績效指標 (Energy Performance Indicators, EnPIs)
用供監督能源消耗，以突顯預期外之偏差及持續改善能源績效 (如圖 8-14)。

(4) **4.5.5**　能源設計 (Energy Design)
係為確保在節能設計可能影響重大能源考量面 (Specific Energg Asspect) 之設施、設備、建物或工廠，納入節約能源替代方案。

(5) **4.6.1**　監督、量測與分析 (Monitoring, measurement and analysis)
係配合組織需求，並藉由定期比較實際消耗量與預期消耗量之能源消耗管理方法。且需在時間軸下至少涵蓋四大能源績效指標 (EnPIs)：能源消耗 (Energy Consumption)；(2) 能源效率 (Energy Efficiency)；(3) 能源強度 (Energy Intensity)；(4) 重大能源使用 (Specific Energy Use)，如圖 8-15 所示。

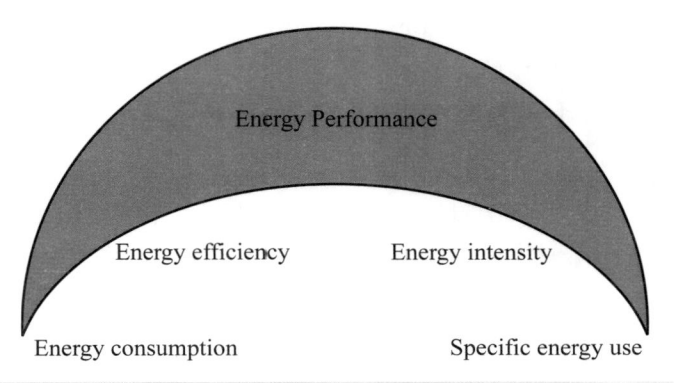

▷ 圖 8-14　能源績效 (EnP) 指標概念圖

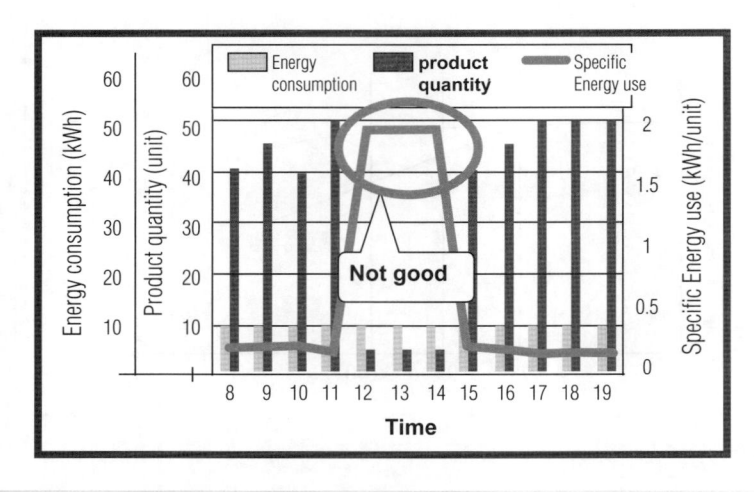

○ 圖 8-15　能源績效指標 (EnPI) 變異特性圖

8.3.2　節能績效量測與驗證 (M&V)

　　節能績效量測與驗證 (Measurement & Verification, M&V) 規範係由 IPMVP, ASHRAE Guideline 14, US DOE FEMP M&V Guide for US government buildings, Australian Best Practice Guide-build on IPMVP 文件化。M&V 藉由量測流程，準確地評價節能專案之節能量，協助管理節能專案產生結果之不確定性，並找尋額外之節能機會，避免減少節能量。而「能源基線 (Energy Baseline)」則為重要能源績效指標，係指在相同系統運轉及無節能措施條件下，節能措施實施前 (後) 之系統耗能量。

　　如圖 8-16，在節能措施實施前之紅線者與在節能措施實施後之藍線者所示之差異即為「節能效益」。其操作模式為「ESCO Model」。ESCO 係指能源／工程服務公司 (Energy/Engineering Service Company)，在能源使用上協助業主 (使用者) 以降低能源費用與減少溫室氣體排放為目標，依據圖 8-17 流程操作以達節能減碳之目的。其作業流程為：(1) 自償性專案；(2) 節能績效保證；(3) 統包專案工程；(4) 非資產性擔保融資及；(5) 節能效益驗證，復輔以節能專案服務機制規劃、節能技術應用輔導與節能管考及評估 (FEMP) 機制進行管理 (架構，如圖 8-18)。

第八章 創新專案管理

⊃ **圖 8-16** 節能績效量測與驗證 (M^2&V) 效益圖

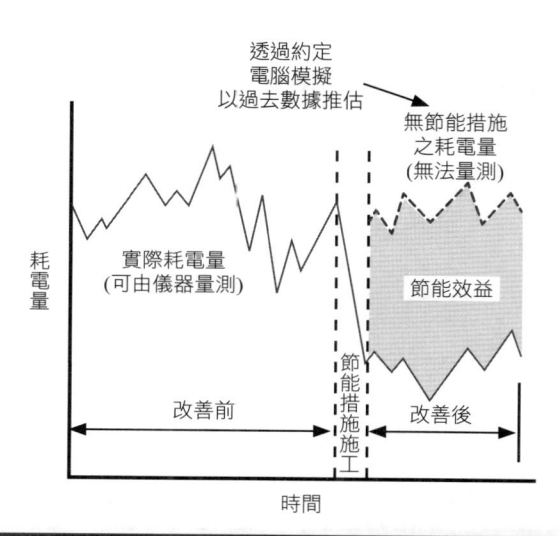

節能量＝基準線的耗能量－改善後的耗能量±調整量

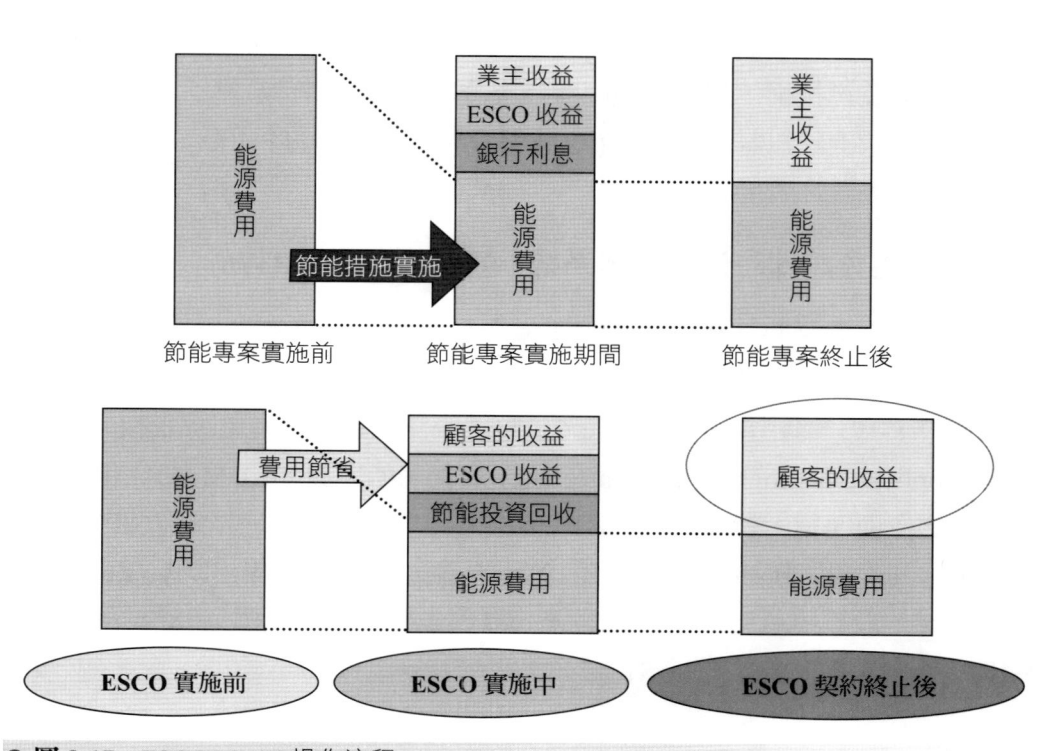

⊃ **圖 8-17** ESCO Model 操作流程

225

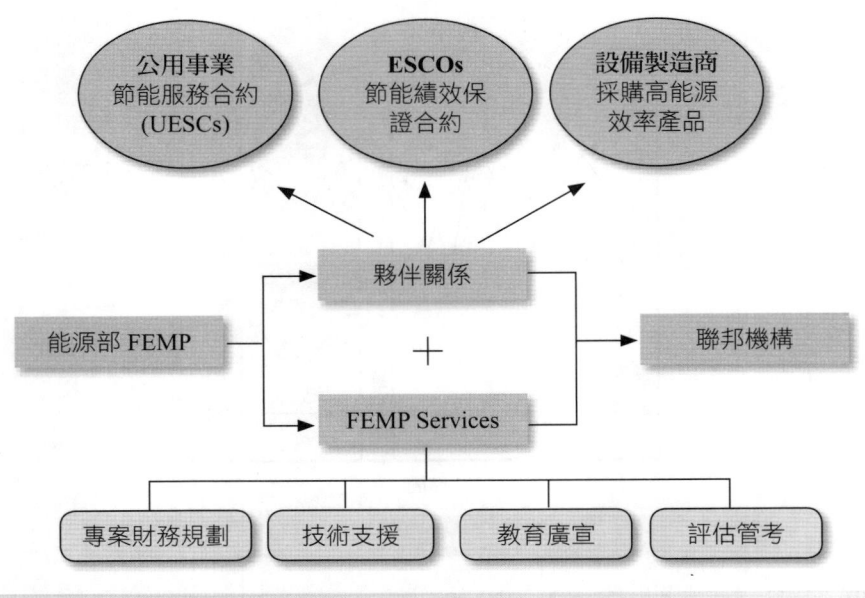

```
           公用事業              ESCOs            設備製造商
         節能服務合約           節能績效保         採購高能源
          (UESCs)              證合約            效率產品


                              夥伴關係
         能源部 FEMP              +                聯邦機構
                            FEMP Services


       專案財務規劃    技術支援       教育廣宣      評估管考
```

➲ **圖 8-18** FEMP 推動節約能源架構

8.3.3 綠能監控查證即時決策管理系統開發

以「能源效率偵測診斷儀」為感知層，整合網路層、通訊協定、物聯網、雲端服務層關鍵技術，開發「綠能監控查證即時決策管理系統」之應用層，俾供後續節能減碳感知器之物聯網 (IOT) 與雲端平台 (Cloud Platform) 佈建及節能績效驗證與保證之用。

1. 綠能監控查證即時決策管理系統 ($GE^{6\sigma}$-M&V-DRW6)

本系統開發係將六標準差五大主軸 (D 定義 - M 量測 - A 分析 - D 診斷 - V 查證) 所需之專用程式 (程式庫) 及相關參數、管制表單與資訊 (即資料庫) (如表 8-17)，藉由 Visual Basic 6.0 整合一交談式功能表單 (如圖 8-19 並由 API (Application Programming Interface) 負責功能表與 6σ-DMADV 程式庫與資料庫之界面連結。繼而研發「綠能監控查證即時決策管理系統 ($GE^{6\sigma}$-M&V-DRW6)」 (管理系統結構，如圖 8-19)，並導入 3G 手機線上即時 (Real-time) 監控功能，最終將產出「產品碳足跡一頁報告書 (1 Page CF-Profile)」 (如表 8-18)，俾供主管人員即時有效管理與決策。

表 8-17　綠能監控查證 DMADV 查證指標

D	能　源	能源查核制度、能源管理計畫、節約能源目標、能源使用效率、能源基線、能源用能剖析圖、能源平衡圖、耗能指標、能源績效 (ESPC) 指標
	碳足跡	產品類別規則 (PCR)、功能單位、製程地圖、系統邊界、實質貢獻、分配原則 (質能平衡)、切斷原則、數據品質規則 (CCRD)
M	能　源	能源用戶節約能源查核制度申報表、能源查核要項檢查表
	碳足跡	PLC 盤查表 .xl
A	能　源	能源流程分析，能源(電能與熱能)平衡分析，節能潛力與經濟效益分析，生命週期成本分析，技術可行性評估分析
	碳足跡	生命週期分析 = 網絡圖 + 衝擊評估圖 + 產品碳足跡 LCA 圖、實質貢獻分析、高階分析、不確定分析
D	能　源	節能診斷 / 設計、能源查核、節能措施與改善方案 / 計畫
	碳足跡	減碳診斷 / 設計、產品碳足跡二階段查證、產品碳足跡盤查報告書
	績效管理，風險管理、矯正預防措施 (CP Action)	
V	能　源	節能績效量測與查證 (M&V)、能源局節能標章 / 能源效率分級標示
	碳足跡	碳足跡查證聲明書、環保署碳標籤

2. 綠能物聯網雲端技術

　　以「PSoC 賦予 M2M 資通訊化技術」於物聯網 (IOT) 之：(1) 感知層；(2) 網路層；(3) 雲端服務層；(4) 應用層，期能有效整合物物相聯之雲端技術於節能減碳 (綠能) 監控查證、決策與管理上。

(1) **機器與機器** (Machine to Machine, M2M)

M2M 係指機器與機器 (Machine to Machine) 間之資料交換，而 M2M 產業係指進行 M2M 設備、軟體、網路與服務所形成之市場與產業。M2M 將帶動 M2H (Machine to Human) 與 M2E (Machine to Enterprise) 持續發展。M2M 系統包括硬體與軟體，各硬體設備間透過網路進行資料溝通。另 M2M 系統包含一伺服主機與智慧型專家系統，設備與設備間之傳遞資料可透過伺服主機專家系統進行處理。

國際原油價格居高不下，台灣高電價時代已來臨。如何藉由能源管理 (Energy Management) 機制，在工廠動力系統 (如：空壓系統、泵系統、熱泵系統、冰水系統、風機系統) 或住商冷凍空調與照明系統中建置 M2M 系統。藉由「能源效率偵測診斷儀」(圖 8-20) 感測各運轉設

創新管理

GE$^{6\sigma}$–M^2&V–DRW6

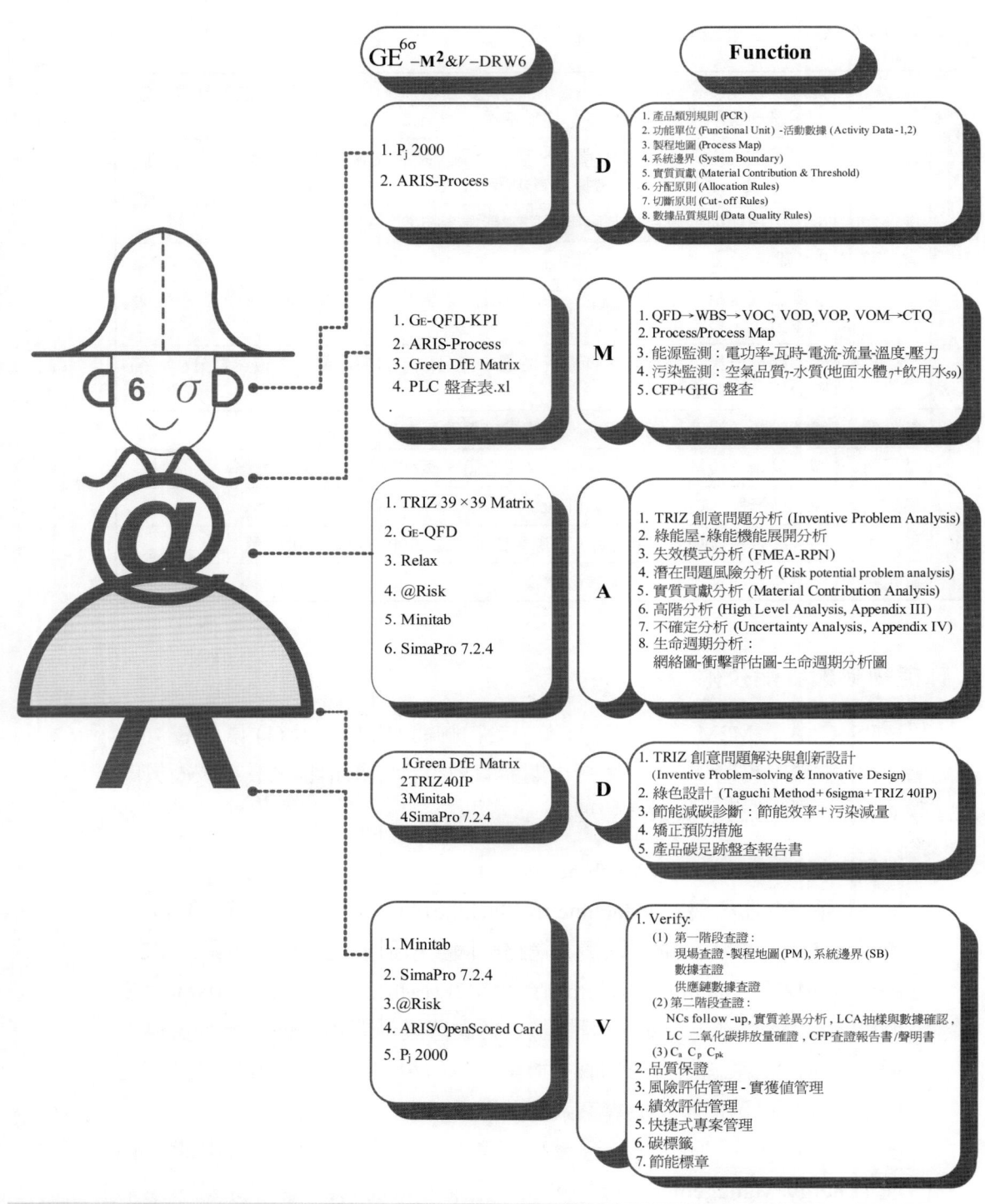

1. P$_j$ 2000
2. ARIS-Process

Function — D
1. 產品類別規則 (PCR)
2. 功能單位 (Functional Unit) - 活動數據 (Activity Data - 1,2)
3. 製程地圖 (Process Map)
4. 系統邊界 (System Boundary)
5. 實質貢獻 (Material Contribution & Threshold)
6. 分配原則 (Allocation Rules)
7. 切斷原則 (Cut-off Rules)
8. 數據品質規則 (Data Quality Rules)

1. G$_E$-QFD-KPI
2. ARIS-Process
3. Green DfE Matrix
4. PLC 盤查表.xl

Function — M
1. QFD→WBS→VOC, VOD, VOP, VOM→CTQ
2. Process/Process Map
3. 能源監測：電功率-瓦時-電流-流量-溫度-壓力
4. 污染監測：空氣品質$_7$-水質(地面水體$_7$+飲用水$_{59}$)
5. CFP+GHG 盤查

1. TRIZ 39×39 Matrix
2. G$_E$-QFD
3. Relax
4. @Risk
5. Minitab
6. SimaPro 7.2.4

Function — A
1. TRIZ 創意問題分析 (Inventive Problem Analysis)
2. 綠能屋-綠能機能展開分析
3. 失效模式分析 (FMEA-RPN)
4. 潛在問題風險分析 (Risk potential problem analysis)
5. 實質貢獻分析 (Material Contribution Analysis)
6. 高階分析 (High Level Analysis, Appendix III)
7. 不確定分析 (Uncertainty Analysis, Appendix IV)
8. 生命週期分析：
   網絡圖-衝擊評估圖-生命週期分析圖

1. Green DfE Matrix
2. TRIZ 40IP
3. Minitab
4. SimaPro 7.2.4

Function — D
1. TRIZ 創意問題解決與創新設計
   (Inventive Problem-solving & Innovative Design)
2. 綠色設計（Taguchi Method + 6sigma + TRIZ 40IP）
3. 節能減碳診斷：節能效率 + 污染減量
4. 矯正預防措施
5. 產品碳足跡盤查報告書

1. Minitab
2. SimaPro 7.2.4
3. @Risk
4. ARIS/OpenScored Card
5. P$_j$ 2000

Function — V
1. Verify:
   (1) 第一階段查證：
       現場查證 - 製程地圖(PM), 系統邊界(SB)
       數據查證
       供應鏈數據查證
   (2) 第二階段查證：
       NCs follow-up, 實質差異分析, LCA抽樣與數據確認,
       LC 二氧化碳排放量確證, CFP查證報告書/聲明書
   (3) C$_a$ C$_p$ C$_{pk}$
2. 品質保證
3. 風險評估管理 - 實獲值管理
4. 績效評估管理
5. 快捷式專案管理
6. 碳標籤
7. 節能標章

圖 8-19　綠能監控查證即時決策管理系統 (GE$^{6\sigma}$-M^2&V-DRW6)

228

第八章　創新專案管理

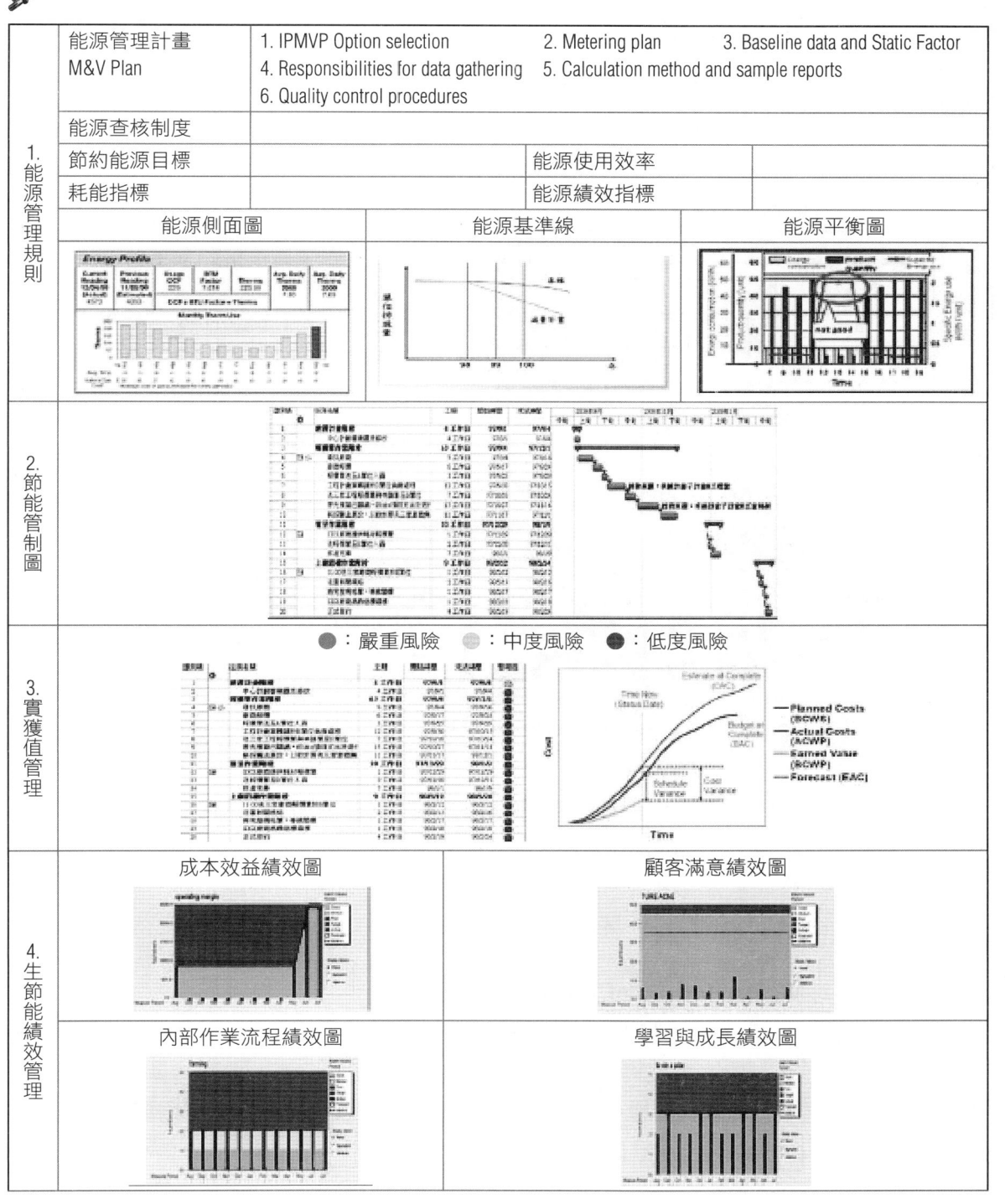

表 8-18 節能減碳一頁報告書 (1 Page EC-Profile)

1.能源管理規則	能源管理計畫 M&V Plan	1. IPMVP Option selection　2. Metering plan　3. Baseline data and Static Factor 4. Responsibilities for data gathering　5. Calculation method and sample reports 6. Quality control procedures		
	能源查核制度			
	節約能源目標		能源使用效率	
	耗能指標		能源績效指標	
	能源側面圖	能源基準線		能源平衡圖
2.節能管制圖				
3.實獲值管理	●：嚴重風險　　●：中度風險　　●：低度風險			
4.產生節能績效管理	成本效益績效圖		顧客滿意績效圖	
	內部作業流程績效圖		學習與成長績效圖	

229

▲表 8-14　產品碳足跡一頁報告書 (1 Page CF-Profile) (續)

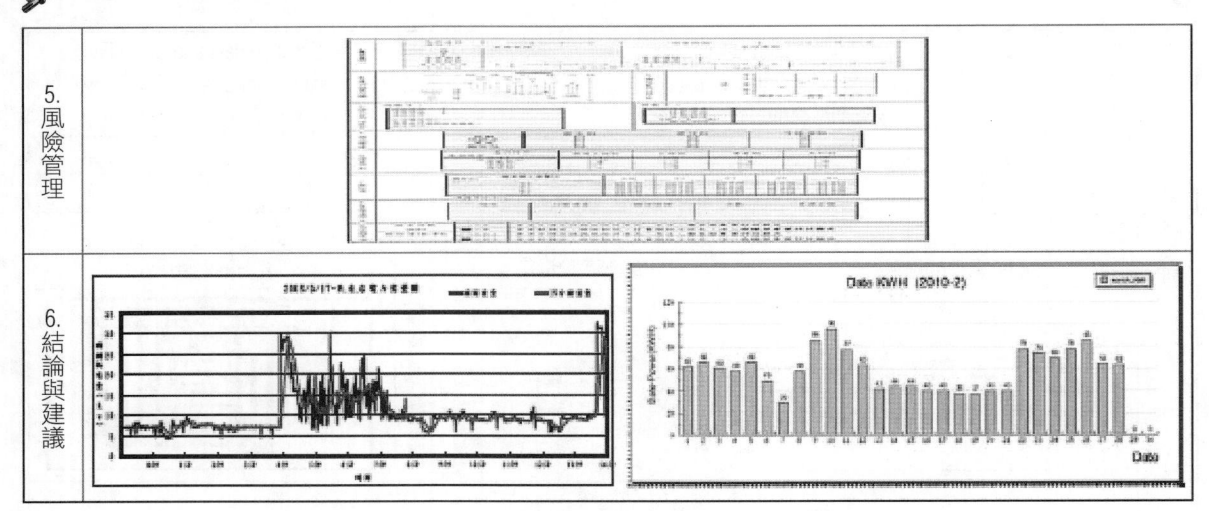

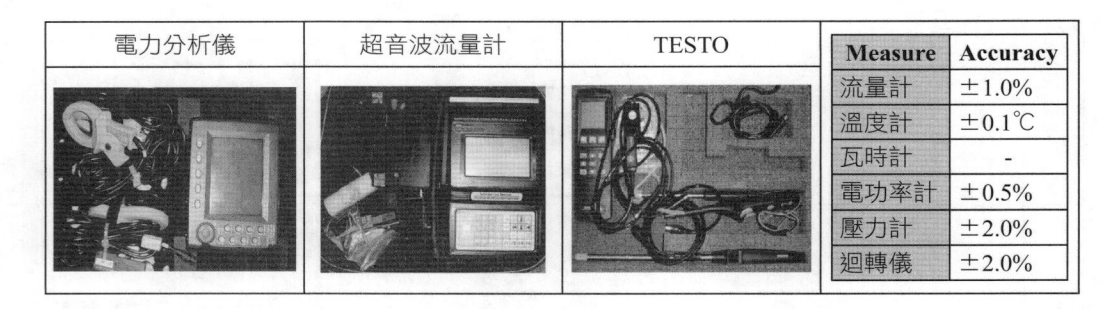

5.風險管理	
6.結論與建議	

電力分析儀	超音波流量計	TESTO	Measure	Accuracy
			流量計	±1.0%
			溫度計	±0.1℃
			瓦時計	-
			電功率計	±0.5%
			壓力計	±2.0%
			迴轉儀	±2.0%

◯ 圖 8-20　能源效率偵測診斷儀

　　備狀態，以達成能源管理或能源使用最佳化目的。惟另需以「可程式系統晶片 (PSoC) [33] 及物聯網 (IOT)」整合使用中 (In-use) 能源設備於「能源診斷」、「能源查核」、「能源現場稽核」與「能源基準線 (Baseline)」之物性與電性之 Data Log 上。

(2) **物聯網 (Internet of Things, IOT)**

　　「物聯網」係指「物物相聯、物物溝通之網際網路」，而其相關之感測器、晶片、軟體、硬體、網路與物聯網產業鏈，更是物聯網之核心技術。物聯網層級架構 (Layer)，分為四層 (如表8-19)：a. 感測層；b. 網路層；c. 雲端服務層；d. 應用層。

a. **感知層**

　　藉由「能源效率偵測診斷儀」感測各運轉設備狀態將擷取之信號透過

TCP/IP、PLC (Power Line Communication)、RS485、RS232、USB、RFID、ZigBee、Bluetooth 等傳輸協定轉送給網路層。

b. 網路層

處理感知層上傳之資訊，判斷是否上傳雲端，或直接採取適當動作。而網路層通往雲端之管道，則以光纖到府 (FTTH)、WiMAX、3G 等技術為主。

c. 雲端服務層

進入雲端後，提供能源設備之即時監控、節能績效量測與智慧系統、節能診斷技術與系統、能源管理、電能管理、搜索引擎、網路硬碟、Web Mail、Web Office 與 GIS 之服務。

d. 應用層

應用於工廠動力系統或住商冷凍空調與照明系統之「綠能監控查證即時決策管理系統 ($GE^{6\sigma}\text{-}M^2$&V-DRW6)」開發或智慧電網 (Smart Grid) 之鋪設或居家安全暨緊急應變系統或能源與電能管理系統之開發管理。

表 8-19 綠能物聯網雲端平台

現場端	Network	中心端	User 端
Sensors DCS/PLC		Cloud-based Data Center	AP Users
○ □ ○ …………… □ ○ 能源監測網 環境監測站 環境污染監督管理水體、大氣、土壤、雜訊、固體廢物、有毒有害化學品污染、機動車污染、能源管理、電能管理	Wire → Wireless 智慧電網 能源環境監測網路	AP₁ AP₂ AP₃ 應用軟體平台 PaaS ↓ Browser/MP/… ・Web AP Routine (基本) ・Big Data BI (決策建議) ・Storage： (1) 分散式檔案 (DFS) (2) SAN/NAS ・Aggregate SI (系統／硬體廠商) ↓ 排放總量 節約能源量 污染減排目標 總量減排	能源管理系統 空氣污染防制 水污染防治 監測計量認證 品質管制 能源管理

8.4 物聯網生活實驗室創新管理

William Mitchell 於 1995 年提出:「生活實驗室 (Living Labs) 是一種在不斷變化之現實生活情境中,進行體驗、原型設計驗證並不斷改進複雜解決方案之研究方法」。在多元、演進之實際環境生活中,藉由感知、雛型、驗證、改善各類複雜之解決方案,將實驗室實驗環境帶入至使用者真實生活之環境進行驗證。Living Labs 係一創新研究工具,用來改善創新產品與服務之研發程序,藉由實際應用測試提昇未來產品之市場適用性,以利行銷與推廣。

綜觀研發活動瓶頸為研發過程中,研究人員對「開放」始終心存在抗拒心理,缺乏開放式創新 (Open Innovation) 之思考模式。而歐洲生活實驗室網路 (EnoLL)、德國電信 T-City 及我國資策會 Living Lab 規劃設置之資通訊技術 (ICT),則可為開發在物聯網情境下之「物聯網生活實驗室」與創新管理之依歸。

8.4.1 物聯網

「物聯網 (Internet of Things, IOT)」係指「物物相聯、物物溝通之網際網路」,其將感知器 (Sensor)、可程式系統晶片 (PSoC)、行動條碼 (QR Code) 或電子標籤 (RFID Tag) 嵌入 (embedded) 環境／能源／生活／醫療／交通／農業／工商業監測設備上,藉由網際網路 (互聯網) 聯結,並在特 (議) 定之通訊協定 (Communication Protocol) 介面下,賦予物體「智慧 (Smart)」,進行物與物相聯之資訊交換與直接通信之智慧化網路。物聯網用以實現「人與物體」或「物體與物體」之溝通與對話,以臻雲 (遠) 端控制或智慧化識別、定位、追蹤、監控與管理 (物聯網發展技術地圖,如圖 8-21)。IOT 係依附在 Internet 上之雲端 (Cloud) 遙控器,其核心關鍵技術則為「IOT 管理」。需在 IP 世界內運作,且凡插電者即需 IOT,而所有「有螢幕且需插電」之設施均需「IP 化」。物聯網層級架構 (Layer) (如圖 8-22),分為四層:(1) 感測層;(2) 網路層;(3) 雲端服務層;(4) 應用層。

- 感測層

藉由「微型環境／能源／生活／醫療／交通／農業／工商業監測設備」感測各運轉設備狀態將擷取之信號透過 TCP/IP、可程式控制器 (PLC)、

TECHNOLOGY ROADMAP: THE INTERNET OF THINGS

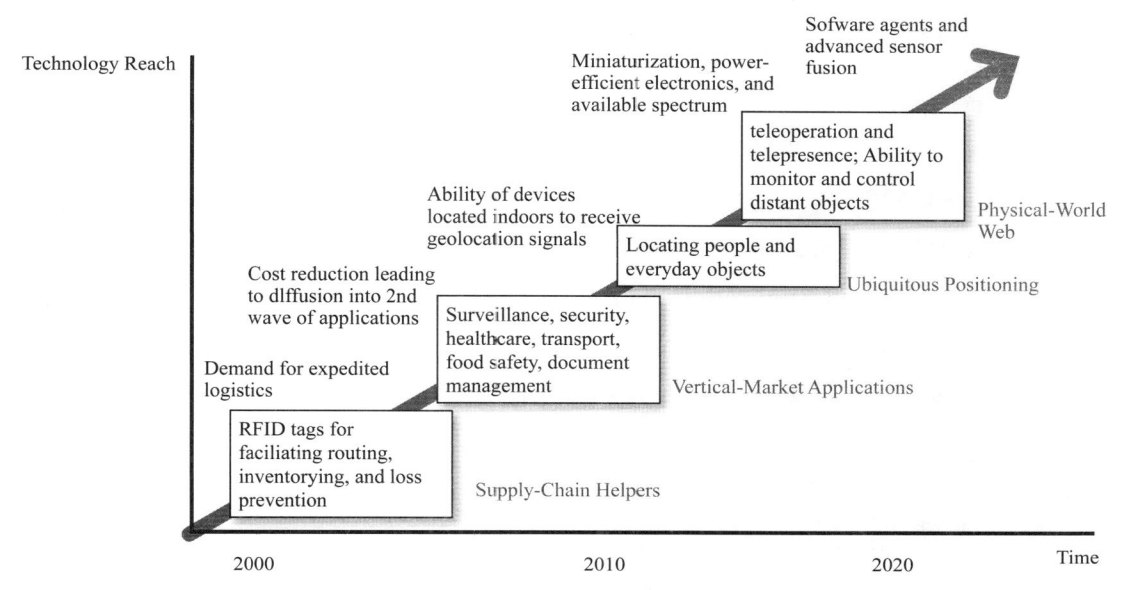

Source: SRI Consulting Business Intelligence

◎ 圖 8-21　物聯網發展技術地圖

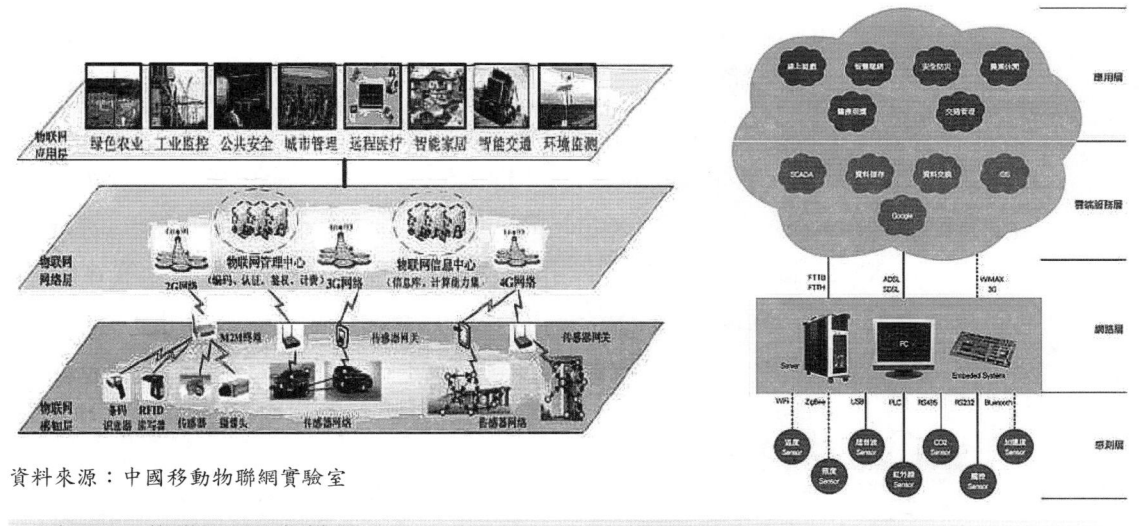

資料來源：中國移動物聯網實驗室

◎ 圖 8-22　物聯網層級架構圖

RS485、RS232、USB、RFID、ZigBee、Bluetooth 等傳輸協定轉送給網路層。

- 網路層

處理感測層上傳之資訊，判斷是否上傳雲端，或直接採取適當動作。而

網路層通往雲端之管道,則以光纖到府 (FTTH)、WiMAX、3G 等技術為主。

- **雲端服務層**

  進入雲端後,提供生活/環境/能源……等設備之即時監控、績效量測與智慧系統、診斷技術與系統、即時管理、搜索引擎、網路硬碟、Web Mail、Web Office 與 GIS 之服務 (如圖 8-23)。而雲端資料處理中心 (Cloud-based Application Platform) 之建置則為雲端服務層第一要務,且需有六大功能:

  1. 雲定位(Positioning)＝私雲＋驗證雲＋公雲
  2. 雲角色＝雲端資料處理中心
  3. 雲語言＝JAVA
  4. 雲功能

     (1) 儲存及處理海量資料 (Big Data) 之 Hub (Web 介面)。

     (2) Technology & Service Provider.
  5. 雲橋接

     藉由通訊協定 (Protocol/Data Format) 與雲連接,進行物與物相聯之資訊交換與直接通信。
  6. 雲規則

     (1) 私雲:提供來自感測層不同程式語言之通訊協定 (Communication Protocol)。且以 Embedded PC 撫平 (Normalized) 感測層程式語言為 XML 格式,並上傳「驗證層」供 QC/QA 與驗證是否上公雲之用。

     (2) 驗證雲:私雲進入公雲前之 QA/QC 驗證。

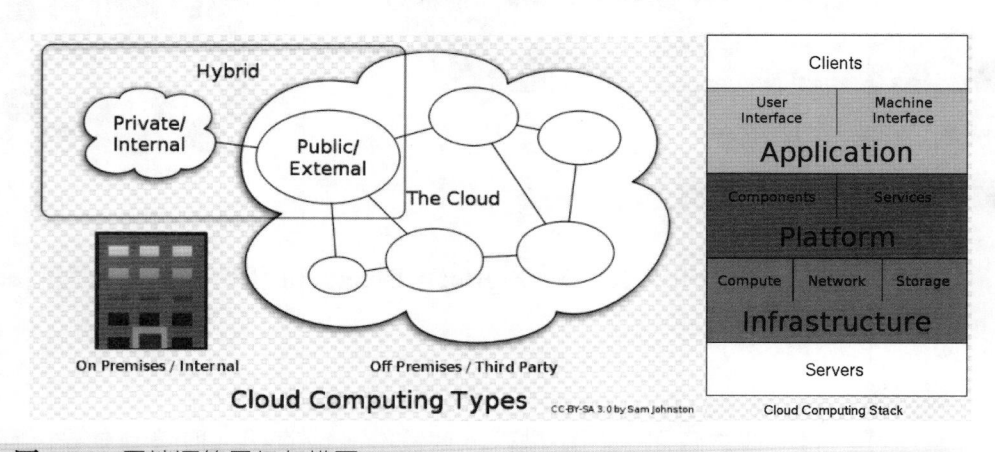

⇨ 圖 8-23　雲端運算層級架構圖

(3) 公雲端：雲端資料處理與服務。

- 應用層

應用於工廠動力系統 (如：空壓系統、泵系統、熱泵系統、冰水系統、風機系統) 之智慧電網 (Micro Smart Grid) 鋪設或空氣品質監測系統或能源管理系統。

1. 機器與機器 (Machine to Machine, M2M)

M2M 係指機器與機器 (Machine to Machine) 間之資料交換，而 M2M 產業乃泛指進行 M2M 設備、軟體、網路與服務所形成之市場與產業。隨著 M2M 技術進步，M2M 將帶動 M2H (Machine to Human) 與 M2E (Machine to Enterprise) 持續發展。M2M 系統包括硬體與軟體，各硬體設備間透過網路進行資料溝通。另 M2M 系統包含一伺服主機與智慧型專家系統，設備與設備間之傳遞資料可透過伺服主機專家系統進行處理。

而 Wikipedia 定義 M2M 系統 (系統架構如圖 8-24) 為：(1) 通訊設備可針對客戶需求，獨立進行資料傳輸；(2) 設備可透過網路與伺服主機聯繫；(3) 透過軟體進行資料分析、反應與處理；(4) 智慧型專家系統。

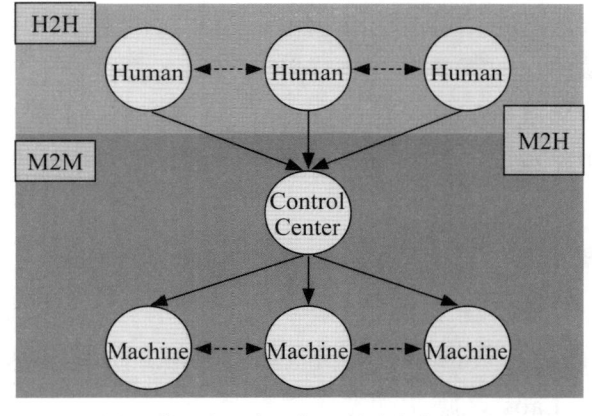

M2M 系統運作架構

Source：科技政策研究與資訊中心-科技產業資訊室，2008/04。
http://en.wikipedia.org/wiki/Machine_to_Machine

◯ 圖 8-24　M2M 系統運作架構圖

2. 可程式系統晶片 (Programmable embedded System-on-Chip, PSoC)

藉由 Cypress 簡捷拖曳化、模組化之「系統階層 (System Level View) 開發

環境 (PSoC Designer)」，設計開發一結合數位與類比訊號混合陣列之可程式系統晶片 (Programmable embedded System-on-Chip, PSoC) (如圖 8-25)，以嵌入「微型能源／環境／生活效率偵測感測器」之感測器及能源設備上。其系統分為四層：(1) 輸入 (Inputs)；(2) 輸出 (Outputs)；(3) 通訊介面 (Interfaces)；(4) 轉換精靈 (Valuator/Transfer Functions)，架構如圖 8-26。

◎ 圖 8-25　Cypress 可程式系統晶片 (PSoC)　　◎ 圖 8-26　PSoC 系統架構圖

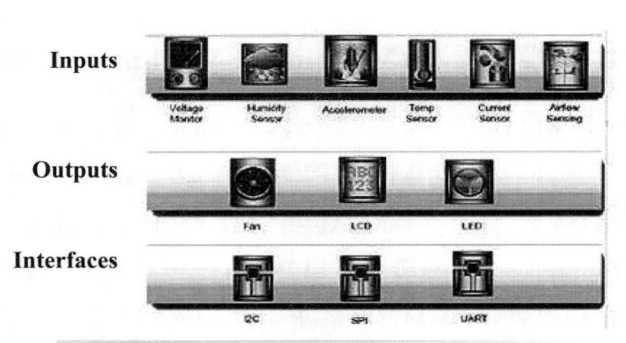

8.4.2　生活實驗室

生活實驗室 (Living Lab) 係由 MIT William Mitchell 教授於 1995 年提出：「Living Lab 是一種在不斷變化之現實生活情境中，進行體驗、原型設計驗證並不斷改進複雜解決方案之研究方法」。在多元、演進之實際環境生活中，藉由感知、雛型、驗證、改善各類複雜之解決方案，將實驗室實驗環境帶入至使用者真實生活之環境進行驗證。Living Lab 是一種創新研究工具，用來改善創新產品與服務之研發程序，藉由實際應用測試提昇未來產品之市場適用性，以利行銷與推廣。

應用「使用者驅動 (User-driven)」之開放式創新模式，亦即使用者即創新者之方法，在開放性生活實驗室中進行新產品永續發展之生命週期 (Lifecycle)，隨時改進現實世界中新創產品及服務之研展內容 (如圖 8-27)。目前全球主要 Living Labs 之應用範圍，概分為「安全防災」、「醫療照護」、「節能永續」、「智慧便捷」、「舒適便利」等五大應用區塊。

綜觀研發活動瓶頸有三：(1) 長期以來研發活動以技術人員為中心，強調技術導向與低成本競爭，產品附加價值無法提昇；(2) 被動、封閉式之測試平台試驗模式無法在規劃端即納入使用者想法，造成研發成果與使用者間之缺口；(3) 研發過程中，研究人員對於「開放」始終存在著抗拒心理，缺乏「開放式創新 (Open Innovation)」之概念與經驗。

第八章 創新專案管理

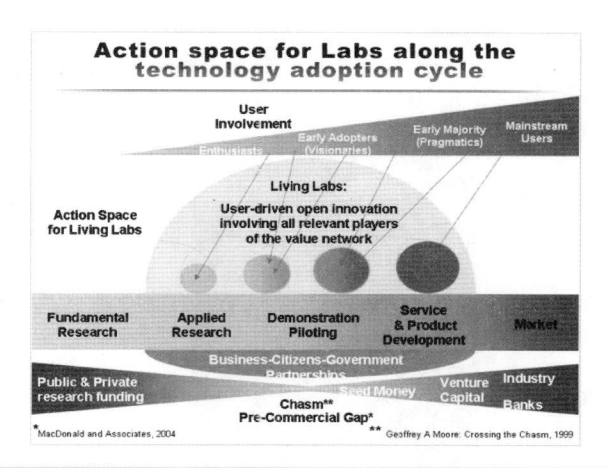

圖 8-27 全球生活實驗室發展循環

歐洲是推展 Living Labs 文化之世界領導，從歐盟支持之 Living Labs Europe 計畫出發，推進至 2006 年芬蘭發起之歐洲生活實驗室網路 Open Living Labs - European Network of Living Labs (簡稱 EnoLL) 成立，至目前設址在西班牙之 Living Labs Global 組織，歐洲的技術創新體早已透過各國 Living Labs 之網絡聯合，緊密展開創新研發之合作。而德國則有電信 T-City (包含：1. 學習與研究 Learning and research；2. 行動與運輸 Mobility and transport；3. 觀光與文化 Tourism and culture；4. 公民與政府 Citizens and the state；5. 商業與工作 Business and work；6. 健康與支援 Health and support)。

因歐盟近年來在資通訊技術 (ICT) 發展計畫下，以用戶為中心及願景導向之創意科技作為技術研究與產業發展重點目標，強調與用戶互動之開放創新環境，積極於歐洲各國推動生活實驗室 (Living Labs) 形成之全球網絡，為推廣創新服務之重要平台。ENoLL成立目標為提供企業與創新產品及服務一個試驗平台，將新科技落實至社區、校園、公共場所、機關機構或整個城鎮與都會區，使在實際生活環境中的用戶如市民、上班族、學生、遊客、消費者參與科技測試工作，以使用者為中心開發新科技。

Living Lab 把傳統在實驗室模擬之環境轉變為在現實生活中建立真實之實驗環境，透過「Living Lab 創新服務模式」，隨時獲得最終用戶對產品或服務最真實之回饋信息，而最終用戶亦可協助開發單位不斷改進產品或服務之設計與品質，以達到產品或服推廣之要求。

我國財團法人資訊工業策進會本著創新、關懷、實踐之角度出發，協助台北市民生社區發展在地特色，建構一具活力之創新科技社區 (即台北市松山區民生社區科技服務大樓生活實驗室) (如圖 8-28)。冀望藉由展覽館豐富且創新

之科技服務展示，讓更多人瞭解 Living Labs，激發創造更多創意之生活模式與生活實驗，其展示項目如表 8-20。

◯ 圖 8-28　資策會 Living Lab. 展覽館

表 8-20　資策會科技服務大樓 Living Lab 展示項目

1.	智慧化居住整合應用 (TASHI)
2.	行人慣性追蹤技術 (Pedestrian Tracking Using Inertial Sensors)
3.	華語文口說訓練系統 (Chinese Speaking Self-Leaning System)
4.	情緒指環 (Emotion Ring)
5.	擴增實境-虛擬家具 (Augmented Reality-Virtual Furniture)
6.	呼吸照護臨床資訊系統與遠距醫療諮詢服務 (RCIS and Tele-consultation Service)
7.	前瞻技術監控系統 (Advanced Surveillance System)
8.	R 化便捷超級市場 (RFID Enabled Supermarket)
9.	三合一小額支付運用於小型商家 CRM 服務 (SaaS-based CRM Bundled with 3-in-1 Smart Pay)
10.	RFID Enabling 應用平台－應用於科技化文件託管服務 (RFID Enabling Application Platform - Document Tracking System Using RFID Technology)
11.	人體圍棋 (Body GO)
12.	智慧販賣機管理平台 (Smart Vending Machine Managing Platform)
13.	空中看台灣 (Overlooking Taiwan from the Air)

1. 魔幻旅行	2. 超級推銷員	3. 民生社區通	4. 阿公阿媽趴趴走	5. 喚醒沈睡五感
6. 試用品達人	7. 健康元氣補給站	8. 聰明妙管家	9. 健康 e 世界	10. 神探追追追

資料來源：吳贊鐸整理。

8.4.3 物聯網生活實驗室

「物聯網生活實驗室 (IOT Living Laboratory)」，功能應包含表 8-21「天地人」之生活實驗、問題導向學習、體驗式學習、創新發明與研究發展。

表 8-21　物聯網生活實驗室：天地人體驗式學習與研究發展策略地圖

PSoC	天	地	人
可程式系統晶片	1. 能源管理 2. 空氣品質 3. 環境水質 4. 照明 5. 噪音 6. PDA (HP) 7. 手機＝3G-WiFi 8. 行動條碼 (QR Code) 9. 電子標籤 (RFID Tag)	1. 飲用水質 2. 足(膝)壓 3. 碳足跡 4. 互聯網 5. 物聯網	1. 品質雲端監控 2. 資料探勘 (DataMining) 3. 綠活 (Green LOHAS) 4. 農藥殘留 (RP) 5. 全人心智模式 (W^{p}MM) 6. 問題解決 (Problem-solving) 7. 體驗式學習 (EL) 8. 問題導向學習 (PBL) 9. 四創＝創新＋創意＋創造＋創業 10. Green 綠能＝節能＋減碳

物聯網生活實驗室 IOT Layer 需有一站式服務 (1 Stop Service) 功能，並依 Sensor-M2M-PSoC-Internet-IOT-Cloud 之操作模式向上架接 (感測層-網路層-校園雲端服務層-應用層)。尤以「Cypress 可程式系統晶片 (PSoC)」嵌入表 8-21 天地人之設備 (即將設備 IP 化)，以佈建感測層為第一要務。復於「私雲」，藉由滿足感測層上不同程式語言之通訊協定及以 Embedded PC 撫平感測層程式語言為 XML 格式，並上傳「驗證層 (小公雲)」供 QA/QC 與驗證是否上公雲之用（操作模式，如表 8-22)。

表 8-22　物聯網生活實驗室操作模式

物聯網 生活實驗室		感測層	網路層	雲端服務層	應用層
		互聯網		物聯網	
		網網相聯		物物相聯	
		Sensor-M2M-PSoC-Internet-IOT-Cloud-AP			
		感測器	私雲	驗證雲	公雲	Client
生活實驗室 Living Lab.	能源監測	Sensor	XML	QA/QC	JAVA	AP
	環境監測	Sensor	XML	QA/QC	JAVA	AP
Operation Model: 實驗室天地人設備 → PSoC (IP化) → 私雲 (撫平為 XML 格式) → 小公雲 (驗證層) → QA/QC → 公雲						

8.5 中醫減重創意問題解決心智系統開發

世界衛生組織 (WHO) 指出：世界肥胖 (含過重) 成年人口數有 3 億人，其中開發中國家佔三分之一 (約 1 億人)。而已開發國家中，歐洲地區男性肥胖人口數為 10-20%，女性則為 10-25%；美國地區男性肥胖人口數佔 20%，女性則為 20%。亞洲國家肥胖人口數在全世界中雖較低，但亦在急遽攀昇中，原因則是高油脂含量食物變多、生活習慣改變、且缺乏基本健康知識等。南方網訊顯示：肥胖可導致人之壽命縮短，男性肥胖者死亡率是正常人 1.5 倍，女性則是 1.47 倍。

依據世界衛生組織 (World Health Organization) 2000 年調查顯示，全球共有 7％人口並未達至健康體重標準，而有 9％人口面對超重問題。越先進國家，越面對超重危機，先進國家平均有 20％人口有超重問題，遠比非發達國家 (3％人口有超重問題) 高出許多。其肥胖問題症結主因有二：食物攝取及勞動程度。值此息息相關、複雜多變之際，體內環保、身體再造與問題解決能力亟需增強，始能適應與快速變革之環境。學習不僅是人類天性，亦是生命泉源。

8.5.1 中醫減重

本單元係採賴慧真常務理事之中醫減重法及吳贊鐸博士實際參與減重計畫所統整之減重六步驟 (詳如圖 8-29)：

(1) **一日五餐，定時-定量-定卡**。
    a. 水果類：奇異果、蘋果、蕃茄、芭樂 (飯前半時，多量)
    b. 葉菜類：大量。
    c. 魚肉豆蛋奶：適量。
    d. 健康減重食譜 (表 8-23~8-29)。

(2) **四少二多**：少油、少鹽、少糖、少水，多纖、多果，低度烹調 (蒸煮燙生)。

(3) **進食程序**：
    a. 飯前蔬果；b. 熱燙慢飲；c. 葉菜多量；d. 肉飯適量；e. 細嚼慢嚥；f. 消脂茶飲。

第八章　創新專案管理

```
                    ┌─────────────────────────────────────┐
                    │              健檢                    │
                    ├──────────┬────────┬──────┬──────────┤
                    │身體質量指數│健康檢查│ 舌質 │  氣脈    │
                    └──────────┴────────┴──────┴──────────┘
                                   ↓
                            ┌──────────┐
                            │ 體質調理 │
                            └──────────┘
                                   ↓
                         ┌──────────────┐
                         │     五餐     │
                         ├──────────────┤
                         │定食・定量・定卡│
                         └──────────────┘
                                   ↓
```

	健康減重食譜			
Σ	蛋白質	脂肪	醣類	纖維素	・1,200 kcal/D (♀)
	礦物質			維生素	1,600 kcal/D (♂)
	鈣	磷	鐵		・每日減少 500kcal，一週減重 500g

	進食程序	
1st	飯前鮮果	・飯前半小時 ・蘋果、蕃茄、芭樂
2rd	熱湯慢飲	
3rd	蔬菜多量	・五穀雜糧 ・魚肉豆蛋奶 ・低度烹調 ・細嚼慢嚥(25-30 下／口) ・日熱量： 　1,200 (♀) ~ 1,600(♂) kcal/D
4th	肉飯適量	

	減量程序		
均衡飲食	運動計畫	習慣改變	恆心毅力

針灸減重・穴道按摩

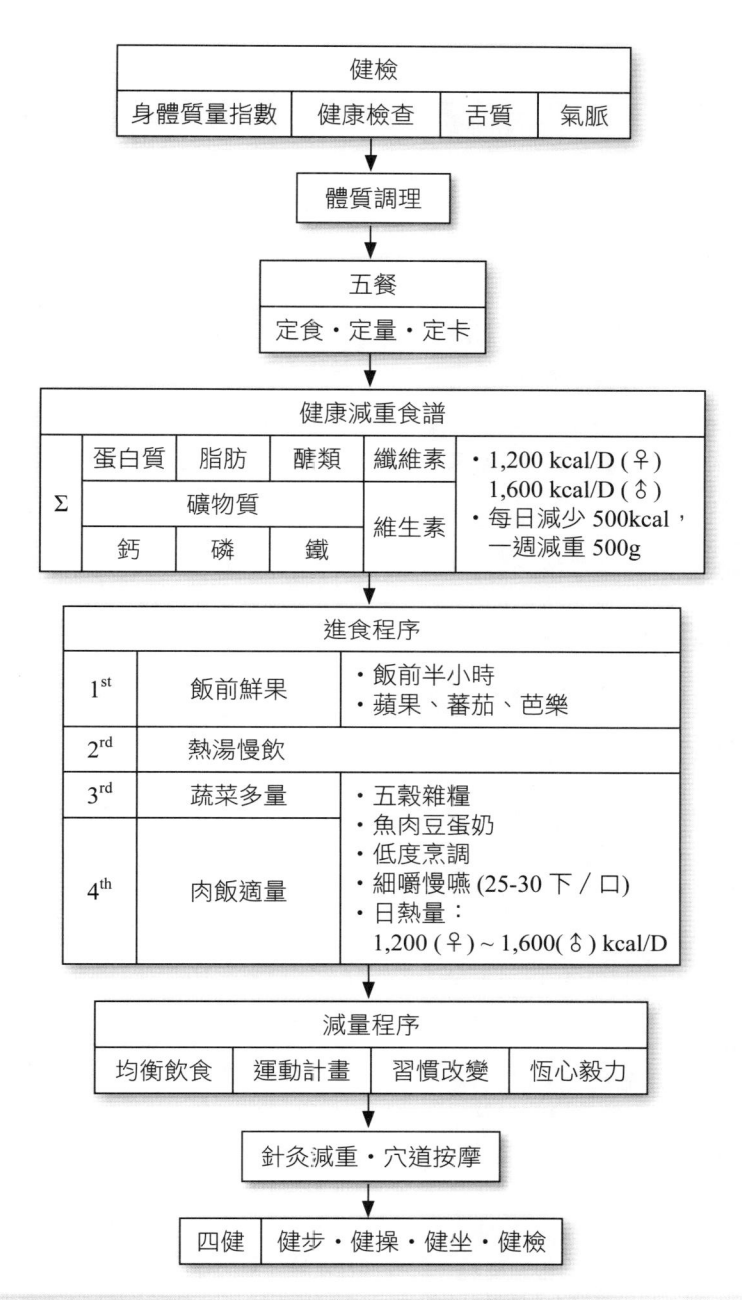

四健	健步・健操・健坐・健檢

◯ **圖 8-29**　中醫減重流程圖

(4) 減重程序：

　　a. 均衡飲食；b. 運動計畫；c. 習慣改變；d. 恆心毅力。

(5) **針灸減重，穴道按摩**

　　a. 上腹部：中脘穴、水分穴、天樞穴。

241

表 8-23　食物熱量分類表

食物類別	低熱量食物	中熱量食物	高熱量食物及空熱量食物
1. 五穀根莖類及製品		米飯、土司、饅頭、麵條、小餐包、玉米、蘇打餅乾、高纖餅乾、清蛋糕、芋頭、蕃薯、馬鈴薯、早餐穀類	起酥麵包、波蘿麵包、奶酥麵包、油條、丹麥酥餅、夾心餅乾、小西點、鮮奶油蛋糕、派、爆玉米花、甜芋泥、炸甜薯、薯條、八寶飯、八寶粥
2. 奶類	脫脂奶	全脂奶、調味奶、優酪乳(凝態)、優酪乳(液態)	奶昔、煉乳、養樂多、乳酪
3. 魚類肉類蛋類	魚肉(背部)、海蜇皮、海參、蝦、烏賊、蛋白	瘦肉、去皮之家禽肉、雞翅膀、豬腎、魚丸、貢丸、全蛋	肥肉、三層肉、牛腩、腸子、魚肚、肉醬罐頭、油漬魚罐頭、香腸、火腿、肉鬆、魚鬆、炸雞、鹽酥雞、熱狗
4. 豆類	豆腐、豆漿(未加糖)、黃豆乾	甜豆花、鹹豆花	油豆腐、油豆腐泡、炸豆包、炸臭豆腐、麵筋
5. 蔬菜類	各種新鮮蔬菜及菜乾	皇帝豆	炸蠶豆、炸豌豆、炸蔬菜
6. 水果類	新鮮水果	純果汁(未加糖)	果汁飲料、水果罐頭
7. 油脂類	低熱量沙拉醬		油、奶油、沙拉醬、培根、花生醬
8. 飲料類	白開水、礦泉水、低熱量可樂、低熱量汽水		一般汽水、果汁汽水、可樂、沙士、可可、運動飲料、各式加糖飲料
9. 調味沾料	鹽、醬油、白醋、蔥、薑、蒜、胡椒、五香粉、芥末		糖、蕃茄醬、沙茶醬、香油、蛋黃醬、蜂蜜、果糖、蠔油、蝦油
10. 甜點	未加太多糖之果凍、仙草、愛玉、粉圓、木耳		糖果、巧克力、冰淇淋、冰棒、甜筒、冰淇淋麻糬、冰淇淋蛋糕、甜甜圈、酥皮點心、布丁、果醬
11. 零食		牛肉乾、魷魚絲	速食麵、漢堡、豆乾條、花生、瓜子、腰果、開心果、杏仁、洋芋片、蠶豆酥、各式油炸製品、蜜餞
12. 速食常見餐點		飯糰(不放油條)、三明治(不加沙拉醬)、水餃、非經油炸之速食麵(不放油包)	餡餅、水煎包、鍋貼、油飯、速食麵、漢堡

資料來源：新竹市衛生局，"減重飲食手冊"，民92，第3頁。

表 8-24　日常食物熱量表

食品名稱	單位	熱量(大卡)	食品名稱	單位	熱量(大卡)	食品名稱	單位	熱量(大卡)	食品名稱	單位	熱量(大卡)
砂糖	1湯匙	60	酵母乳	1瓶	100	土司	2片	140	果凍	1杯	100
益富代糖	1包	3.5	義大利脆餅	3片	500	蘇打餅乾	4片	140	無糖果凍	1杯	10
白飯	1碗	270	陽春麵	1碗	250	香蕉	1根	120	無油沙拉醬	1湯匙	2
稀飯	1碗	140	荷包蛋	1個	120	番石榴(大)	1個	80	果醬	1湯匙	60
饅頭	1個	270	炒蛋	1個	160	西瓜(大)	1片	120	無糖果醬	1湯匙	6
速食麵	1包	345	炸洋芋條	1包	210	橘子	1個	60	啤酒	1罐	90
速食米粉	1包	330	牛排	8兩	580	柳丁	1個	40	高梁酒	1杯	101
排骨麵	1碗	510	炸雞腿	1支	520	柳丁汁	1杯	160	大麴酒	1杯	111
雞腿飯	1盤	700	波蘿麵包	1個	405	汽水	1罐	140	茅台酒	1杯	92
水餃	10個	350	奶酥麵包	1個	450	可樂沙士	1罐	150	竹葉青酒	1杯	83
水煎包	2個	255	起士麵包	1個	420	無糖可樂沙士	1罐	-	米酒	1杯	37
燒餅油條	1付	295	蘋果派	1片	430	冰淇淋	1杯	280	花雕酒	1杯	30
火腿蛋三明治	1份	420	巧克力布丁派	1片	260	冰棒	1支	65	紹興酒	1杯	27
牛肉漢堡(大)	1個	540	檸檬戚風派	1片	280	咖啡	1杯	75	紅露酒	1杯	28
甜豆漿	1碗	110	鮮奶油草莓派	1片	380	黑咖啡	1杯	-	美國啤酒	1罐	150
鹹豆漿	1碗	100	巧克力鮮奶油蛋糕	1片	320	清茶	1杯	-	威士忌酒	1杯	105
鮮奶	1盒	160	清蛋糕	1片	150	奶茶	1杯	80	白蘭地酒	1杯	112
脫脂奶	1瓶	80	巧克力小西點	5片	300	奶昔	1杯	330	白葡萄酒	1杯	80
果汁奶	1盒	170	布丁	1杯	140	蛋黃醬	1湯匙	165	紅葡萄酒	1杯	85
巧克力奶	1盒	185	油炸圈	1個	150	沙拉醬	1湯匙	135	香檳酒	1杯	98

資料來源：新竹市衛生局，《減重飲食手冊》，民92，第42頁。

表 8-25　基本六大類食物代換表

品　　名		蛋白質	脂肪	醣類	熱量
1. 五穀根莖類		2	+	15	70
2. 魚、肉蛋、豆	低脂	7	3	+	55
	中脂	7	5	+	75
	高脂	7	10	+	120
3. 奶類	全脂	8	8	12	150
	低脂	8	4	12	120
	脫脂	8	+	12	80
4. 蔬菜類		1		5	25
5. 水果類		+		15	60
6. 油脂			5		45

稱量換算表：

1 杯＝16 湯匙　　　　　1 公斤＝2.2 磅
1 湯匙＝3 茶匙　　　　1 磅＝16 盎司
1 公斤＝1000 公克　　　1 磅＝454 公克
1 台斤(斤)＝600 公克　　1 盎司＝30 公克
1 市斤＝500 公克　　　　1 杯＝240 公克(cc)

資料來源：新竹市衛生局，《減重飲食手冊》，民 92，第 32 頁。

表 8-26　基本六大類食物熱量與飲食調理表

基本食物	熱量(Kcal)					標準飲食調理	
	1200	1400	1600	1800	2000	份量	說明
1. 五穀根莖類	10 份	12 份	14 份	16 份	18 份	3-6 碗 (12-24 份)	每碗：飯一碗(200 公克)，或中型饅頭一個，或土司麵包四片。
2. 魚肉豆蛋類	4 份	4 份	4 份	4 份	4 份	4 份	每份：肉或家禽或魚類一兩(約 30 公克)或豆腐一塊(100 公克)，或豆漿一杯(240C.C.)或蛋一個。
3. 奶類	1 份	1 份	1 份	1 份	1 份	1-2 杯 (1-2 份)	每杯：牛奶一杯(240C.C.)　　　　發酵乳一杯(240C.C)　　　　乳酪一片(約 30 公克)。
4. 蔬菜類	3 份	3 份	3 份	3 份	3 份	3 碟(3 份)	每碟：蔬菜三兩(約100 公克)。
5. 水果類	2 份	2 份	2 份	2 份	2 份	2 個(2 份)	每個：中型橘子一個(100 公克)，或番石榴。
6. 油脂類	2 份	3 份	4 份	5 份	6 份	2-3 湯匙 (6-9 份)	每湯匙：一湯匙油(15 公克)

資料來源：新竹市衛生局，《減重飲食手冊》，民 92，第 16-22 頁
註 1.：Σ 熱量＝4Kcal×(蛋白質公克數)＋9Kcal×(脂肪公克數)＋4Kcal×(醣類公克數)
註 2.：人體熱量消耗＝基礎代謝量＋身體(肌肉)活動所需熱量
　　　　　　　　　＝人體在清醒、休息安靜狀況下，身體細胞為進行「循環-呼吸-體溫維持-荷爾蒙分泌-神經傳送」所需之熱量＋肌肉活動所需熱量
　　　　　　　　　＝1,200(♀)～1,600(♂) kcal＋肌肉活動量

第八章　創新專案管理

表 8-27　五色-五穀雜糧-五色菜表

五色	五穀雜糧	五色菜	五行	五臟	五腑
白	燕麥＋杏仁＋松子＋白芝麻	白蘿蔔、蔥薑蒜	金	肺	大腸
綠	綠豆＋南瓜子＋核桃＋糙薏仁	白蘿蔔葉、綠花椰菜、菠菜、檸檬	木	肝	膽
黑	黑豆＋黑芝麻＋黑木耳	香菇幹	水	腎	膀胱
紅	紅豆＋柴米＋紫山藥	紅蘿蔔、紅蕃茄、紅椒、紅莓	火	心	小腸
黃	黃豆＋糙米＋腰果＋杏仁果	牛蒡、玉米、橙橘、葡萄柚	土	脾	胃

資料來源：吳贊鐸整理。

表 8-28　每日營養食譜

餐別	早　餐	午　餐	晚　餐	蛋白質(公克)	脂　肪(公克)	醣　類(公克)	總熱量(大卡)
一	稀飯 酸菜麵腸 涼拌小黃瓜 紅燒蒟蒻	白飯 烤叉燒 醬油苦瓜 炒菠菜 榨菜湯	肉片湯麵 油桃	47 (16%)	30 (22%)	185 (62%)	1198
二	低脂優酪乳 肉片吐司	鵝肉麵 蘋果	白飯 蒸蛋 紅燒蒟蒻 燙芥藍菜 蘿蔔湯	50 (16%)	28 (21%)	186 (62%)	1196
三	鹹粥	蟹肉燴飯 白菜湯 橘子	酸辣湯餃	47 (16%)	31 (23%)	184 (61%)	1203
四	饅頭 酸菜肉絲 檸檬紅茶	海鮮粥 梨子	蔬菜火鍋	60 (20%)	26 (19%)	183 (61%)	1206
五	乾拌麵 蛋包湯	白飯 海帶結燒肉 燙秋葵 炒青江菜 大黃瓜湯 加州李	白飯 烤雞肉 蕃茄炒蛋 燙綠花椰菜 竹筍湯	44 (15%)	30 (22%)	188 (63%)	1198
六	廣東粥	白飯 清蒸魚 涼拌三絲 竹筍湯 柳丁	香菇赤肉羹麵	57 (19%)	32 (24%)	173 (57%)	1208
七	全脂奶 蘇打餅	炒粉絲 青菜豆腐湯 楊桃	白飯 雪芽肉絲 水煮四季豆 小黃瓜炒蒟蒻 高麗菜湯	37 (12%)	35 (26%)	183 (62%)	1195

表 8-28　每日營養食譜 (續)

餐別	早餐	午餐	晚餐	蛋白質(公克)	脂肪(公克)	醣類(公克)	總熱量(大卡)
八	薏仁粥 蘿蔔乾炒蛋 燙空心菜	白飯 紅燒海參 滷豆干 燙芥藍菜 愛玉湯	什錦蘿蔔糕 紅蕃茄	50 (17%)	32 (24%)	176 (59%)	1192
九	紅茶 飯糰	海鮮燴飯 蘋果	白飯 銀牙雞絲 珊瑚蘆筍 炒芥藍菜 海帶湯	44 (15%)	34 (25%)	180 (60%)	1202
十	麵線羹	白飯 涼拌海帶芽 芹菜炒花枝 紫菜蛋花湯	炒通心粉 味噌湯 番石榴	52 (17%)	39 (29%)	162 (54%)	1207

資料來源：行政院衛生署

表 8-29　健康減重食譜 -I

		早餐	中餐	點心 I	晚餐	點心 II
健康排毒餐		1. 水果 (1)：22% 　　當季 (地) 盛產之水果 2. 蔬果 (2)：34% 　(1) 根：紅 (白) 蘿蔔、山藥、牛蒡 　(2) 莖：西洋芹、明日菜 　(3) 花：花椰菜、包心菜 　(4) 果：蕃茄、青椒、苦瓜、小黃瓜 　以上需連皮生食，完整攝取 3. 地瓜 (1)：22% 　黃地瓜蒸熟，連皮食用 4. 五穀雜糧 (1)：22% 　70% (糙米)＋30% 　薏仁、紅豆、紅棗、蓮子、枸杞、燕蕎麥)	1. 五穀雜糧：50% 2. 蔬菜：30% 3. 豆類、海藻類：15% 4. 湯：5% 　(1) 海帶、紫菜等 　(2) 昆布	水果 (1)：飯前 0.5 時	1. 五穀雜糧：50% 2. 蔬菜：30% 3. 豆類、海藻類：15% 4. 湯：5% 　(1) 海帶、紫菜等 　(2) 昆布	
調整體重食譜	週一	1. 芭樂 (1) 或蕃茄 (1) 2. 蛋 (1) 3. 無糖濃咖啡 (1)	1. 水果拼盤 (不限(過)量) 2. 芭樂 (1)，蕃茄 (1) 或低糖少水份水果 3. 葡萄乾 (10 粒)		1. 蛋 (2) 2. 蔬菜拼盤 　(小黃瓜、胡蘿蔔、豆芽、青椒，1 小) 3. 烤全麥士司 (1) 4. 無糖咖啡 (1) 5. 芭樂 (1)	
	週二		1. 去皮雞胸 (蒸煮滷，1) 2. 芭樂 (1)，蕃茄 (2)		1. 瘦肉 (蒸煮，3 兩) 2. 蔬菜拼盤 　(芹菜、小黃瓜、1小) 3. 無糖咖啡 (1)	
	週三		1. 蛋 (2) 2. 蕃茄 (2) 3. 無糖咖啡 (1)		1. 瘦肉 (蒸煮，3 兩) 2. 蔬菜拼盤 　(芹菜、小黃瓜、胡蘿蔔、1 小)	

第八章　創新專案管理

表 8-29　健康減重食譜 -II

		早餐	中餐	點心 I	晚餐	點心 II
調整體重食譜	週四	1. 芭樂 (1) 或蕃茄 (1) 2. 蛋 (1) 3. 無糖濃咖啡 (1)	1. 水果拼盤 (不限(過)量) 2. 芭樂 (1)，蕃茄 (1) 或低糖少水份水果 3. 葡萄乾 (10 粒)		1. 蛋 (2) 2. 蔬菜拼盤 　(小黃瓜、胡蘿蔔、豆芽、青椒，1 小) 3. 烤全麥土司 (1) 4. 無糖咖啡 (1) 5. 芭樂 (1)	
	週五		1. 蛋 (2) 2. 波菜 (燙，半斤) 3. 無糖咖啡 (1)		1. 魚 (蒸煮，1 塊) 2. 生菜 (1 小) 3. 全麥烤土司 (1) 4. 蕃茄 (1) 5. 芭樂 (1) 6. 無糖咖啡 (1)	
	週六		1. 蛋 (2) 2. 波菜 (燙，半斤) 3. 無糖咖啡 (1)		1. 雞腿 (蒸煮滷，1) 2. 蔬菜拼盤 　(胡蘿蔔、包心菜，1 小) 3. 蕃茄 (1) 4. 芭樂 (1) 5. 無糖咖啡 (1)	
	週日		1. 水果拼盤 (不限(過)量) 2. 芭樂 (1)，蕃茄 (1) 或低糖少水份水果 3. 葡萄乾 (10 粒)		1. 瘦肉 (蒸煮，3 兩) 2. 蔬菜拼盤 　(芹菜、小黃瓜、胡蘿蔔，1 小) 3. 蕃茄 (1) 4. 無糖咖啡 (1)	1. 水果拼盤 (不限(過)量) 2. 芭樂 (1)，蕃茄 (1) 或低糖少水份水果 3. 葡萄乾 (10 粒)
減重餐	第一、二週	1. 中醫調理 2. 針灸 (隔日，如下圖) 3. 消脂茶 4. 健步-操-坐-泳 5. 主食：葉菜 　(蒸煮燙，2-3 種，大量)	葉菜 (蒸煮燙，2-3 種，大量) 2. 消脂茶 3. 調理 (忌水) 4. 健步-操-坐-泳 5. 細嚼慢嚥：25-30 下 / 口	1. 蘋果、芭樂、蕃茄 (不限 / 過量) 2. 茶飲消脂茶： 　(仙楂、決明子、荷葉、薏仁、橘皮、黃耆)	葉菜 (蒸煮燙，2-3 種，大量) 2. 消脂茶 3. 調理 (忌水) 4. 健步-操-坐-泳 5. 細嚼慢嚥：25-30 下 / 口	1. 蘋果、芭樂、蕃茄 (不限 / 過量) 2. 消脂茶

表 8-29　健康減重食譜 -III

		早餐	中餐	點心 I	晚餐	點心 II
減重餐	第三週	1. 中醫調理 2. 針灸 (隔日，如下圖) 3. 消脂茶 4. 健步-操-坐-泳 5. 主食：葉菜 　(蒸煮燙，2-3 種，大量) 6. 副食品： 　鯛魚、雞胸肉、蛋、奶 (蒸煮、擇一適量) 7. 白飯 (適量) 8. 果菜汁、精力湯	1. 中醫調理 2. 針灸 (隔日，如下圖) 3. 消脂茶 4. 健步-操-坐-泳 5. 主食：葉菜 　(蒸煮燙，2-3 種，大量) 6. 副食品： 　鯛魚、雞胸肉、蛋、奶 (蒸煮、擇一適量) 7. 白飯 (適量)	1. 蘋果、芭樂、蕃茄 (不限 / 過量) 2. 消脂茶	1. 中醫調理 2. 針灸 (隔日，如下圖) 3. 消脂茶 4. 健步-操-坐-泳 5. 主食：葉菜 　(蒸煮燙，2-3 種，大量) 6. 副食品： 　鯛魚、雞胸肉、蛋、奶 (蒸煮、擇一適量) 7. 白飯 (適量)	1. 蘋果、芭樂、蕃茄 (不限 / 過量) 2. 消脂茶
針灸穴道		耳 1. 耳門　2. 聽宮	上腹部 1. 中脘穴 2. 水分穴 3. 天樞穴	下腹部 1. 天樞穴 2. 開元穴 3. 氣海穴	上手臂 1. 臂臑穴 2. 肩貞穴 3. 曲池穴	下肢 1. 風池穴 2. 伏兔穴 3. 足三里穴
調味料	1	蘋果 (低脂原味) 優格 (酪) [1 瓶]＋檸檬汁 [0.5]＋鹽水 [0.5]	2	紅蕃茄 薑汁 [1 匙]＋醬油 [1 匙]＋紅砂糖 [0.5]	3	水果吧 (低脂原味) 優格 (酪) [1 匙]＋百香果 [2]	4	海帶 醋 [1 大匙]＋薑汁 [1 大匙]＋鰹魚醬 [2 小匙]	5	花椰菜 醋 [0.5 小匙]＋薑汁 [1 小匙]＋醬油 [1 大匙]
	6	蘆筍 醬油 [1 小匙]＋柴魚片 [1 大匙]	7	山藥 蘋果醋 [2 大匙]＋紅酒 [0.5 大匙]＋果糖＋枸杞	8	二冬 (筍＋菇) 醋 [1 大匙]＋糖 [1 小匙]	9	洋芹 白醋 [0.5 大匙]＋蜂蜜 [2 匙]＋芥末醬 [1 小匙]	10	海蜇＋西芹 紫蘇梅汁 [川燙＋泡冷水]
	11	魷 醋 [0.5 大匙]＋蔥薑蒜 [5 克]＋醬油 [1 大匙]＋果糖 [0.25 小匙]	12	蒟蒻絲 (200g) 水果醋 [1 小匙]＋蒜末 [5 克]＋醬油 [1 大匙]＋糖 [0.5 小]＋味醂 [1 小]	13	洋蔥 (100g) 紅酒醋 [1 大匙]＋白芝麻 [1 匙]＋柴魚片 [1 大匙]	14	白麵線 (100g) 梅子醋 [2 大匙]＋醬油 [1 小匙]＋柴魚片 [1 大匙]	15	魷 醋 [0.5 大匙]＋蔥薑蒜 [5 克]＋醬油 [0.25 小匙]

b. 下腹部：天樞穴、關元穴、氣海穴。
c. 上手臂：臂臑穴、肩貞穴、曲池穴。
d. 下肢：風池穴、伏兔穴、足三里穴。
e. 耳：耳門穴、聽宮穴。

(6) 四健：健步、健操、健(靜)座、健檢
a. 健步：10,000 步／日
b. 健操：
   (a) 自我經穴按摩十二大法 (孫安迪，91)：
   摩臉、揉頭、擦頭、揉太陽穴、擦近香穴、彈風池穴、振耳、摩腹、擦腰、轉膝、按足三里穴、擦湧泉穴。
   (b) 上／下肢伸展操
   (c) 上／下背運動 (俞麗錦，94)
   - **上背運動**：聳肩運動、滾肩運動、擴胸運動、擴背運動、牆角俯身運動、橫隔呼吸運動、橫隔配合上臂抬舉運動、收下巴運動、前彎頸運動、後仰頸運動、側彎頸運動、頸兩側旋轉運動、上背旋轉運動、俯臥手撐背運動、俯臥仰手撐背運動、俯臥上背增強運動、俯臥中背增強運動。
   - **下背運動**：交互抱膝、屈腿仰臥起座、屈腿仰臥捲體、屈腿抱膝、屈膝舉腿、屈膝交互舉腿、仰臥屈膝腿外張、縮小腹、貓背運動、跪撐縮腿。
   (d) 毛巾操
   - 抬高單腿，扭轉上半身
   - 抬高伸直單腿，上半身微蹲
   - 扭轉上半身
   - 上半身向旁邊傾倒
   - 不倒翁式仰臥起坐
   - 俯趴挺起上半身
   - 伸直手腕，上半身俯趴
   - 抬高手腕，上半身向前彎曲。
   (e) 健康操 (陳月琴，94)

1	點點頭,點點頭	不會變成冤大頭
2	右壓壓,左壓壓	年老不會高血壓
3	右肩動,左肩動	你就不會神經痛
4	出右拳,出左拳	包你今年賺大錢
5	擺擺手,擺擺手	冬天不會富貴手
6	右扭扭,左扭扭	肚皮一定不生油
7	彎彎腰,彎彎腰	包你身材更苗條
8	拍右腿,拍左腿	包你不會胃下垂
9	踢右腳,踢左腳	你就不會香港腳
10	前跳跳,後跳跳	你就不會死翹翹

c. 健檢

(a) 身體質量指數 (Body Mass Index, BMI)

BMI 係提供制定男女性體重過輕、正常或過重,以為減重之「關鍵績效指標 (KPI)」(如表 8-30)。

(b) 健康檢查

檢查項目,詳如表 8-31。

(c) 舌診

減重前需先行診脈及舌診「舌質」(分析表,如表 8-32),俾供減重前調理體質之用。

表 8-30　身體質量指數評量表

性別	身體質量指數 BMI (Body Mass Index)		正常腰圍
男性	體重過輕	BMI＜18.5	＜90 公分 (35.5 吋)
	正常範圍	18.5≤BMI＜24	
女性	異　　常	範　　圍	＜80 公分 (31.6 吋)
	過　　重	24≤BMI＜27	
	輕度肥胖	27≤BMI＜30	
	中度肥胖	30≤BMI＜35	
	高度肥胖	BMI≥35	

* 資料來源:衛生署,"成人健康體位挑戰1824"。
* BMI＝體重(公斤)÷身高^2(公尺^2)
* 理想(標準)體重(男)＝(身高$_{-米}$)^2×24
* 理想(標準)體重(女)＝(身高$_{-米}$)^2×22
* 超重率＝[(體重－理想體重)÷理想體重]×100%
* 每日需求熱量(kcal)＝體重×30kcal/kg
* 每日蛋白質需求量(g)＝體重(kg)÷1000
* 每週減重500g
* 每日減重熱量需求(kcal)＝(體重×30kcal/kg)－500kcal(每日減重熱量)

創新管理

表 8-31 健康檢查項目

#	檢查項目	檢驗值(參考值)
1	身體質量指數 (BMI)	27.2　　　(＞25)
2	骨質密度 (BMD)	-1.1　　　(-1~4)
3	腹部超音波 (Abd sono)	中度脂肪肝
4	三酸甘油脂 (TG)	144　　　(30~150mg/dl)
5	總膽固醇 (T-CHOL)	170　　　(130~200mg/dl)
6	尿酸 (Uric Acid)	7.5　　　(2.6~7.8mg/dl)
7	尿酸鹼值 (pH)	5　　　(5~8)
8	血壓-收縮壓	138
9	血壓-舒張壓	88
10	心臟血管-高敏感度蛋白 (hs-CRP)	0.177　　　(0~0.072mg/dl)
11	球蛋白 (GLO)	3.8　　　(2.3~3.5g/dl)
12	紅血球平均體積 (MCV)	94.6　　　(80~94fl)
13	白血球-單核球 (Mono%)	2.2　　　(3.4~9.0%)
14	丙酮轉氨基酶 (SGPT)	42　　　(5~35U/L)
15	總蛋白 (T-P)	8.4　　　(6.4~8.2g/dl)
Diagnostic	1. Date:10/27/2004　　2. Fat　　3. Ca＋Exercise	

表 8-32 舌診分析表

A：右肝膽
B：脾　胃
C：左肝膽
D：心　肺

	舌	舌象	舌　診
舌質	淡紅舌	正常	-
	紅　舌	主熱	急(熱)性病(如：毒血症，重症肺炎，急性傳染病)，陰虛內熱，臟腑熱極，心包絡熱。
	紅絳舌	主熱	外感染病(如：敗血症)，內傷病，心火上炎。
	淡白舌	主虛寒	氣血不足(兩虛)，久病，貧血，營養不良Ⅱ／Ⅲ度。
	青紫舌	主熱極瘀血	嚴重感染、呼吸循環衰竭、瘀血郁積、肺臟伏毒、上焦痰火，陰寒內盛。
舌苔	正常苔	正常	苔薄色白，顆粒均勻，胖瘦乾潤適中。淡紅舌色。
	薄　苔	正常	苔薄，均勻分布舌面，中心稍厚。係因胃氣上蒸而形成。病初起，邪病在表。
	厚　苔	病邪盛	病邪正盛，傷食便秘，病重，濕氣重，消化不良(中毒性)，腸胃功能障礙，內有痰濕。

資料來源：1. http://www.ccmp.gov.tw/index-c/knowledge/present-1-11.asp (衛生署中醫藥委員會)
　　　　　2. 梁嶸，《舌診法的形成及其所體現的疾病觀與醫學》，疾病的歷史研討會。
　　　　　3. 吳贊鐸整理。

8.5.2 中醫減重成效預測模式

本單元係就賴慧真常務理事所主持之「中醫減重計畫」:(1) 男性 7 人,女性 35 人;(2) 期程三週;(3) 遵循本研究所建置之「中醫減重法」,所得之減重結果,進行 SPSS 統計分析與多元迴歸 (Multiple Regression) 預測模式之建立,結果 (詳如表 8-33,8-34) 具高度相關性且可說明程度高。

表 8-33 中醫減重預測模式

性別	應變數 Y 減重後體重	自變數 係數	$X_1/10$ 年齡	X_2 配合度	X_3 減重前體重	相關係數 γ	判定係數 R^2	F
男性	Y_{MWa}	-7.600	-0.190	-1.215	1.062	0.941	0.886	7.742
女性	Y_{FWa}	2.477	0.330	-0.430	0.902	0.982	0.964	279.417

男性:$y_{MWa} = -7.600 - 0.190 \left(\dfrac{X_1}{10}\right) - 1.215 X_2 + 1.062 X_3$ .... (1)

女性:$y_{FWa} = 2.477 + 0.330 \left(\dfrac{X_1}{10}\right) - 0.430 X_2 + 0.902 X_3$ .... (2)

8.5.3 中醫減重問題解決心智系統開發

「中醫減重問題解決心智系統 (C^M-PsMS-DRW1)」係以「學習型組織問題解決心智系統理論」為核心技術、D. Bob Gowin (1981) 之 $\dot{V}$ diagram 為核心主軸。V-dot Diagram 頂端 dot 係指本研究最高指導原則 (問題解決心智模式),dot 區內含:問題解決點子、原則,及成果 (系統思考基模-STA);$\dot{V}$ diagram 左右兩端則代表問題解決核心知識 (Knowledge) 與方法 (Methodology),詳如圖 8-30。本系統開發機制係以開發個人-組織之「生命 12 原型-心智地圖-系統思考基模界面」為第一優先,復基植於學習型組織之學習輪 (Training Wheel):反思-連結-決定-行動循環與問題解決「iCATs 原理」及 30 技法媒合,並輔以 Visual Basic 6.0、PHP、SQL、Stella、TOC Insights 等專業軟體進行系統開發與整合,詳如圖 8-31。

表 8-34　中醫減重成效優異之人格特質與生命原型表

編號	性別	人格特質	生命原型 生活中最活躍原型 Max	壓抑／忽略原型 Min	減重成效
1	男	B_C	統治	照戰	8.8
2	男	B_{AD}	愚者	孤兒	6.8
3	男	D_C	追尋	天真	11.0
4	男	A_B	愚者	孤兒	4.6
5	女	C_D	照愚	孤兒	11.0
6	女	A	戰士	照顧	5.4
7	女	A	魔術	孤兒	5.4
8	女	A_C	統智	孤兒	4.4
9	女	A_B	追尋	愛人	4.3
10	女	D_C	愛統	孤兒	5.8
11	女	C_A	天愛	孤兒	8.0
12	女	C_B	照魔	天真	4.8
13	女	C	照顧	孤兒	4.8
14	女	D_B	追尋	孤兒	4.4
15	女	C	照顧	孤兒	6.6
16	女	A_C	追尋	孤兒	4.6
17	女	B	統魔	孤兒	5.6
18	女	C_A	戰士	孤兒	7.0
19	女	D_A	魔術	孤兒	4.0
20	女	C_B	照顧	孤兒	4.4
21	女	C	愚者	孤兒	5.0
22	女	C_B	照顧	孤兒	5.4

* 樣本數：男性 7 人，女性 35 人；經篩選減重成效大於平均值 4.3 kg 者，共計 22 人(男性 4 人，女性 18 人)。

** 人格特質以 $A_{B/C}$ 及 $C_{A/B}$ 且具壓抑或忽略之生命原型-孤兒者，減重成效最佳。

第八章　創新專案管理

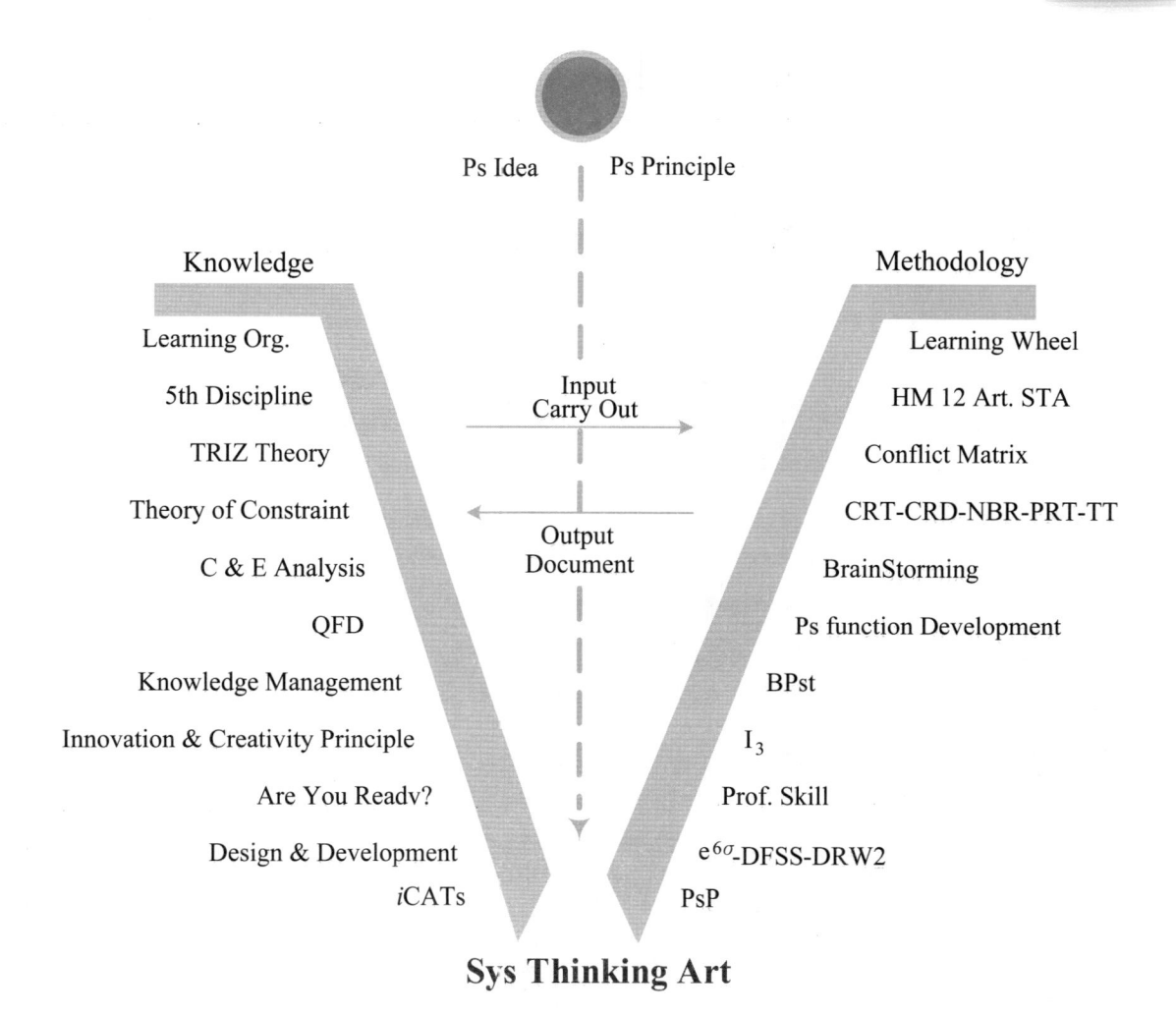

```
                            ●
                    Ps Idea    Ps Principle

        Knowledge                          Methodology

    Learning Org.                              Learning Wheel
                          Input
    5th Discipline       Carry Out →          HM 12 Art. STA

    TRIZ Theory                                Conflict Matrix

    Theory of Constraint                       CRT-CRD-NBR-PRT-TT
                         ← Output
    C & E Analysis         Document            BrainStorming

    QFD                                        Ps function Development

    Knowledge Management                       BPst

    Innovation & Creativity Principle          I₃

    Are You Ready?                             Prof. Skill

    Design & Development                       e^{6σ}-DFSS-DRW2

            iCATs                              PsP

                    Sys Thinking Art
```

○ **圖 8-30**　Gowin V̇ 問題解決心智系統開發模組

創新管理

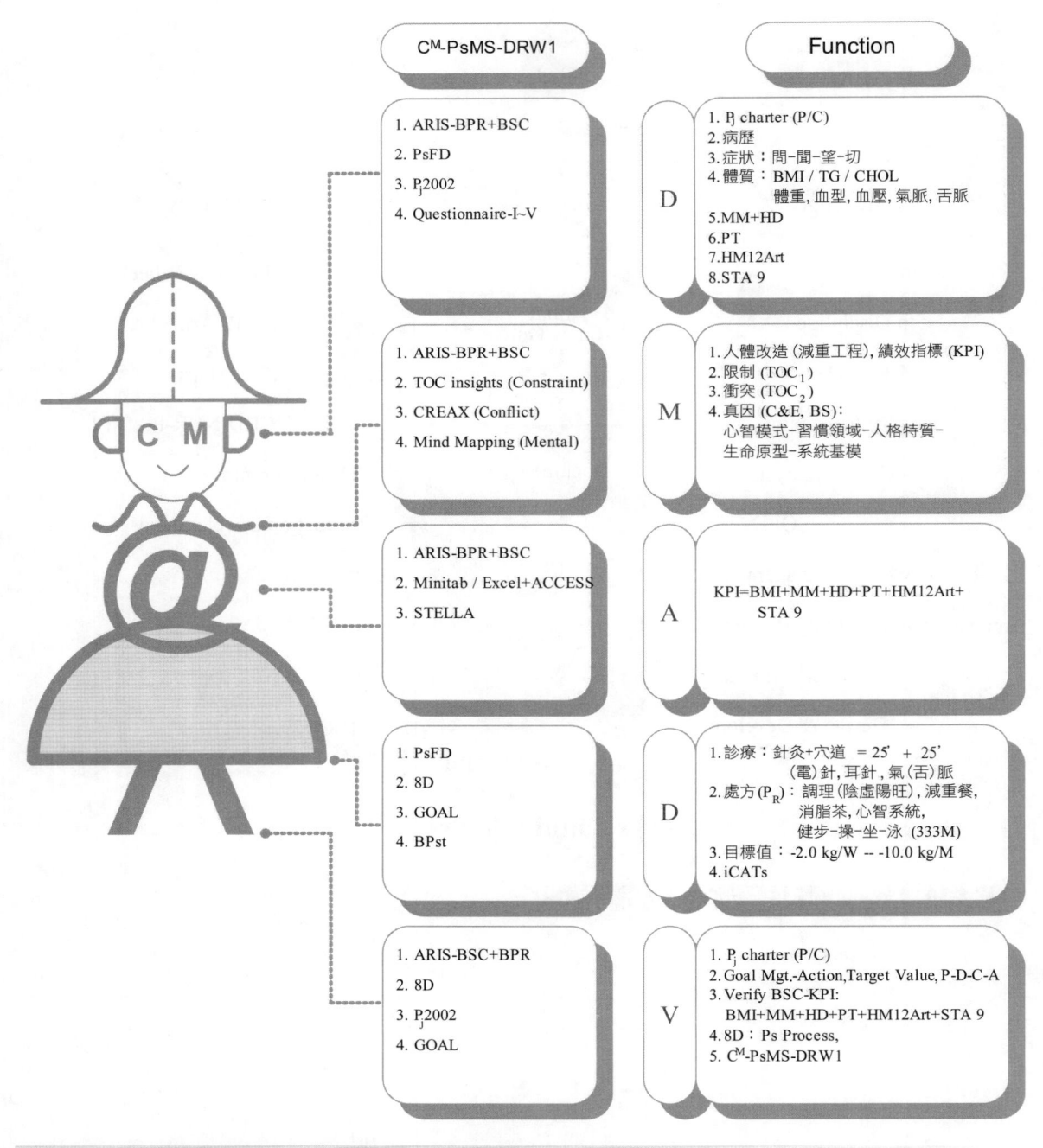

C^M-PsMS-DRW1		Function
1. ARIS-BPR+BSC 2. PsFD 3. P_j2002 4. Questionnaire-I~V	D	1. P_j charter (P/C) 2. 病歷 3. 症狀：問-聞-望-切 4. 體質：BMI / TG / CHOL 　　　體重, 血型, 血壓, 氣脈, 舌脈 5. MM+HD 6. PT 7. HM12Art 8. STA 9
1. ARIS-BPR+BSC 2. TOC insights (Constraint) 3. CREAX (Conflict) 4. Mind Mapping (Mental)	M	1. 人體改造(減重工程), 績效指標 (KPI) 2. 限制 (TOC_1) 3. 衝突 (TOC_2) 4. 真因 (C&E, BS)： 　　心智模式-習慣領域-人格特質- 　　生命原型-系統基模
1. ARIS-BPR+BSC 2. Minitab / Excel+ACCESS 3. STELLA	A	KPI=BMI+MM+HD+PT+HM12Art+ 　　STA 9
1. PsFD 2. 8D 3. GOAL 4. BPst	D	1. 診療：針灸+穴道 = 25' + 25' 　　　　(電)針, 耳針, 氣(舌)脈 2. 處方(P_R)：調理(陰虛陽旺), 減重餐, 　　　　消脂茶, 心智系統, 　　　　健步-操-坐-泳 (333M) 3. 目標值：-2.0 kg/W -- -10.0 kg/M 4. iCATs
1. ARIS-BSC+BPR 2. 8D 3. P_j2002 4. GOAL	V	1. P_j charter (P/C) 2. Goal Mgt.-Action,Target Value, P-D-C-A 3. Verify BSC-KPI: 　　BMI+MM+HD+PT+HM12Art+STA 9 4. 8D：Ps Process, 5. C^M-PsMS-DRW1

◯ **圖 8-31** 中醫減重問題解決心智系統開發模組 (C^M-PsMS-DRW1)

第八章 創新專案管理

8.6 創意英語意識匯談法

　　Krashen (1981) 認為語言習得 (language acquisition) 係指兒童用來習得第一 (L1) 或第二 (L2) 語言之自然過程，無需教導。Wilkins (1995) 則認為語言習得過程是由於自然又隨意地去接觸語言。第二語言習得 (second language acquisition, L2 acquisition) 意謂語言習得是在母語已經建立後才習得的。而語言習得並非線性，而是 U 形發展歷程曲線，學生常在多次練習後，仍可能忘記先前精熟之結構與形式 (Lightbown, 1986)。

　　1950 年代語言學家 L. Bloomfield 所創之「聽說教學法 (audio-lingual method)」，則以語言結構理論為主，強調語音、語型、語句及生字。教學活動以會話、反覆句型練習為主。會話提供學習者瞭解語言使用之情境，且方便「角色扮演」、反覆練習與背誦。語言學習者必須透過刺激 (stimuli) 與反應 (response) 過程，不斷練習與加強，直至養成習慣，不假思索地說出正確句子為止。

　　Charles C. Fries 亦主張先學習基本語音結構，再訓練基本句型結構，教學均需依聽、說、讀、寫順序進行之 (陳須姬，民 88)。主要教學內容為「對話」，聽說領先。藉由對話，讓學生學習句型與詞彙，以大量句型模仿、替換練習 (包含：反覆、代換、重述句子、完成句子、加減句子長度、肯定、否定型轉換)，使學生掌握語音、語法、語調、節奏、詞彙結構，達到不假思索、脫口而出之程度。

　　本研究則基於第二語言習得之 U 形發展歷程曲線與聽說教學法之實質效益，結合十二項學習方法：「張思中外語學習法」、「雙向式英語直覺反應法」、「六個符號英文法」、「RK 英文圖解法」、「邏輯式快速記憶法」、「超覺記憶學習法」、「英文聽力學習法」、「意識匯談法」、「開放空間技術」、「圓桌論壇」、「問題導向學習法」與「問題解決法」，開發「英語意識匯談即時決策管理系統 (W_c°-LRSWT-DRW1)」以為英語學習之依循。

8.6.1 英語學習法

1. 張思中外語學習法

　　余玉照新創之「英語教學十化原則」已為英語教學勾勒出一嶄新里程碑，以資依循：(1) 學生主體化；(2) 目標生活化；(3) 進程自然化；(4) 活動多元

化；(5) 教學趣味化；(6) 取材平衡化；(7) 文法配角化；(8) 測驗合理化；(9) 語文一體化；(10) 應用全面化。其中「學生主體化」之落實途徑則為：(1) 實踐「溝通式」英語教學法；(2) 請老師把教室舞台還給學生；(3) 發揮積極主動之學習精神；(4) 貫徹「耳目口手心」之「五到策略」；(5) 大膽推出「聽讀說寫譯」之實作功夫。另需參用「張思中外語教學法」[2]：(1) 適當集中；(2) 反覆循環；(3) 閱讀原著；(4) 因材施教，以建立學生「心理優勢」及強調：(1) 從無序至有序；(2) 分散難點、各個擊破；(3) 大量輸入、穩健輸出；(4)「背百篇、記千句、識萬詞」；(5) 兩兩對話 (pair dialogue) 之教學策略，其心智圖如圖8-32。

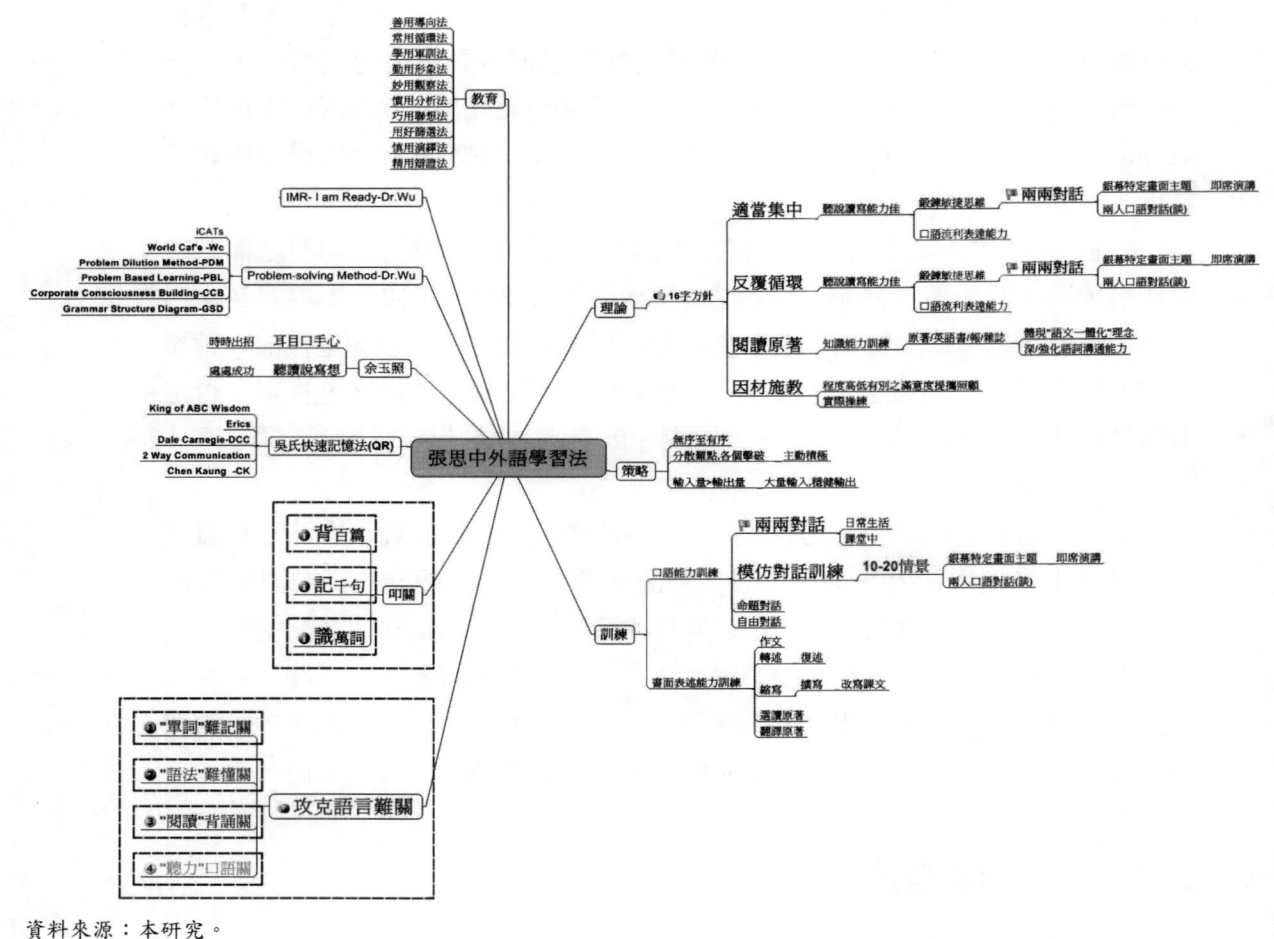

資料來源：本研究。

◯ 圖 8-32　張思中外語學習法心智圖

2. 雙向式英語直覺反應法

扶忠漢於 1984 年提出雙向式英語 (Two-Way Communication) 直覺反應法 (如表 8-35)，用英語思考 (thinking in english) 與表達，著重兩兩對話 (pair dialogue) 與雙向溝通，落實「看聽想到啥 (see it)，隨即答說問啥 (say it)」。

表 8-35　雙向式英語直覺反應步驟

步驟	方法				
1.	聽*	CD**	看	語意明白意思	説	學聲音説英語
	想	腦中回想 2-3 次，不懂時再回顧書本			
2.	參照	文法、句型、慣用語	圖解	句子結構	
3.	聽	聲音	想	意思	
4.	看	語意	説	直接說出英語	
5.	想	回味學過之內容	説	隨心所欲說出英語	

*　：聽：讀：說＝60 分鐘：20 分鐘：10 分鐘＝6：2：1
**：CD 講話速度：(1) 中速 (先有概念，測試自己程度)；(2) 慢速 (男女混聲慢速，徹底聽懂，有時間想與唸句子)；(3) 快速 (習慣洋人自然對／講話速度)。

3. 六個符號英文法

仲華指出：六個符號 (six symbol) 即是英文文法，亦是依照英文思考模式與邏輯，學習英文之聽說讀寫。在英文中，轉換六個觀念：(1) 主詞；(2) 動詞；(3) 分隔線；(4) 連接詞；(5) 子句；(6) 分詞構句，為六個符號：(1) ─ ；(2) ＝＝＝；(3) ／；(4) ○；(5) 【　】＿＿；(6) ──，即可貫通全部英文結構 (如表 8-36)。其句型與結構如下：

The gigolo clubs have migrated / from Taipei Jungshan area / to the East area, / with more than 20 of them (were) hidden / along Sec. 4 of Chunghsiao East Road.//

表 8-36　六個符號表

1.	主詞	─
2.	動詞	＝＝＝
3.	分隔線	／
4.	連接詞	○
5.	子句	【　】＿＿
6.	分詞句構	──

4. RK 英文圖解法

RK 英文圖解法 (Reed-Kellogg Diagrams) 係由 Alonzo Reed 及 Brainerd Kellogg 所創，取代傳統文法解說之句型結構圖解法，以供分析句子及圖解描述句型結構之用。

(1) 主詞 – 受詞 (Subject vs. predicate)

句子之圖解需藉由垂直線將主詞 (subject) 與述語 (predicate) 分離，而述語包含時態動詞、受詞 (objects)、主詞或受詞補語 (subjective or objective complements)。其圖解例句 (Alice considered the situation) 如下：

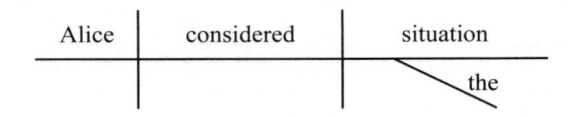

```
Alice │ considered │ situation
                          \the
```

(2) 主要元素與修飾語 (Key elements and modifiers)

水平線係放置主詞、動詞、直接受詞、主詞補語及受詞補語。修飾詞 (modifier) 則放置在需被修飾之述語線下。其圖解例句 (Sam's fat cat purred loudly.) 如下：

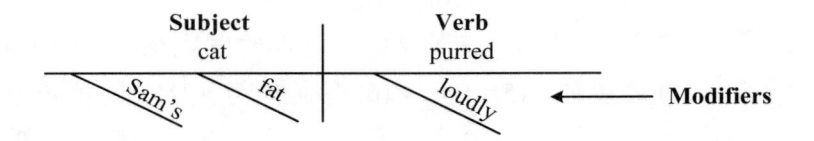

```
       Subject │  Verb
         cat   │ purred
       \Sam's \fat  \loudly    ← Modifiers
```

5. 英文記憶法

(1) 邏輯式快速記憶法

人腦右半部區隔為記憶區，專司感性、記憶、直覺、藝術、創造、發明等，並以 Magic 7＝魔術 7 ± 2 為有效記憶極限。三階段 (八時-睡前-晨醒) 反芻記憶是記憶長久不消之要徑，惟需先將物件大小項分類 (割) 為 7 ± 2 項，並經解碼、鎖碼及轉碼過程，依「順序、方向、大小、邏輯」以「鎖 (項) 鏈」連結並予故事化，則可長期記憶物件。依據記憶金字塔原理 (Memory Pyramid Principle) (如圖 8-33)，「圖像」之記憶持久性遠優於「數字」而「文字」次之。是故，「數字」及「文字」依序轉碼為「圖像」，實有其必要性。

另數字之記憶則可藉由「九九定位聯想圖像法」,將數字讀音(形象)轉碼(音)為圖像(聯想),復編一故事作有意義連結(如表8-37)。其範例如下:

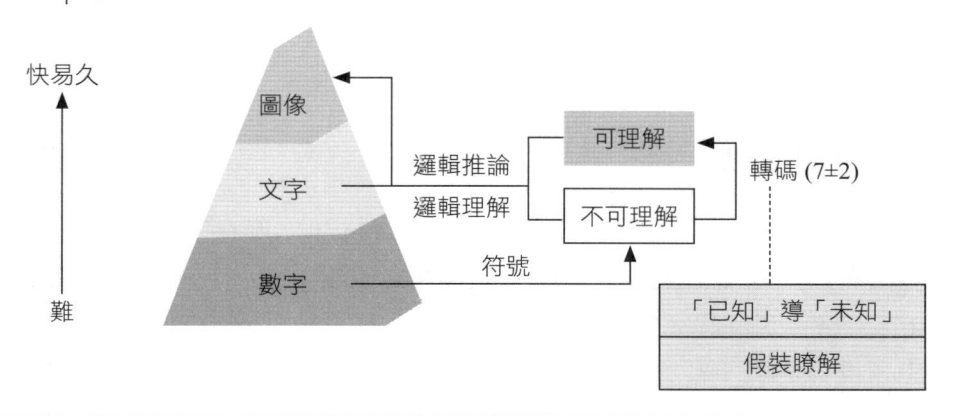

圖 8-33　記憶金字塔

表 8-37　99 定位聯想圖像法 (數字轉碼定位法)

※	0	1	2	3	4	5	6	7	8	9
0	爺爺	靈異	麟兒	靈山	乖乖	蓮霧	喝尿	007	淋巴球	棺材
1	衣領	筷子	一打蛋	雨傘	椅子	鸚鵡	女王頭	儀器	尾巴	119
2	惡鄰居	半杯可樂	大便	阿桑	耳屎	二胡	河流	耳機	惡霸	二舅
3	跑車	鱔魚	山河畫	星星	扇子	珊瑚	沙漏	三七仔	阿花	三角形
4	蚵仔煎	司儀	俄羅斯	便當	斯斯	雞腿	阿兵哥	石器	骰子	草
5	武林	勞工	撲克牌	劍湖山	日本武士	火車	頭髮	武器	烏龜	五角大廈
6	榴槤	流鶯	牛耳	硫酸	新聞	算盤	溜溜球	怪叔叔	劉邦	琉球
7	麒麟	奇異果	企鵝	猴子	安全帽	積木	騎樓	巧克力	錢包	氣球
8	巴黎	白蟻	百合花	疤傷	巴士	白虎	芭樂	拔罐器	喇叭	斑鳩
9	蔡依林	救生衣	酒盒	軍人	果汁	無鉛汽油	蝴蝶	香港腳	酒吧	領結
00	0＝鈴鐺	1＝衣服	2＝兩個	3＝麥當勞	4＝死	5＝跳舞	＝6光溜溜	7＝漆	8＝八(發)	9＝酒

(2) **超覺記憶學習法** (Easily Reminding Intuition Cerebration, ERIC)

記憶潛能有三大定律:(1) 撐控定律;(2) 堅信定律;(3) 期望定律,需藉由創造行為與加強感覺,堅信注意與放大事實,以形成記憶與期望成果。主要運用圖像法 (visualization approach)、聯想法 (association approach) 與鏈鎖法 (link & chain approach),並以 SQ4R (Survey,

259

Question, Read, Recite, Revise, Review) 行動學習法及六字訣：(1) 想 (聯想)；(2) 像 (圖像)；(3) 位 (位置)；(4) 標 (標籤)；(5) 諧 (諧音)；(6) 提 (提醒字) 為依歸。另需以人體三十個部位為掛鉤，俾將擬欲連結記憶之事物、數字、文字等，解碼、編碼 (如：1,2,3……30) 轉換為圖像，並依序鉤吊於人體之上，以達記憶學習之效。

6. 英文聽力學習法

創造全面英語環境，多聽符合自己程度：(1) 生字應在五至十之間；(2) 試聽二至三次，其聽懂率至少為 60%之「英語有聲書」。一天至少聽「英語有聲書」(如：格林童話集、安徒生童話集、湯姆歷險記、福爾摩斯探案、莎士比亞全集、世界名著、經典電影、English 101……等) 一至半小時，由淺入深，反覆交替聽英語有聲書。其步驟為：(1) 放鬆身心，強化右腦 (圖像腦) 之「想像與聯想力」訓練；(2) 每張 CD 從頭至尾，先聽十遍以上 (不看原文)；(3) 克漏字 (cloze)：亦即深層傾聽 (deep listening)；邊聽 CD，邊做克漏字，去除聽力盲點，遞減背誦生字；(4) 聽聲辨字：聽出所有認識之英文單字，清楚正確寫下；(5) 清除混濁之字：a. 每天聽符合自己程度之「英語有聲書」；b. 每天聽，不急著馬上聽懂；c. 熟悉口音 (accent)、語調 (intonation)、速度 (speed)；d. 持續一至二月清洗含混不清之字，久而久之聽覺系統 (耳) 即可熟稔英語之「音域頻率」，正確解讀 (碼) 與內化「聲音信號」。繼而聽聲辨字，隨心所欲，自由使用；(6) 跟述 (shadowing)：每天摀住單耳 (即打開內耳) 出聲跟述、朗讀與背誦符合自己程度之「英語有聲書」，熟習英語節奏 (即體內振動音) 與速度 (如表 8-38)。

表 8-38 英文聽力學習步驟

	1	2	3	4
成 寒*	聽英語有聲書 listen ≧ #10	克漏字 cloze	背生字 recite	跟述 shadowing
	90%	10%		
張思中	大量輸入	穩健 (少量) 輸出		

＊：www.chenhen.com

8.6.2 英語意識匯談即時決策管理系統

「英語意識匯談即時決策管理系統 (W_c^2-LRSWT-DRW1)」架構，係以「張思中外語學習法及意識匯談法」為核心技術、D. Bob Gowin（1981）之 V-dot diagram 為核心主軸。V-dot Diagram 頂端 dot 係指本研究最高指導原則 (英語聽聲辨字，隨心所欲，自由使用)，dot 區內含：(1) 英語學習法：張思中外語學習法、雙向式英語直覺反應法、六個符號英文法、RK 英文圖解法、英文聽力學習法；(2) 快速記憶法：邏輯式快速記憶法、超覺記憶學習法；V-dot diagram 左右兩端則代表核心知識（Knowledge）與方法 (Methodology)：(1) 意識匯談法；(2) 論壇：開放空間技術、圓桌論壇；(3) 問題解決：問題導向學習法、問題解決法。

上述系統係將英語意識匯談五大主軸：(1) 聽 (Listen)；(2) 讀 (Read)；(3) 想譯 (Think & Translate)；(4) 寫 (Write)；(5) 說 (Speak)，基植於六標準差品質管理系統之五大面向：(1) 定義 (Define)：步驟一；(2) 量測 (Measure)：步驟二；(3) 分析 (Analysis)：步驟五；(4) 執行 (Implement)：步驟四；(5) 驗證 (Verify)：步驟三，並藉由 Visual Basic 6.0 進行縱向連結、橫向整合與英語意識匯談即時決策管理系統（W_c^2-LRSWT-DRW1）開發，系統如圖 8-34。使用者可於系統面依個人需求進行整合型之線上英語學習與英語情境演練 (English Situational Response) 及英語句型情境五大劇情演練 (如表 8-39~8-40，圖 8-35~8-36)，以達事半功倍之效。

1. 定義 (Define, D)

又名聽力訓練階段 (L^1)。需先籌組圓桌論壇 (World Café) 小組成員四人，同時進行人格特質線上測驗 (如：ABCD/STA12/COLOR 4)，剖析個案右腦 (記憶腦) 記憶力之強度 (如：C 型、D 型)。並遴選 A 型 (理智型) 者為圓桌論壇之核心主軸-意識會談小組長，組員則由 B 型 (組織型)、C 型 (感覺型) 及 D 型 (開創型) 等三人所組成。復進行小組成員英語聽力測驗 (即本系統之 M 面向)，俾供分級編組及挑選適合自己程度之「英語有聲書」、「英語百篇、千句、萬詞」與英語原著書報及雜誌。最後在圓桌論壇之情境與氛圍下 (Café Space Layout)，小組成員以塗鴉 (Doodle) 手法，手繪心智圖 (Mind Map)、衝突圖 (Conflict Diagram)、親合圖 (Kj Diagram)，以找出英語學習之障礙、衝突點或真因 (conflict point & root-cause)：(1) 聽 (L)；(2) 讀 (R)；(3) 說 (S)；(4) 寫

創新管理

```
       W_c^c-LRSWT-DRW1                        Function
```

┌─────────────────────────────────┐   ┌──────────────────────────┐
│ 1. Questionnaire   │   │ 1. Personality Charter   │
│   (On-line ABCD / STA12 / COLOR4 Test) │ D │ 2. Level 1, 2, 3   │
│ 2. 英語有聲書   │   │ 3. Level 1, 2, 3   │
│ 3. 英語百篇/千句/萬詞   │   │ 4. World Cafe'   │
│ 4. Cafe Space Layout   │   │ 5. Mind MaP   │
│ 5. Doodle- Mind Manager   │   │ 6. Kj Diagram   │
│ 6. Doodle -VISIO + Small Painter│ L^1   │ 7. Conflict Diagram   │
│ 7. Doodle -TOC Insights   │   │ 8. Section 2.6   │
│ 8. 英文聽力學習法   │   │ 9. Section 2.2   │
│ 9. 雙向式英語直覺反應法   │   │ 10. Project Management   │
│ 10. Project 2000   │   └──────────────────────────┘
└─────────────────────────────────┘

┌─────────────────────────────────┐   ┌──────────────────────────┐
│ 1. 英語有聲書聽力線上測驗   │   M   │ 1. Level 1, 2, 3   │
│ 2. ARIS - BSC   │   │ 2. Performance Evaluation│
│ 3. Hosting Guide (9-7-9)   │   │ 3. World Cafe'   │
│ 4. 張思中外語學習法   │   │ 4. Cloze & shadowing   │
│ 5. 六個符號英文法   │   R^2   │ 5. Cloze & shadowing   │
│ 6. RK 英文圖解   │   │ 6. Cloze & shadowing   │
└─────────────────────────────────┘   └──────────────────────────┘

┌─────────────────────────────────┐   ┌──────────────────────────┐
│ 1. ARIS - BSC   │   A   │ 1. Performance Evaluation│
│ 2. 張思中外語學習法   │   │ 2. Section 2.1   │
│ 3. 邏輯式快速記憶法   │   │ 3. Section 2.5.1   │
│ 4. 超覺記憶學習法   │   │ 4. Section 2.5.2   │
│ 5. 圓桌論壇   │   T_T^5 │ 5. Section 4.2   │
│ 6. 意識匯談法   │   │ 6. Section 3   │
└─────────────────────────────────┘   └──────────────────────────┘

┌─────────────────────────────────┐   ┌──────────────────────────┐
│ 1. 意識匯談法   │   I   │ 1. Section 3   │
│ 2. 開放空間技術   │   │ 2. Section 4.1   │
│ 3. 圓桌論壇   │   │ 3. Section 4.2   │
│ 4. 問題導向學習法   │   │ 4. Section 5   │
│ 5. 問題解決法   │   W^4   │ 5. Section 6   │
└─────────────────────────────────┘   └──────────────────────────┘

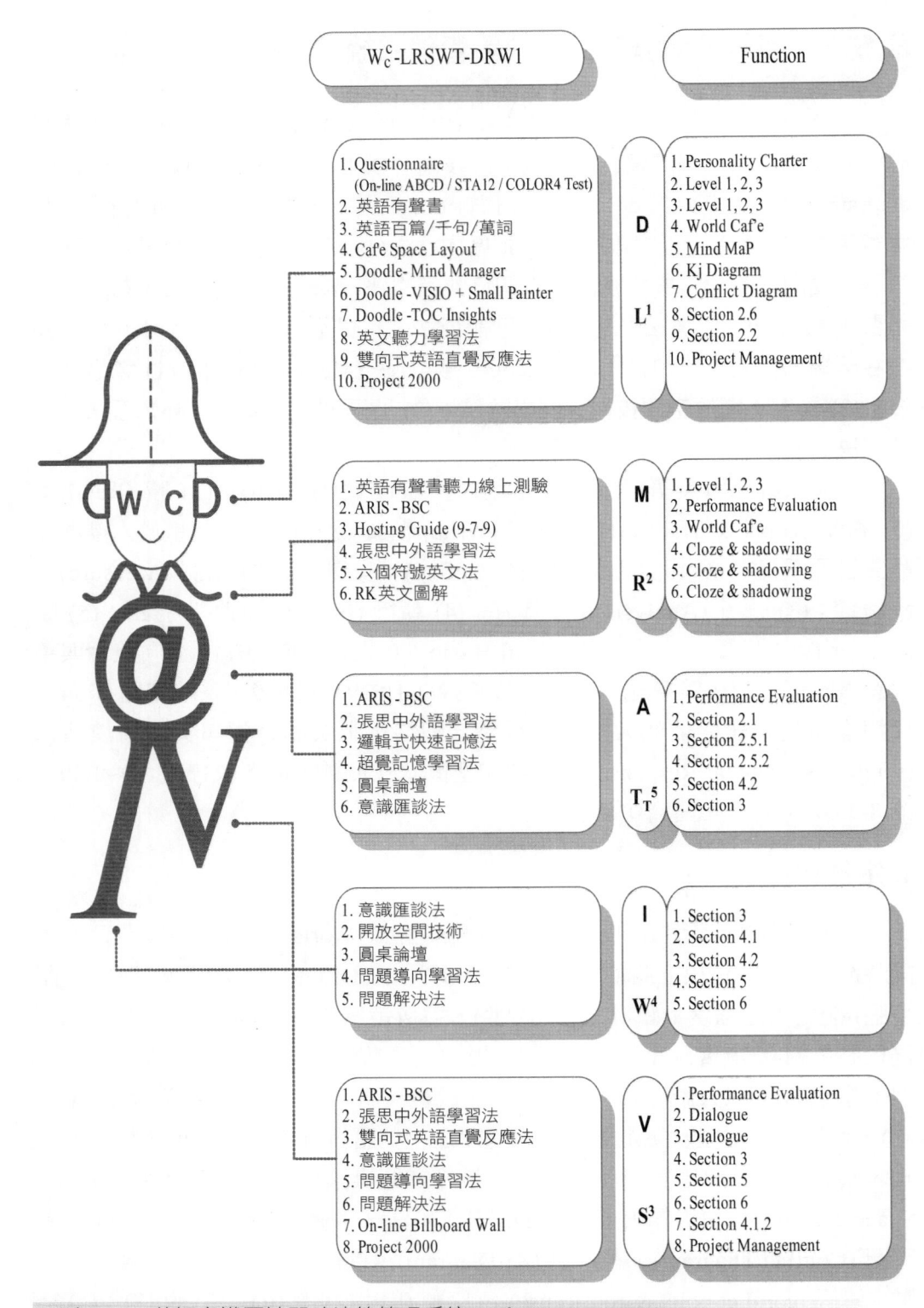

┌─────────────────────────────────┐   ┌──────────────────────────┐
│ 1. ARIS - BSC   │   │ 1. Performance Evaluation│
│ 2. 張思中外語學習法   │   V   │ 2. Dialogue   │
│ 3. 雙向式英語直覺反應法   │   │ 3. Dialogue   │
│ 4. 意識匯談法   │   │ 4. Section 3   │
│ 5. 問題導向學習法   │   │ 5. Section 5   │
│ 6. 問題解決法   │   │ 6. Section 6   │
│ 7. On-line Billboard Wall   │   S^3   │ 7. Section 4.1.2   │
│ 8. Project 2000   │   │ 8. Project Management   │
└─────────────────────────────────┘   └──────────────────────────┘

⇨ **圖 8-34** 英語意識匯談即時決策管理系統（W_c^c-LRSWT-DRW1）

表 8-39 英語情境演練劇本

	Scenario 1	Scenario 2	Scenario 3	Scenario 4	Scenario 5	Scenario 6
1	Greetings	Talking about objects and people	Describing objects	Making plans	Telling about past experience	Countries and nationalities
2	Classroom expressions	Talking about languages	Asking people to do things	Making decisions	Asking about furniture and places to live	Geography and land features
3	Identifying objects	Talking about activities	Getting information and directions	Going places	Talking about things to wear	Schools and education
4	Identifying people by occupation	Talking about daily activities	Talking about neighbors and friends	Eating in a restaurant	Thinking about possible future activities	Farms and factories
5	Identifying people by occupation	Talking about daily activities	Talking about neighbors and friends	Eating in a restaurant	Thinking about possible future activities	Farms and factories
6	Introductions and courtesies	Talking about yesterday's activities	Talking about future activities	Going out for the evening	Talking about past possibilities	Hobbies and interests
7	Days and months of the calendar	Meeting a friend	Talking about the weather	Making appointments	Asking about likes and dislikes	Recreation and sports
8	Talking about objects	Talking about last year's activities	Talking about sickness and health	Visiting the doctor	Giving advice and opinions	Newspapers and magazines
9	Telling time	Asking about addresses	Talking about daily habits	Making telephone calls	Asking favors of other people	Radio and telephone
10	Talking about dates	Asking questions	Getting other people's opinions and ideas	Writing letters	Making preparations to travel	Music and literature

資料來源：1. 吳贊鐸整理。2. "English 900，" http://www.iselong.com/6/526.htm.

(W)；(5) 想譯 (Think & Translate, T_T) 及其優先順序 (priority ranking)，並以專案管理軟體 (Project 2000) 進行英語聽力訓練與學習計畫之規劃 (Plan, P)、執行 (Do, D)、稽核 (Check, C)、改正 (Action, A) 及績效評估 (Performance Evaluation, PE)。

2. 量測 (Measure, M)

又名閱讀能力訓練階段 (R^2)。小組成員進行英語有聲書聽力線上測驗及

表 8-40　英語句型五大情境演練表

I	**S + V**
	(1) S + Vi
	(2) S + Vi + Adv (Adv-ph.)
	(3) S + Vi + Adv Inf.
II	**S + V + C**
	(1) S + be + N
	(2) S + be + Pro-N
	(3) S + be + Adj
	(4) S + be + to-inf
	(5) S + be + P.P. + to-inf
	(6) S + Vi + N
	(7) S + Vi + Adj.
	(8) S + Vi + G
	(9) S + Vi + P.P
	(10) S + Vi + Prep + G
	(11) S + Vi + Adj + to-inf
	(12) S + Vi + Adj + that (if/whether/where/when/why…)-cl.
III	**S + V + O**
	(1) S + Vt + N
	(2) S + Vt + Pro-N
	(3) S + Vt + -ing
	(4) S + Vt + Prep + -ing
	(5) S + Vt + to-inf / not to-inf
	(6) S + Vt + what (whom, which) + to-inf
	(7) S + Vt + how (when, where) + to-inf
	(8) S + Vt + that-cl
	(9) S + Vt + what (whom, which, who)-cl
	(10) S + Vt + how (when, where, why)-cl
	(11) S + Vt + if (whether)-cl
IV	**S + V + IO + DO**
	(1) S + Vt + N (Pro-N) + N
	(2) S + Vt + N (Pro-N) + how (when, where, what, which) + to-inf
	(3) S + Vt + N (Pro-N) + that (what, which, who, how, when, where, why if, whether)-cl
V	**S + V + O + C**
	(1) S + Vt + N (Pro-N) + N (Pro-N)
	(2) S + Vt + N (Pro-N) + Adj
	(3) S + Vt + N (Pro-N) +-ing
	(4) S + Vt + N (Pro-N) +-ed
	(5) S + Vt + N (Pro-N) + to-inf
	(6) S + Vt + N (Pro-N) + O-inf
	(7) S + Vt + N (Pro-N) + as + Adj (N)
	(8) S + Vt + N (Pro-N) + Prep + N
	(9) S + Vt + N (Pro-N)-cl

第八章　創新專案管理

Making Plans		

1. What do you plan to do tomorrow?	6. There's nothing to do because tomorrow is a holliday.	11. That's a good idea.
2. I doubt that I'll do anything tomorrow.	7. What's your brother planning to do tomorrow.	12. I'm hoping to spend a few days in the mountains.
3. Please excuse me for a little while. I want to do something.	8. He can't decide what to do.	13. Would you consider going north this summer?
4. I imagine I'll do some work instead of going to the movies.	5. It's difficult to make a decision whithout knowing all the facts	14. If there's a chance you'll go, I'd like to go with you.
5. Will it be convenient for you to explain your plans to him?	10. We're trying to plan our future.	15. After you think it over, please let me know what you decide.

◯ 圖 8-35　英語情境 4-1 演練劇本

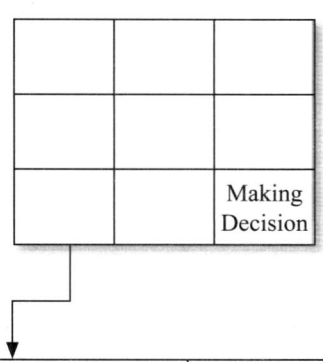

	Making Decision	

1. I'm anxious to know what your decision is.	6. I've definitely decided to go to California.	11. You can go whenever you wish.
2. I'm confident you've made the right choice.	7. He didn't want to say anything to influence my decision.	12. We're willing to accept your plan.
3. I want to persuade you to change your mind.	8. She refuses to make up her mind.	13. He knows it's inconvenient, but he wants to go anyway.
4. Will you accept my advice?	9. I assume you've decided against buying a new car.	14. According to Mr. Green this is a complicated problem.
5. What have you decided?	10. It took him a long time to make up his mind.	15. She insists that it doesn't make any difference to her.

◯ 圖 8-36　英語情境 4-2 演練劇本

265

ARIS 平衡計分卡 (BSC) 線上即時績效評估。復由小組導師 (保母) 依指引原則 (Hosting Guide (9-7-9))，以：(1) 張思中外語學習法；(2) 六個符號英文法；(3) RK 英文圖解，進行每日聽力訓練後之克漏字 (cloze) 與跟述 (shadowing)。

3. 分析 (Analyze, A)

又名思考與翻譯能力訓練階段 (T_T)。本階段係藉由 ARIS 平衡計分卡分析小組成員 D (L^1) 與 M (R^2) 二面向之學習成效。同時加強右腦之思考與翻譯能力訓練：(1) 張思中外語學習法-背百篇 (莎士比亞全集、世界文學名著)、記千句 (動詞句型、Dixon 片語)、識萬詞 (4000 單字)；(2) 邏輯式快速記憶法；(3) 超覺記憶學習法，復以意識匯談法進行角色扮演與英語及句型情境演練 (Cross-pollinating Space Layout) (如表 8-39，8-40)。

4. 改進 (Improve, I)

又名寫作能力訓練階段 (W^4)。小組導師藉由 M (R^2) 與 A (T_T^5) 二面向之學習成效提出改正措施，並納入 D 階段學習計畫之修正、調整及 Project 2000 專案管控。同時加強左腦 (邏輯腦) 之訓練：(1) 意識匯談法；(2) 開放空間技術；(3) 圓桌論壇；(4) 問題導向學習法；(5) 問題解決法，及每日聽力訓練後之記憶 (recite)、克漏字 (cloze)、跟述 (shadowing) 與寫作 (writing) 訓練。

5. 驗證 (Verify, V)

又名會話能力訓練階段 (S^3)。藉由ARIS平衡計分卡線上系統即時評估聽讀說寫譯能力與績效。並於圓桌論壇及開放空間之情境，以「張思中外語學習法」及「雙向式英語直覺反應法」，依據表 8-39 英語情境演練劇本與表 8-40 英語句型五大情境演練者，進行：(1) 兩兩對話；(2) 模仿對話；(3) 命題對話；(4) 自由對話。同時加強整合：(1) 意識匯談法；(2) 問題導向學習法；(3) 問題解決法於英語學習之問題解決。復以 On-line Billboard Wall 及 Project 2000 表述小組成員之英語意識匯談學習成效與計畫報告，以資依循與改進之用。

第八章　創新專案管理

8.7 餐飲服務業創新學習績效評估模式建置

二十一世紀係一快速變革、快速回應與快速創新之藍海三快時代，而迅速 (quick)、快速 (rapid)、快捷 (agile)、精實 (lean)、永續 (sustainable)、創新 (innovation) 更是企業競爭優勢再造之不二法門。管理大師 Peter F. Drucker 定義「創新」為改變現實資源之產出，並創造出新穎之價值與滿足。「創新學習」儼然發展為有效解決問題、再創企業新局與新價值之道 (Tao)，對餐飲服務業更是不可或缺。

8.7.1 創新學習

Senge (1990) 指出真正學習是提昇「創新與創造能力 (innovation & creativity)」，做到前所無法做到之事。而「創新性學習」即 Argyris & Schon (1978) 所提之「雙圈學習」(double-loop learning) -組織於界定及解決問題時，公開質疑廣被接受之假設，並敞開心胸予以持續試驗與回饋；組織可藉此增強組織學習與創新能力，改善組織效能。茲綜整三種創新學習模式 (如圖 8-37 創新學習鏈) 於餐飲服務業創新學習績效評估模式建置之用：(1) 問題導向學習 (PBL) (詳如 4.4.1 節)；(2) 行動學習 (AL) (詳如 4.4.2 節)；(3) 體驗式學習 (EL) (詳如 4.4.3 節)，以資依循。

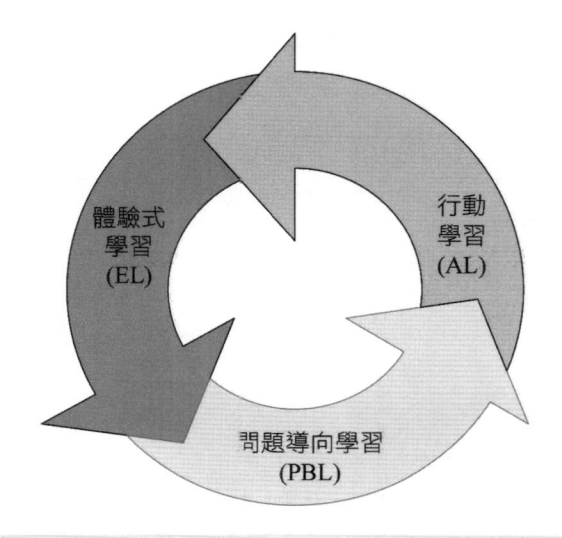

◯ 圖 8-37　創新學習鏈

8.7.2 績效評估

　　生活型態改變，飲食習慣偏向高熱量、高脂肪食物攝取，國人肥胖及罹患慢性疾病日趨嚴重，且有年輕化趨勢。菜單創新設計、標準食譜卡 (如表 8-41)、標準化創新食譜、烹飪烘焙製備能力養成與評比、製備過程品質保證與管制 (QA/QC)、感官品評 (Sensory Evaluation)、訓練品質評核 (TTQS)、餐飲服務績效評估 (HSPE)、顧客滿意度 (CSI) 調查分析及其矯正預防措施 (CA&PA) 均為所亟需，且需輔以績效評估始為完善。

　　菜單設計需詳實規劃並成功引起攝取者食慾，以達「食品安全，健康樂活」之供膳目的。而菜單設計則為餐飲服務業之首要之務，其專業養成訓練更是不可或缺，包含創意菜單點子激發、創意食譜問題解決、供餐對象營養需求、食材特性組合、食材市場供需現況 (包含：季節與氣候) 與缺口分析、烹飪烘焙廚房設備操作、成本效益分析 (包含：食材成本、庫存成本、收支平衡、損益平衡點、訂價利潤、毛利率、廢棄率) 與行銷組合 (Marketing Mix)。

表 8-41　標準食譜卡

名稱		類別		碳足跡	g/CO$_2$-e
製備時間		前處理時間		烹調時間	
烹調設備		烹調器具		烹調火候	
製備過程品質標準	□有 □否	HACCP 標準流程	□有 □否	ISO 22000 食品安全管理系統	□有 □否
食材	營養成分	重量	單價	總價	訂價[1]
1.					
2.					
3.					
4.					
5.					
烹調方法				成品照片	
感官品評	□5 卓越	□4 優異	□3 良好	□2 一般	□1 不佳
顧客評價	★★★★	★★★	★★	★	-

[1]：需考量食材膨漲率、收縮率、廢棄率、毛利率、損益平衡點、利潤、食材成本、庫存成本
資料來源：本研究整理。

第八章 創新專案管理

1. 餐飲服務業行動方案

(1) 工作包

依據餐飲服務業整體性及階段性策略目標進行創新菜單 (或服務) 設計開發時，需：(1) 先就內外部顧客的聲音 (VOC) 與顧客價值 (Customer Value, CV)，以塗鴉 (Doodle) 方式繪製「新菜單 (或服務) 草圖、心智圖、衝突圖及 K_j 親和圖」(如表 8-42)；(2) 設定 STP (市場區隔、目標市場、產品定位) 準則；(3) 規劃行銷組合 (Marketing Mix) 與行動方案 (如：創新菜單設計、標準食譜卡製作、創新食譜標準化、烹飪烘焙製備／評比／品質保證與管制、感官品評、訓練品質評核)。其中行銷組合之 AIDAS 各行動方案 (如表 8-43) 亦即專案管理之工作包 (Work Package, WP)，需包含：方案負責人、階段性策略目標與工作說明書 (Statement of Work, SOW)、起迄時間、預算、資源 (如：人機料法測環)、執行技術與方法 (如表 8-44)。

表 8-42　顧客聲音與顧客價值塗鴉法

Doodle 塗鴉	Mindmap 心智圖	K_j 親和圖	TOC 衝突圖
塗鴉 (Graffiti, Doodle) 係指在自由開放的空間無拘無束，發揮想像，信手拈來想什麼，就畫什麼。而塗鴉客在公有及私有設施或牆壁上，有意圖之噴漆圖畫或文字標記，謂之塗鴉牆。	創始人 Tony Buzan：心智圖法係一擴散思考之方法，運用線條-顏色-文字-數字-符號-圖像-圖畫-關鍵詞…等各種方式聯想及統整，把所學所想之概念、意象表現之，是一種視覺化或圖像化之思考方法。	創始人川喜田二郎 (Kawakita Jiro) 於 1962 年提出一套科學發現之方法，即蒐集大量未經篩選之資訊情報，藉由腦力激盪法分類、歸納與組合問題全貌。步驟有四：(1) 資訊情報卡片化-一念一卡；(2) 親和性或類似性卡片群組化-分組與命名；(3) A 型圈圖化；(4) 說故事 (S_tT)。	Dr Eliyahu M. Goldratt 於 1986 年提出限制理論 (Theory of Constraints, TOC)，藉由衝突圖發掘、面對、定義與分析問題，聚焦組織與個人間之因果邏輯關係，找出阻礙或限制組織在短時間內得到整體效益與高績效之少數關鍵／限制因子。

表 8-43 新菜單 (或服務) 行動方案[1]

新菜單 (或服務) 設計開發準則	行銷組合 (Marketing Mix)																			
	P₁ 產品					P₂ 定價					P₃ 通路					P₄ 促銷					
	A	I	D	A	S	A	I	D	A	S	A	I	D	A	S	A	I	D	A	S
S ……																				
T ……																				
P ……																				

[1]：滿足顧客心理行動方案：AIDAS＝Attention 吸引＋Interest 興趣＋Desire 慾望＋Action 行動＋Satisfaction 滿意

表 8-44 工作包 (Work Package, WP)

WP 名稱	WP 編號	WBS 編碼	CA 編碼		
負責人	SOW 工作說明	起迄時間	預算		
交付標的	限制條件	AQL 允收標準	預期成效		
資　　源					
人	機	料	法	量測	環境

註：工作包 (Wp) 係指之 WBS (工作分解結構) 與 OBS (組織分解結構) 交會處之工作事項。
工作分解結構 (WBS) 包含：(1) 數字編碼；(2) 動詞＋工作內容；(3) 5-10 工作日；(4) 細部分解至專案最底層 (約 3-6 層)。

(2) 服務包

服務包 (Service Package, SP) 係指在餐飲服務業特殊情境下所提供之有形產品與無形服務之組合 (portfolio)，亦是流 (過) 程更新、修復 (補) 和 (或) 增強之集合，並以一獨立之服務包形式發布 (如：Android 服務包、Autodesk Product Design Suite、Windows 2000 SP4、餐飲服務品質績效評估／成本效益分析／行銷組合與顧客滿意度調查分析及其矯正預防措施)。其中服務需兼具即時性與異質性且於服務過程 (service process) 中發揮僕人式領導 (servant-leadership) 特質：傾聽 (listening)、同理心 (empathy)、療癒 (healing)、認知 (awareness)、說服 (persuasion)、概念化 (conceptualization)、預知 (foresight)、倫理 (stewardship)、承諾

(commitment to the growth of people)、建立社群 (building community) 及 5S 技巧 (5S = Smile, Softly, Slowly, Steady, Sorry)。而服務包需兼具服務所需設備、輔助設施、顯性服務、隱性服務等四種特質。

(3) 服務藍圖

「服務藍圖 (Service Blueprint)」係由實體證據 (physical evidence)、顧客 (customer)、前場員工 (Onstage contact person)、後場員工 (Offstage contact person)、及支援流程 (support process) 所準確描繪之服務系統地圖，以供服務人員遵循及分析其服務績效之用。惟需藉由「三線」：(1) 互動線 (Line of interaction)；(2) 可見線 (Line of visibility)；(3) 內部互動線 (Line of internal interaction)，檢視服務現場情境，以區隔前 (後) 場接應人員之行動、支援輔助程序及顧客行動。服務接觸則涵蓋可見線以上之區域為主，為防誤與防呆仍須輔以 FWD 註記之：(1) 失誤點 (F)；(2) 顧客等候點 (W)；(3) 員工決策點 (D) (如圖 8-38)。

2. 餐飲服務業創新學習績效評估模式

績效評估 (Performance Evaluation, PE) 係指以既定之評量標準或績效指標，進行客觀公正之定性或定量評比 (價) 與分析。主要功能為維持組織目標文化與管理規章、企業營運持續管理 (BCM)、善盡企業社會責任 (CSR)、符合優良服務 GSP 認證規範、工作包與服務包之執行績效、人力資源管理與決策及

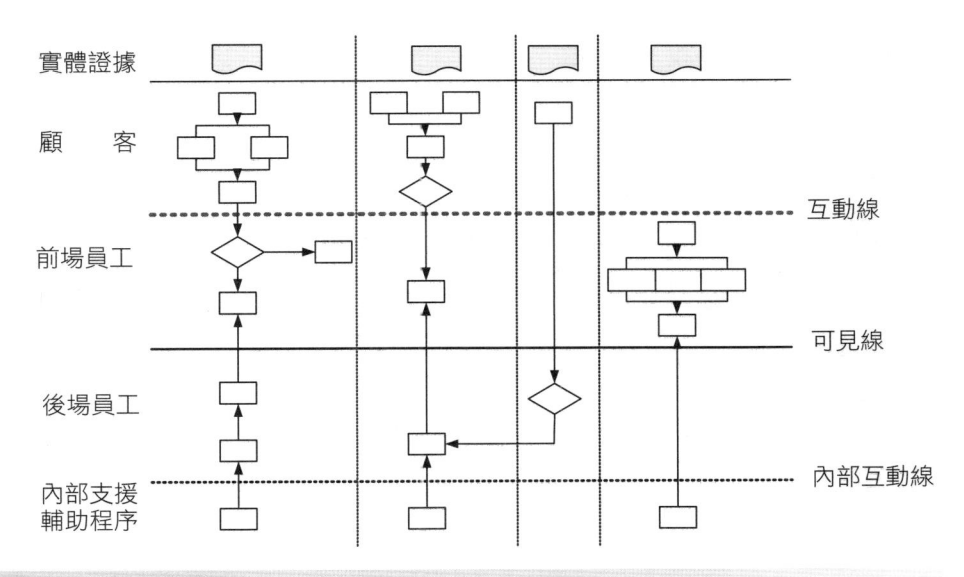

◯ 圖 8-38　服務藍圖

員工職能規劃與發展。

　　本研究特研發「餐飲服務業創新學習績效評估模式」(如圖 8-39)：(1) 工作說明書與工作及缺口分析 (Job Description , Job Analysis & Gap Analysis)；(2) 建構創新學習鏈 (Innovation Learning Chain)；(3) 規劃餐飲服務行動方案／工作包／服務包；(4) 烹飪烘焙培訓／製備／品質保證與管制／服務流程管理；(5) 選用或發展評估工具 (Tool) - a.TTQS 訓練品質評核表 (表 8-45)，b. 標準食譜卡 (表8-41)，c. 感官品評 (表 8-46)，d. 餐飲服務績效評估 (HSPE) (表 8-47)，e. 優良服務 GSP 認證規範評估表 (表 8-48)；(6) 績效評估 (PE)；(7) 回饋與矯正預防措施 (Feedback and Corrective / Prevention Action)；(8) 修正與微調關鍵績效指標 (Modify and Tuning KPI)；(9) 獎懲 (Award & Punishment)。其中餐飲服務績效評估係以五大績效指標 (門市服務管理、服務品質、魅力品質、顧客關係管理與創新管理) 與二十項評估準則，以為績效評估之用。惟職前與在職訓練之

表 8-45　TTQS 訓練品質評核表

		\multicolumn{2}{c}{L_3 行為評估}	\multicolumn{3}{c}{L_4 成果評估}
L_1 反應評估	L_2 學習評估	\multicolumn{2}{c}{※個人後續行動計畫 ※直屬主管觀察學者}	\multicolumn{3}{c}{組織績量化指標}
		直接	間接	社會面	技能面	財務面
0. 需求調查 0. 需求與課程連結 1. 執行滿意度調查 2. 參與者喜歡滿意 3. 接受度、認知度	1. 考試評量 2. 實作評量 3. 心得報告 4. 熟練度	1. 工作流程改善 2. 客訴率降低 3. 不良率降低 4. 溝通行為佳 5. 內化、應用度	1. 營業額增加 2. 市佔率增加 3. 薪酬考核升遷連結	1. 員工離職率低 2. 員工滿意度高 3. 主管滿意度高 4. 增加社會安全 5. 善盡 CSR	1. 高證照數通過率 2. 研發專利數增加 3. 市場表現績效 4. 達成組織工作／需求	1. 公司／訓練 FOI/EPS/CP↑ 2. 續薪增加 3. 財務貢獻度
□5□4□3□2□1	□5□4□3□2□1	□5□4□3□2□1	□5□4□3□2□1	□5□4□3□2□1	□5□4□3□2□1	□5□4□3□2□1
評分標準	5 卓越	4 優異	3 良好	2 一般	1 不佳	
主管總評	\multicolumn{3}{l}{人格特質 □A 理智型　□B 組織型 □C 感覺型　□D 開創型}	\multicolumn{3}{l}{訓練績效 $L_1 =$　　　　$L_2 =$ $L_3 =$　　　　$L_4 =$}

※職能盤點→職能分析→職能缺口→職能訓練→績效分析
※TTQS = Taiwan TrainQuali System

第八章　創新專案管理

1. 餐飲服務工作說明書與工作及缺口分析
(Job Description, Job Analysis & Gap Analysis)

2. 建構創新學習鏈
(Innovation Learning Chain)

3. 規劃餐飲服務行動方案／工作包／服務包

4-1. 烹飪烘焙訓／製備／品質保證與管制

4-2. 服務流程管理

5. 選用或發展評估工具 (Tool)
a. TTQS 訓練品質評核表　　b. 標準食譜卡
c. 感官品評表　　　　　　　d. 餐飲服務績效評估表
e. 優良服務 GSP 認證規範評估表

6. 績效評估 (PE)

7. 回饋與矯正預防措施
(Feedback and Corrective / Prevention Action)

8. 修正與微調關鍵績效指標
(Modify and Tuning KPI)

9. 獎懲
(Award & Punishment)

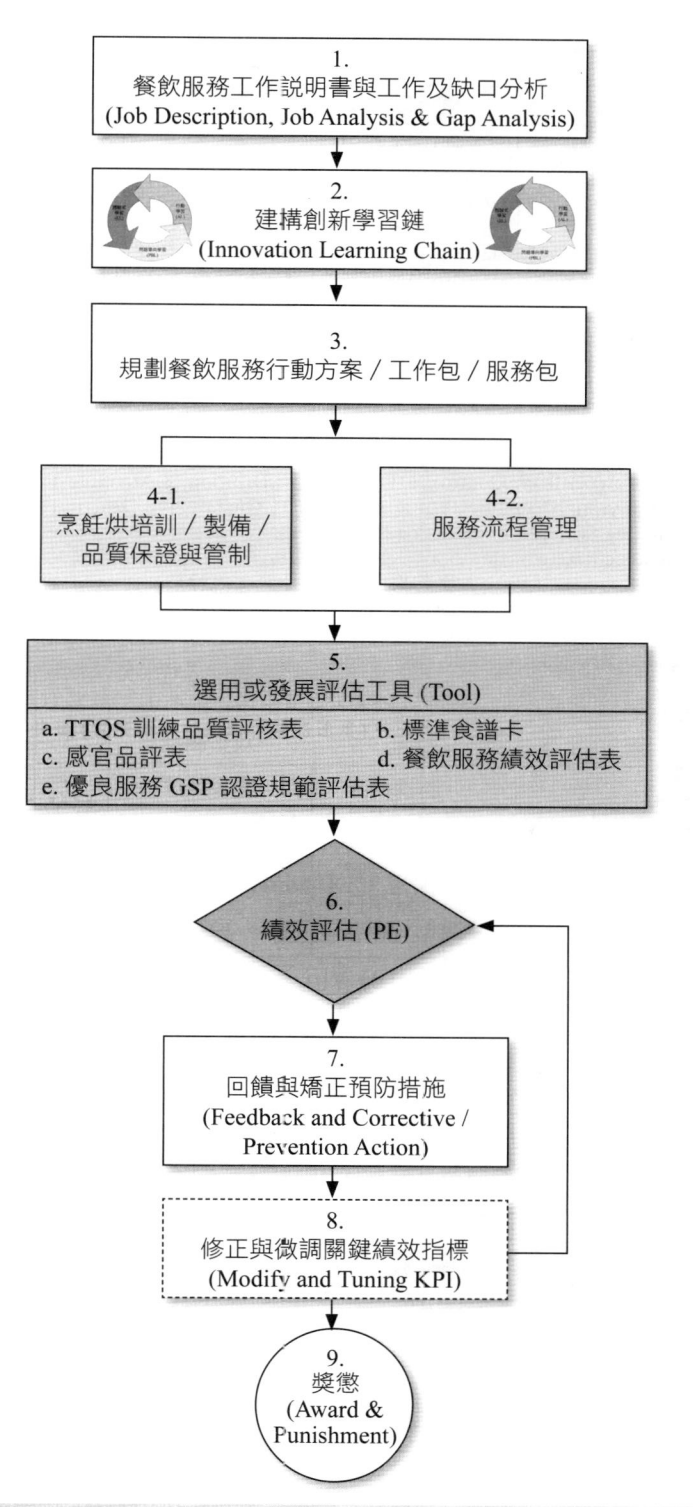

◯ **圖 8-39**　餐飲服務業創新學習績效評估模式

表 8-46　感官品評表

名稱			類別		品評日期	
外觀(外型色澤)	香氣(芳香)	味道(酸甜苦鹹)	組織(口感)	接受性	綜合評鑑
☐5 非常喜歡 ☐4 喜歡 ☐3 普通 ☐2 不喜歡 ☐1 非常不喜歡	☐5 非常喜歡 ☐4 喜歡 ☐3 普通 ☐2 不喜歡 ☐1 非常不喜歡	☐5 非常喜歡 ☐4 喜歡 ☐3 普通 ☐2 不喜歡 ☐1 非常不喜歡	☐5 非常喜歡 ☐4 喜歡 ☐3 普通 ☐2 不喜歡 ☐1 非常不喜歡	☐5 非常喜歡 ☐4 喜歡 ☐3 普通 ☐2 不喜歡 ☐1 非常不喜歡	☐5 非常喜歡 ☐4 喜歡 ☐3 普通 ☐2 不喜歡 ☐1 非常不喜歡
總　評			品評雷達圖			

註 1：感官品評法：1.Paired-comparison, 2.Deu-trio, 3.Triangle, 4.Ranking, 5.RatingDifference/Scalar Differencefrom Control, 6.Threshold, 7.Dilution, 8.Attribute Rating, 9.Flavor Profile Analysis, 10.Texture Profile Analysis, 11.Quantitative Descriptive Analysis,12.Hedonic Rating Scale, 13.Food Action Rating Scale.

註 2：本研究選用 Hedonic Rating Scale：5 非常喜歡、4 喜歡、3 普通、2 不喜歡、1 非常不喜歡，用於多種樣品多個品評性狀之比較。

Source: http://content.sp.npu.edu.tw/teacher/changhc/DocLib3/%E5%93%81%E8%A9%95%E5%AF%A6%E4%BD%9C.pdf
http://www.gmp.org.tw/oldpeopledetail.asp?id=147

表 8-47　餐飲服務績效評估表

關鍵績效指標 KPI	權重	評估準則 (Cri.)	餐廳服務績效評估 (HSPE) I	II	III
門市服務管理	20%	1. 服儀 (SERVICE) 與話術	☐5 ☐4 ☐3 ☐2 ☐1	☐5 ☐4 ☐3 ☐2 ☐1	☐5 ☐4 ☐3 ☐2 ☐1
		2. 門市規劃與 5S	☐5 ☐4 ☐3 ☐2 ☐1	☐5 ☐4 ☐3 ☐2 ☐1	☐5 ☐4 ☐3 ☐2 ☐1
		3. 商品展示 (AIDMA)	☐5 ☐4 ☐3 ☐2 ☐1	☐5 ☐4 ☐3 ☐2 ☐1	☐5 ☐4 ☐3 ☐2 ☐1
		4. 客訴與危機處理	☐5 ☐4 ☐3 ☐2 ☐1	☐5 ☐4 ☐3 ☐2 ☐1	☐5 ☐4 ☐3 ☐2 ☐1
服務品質	35%	1. 軟硬體品質	☐5 ☐4 ☐3 ☐2 ☐1	☐5 ☐4 ☐3 ☐2 ☐1	☐5 ☐4 ☐3 ☐2 ☐1
		2. 心理品質	☐5 ☐4 ☐3 ☐2 ☐1	☐5 ☐4 ☐3 ☐2 ☐1	☐5 ☐4 ☐3 ☐2 ☐1
		3. 即時反應	☐5 ☐4 ☐3 ☐2 ☐1	☐5 ☐4 ☐3 ☐2 ☐1	☐5 ☐4 ☐3 ☐2 ☐1
		4. 作業流程	☐5 ☐4 ☐3 ☐2 ☐1	☐5 ☐4 ☐3 ☐2 ☐1	☐5 ☐4 ☐3 ☐2 ☐1
魅力品質	15%	1. 無差異品質	☐5 ☐4 ☐3 ☐2 ☐1	☐5 ☐4 ☐3 ☐2 ☐1	☐5 ☐4 ☐3 ☐2 ☐1
		2. 魅力品質	☐5 ☐4 ☐3 ☐2 ☐1	☐5 ☐4 ☐3 ☐2 ☐1	☐5 ☐4 ☐3 ☐2 ☐1
		3. 一維品質	☐5 ☐4 ☐3 ☐2 ☐1	☐5 ☐4 ☐3 ☐2 ☐1	☐5 ☐4 ☐3 ☐2 ☐1
		4. 必要品質	☐5 ☐4 ☐3 ☐2 ☐1	☐5 ☐4 ☐3 ☐2 ☐1	☐5 ☐4 ☐3 ☐2 ☐1
顧客關係管理	10%	1. i 智慧化 (SMART)	☐5 ☐4 ☐3 ☐2 ☐1	☐5 ☐4 ☐3 ☐2 ☐1	☐5 ☐4 ☐3 ☐2 ☐1
		2. 顧客滿意度 (CSI)	☐5 ☐4 ☐3 ☐2 ☐1	☐5 ☐4 ☐3 ☐2 ☐1	☐5 ☐4 ☐3 ☐2 ☐1
		3. 客服中心 (Call Center)	☐5 ☐4 ☐3 ☐2 ☐1	☐5 ☐4 ☐3 ☐2 ☐1	☐5 ☐4 ☐3 ☐2 ☐1
		4. 行銷與售後服務	☐5 ☐4 ☐3 ☐2 ☐1	☐5 ☐4 ☐3 ☐2 ☐1	☐5 ☐4 ☐3 ☐2 ☐1
創新管理	20%	1. 新穎獨創性	☐5 ☐4 ☐3 ☐2 ☐1	☐5 ☐4 ☐3 ☐2 ☐1	☐5 ☐4 ☐3 ☐2 ☐1
		2. 創新流程管理	☐5 ☐4 ☐3 ☐2 ☐1	☐5 ☐4 ☐3 ☐2 ☐1	☐5 ☐4 ☐3 ☐2 ☐1
		3. 綠色供應鏈管理	☐5 ☐4 ☐3 ☐2 ☐1	☐5 ☐4 ☐3 ☐2 ☐1	☐5 ☐4 ☐3 ☐2 ☐1
		4. GSP/ISO 認證	☐5 ☐4 ☐3 ☐2 ☐1	☐5 ☐4 ☐3 ☐2 ☐1	☐5 ☐4 ☐3 ☐2 ☐1
總　計					

表 8-48 優良服務 GSP 認證規範評估表

關鍵績效指標	GSP 評估準則	評　分
顧客三贏	信賴	□5□4□3□2□1
	滿意	□5□4□3□2□1
	超值	□5□4□3□2□1
	小計	
企業五好	服務好	□5□4□3□2□1
	經營好	□5□4□3□2□1
	制度好	□5□4□3□2□1
	品質好	□5□4□3□2□1
	形象好	□5□4□3□2□1
	小計	
12 優質關鍵	組織領導	□5□4□3□2□1
	策略管理	□5□4□3□2□1
	顧客滿意	□5□4□3□2□1
	資訊分析	□5□4□3□2□1
	營運績效	□5□4□3□2□1
	環境設備衛生安全管理	□5□4□3□2□1
	服務流程管理	□5□4□3□2□1
	設備與機具	□5□4□3□2□1
	社會責任	□5□4□3□2□1
	行業專屬規範	□5□4□3□2□1
	內部稽核	□5□4□3□2□1
	人力資源	□5□4□3□2□1
	小計	
評分標準	5　　　4　　　3　　　2　　　1	
	卓越　優異　良好　一般　不佳	
總　　計		

資料來源：本研究整理。

成效則需依 TTQS 訓練品質評核系統四階段評估之，以為人資部門後續錄訓選用留之用。

創新管理

8.8 汽車消音器綠色六標準差創新設計

　　本單元係依據 8.8.1 節 ISO 9001:2000-7.3 設計與開發規定，進行整體之規劃與管制。而為符合汽車消音器之新穎性、創新性、獨創性與綠色規範符合性，「六標準差、綠色設計、TRIZ 創新發明問題解決法與田口方法」之實驗設計導入、執行與綠色績效評估，確有其必要性。

8.8.1 設計與開發

　　依據 ISO 9001: 2000-7.3 設計與開發規定 (流程，如圖 8-40)：組織應「規劃與管制 (Plan and Control)」產品之設計與開發及管理 (Manage) 不同小組間之介面，以確保有效之溝通與責任之明確指派。組織應決定：(1) 設計及開發階段；(2) 審查 (Review)、查證 (Verification) 及確認 (Validation) 每一設計與開發階段；(3) 責任與權限。

　　與產品要求相關之「輸入 (Input)」，應予以決定並將記錄加以維持。輸入應包括：(1) 功能與性能之要求；(2) 適用的法令與法規之要求；(3) 過往類似設計之資訊；(4) 其他要求。輸入之適切性 (Adequacy) 應加以審查。要求應完整、明確及不相互矛盾。設計與開發之「輸出 (Outputs)」應：(1) 符合設計與開發輸入之要求；(2) 對採購、生產及服務供應提供適當資訊；(3) 包含或引用產品之允收標準 (Acceptance Criteria)；(4) 規定產品的安全與正確使用的必要特性。在適當階段，應依所規劃的安排事項執行設計與開發之「系統性審查 (Systematic Reviews)」，以：(1) 評估 (Evaluate) 設計與開發的結果符合要求之能力 (Ability)；(2) 鑑別 (Identify) 任何問題與提出必要之措施 (Actions)。審查結果與任何必要措施之記錄，均應加以維持。

　　「查證 (Verification)」應依所規劃安排事項予以執行，並在產品交貨或實施之前予以完成，以確保設計與開發之輸出符合設計與開發輸入要求。查證結果與任何必要措施之記錄，均應予以維持。設計與開發「確認 (Validation)」應依照所規劃的安排予以執行，以確保產品之結果 (The Resulting Product) 能符合已知的特定應用或意圖使用之要求。確認結果與任何必要措施之記錄，均應予以維持。

　　設計與開發「變更 (Changes)」應予以鑑別並將記錄予以維持之。變更時

```
                    ┌─────────────────┐
                    │  ISO 9001:2000  │
                    └────────┬────────┘
                             ▼
                ┌──────────────────────────┐
                │ 7.3 Design and Development-DD │
                └────────────┬─────────────┘
                             ▼
                ┌──────────────────────────┐
                │      7.3.1 Planning      │
                │ (1) 設計與開發階段       │
                │ (2) 審查 - 查證 - 確認   │
                │     每一設計與開發階段   │
                │ (3) 責任與權限           │
                └────────────┬─────────────┘
              ┌──────────────┴──────────────┐
              ▼                             ▼
┌──────────────────────────┐   ┌──────────────────────────────┐
│      7.3.2 Input         │   │       7.3.3 Outputs          │
│ (1) 功能與性能之要求     │   │ (1) 符合設計與開發輸入之要求 │
│ (2) 適用法令與規章要求   │   │ (2) 對採購、生產、服務提供適當資訊 │
│ (3) 過往類似設計之資訊   │   │ (3) 包含或採用產品之允收標準 │
│ (4) 其他要求             │   │ (4) 規定產品安全與正確使用之必要特性 │
└──────────────────────────┘   └──────────────────────────────┘
                             ▼
                ┌──────────────────────────┐
                │      7.3.4 Review        │
                │ (1) 評估設計與開發結果符合要求之能力 │
                │ (2) 鑑別任何問題與提出必要之措施 │
                └────────────┬─────────────┘
                             ▼
                ┌──────────────────────────┐
                │    7.3.5 Verification    │
                └────────────┬─────────────┘
                             ▼
                ┌──────────────────────────┐
                │    7.3.6 Validation      │
                └────────────┬─────────────┘
                             ▼
                ┌──────────────────────────┐
                │   7.3.7 Changes Control  │
                └──────────────────────────┘
```

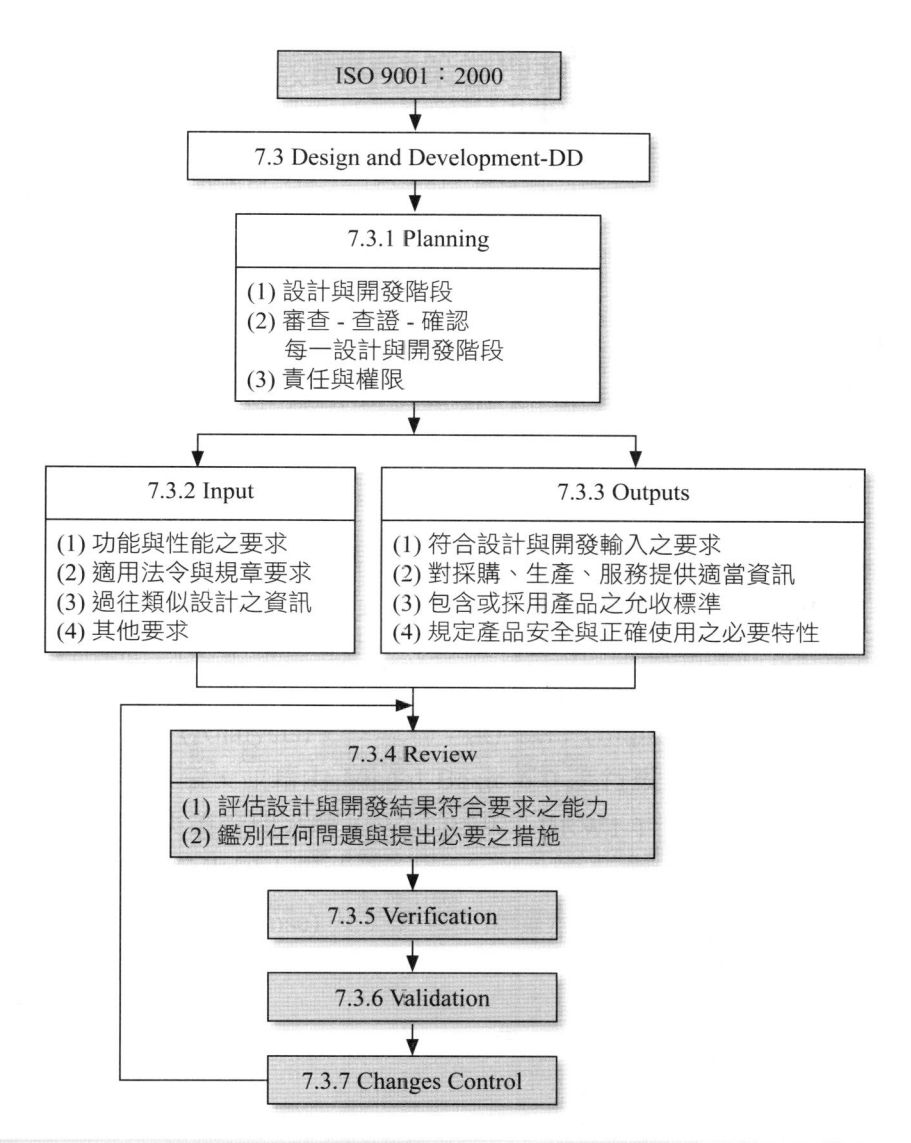

◎ **圖 8-40** 設計與開發之整體關係圖

應予以審查、查證與確認,且在實施前予以核准。變更之審查,應包括變更對已交貨產品與零組件影響之評估 (Evaluation of the Effect)。變更審查 (Review of Changes) 結果與任何必要措施之記錄,均應予以維持。

8.8.2　實驗設計

　　C. F. Jeff Wu 定義實驗設計 (Design of Experiments, DOE) 為:DOE 係藉由專業知識與技術之組合,以建立達成最適之實驗、有效之數據分析及實驗調查

起始目的與結論之連結。現代實驗設計先驅 – 1930 年代統計大師 R. A. Fisher, 其主要貢獻係發展：(1) 反覆 (Replication)；(2) 區隔 (Blocking)；(3) 隨機性 (Randomization)；(4) 直交性 (Orthogonality)；(5) 變異數分析 (ANOVA) 與部分因子設計 (FFD) 等五大理論。而 G. E.P. Box 則專精於流程模組化與最佳化之新技術研發。最佳化設計創始者 J. Kiefer 則加強於迴歸模式與圖形解析，以符合特殊模式與實驗範圍。

變異模組化與減量 (Variation modeling and reduction) 已蔚為新典範。G. Taguchi 則致力於穩健設計 (robust design)，以改善產品品質或系統流程。實驗是知識整合、問題解決與統計檢定之學習過程。C. F. Jeff Wu 所提之系統方法，則可供實驗之規劃與執行。

1. 實驗設計先期規劃：設定目標、選定品質特性 (反應) 值 (y) 及其直交性。
2. RBR-3P 試運行：跨部門組織 (cross functional team) 藉由 RBR[1] 法及 3P (Production Prepararion Process) 精實設計法，逐步查核創意點子、設計審查、新產品設計開發、系統改良與精實生產程序。
3. 實驗計畫設計。
4. 實驗計畫執行與數據變異數分析 (ANOVA)。
5. 結論與建議。

8.8.3 綠色設計

綠色設計 (Green Design) 又名環境化設計 (Design for Environment) 或生態設計 (Ecological Design)，起源於 20 世紀 80 年代末期，反映自工業革命迄今，人們對於地球能源、資源之過度消耗與生存環境極度污染與破壞後之省思與檢討，同時亦是展現企業對社會責任與永續發展之重視。綠色設計思想主軸，係指在設計階段，將環境考量面和污染防治措施，納入產品設計之中。期將產品在其生命週期中，對環境衝擊及影響減少至最小。

在執行綠色設計上，其核心手段為 5R (Reduce, Recycle, Reuse, Recovery, Regenerate)，不僅要減少有害物質之使用、能資源消耗與廢棄物排放，更要使產品零附件易於拆解、回收、再生或再利用。而相關之碳足跡 (Carbon Footprint) 及水足跡 (Water Footprint) 亦需溯源，以進行綠色供應鏈 (GSCM) 之技術、人力與資源之整合。

---

[1] RBR 法係指法反覆 (Replication)；(2) 區隔 (Blocking)；(3) 隨機性 (Randomization)。

8.8.3.1　綠色供應鏈生命週期盤查分析與衝擊評估

係藉由綠色設計專業知識 (如：綠色法令-RoHS, WEEE, ErP/EuP, PPw、環境生態說明書、ISO 14000環境考量面、重大環境衝擊及環境管理方案、能源法令-ISO 50001、碳足跡法令-PAS 2050、碳中和法令-PAS 2060) 與技術 (如：SimaPro, QFD, SPC, 6σ, TRIZ, Taguchi Method, ANOVA) 之組合，以建立達成綠色供應鏈最適之實驗、有效之生命週期盤查數據分析及實驗調查起始目的與結論之連結。並依下述七大步驟執行之：

(1) 綠色設計技術範疇界定，需考量：
   a. 蒐集內外部顧客需求與聲音 (VOE/VOC)
   b. 籌組團隊 (team-up)
   c. 範疇界定 (ISO 14041)
   d. 定義 (ISO 14043)
      (a) 按物料清單 (BOM) 界定生產及組裝流程
      (b) 單位
      (c) 綠色設計矩陣 (DfE Matrix)
   e. 以 SimaPro 之環境資料庫計算起始及改善後之環境負荷與衝擊評估
   f. 分析：
      (a) 原料 (含物料清單、物質安全資料表 (MSDS)、環境生態說明書 (Eco-profile)、原料及製程之無毒證明、物化特性)
      (b) 綠色供應鏈
      (c) 子系統：i. 原料，ii. 製程，iii. 包裝運輸，iv. 使用，v. 棄置
   g. 假設條件
   h. 生命週期盤查分析 (LCInventory-ISO 14041)
   i. 生命週期評估與闡釋 (LCAssessmnt and Interpretation-ISO 14043)
   j. 生命週期衝擊評估 (LCImpact-ISO 14042)
(2) 樣品拆解 (BOM)：細部解析表 (如表 8-49)。
(3) 樣品材質分析：將多材質拆解為單一材質 (HM) 後，整體混合粉 (攪) 碎，再行檢驗分析是否符合 WEEE and RoHS 有關 Pb, Cd, Hg, Cr^{+6}, PBB, PBDE 之規範。
(4) 樣品查核：查核清單 (如表 8-50)。
(5) 有 / 無機元素檢驗分析。

表 8-49　(○○○○○) 樣品拆解細部解析表 (BOM)

產品名稱	中文名稱	英文名稱	編碼 BOM	材質/註解	可能對應之毒性物質 (濃度：ppm)					
					Pb	Cd	Hg	Cr^{+6}	PBB	PBDE

表 8-50　樣品查核表 (清單) (Sample checklist)

生命週期	分類	查核項目	DfE 策略
1. 原料 (RoHS)	識別		
	使用量		
	來源		
	回收性		
	危險性		
2. 製程 (WEEE, ErP/EuP)	危險性		
	環境污染		
	組裝與拆卸		
	避免意外設計		
	省能資源設計		
3. 包裝運輸 (WEEE,)	減量設計		
	可重複使用		
	包裝體積		
	可回收包裝		
	可轉變為他用途		
4. 使用過程 (ErP/EuP)	對環境污染		
	延長使用壽命		
	適當之使用		
5. 廢棄、回收 (WEEE, 5R)	廢棄時之污染		
	能源資源回收		

(6) 綠色設計矩陣 (MET Matrix) 解析 (矩陣，如表 8-51)。
(7) 生命週期評估 (LCA)：生命週期評估時，需依表 8-52 報告查核表及表 8-53 摘要表據實填寫。

表 8-51 綠色設計矩陣 (MET Matrix)

產品生命週期	1. 原物料 (BOM)	2. 能資源 (ISO50001)	3. 空污染 (碳足跡)	4. 水污染 (水足跡)	5. 廢毒土污染	小計
A. 產品前置期	(A, 1)	(A, 2)	(A, 3)	(A, 4)	(A, 5)	
B. 產品生產製造	(B, 1)	(B, 2)	(B, 3)	(B, 4)	(B, 5)	
C. 包裝配銷運輸	(C, 1)	(C, 2)	(C, 3)	(C, 4)	(C, 5)	
D. 產品使用、維護	(D, 1)	(D, 2)	(D, 3)	(D, 4)	(D, 5)	
E. 產品棄置	(E, 1)	(E, 2)	(E, 3)	(E, 4)	(E, 5)	
總　　計						

表 8-52 生命週期評估報告查核表

生命週期分析查核	YES	NO
1. 目標範疇界定 (Goal Definition / Scoping)	☐	☐
2. 生命週期盤查分析 (LC Inventory Analysis)	☐	☐
3. 生命週期衝擊評估 (LC Impact Assessment)	☐	☐
4. 分析闡釋結論 (Analysis, Interpretation, Conclusion)	☐	☐
5. 摘要報告 (Summary Report)	☐	☐
6. 成對審查 (Peer Review)	☐	☐
7. 專家複核 (Practitioner qualifications)	☐	☐

表 8-53 生命週期評估摘要表

1. 產品製程地圖：				
2. 生命週期評估：				
2.1 目標／範疇：		2.2 系統邊界：		
2.4 功能單位：		2.3 排除項目：		
2.5 衝擊評估：☐空　　　☐水　　　☐廢　　　☐毒　　　☐噪				
3. 綠色績效 (GP)	3.1 環境政策：	3.2 綠色規範：	3.3 環境會計：	3.4 環境友善：
	3.5 資訊揭露：	3.6 有害物質：	3.7 節約能源：	3.8 回收率(RR)：
4. 結果：				
5. 結論：				
6. 參考：				

8.8.3.2　六標準差設計

六標準差 (Six Sigma, 6σ) (即績效目標為 99.99966% 良率或 3.4 ppm 之誤差數) 係於 1987 年由摩托羅拉 (Motorola) 公司 George Fisher 所發展之品質管理活動，1995 年由奇異公司 (GE) 執行長 Jack Welch 所發揚光大。三年內 (1996~1998 年)，6σ 專案為奇異公司投資獲致重大報酬，節省公帑 20 億美元。

「綠色六標準差」係藉由「綠色產品-汽車消音器專案形成，強調統計方法，以「數據導向」之方法與「顧客導向」之原則，消除汽車消音器改良／設計過(流)程中缺陷與發生缺陷之機會。

綠色專案需經 6σ 五大基本構面 (定義-量測-分析-設計-驗證＝D-M-A-D-V) (系統圖，詳如圖 8-41) 解決問題流程之漏斗效應 (Narrow down / Funnel Effect)，找出最大影響要因/重大環境衝擊因子 (Root-Cause)，並優先處理實施之。

6σ 主要係以「顧客需求與期望之關鍵指標 (Critical to Quality, CTQ)」管控之，並藉由 6σ 工具與統計手法 (SPC) 持續改善與維持顧客滿意度。與以「顧客滿意、品質為重」之全面品質管理 (TQM) 不同，但均為上至下 (Top to Down) 之管理手法。6σ 與 TQM 兩者並非迥然不同，實為 TQM 之延伸，且僅於管理機制有所差異。TQM 如何轉檔，6σ 如何接軌；始為導入 6σ 之操作捷徑。且 6σ 以：(1) 提高「利潤」為主產品，「品質與效率」為副產品為其主要目標；(2) 六大原則為標竿：a. 以客為尊；b. 根據資料與事實管理；c. 流程為重；d. 主動管理；e. 協同合作無界限；f. 追求完美，容忍失敗。可應用於企業中任何與「品質、成本、時間、流程」有關之活動中，以改善顧客滿意 (即顧客需求與期望之關鍵指標)、工作流程與產品績效，獲得更大商機與利潤。

8.8.3.2.1　定義 (Define, D)

Dr. Kano Model 將品質演進歸納為三個位階，並新創「魅力品質理論 (Theory of Attractive Quality)」及 Kano Mode。Kano 將顧客需求分為三等級：(1) 滿足型 (Satisfiers)；(2) 喜悅型 (Delighters)；(3) 抑制型 (Inhibitors)，俾便分辨其需求特性。

本階段即據此理論模型、品質關鍵樹 (CTQ Tree)、品質機能展開 (QFD)、工作架構細分術 (WBS) 及 K.J 手法，將顧客聲音 (Voice of Customer, VOC) 及工程聲音 (Voice of Engineering, VOE) 轉換為量化之關鍵指標 (CTQ)。並據以問題優劣勢 (SWOT) 之界定、CTQ 流程改進與流程設計／再設計之依據及專案

第八章 創新專案管理

$e^{6\sigma}$–DFSS–DRW1

D
1. VOC
2. K_j
3. CTQ_S
4. P_j 2000

Function
1. P_j charter (P/C)
2. VOC, VOD, VOP, VOM
3. K_j
4. CTQ Tree
   (1) Customer Prioritized Needs
   (2) Prioritized CTQs & Requirements

M
1. **ARIS**-Process
2. KPI
3. PCI
4. C&E
5. MSA
6. GR&R

1. Innovation, Invention, Creativity (IIC) by:
   (1) BrainStorming; (2) BrainWriting;
   (3) Assumption Busting
2. QFD→WBS→VOC, VOD, VOP, VOM→CTQ
3. Kano Model-Satisfiers, Delighters, Inhibitors
4. Process/Process Map -- ARIS
5. KPIV-KPOV   6. KOI-PCI
7. C&E matrix   8. MSA   9. GR&R

A
1. TRIZ-C/D, S/D
2. **QFD**
3. **EC-AHP**
4. **ARIS**-ABC
5. **R, Minitab**

1. TRIZ :
   (1) VOC-CTQ-P/R (Performance Requirements)
   (2) P/R-C/D (Concept Design)
   (3) P/R-S/D (System Design)
   (4) D/P-MCS (Design Para. -Mfg. Condition & Spec.)
2. IIC choose by:
   (1) Multi-voting (2) QFD
   (3) Pugh concept selection technigue (+, -, 0)(AHP)
   (4) FMEA-RPN (5) ABC-C/B-ARIS (6) ROI & Profit
   (7) Risk potential problem analysis
3. TOC
4. R, Minitab

D
1. **R, Minitab** -P/D, T/D

1. Parameter Design (P/D)
   DOE, Taguchi - R, Minitab
2. Tolerance Design (T/D) --
   DOE, Taguchi - R, Minitab

V
1. **R, Minitab**
2. **ARIS**-BSC, ABC
3. **P_j 2000**

1. Verify:
   (1) Ideal function   (2) Functional requirements
   (3) Useful life   (4) Environment
   (5) C_a C_p C_{pk} - R, Minitab
2. Prototype-Built-test-fix
   (1) Test to Bogey (TTB)   (2) Test to Failure (TTF)
   (3) Functional Degradation Test (FDT)
3. Pilot production run - ARIS - BSC
4. Process control plan/control chart-ARIS
5. Cost and Benefit-ARIS-ABC
6. P_j checklist-P_j 2000

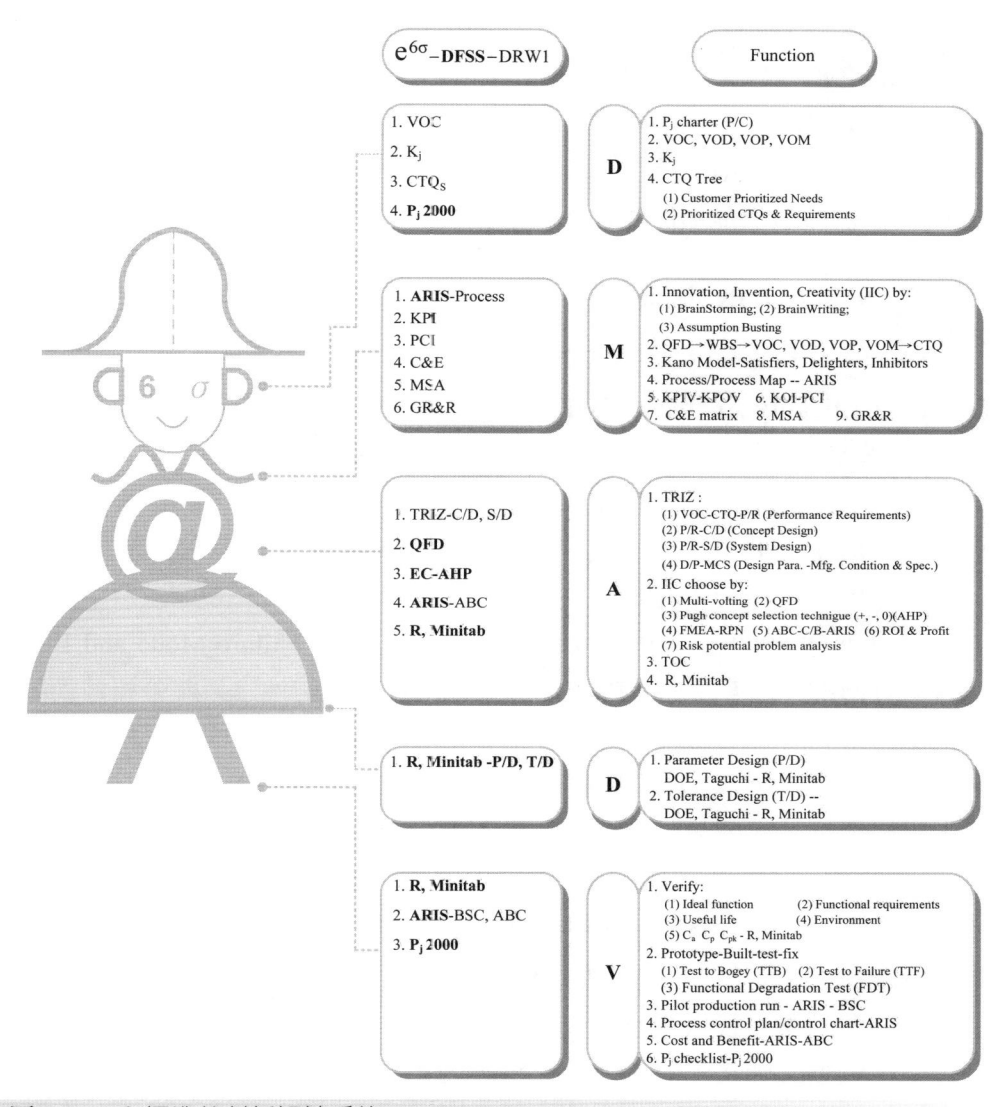

➲ **圖 8-41** 六標準差創新設計系統

章程 (Project Charter, P/C) 之訂定。所需之工具有六：(1) ARIS 流程管理；(2) ARIS 平衡計分卡；(3) Expert Choice 方案選擇；(4) Project 2010 專案管理；(5) QFD 品質機能展開；(6) GOAL 目標管理；(7) TQM 全面品質管理。

8.8.3.2.2 量測 (Measure, M)

以 SIPOC 手法繪製流程圖 (Process Map)，另以因果矩陣法 (C&E Matrix) 蒐集影響 CTQ 之關鍵因子 (Key Factors)：(1) 關鍵流程輸入變數 (KPIV)；(2) 關鍵流程輸出變數 (KPOV) 及其屬性 (如：N＝雜訊、S＝標準、C＝可控制

因子)。復進行量測系統分析 (Measurement System Analysis, MSA)：(1) 人、量具、樣品之重複性與再現性 (GR&R)；(2) 製程能力指標 (PCI，如：RTY, Y_{NORM}, C_P, C_{PK}, E*, H)；(3) 關鍵失效真因 (KFI)。所需工具有四：(1) Minitab 統計製程品管；(2) ARIS 流程管理；(3) STELLA 系統模擬；(4) Green Design House 綠色設計屋 (機能展開圖)。

8.8.3.2.3　分析 (Analysis, A)

1950 年，Grumman 公司開發失效模式效應與關鍵性分析法 (Failure Modes Effect and Criticality Analysis, FMECA)，以進行噴射機引擎可靠度設計。美國航空總署 (NASA) 執行 Apollo Plan，則將可靠度保證及安全評估納入合約條款中，且要求實施 FMECA。FMECA 係由 FMEA 與 CA 組成。其中失效模式效應分析 (FMEA) 於 1985 年由 IEC 參考 MIL-STD-1629 修訂發布出版 IEC812系統可靠度分析技術 (i.e., FMEA程序)。

1995 年，QS9000 亦發布 SAEJ – 1739 – Potential Failure Mode and Effects Analysis (FMEA) 參考手冊。FMEA 係一結構性與預防性之系統分析技術，可據此找出本研究實證之消音器材料可能潛在 (Potential) 失效模式，繼而結合綠色設計風險管理技術與生命週期評估 (LCA) 軟體 -SimaPro7.0 於產品設計 / 製程中，檢討與評估「關鍵失效真因」、「風險評分 (RS)」及「績效指標」，復賦予適當矯正措施改正之。其主要執行時間–概念 / 初部 / 細部設或製造前，提供完整「失效資訊」，俾便建立：(1) 品質管制程序 (QCP)；(2) 製程檢驗程序 (PIP)；(3) 標準作業指導書 (SOP)；(4) 測試標準 (STD)；(5) 風險回應規畫 (RRP)；(6) 風險監控機制 (RMC)。

為分析關鍵因子之主要原因，以驗證問題根源。本階段需以：(1) 失效模式效應分析 (Failure Mode & Effect Analysis, FMEA) 清楚界定產品製程中失效模式效應 (如：嚴重性 S、發生頻率 O、偵測能力 D)，及早預防以削減失效；(2) 多變量分析法 (MVA) 檢定群體間之差異 (如：t, F, X^2 test) 與 p-value 值之虛無與對立假設之檢定；及 (3) 風險評估法監控產品之負面效應與風險。

8.8.3.2.4　設計 (Design, D)

經確認汽車消音器材料之關鍵失效因子 (KFI) 及「綠色績效指標」(如表 8-53 之 3) 對產品特性品質之影響後，需以 Minitab 中之實驗設計 (DOE) 或田口品質工程 (Taguchi Quality Engineering) 法，找出非常顯著 (F**) 要因，重行

設計與開發其流程及專案章程。

8.8.3.2.5 驗證 (Verify, V)

前經 Taguchi 田口方法將功能績效 (functional performance) 設計最適化，本階段需依表 8-54 的 Pugh 方案選擇矩陣及生命週期評估摘要 (詳如表 8-53) 評選最適方案 (EC-AHP)，復「驗證」參數設計與公差設計確能達成「理想機能 (Ideal Function)」，並依四階段進行之。

1. 驗證流程
(1) 雛型 (prototype) 與實際成果相 (近) 似程度？
(2) 功能需求與績效符合程度？
(3) 環境 (environment) 應用正確程度？
(4) 使用壽命 (useful life) 為何？

2. 驗證步驟
(1) 驗證製程能力 (C_a, C_p, C_{pk}, E^*, H)。
(2) 驗證雛型 (prototype) 之「製造–測試–維修 (build-test-fix)」週期，其測試方法有三：a. 績優標竿測試法 (Test to Bogey)；b. 測至失效法 (Test to Failure)；c. 功能劣化測試法 (Functional Degradation Testing, FDT)。
(3) 試產 (Pilot production run)。

3. 流程管制 (process control)

藉由流程管制計畫 (Process Control Plan) 及統計製程管制 (SPC)，進行計畫執行、管控、防錯 (error-proof) 與回饋矯正措施。

4. 成本效益與風險分析

專案結束後需藉由 ABC (Activity Based Costing) 法及平衡計分卡 (BSC) 計算本專案 (如：流程管制、績效、品質、成本、時間、人力、資源、風險) 之成本效益是否損益平衡、風險是否有效管理與監控，俾供評比與決策之依據。復利用 Minitab 中統計製程品管、品管新舊七大手法、管制計畫 (Control Plan, C/P)、風險回應規劃 (RRP) 及 Project 2010 專案管理查核表，持續改善、監控、追蹤與確認改進成效。

表 8-54　Pugh 方案選擇矩陣 (Alterative Chosen Matrix)

準則 Criterion \ 方案 Alt.	Alt. 1	Alt. 2	Alt. 3	Alt. 4	Alt. 5	………	Alt. n
Cri. 1	S	+	−	−	−	………	S
Cri. 2	S	−	−	+	−	………	+
Cri. 3	−	S	−	−	−	………	−
⋮	⋮	⋮	⋮	⋮	⋮	⋮	⋮
Cri. N	S	+	S	+	+	………	+
+	0	2	0	2	1	………	2
−	1	1	3	2	3	………	1

* +：Better ；−：Worse；S：Similar (○)
**　：強化前 3-4 優質方案 (+Concepts)
***：改善其他劣質方案

8.8.4　田口方法

田口方法 (Taguchi Method) 係由田口玄一為改善日本 T&T 公司電信實驗室通訊計畫之成本效益所發展之方法。

8.8.4.1　雜音因子 (Noise Factor, N/F)

產品在實際使用時，其品質特性值或反應值 (Response Value)，因某些因子 (產品、環境、時間) 而引起產品機能變化 (異) 或偏離目標值 (Target Value) 之品質損失。其種類有四：(1) 外部雜音 (External Noise)：因產品使用環境、承受負荷及處理方式而產生變異；(2) 製程雜音 (Process Noise)：製程變異所致；(3) 產品間雜音 (Unit-to-Unit Noise)：製程變異所衍生之產品變異；(4) 內部雜音 (Internal Noise)：產品在使用過程中，隨時間增長及零件之變化，導致產品品質衰退或劣化 (Deterioration)。而如何降低產品雜音因子及品質損失，並提昇產品之穩健性 (Robustness) 則為品質活動[2]首要之務。

---

[2] 品質活動有二：(1) 生產線上品質管制 (On-line QC)：產品實現階段之品質保證與管制；(2) 生產線外品質管制 (Off-line QC)：產品及製程設計階段之參數設計 (PD) 與允差設計 (TD) (亦即穩健設計或品質工程)。

8.8.4.2 品質損失函數 (Quality Loss Function, QLF)

產品因雜音因子影響，致產品生命週期因產品、環境、時間變異，而造成品質特性值 (y) 偏離 y_m (目標值) 之品質損失。Taguchi 認為每一種品質特性都具有其品質損失與品質特性值偏離目標值之函數關係 ($L(y) = k(y - ym)^2$)，並以二次或品質損失函數 (Quality Loss Function, QLF) 評估品質特性值偏離目標值 (i.e. 品質不良，不符合規格管制上下限) 所造成之損失。品質損失函數係一提供對成本 (C)、效率 (η) 影響之合理評估方法，促使在各個製程步驟，有關品質改善之經濟性決策工作更能順利進行。品質損失函數有四種型式 (詳如圖 8-42-1~2)：

(1) 望目 Nominal-The-Best (NTB)：品質損失對稱於品質特性值；
(2) 望大 Larger-The-Best (LTB)：當品質特性值 (y) 愈大，品質愈佳 [L(y) 愈小]；
(3) 望小 Smaller-The-Best (STB)：品質特性值 (y) 愈小，品質愈佳 [L(y) 愈小]；(4) 非對稱性望目 Non-Symmetry-Nominal-The-Best (NS-NTB)：品質損失不對稱於品質特性值，自目標值某方向偏離後果會比另一方向偏離後果更嚴重。

8.8.4.3 田口設計

田口設計又名穩健設計，亦名田口品質工程，其設計程序如下：

1. **定義**：產品 (製／過程) 品質目標及其目標值 (y_m)。
2. **查核**：品質損失 [L (y)]、管制上下限 (UCL/LCL)、製程能力 (Cpk) 及雜音因子 (N/F) 之符合性與合理性，繼而進行缺口分析 (gap analysis) 找出最適之控制因子 (control factor) 數及合理之水準 (level) 值。
3. **選定**：合適之品質損失函數 (QLF：NTB, LTB, STB, NS-NTB)。
4. **導入**：田口方法，進行生產線外品質管制 (Off-line QC) [亦即產品及製程設計階段之參數設計 (PD) 與允差設計 (TD)]。
5. **設計**：選擇最適直交表 (Orthogonal array) 與點線圖，設計「直交表與因子配置矩陣」之實驗計畫與執行。
6. **分析**：訊號雜音比 (Signal to Noise Ratio, S/N) 分析與變異數分析 (ANOVA)。

Taguchi 認為優質品質，其：(1) 品質特性之平均值與目標值一致；(2) 品

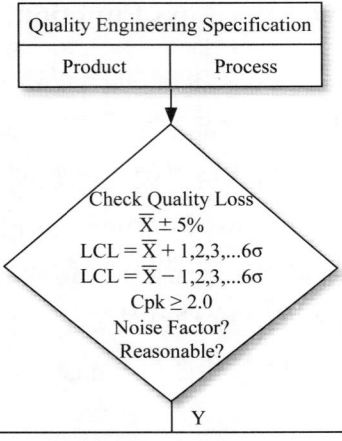

```
                    ┌─────────────────────────────────┐
                    │ Quality Engineering Specification│
                    ├──────────────┬──────────────────┤
                    │   Product    │     Process      │
                    └──────────────┴──────────────────┘
                                   │
                                   ▼
                          Check Quality Loss
                            $\overline{X} \pm 5\%$
                        $LCL = \overline{X} + 1,2,3,...6\sigma$
                        $LCL = \overline{X} - 1,2,3,...6\sigma$
                              $Cpk \geq 2.0$
                            Noise Factor?
                             Reasonable?
                                   │ Y
                                   ▼
```

Quality Loss Function

Quality Characteristics	NTB Nominal-The-Better	LTB Larger-The-Better	STB Smaller-The-Better	NS-NTB Non-Symmetry Nominal-The-Better
QLF	$L(y)=k(y-m)^2$ $\overline{L}_{NTB} = k\left[\sigma^2 + (\overline{y}-m)^2\right]$ $m \neq 0$	$L(y) = k\dfrac{1}{y^2}$ $\overline{L}_{LTB} = A_0\Delta_0^2\left[\dfrac{1}{n}\sum_{i=1}^{n}\left(\dfrac{1}{y_i}\right)^2\right]$ $m=\infty$	$L(y)=ky^2$ $\overline{L}_{STB} = \dfrac{A_0}{\Delta_0^2}\left[\overline{y}^2 + \sigma^2\right]$ $y>0, m=0$	$L(y)=k_1(y-m)^2, y>m$ $L(y)=k_2(y-m)^2, y\leq m$ $m \neq 0$

```
                    ┌─────────────────────────────────┐
                    │        Taguchi Method           │
                    ├─────────────────────────────────┤
                    │    Off-Line Quality Control     │
                    └─────────────────────────────────┘
                                   │
                                   ▼
                    ┌─────────────────────────────────┐
                    │       Orthogonal Array          │
                    │ $L_4(2^3), L_8(2^7), L_9(3^4), L_{18}(2_1 \times 8^7)$…… │
                    └─────────────────────────────────┘
                                   │
                                   ▼
                    ┌─────────────────────────────────┐
                    │ Orthogonal Array Layout with Matrix│
                    └─────────────────────────────────┘
                                   │
                                   ▼
                    ┌─────────────────────────────────┐
                    │ Experiment Planning & Implement │
                    └─────────────────────────────────┘
                                   │
                                   ▼
                                  (1)
```

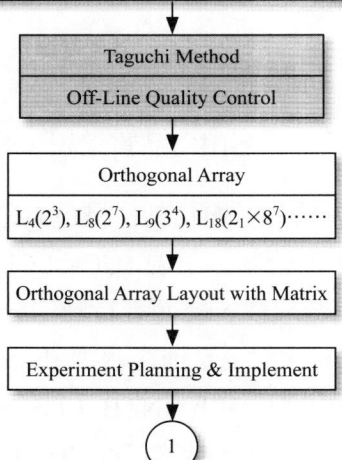

◯ 圖 8-42-1　田口方法-參數與允差設計程序-1

質特性之變異愈小愈好。Taguchi 之 S/N 則可同時考量品質特性之平均值與變異數，且用以衡量比較產品相對品質之穩定性。當 S/N 比愈高，產品品質愈高，品質損失愈小。可取 S/N 最大值，重組最佳因子及水準組合。

7. 繪製：S/N 反應圖 (Response Graph)。

第八章 創新專案管理

(1)

$y_i, \bar{y}, T_1, T_2, \dfrac{(T_1 - T_2)^2}{8}$

Signal-to-Noise Ratio

Quality Characteristics	NTB	LTB	STB
SN(dB)	$S/N_{NTB} = 10\log_{10}\left(\dfrac{\overline{y^2}}{\sigma^2}\right)$ $m \neq 0$	$S/N_{LTB} = -10\log_{10}\left(\dfrac{1}{n}\sum\limits_{i=1}^{n}\dfrac{1}{y_i^2}\right)$ $m = \infty$	$S/N_{STB} = -10\log_{10}\left(\dfrac{1}{n}\sum\limits_{i=1}^{n}y_i^2\right)$ $m = 0$

Analysis

SN (η) A NOVA

$F_0 \leq F_{0.05}$	Non-Significant Difference
$F_{0.05} < F_0^* \leq F_{0.01}$	Significant Difference
$F_0^{**} > F_{0.01}$	Very Significant Difference

SN Response Graph

Optimized Combination Condition / Parameter

Meet NTB Requirement? — Y / N

2 Stage Optimization Procedure

| 1st. η ↑, Quality ↑ Reduce Variance by P/D | 2nd. Adjust accuracy : $\bar{y}$ to y_m by T/D |
| Parameter Design | Tolerance Design |

(2)

(2)

Performance Evaluation

Performance	NTB						LTB, STB		
	$\bar{y}$	$\bar{\eta}$	np	σ	$σ^2$	$Cpk \geq 2.0$	$\bar{y}$	$\bar{\eta}$	np
Status — Present									
Optimized									

OK — Y

Confirmation Experiment — OK — Y / N → Table 8-63 Orthogonal Array ……

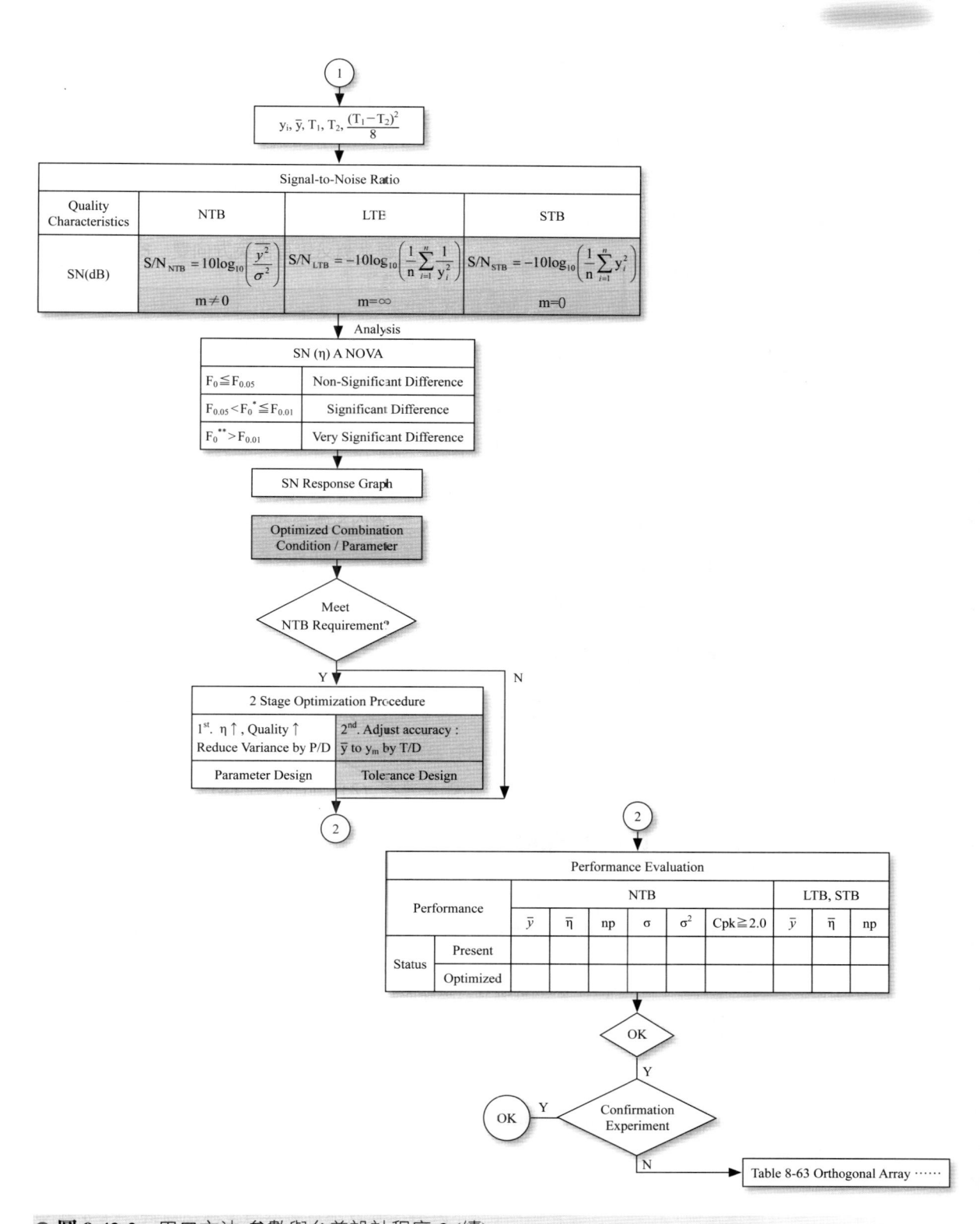

◯ **圖 8-42-2** 田口方法-參數與允差設計程序-2 (續)

289

8. 選定：最佳參數或條件組合。
9. 檢定：是否符合品質損失函數 (QLF：NTB, LTB, STB, NS-NTB) 之要求。
10. 最佳化：二階段最佳化程序 (2 stage optimiation procedure)：(1) 藉由參數設計減少變異；(2) 藉由允差設計調整精度[3]。
11. 績效評估 (Performance Evaluation)。

　　戴明 (Deming) 將品質改善觀念由品質檢驗衍生至統計製程管制 (SPC) (即生產線上品質管制 (On - Line Quality Control))，Taguchi 更進一步將品質改善手法由生產階段追溯至設計階段。設計階段 (Design Stage) 即所謂生產線外品質管制 (Off - Line Quality Control)，係指源頭管理，將品質導入「產品與製程設計」中，可大幅降低成本及提高品質。線外品管活動，藉由實驗設計 (Design of Experiments, DOE) 設計出最佳產品工程 (即工程最佳化)。而設計階段有四：(1) 概念設計 (Concept Design)；(2) 系統設計 (System Design)；(3) 參數設計 (Parameter Design)；(4) 允差設計 (Tolerance Design)。本單元將導入「TRIZ 理論與 Taguchi 方法」，於不同汽車消音器綠色創新設計階段中 (如表 8-55)，以臻「工程最佳化設計」，其流程如圖 8-42。

1. 概念設計 (Concept Design)

　　設計工程師藉由綠色創新手法勾勒與創見各種可能達成產品理想機能之架構與技術，以降低雜音因子與靈敏度。製造成品，再依 Trial & Error 手法選擇最適方案。

2. 系統設計 (System Design)

　　係指設計與開發 (Design and Development) 產品或服務時，應考量其基本功能、規格特性、VOC/VOE 與潛在風險。並進行相關要求之輸入與輸出之設計，如表 8-55。

3. 參數設計 (Paraneter Desitgn)

　　參數設計亦即研究開發 (P/D = R/D)，需極小化產品/製程品質損失設定值 (i.e., 雜音因子敏感度 (NF Sensitivity)) 之反應值 (y_i) 在目標值 (y_m) 上，以降低品質損失。即：

---
[3] 調整精度係指將平均值 $\bar{y}$ 微調至目標值 y_m。

表 8-55　汽車消音器設計階段與 TRIZ 理論及 Taguchi 方法關聯性

面向	方法	應用
1st. 概念設計 (Concept Design) 2nd. 系統設計 (System Design)	TRIZ 理論	・創新 (Innovation) ・發明 (Invention) ・試誤法 (Trial & Error) ・最適化設計 (Better Design)
3rd. 參數設計 (Parameter Design) 4th. 允差設計 (Tolerance Design)	Taguchi 田口方法	・二階段最佳化程序 　－ 1st：藉由參數設計減少變異 　－ 2nd：藉由允差設計調整精度 ($\bar{y} \rightarrow y_m$) ・實驗設計 (DOE) ・品質工程 (Quality Engineering) ・穩健設計 (Robust Design)

－降低製造成本 (如使用低等級零件體制) 或品質損失在目標規格內。
－決定 / 不影響無適成本之可控因子之最佳參數組合。

4. 允差設計 (Tolerance Design)

・降低由產品性能變化所造成之品質損失。
・增加製造成本，慎選降低公差之高級綠色環保材料因子。

8.8.5　汽車消音器綠色六標準差創新設計實証

依據 ISO 9001: 2000-7.3 設計與開發規定進行「汽車消音器綠色六標準差創新設計及開發階段」之專案規劃、審查、查證與確認。在適當階段，應執行設計與開發之「系統性審查 (Systematic Reviews)」，以：(1) 評估 (Evaluate) 設計與開發結果符合要求之能力 (Ability)；(2) 鑑別 (Identify) 任何問題與提出必要之措施 (Actions)。而汽車消音器生命週期五大階段 (原物料、生產製程、包裝運輸、使用者與棄置) 之盤查、分析與衝擊評估 (如 8.8.3.1 節) 與六標準差設計 (如 8.8.3.2 節) 五大構面 (定義-量測-分析-設計-驗證＝D-M-A-D-V) 之品質管理則為新產品設計開發與產品改良之核心技術。

8.8.5.1　TRIZ 創新發明問題解決法

TRIZ (Teoriya Resheniya Izobretatelskikh Zadatch) 係 1946 年由蘇聯發明家 Genrish S. Altshuller 與其國家研究團隊，於 50 年間就有 1,500,000 份專利

文件分析發展而成。假設「萬物存在一萬用發明原則,以為創新新技術之基礎」。TRIZ 定義為:(1) 創新發明問題之解題理論 (Theory of Inventive Problem Solving, TIPS) 與工具;(2) 具系統性、重複性、可靠性之思考與解題模式;(3) 以 40 項創新發明原則 (TRIZ 40 Principles) 對應 39×39 階工程參數矩陣組合 ($P_{Improving} \times P_{Avoiding\ Degeneration}$) (即衝突表),以解決工程矛盾與技術衝突及提昇創新發明之品質與效率。當改善系統某一參數屬性,將導致另一參數特性惡化,謂之「技術矛盾」。前者為改善參數 (Improving Parameter, IP),後者則稱惡化參數 (Avoiding Degemeration Parameter, ADP)。

Altshuller 從一百五十萬項專利資料庫歸納技術系統常見 39 種工程特性參數 (如表 8-56) 及 40 項創新發明原則 (如表 8-57)。當技術系統發生問題時,專案團隊可藉由腦力激盪方式篩選關鍵工程改善及惡化參數,並建立「衝突矩陣 (Conflict Matrix)」(如表 8-58),繼而從「Altshuller 衝突表」中找出合適「發

表 8-56 Altschuller 的 39 種工程特性參數

1.	移動件重量	21.	動力
2.	固定件重量	22.	能源浪費
3.	移動件長度	23.	物質浪費
4.	固定件長度	24.	資訊喪失
5.	移動件面積	25.	時間浪費
6.	固定件面積	26.	物料數量
7.	移動件體積	27.	可靠度
8.	固定件體積	28.	量測精確度
9.	速度	29.	製造精確度
10.	力量	30.	物體上有害因素
11.	張力、壓力	31.	有害側效應
12.	形狀	32.	製造性
13.	物體穩定性	33.	使用方便性
14.	強度	34.	可修理性
15.	移動物件耐久性	35.	適合性
16.	固定物件耐久性	36.	裝置複雜性
17.	溫度	37.	控制複雜性
18.	亮度	38.	自動化程度
19.	移動件消耗能量	39.	生產力
20.	固定件消耗能量	-	-

表 8-57　TRIZ 的 40 項創新發明原則

1.	分割	21.	急衝
2.	提煉	22.	轉變害處為利處
3.	局部品質	23.	回饋
4.	非對稱性	24.	調節器
5.	組合	25.	自我服務
6.	普遍性	26.	複製
7.	重疊放置	27.	以便宜物體取代
8.	配重	28.	置換機械系統
9.	事先的平衡動作	29.	氣壓或液壓構造
10.	事先動作	30.	可撓性薄板或薄膜
11.	進一步緩衝	31.	使用多孔性材料
12.	均衡潛能	32.	改變顏色
13.	反置	33.	均質性
14.	球體化	34.	去除且重新產生零件
15.	動態性	35.	轉換物體之物理、化學狀態
16.	部分或過量動作	36.	相變化
17.	移至新的維度	37.	熱膨脹
18.	機械振動	38.	使用強氧化劑
19.	週期性動作	39.	鈍氣環境
20.	利用動作連續性	40.	複合材料

表 8-58　Altschuller 衝突 (矩陣) 表

②惡化參數　①改善參數	1.	2.	3.	…………	10.	…………	39.
1.							
2.							
3.						③	
⋮							
39.							

明原則」或「解決方案」,俾便重行概念設計與系統設計。而本單元之汽車消音器綠色創新設計即依據表 8-56～58 及顧客／工程聲音 (VOC/VOE),設計消音器之衝突矩陣與發明原則 (如表 8-59～60)。

表 8-59 汽車消音器綠色六標準差設計衝突矩陣 (Contradiction Matrix)

惡化參數 (ADP) 改善參數(IP)	11	13	16	20	23	36
4	1, 14, 35	35, 37, 39	1, 35, 40	—	10, 24, 28, 35	1, 26
6	10, 15, 36, 37	2, 38	2, 10, 19, 30	—	10, 14, 18, 39	1, 18, 36
8	24, 35	28, 34, 35, 40	34, 35, 38	—	10, 34, 35, 39	1, 31
9	6, 18, 38, 40	1, 18, 28, 33	—	—	10, 13, 28, 38	4, 10, 28, 34
10	11, 18, 21	10, 21, 35	—	1, 16, 36, 37	5, 8, 35, 40	10, 18, 26, 35
12	10, 14, 15, 34	1, 4, 18, 33	—	—	3, 5, 29, 35	1, 16, 28, 29
27	10, 19, 24, 35	—	6, 27, 34, 40	23, 36	10, 29, 35, 39	1, 13, 35
28	6, 28, 32	13, 32, 35	10, 24, 26	—	10, 16, 28, 31	10, 27, 34, 35

表 8-60 汽車消音器綠色六標準差創新設計發明原則

問題描述	改善參數	惡化參數	發明原則
1. Reduce Noise of Vehicles Muffler 2. Improving Muffler Transmission Loss 3. Simply Muffler Designaction 4. Absorbent Material be used	4. Length of Stationary object 6. Area of Stationary object 9. Speed 10. Shape	11. Pressure 23. Loss of Substance	1. Segmentation 5. Merging 10. Preliminary Action 13. Invert Action 14. Spheroidality 18. Mechanical Vibration 28. Mechanics Substitution 31. Porous Materials 35. Parameter Changes 36. Phase Transitions

註:IP: Improving Parameter, ADP: Avoiding Degeneration Parameter
　　IPs: Inventive Principles

8.8.5.2　田口方法

依據 8.8.4.3 田口設計程序進行汽車消音器之參數與允差設計。Taguchi 為減少與簡化實驗次數與配置，以獲得最適之因子組合與效果估計量；所設計之 Latin Square 因子組合表 (如表 8-61)，常用的有：$L_4(2^3)$，$L_8(2^7)$，$L_9(3^4)$，$L_{16}(2^{15})$，$L_{18}(2^1 \times 3^7)$，$L_{27}(2^{13})$ 等。本研究之最適因子組合經篩選為 $L_8(2^7)$ (如表 8-63)，著即進行消音器型式設計 (如表 8-62～64 及圖 8-43) 與實驗計畫之執行。

8.8.5.3　汽車消音器設計 (Muffler Designation) [4]

關鍵技術為噪音減量與傳輸損失 (Noise Reductions and Transmission Loss) 評估，本研究係應用「邊界元素法 (Boundary Element Metho, BEM)」分析八種汽車用反應型消音器 (reactive mufflers) (如表 8-62)，並在相同環境及實驗條件[5]

表 8-61　實驗因子組合 (Experiment Factors Combination)

實驗次數 (列)	因子 (行)						
	1	2	3	4	5	6	7
1	1	1	1	1	1	1	1
2	1	1	1	2	2	2	2
3	1	2	2	1	1	2	2
4	1	2	2	2	2	1	1
5	2	1	2	1	2	1	2
6	2	1	2	2	1	2	1
7	2	2	1	1	2	2	1
8	2	2	1	2	1	1	2

註：水準 (Level)：1，2。

---

[4] Muffler Principles and Theory：
The cardinal noise in metropolitan district derives from the motor vehicle exhaustion tail pipe then muffler uses to provide a restraint or controlling function for noise reduction. Muffler divides into two types: (1) reactive muffler: make use of acoustics impedance to reflect sound source; (2) dissipative muffler: transform sound energy to heat by lining absorbed materials.Dissipative muffler is in using process, will because of: (1) the pore of the lining absorbed material jammed; (2) high temperature make material changed in character; and decreased sound restraint effect. It's not available for high temperature and air pollution (CO, HC, NOx, PM) environment. For this, the special chosen of research strikes "reactive muffler" to progress development and design the optimized combination by TRIZ and Taguchi method.

[5] Condition: (1) specification of muffler: a. inlet tube diameter, b.outlet tube diameter, c.tube thickness, d.hole diameter；(2) Mean flow/Mach number；(3) Mean temperature，(4) Mean length/diameter/porosity for perforated intruding tube.

表 8-62　8Types 汽車消音器傳輸損失 (TL)

消音器設計圖	傳輸損失 消音器型式	Frequency (kHz)									
		0.0	0.5	1.0	1.5	2.0	2.5	3.0	3.5	4.0	4.5
	1. 單膨脹管型	10	20	0	23	0	27	1	0	3	5
	2. 單膨脹延伸管型 單延-1/4L	10	25	5	36	12	32	5	6	10	7
	3. 單膨脹延伸管型 雙延-1/4L	10	20	5	42	25	40	5	4	14	11
	4. 同心管共鳴型	0	2	3	5	16	12	21	0	0	0
	5. 開放式單向槽孔 延伸管型	10	27	13	28	21	33	29	11	5	0
	6. 開放式雙向槽孔 延伸管型	10	28	15	32	26	35	30	10	5	0
	7. 管塞式單向槽孔 延伸管型	10	29	16	34	23	35	36	46	15	0
	8. 管塞式雙向槽孔 延伸管型	20	32	22	43	32	37	37	49	20	0

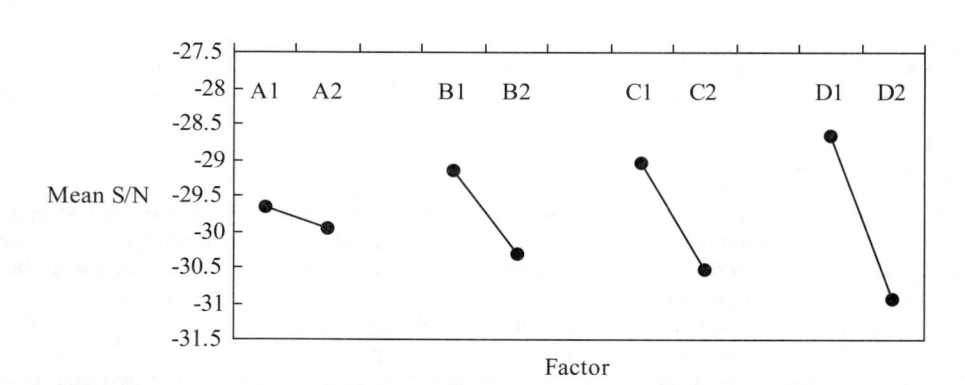

圖 8-43　汽車消音器綠色六標準差創新設計反應圖 (Response Graph)

表 8-63　汽車消音器綠色六標準差創新設計直交表 $L_8(2^7)$ 及信號雜音 (S/N) 分析

$L_8(2^7)$	A 1	B 2	A*B 3	C 4	e 5	e 6	D 7	y_i	S/N
1	1	1	1	1	1	1	1	20	-26.02
2	1	1	1	2	2	2	2	32	-30.10
3	1	2	2	1	1	2	2	38	-31.60
4	1	2	2	2	2	1	1	35	-30.88
5	2	1	2	1	2	1	2	34	-30.63
6	2	1	2	2	1	2	1	31	-29.83
7	2	2	1	1	2	2	1	25	-27.96
8	2	2	1	2	1	1	2	37	-31.36
T_1	-118.60	-116.58	-115.44	-116.21	-118.81	-118.89	-114.69		
T_2	-119.78	-121.80	-122.94	-122.17	-119.57	-119.49	-123.69		
$(T_1-T_2)^2/8$	0.17	3.41	7.03	4.44	0.07	0.05	10.13		
η_1	-29.65	-29.15	-28.86	-29.05	-29.70	-29.72	-28.67		
η_2	-29.95	-30.32	-30.74	-30.54	-29.89	-29.87	-30.92		
	A_1	B_1		C_1			D_1		

表 8-64　汽車消音器綠色六標準差創新設計變異數分析 (ANOVA)

Factor	SS	df	V	F	$F_{0.05}$	$F_{0.01}$
A	0.17	1	0.17	2.83	18.51	98.49
B	3.41	1	3.41	56.83**		
C	4.44	1	4.44	74.00**		
D	10.13	1	10.13	168.83**		
A*B	7.03	1	7.03	117.17**		
e	0.12	2	0.06			
T	25.30	7				

下評估其傳輸損失 (Transmission Loss, TL)。聲波 (Sound wave) 係在空間傳播，若音壓 (sound pressure) 固定且聲波呈一簡諧運動 (harmonic motion)，則聲音波動滿足 Helmholtz 方程式及傳輸損失方程式 (TL)：

$$\nabla^2 P + k^2 P = 0 \quad\quad (1)$$

$$C(\vec{x})P(\vec{x}) + \int_\rho \frac{\partial u^*(\vec{x},\vec{\xi})}{\partial n(\xi)} p(\vec{\xi})\, d\rho(\vec{\xi}) = \int_\rho u^*(\vec{x},\vec{\xi}) \frac{2p}{2n}(\vec{\xi})\, d\rho(\vec{\xi}) \quad\quad (2)$$

$$\begin{Bmatrix} p_{in} \\ \rho_0 c u_{in} \end{Bmatrix} = \begin{bmatrix} A & B \\ C & D \end{bmatrix} \begin{Bmatrix} p_{out} \\ \rho_0 c u_{out} \end{Bmatrix} \quad\quad (3)$$

$$TL = 20\ \log_{10} \left| \frac{A+B+C+D}{2} \right| \quad\quad (4)$$

k: wave number

u* : the fundamental solution of Helmholtz equation.

$C(\vec{x})$: an internal solid angle at point $\vec{x}$.

u* $(\vec{x},\vec{\xi})$: four-pole matrix between inlet and outlet of an acoustic system

$\begin{bmatrix} A & B \\ C & D \end{bmatrix}$: four-pole parameters.

復藉由數值模擬與分析 (Numerical simulation and analysis)，結果顯示：(1) 在 1,500Hz 條件下，消音器傳輸損失排序為 Type 8>3>2>7>6>5>1；(2) 在 2,500Hz 條件下，消音器傳輸損失排序為 Type 6>3>8>7>5>2>1 (詳如表 8-62～64 及圖 8-44～47)。最終以 80/20 Rule 及成本效益分析，淬取排序最適化之汽車消音器設計 (詳如圖 8-44～47)：

1st . 6. Dual-perforated intruding tube muffler (D₁)

2nd. 3. Simple expansion with dual ¼ L intruding tube chamber (A₁)

3rd. 8. Dual-Perforated intruding plug tube muffler (B₁)

第八章　創新專案管理

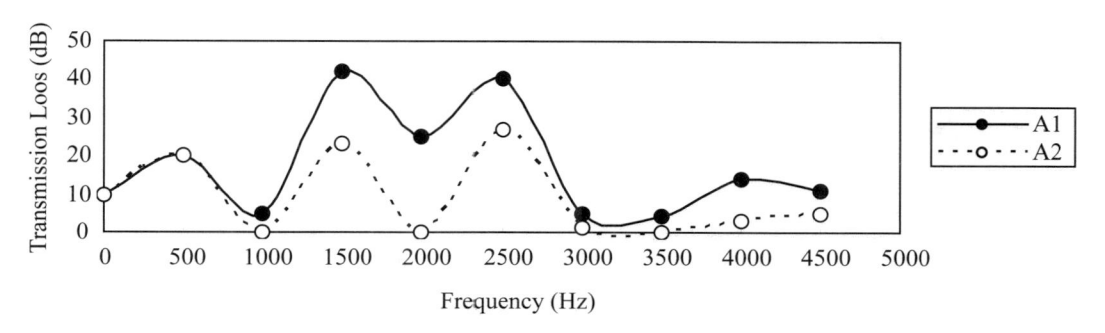

○ 圖 8-44　Transmission Loss Curve-**Segmentation**:
　　A_1 (Simple expansion w/i dual 1/4L intruding tube chamber) vs.
　　A_2 (Simple expansion chamber)

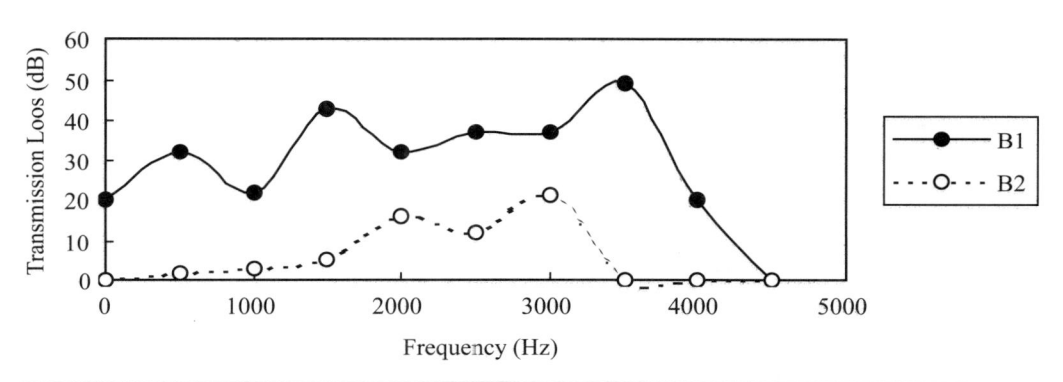

○ 圖 8-45　Transmission Loss Curve-**Merging**:
　　B_1 (Dual-Perforated intruding plug tube muffler) vs.
　　B_2 (Straight-through resonator)

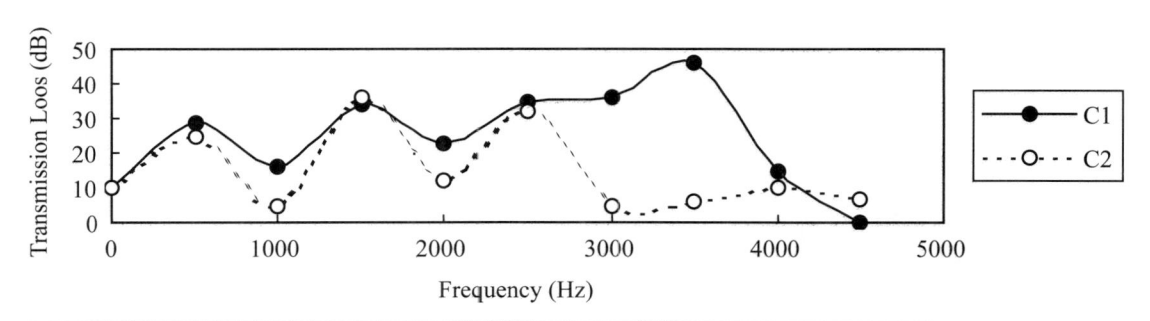

○ 圖 8-46　Transmission Loss Curve-**Invert Action**:
　　C_1 (Single-Perforated intruding plug tube muffler) vs.
　　C_2 (Simple expansion w/i single 1/4L intruding tube chamber)

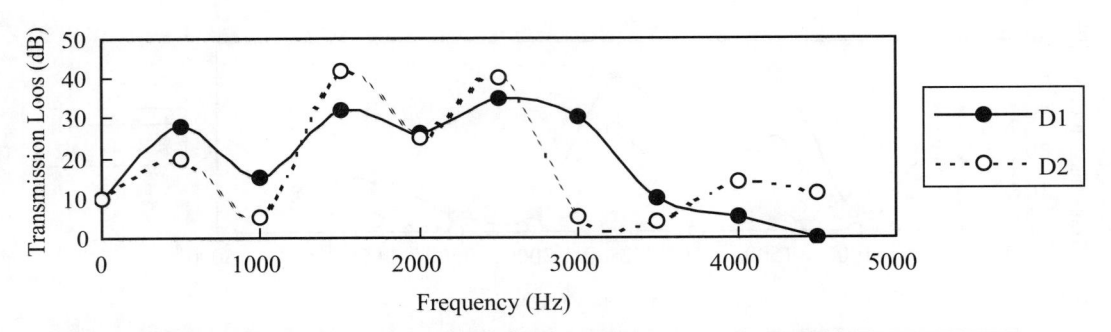

圖 8-47 Transmission Loss Curve-**Porous Materials**:
D_1 (Dual-Perforated intruding tube muffler) vs.
D_2 (Simple expansion w/i dual 1/4L intruding tube chamber)

第八章　創新專案管理

參考文獻

8.1　綠色專案風險管理 [1-60]

一、中文部分

1. 吳贊鐸，電子化六標準差即時決策管理系統建立之研究，中華民國品質學會第三十八屆年會暨第八屆全國品質管理研討會論文集，pp.958-972頁，2002。
2. 吳贊鐸，企業組織行為與溝通模式建立之研究，2002年人力資源論文與案例發表會，2002。
3. 吳贊鐸，薄膜隔熱材料原子力顯微鏡與奈米壓痕試驗機失效模式效應分析之研究，中華民國第五屆可靠度與維護度技術研討會，pp.324-344頁，2003。
4. 吳贊鐸，科技管理導論，初版，台北，全華圖書 (股) 公司，31-46 (ch.3) 頁，227-252 (ch.14) 頁，253-292 (ch.15) 頁，2004。
5. 吳贊鐸，專案談判講義，經濟部專業人員研究中心企業協商與談判技巧研究班，2004。
6. 吳贊鐸等，六標準差綠色設計即時決策管理系統，二〇〇五年永續性產品與產業管理研討會，台灣產業服務基金會，2005。
7. 吳贊鐸等，綠色產品設計與績效評估模式建立之研究，二〇〇五年工研院創新與科技管理研討會，財團法人工業技術研究院，2005。
8. 吳贊鐸等，綠色設計管理智庫，二〇〇五清潔生產暨永續發展研討會。台灣產業服務基金會，2005。
9. 吳贊鐸等，整合型綠色產品生命週期績效評估與無線通訊傳輸辨識系統，2006年環境規劃學術研討會第四屆資源與環境管理學術研討會，立德管理學院-環境學群，C-48-59 頁，2006。
10. 吳贊鐸等，綠色淨水器無線通訊傳輸辨識系統，二〇〇六清潔生產暨永續發展研討會，台灣產業服務基金會，A-20-1-11 頁，2006。
11. 吳贊鐸，(2006)，綠色質場分析，2006 中華萃思學會學術暨實務研討會。
12. 吳贊鐸，(2006)，質場問題解心智系統開發，2006 中華萃思學會學術暨實務研討會。
13. 吳贊鐸，(2006)，$e^{6\sigma}$-76S^s 設計研發即時決策管理系統，2006 中華萃思學

會學術暨實務研討會。
14. 張彥文,(2006),綠色產品設計與績效評估模式建立之研究,明志科技大學工程管理研究所碩士論文。
15. 黃琬玲譯,內控自評實務指引,中華民國內部稽核協會。
16. 林柄滄,陳錦烽譯,國際內部稽核專業實務架構,中華民國內部稽核協會。
17. 國際內控自評師考試中譯本參考書,中華民國內部稽核協會。
18. James Roth, Ph.D.CIA 著,鄭恒圭,MBA,CIA 譯,國際內部稽核協會最佳內部控制評估實務-自我評估與風險評估,中華民國內部稽核協會。
19. 朱道凱譯,(1999),(Robert S. Kaplan & David P. Norton 原著,1996),平衡計分卡-資訊時代的策略管理工具,初版,台北:臉譜文化事業股份有限公司。
20. 杜瑞澤,(2002),產品永續設計--綠色設計理論與實務,台灣:亞太出版社。
21. 林家任,許艷森,(2000),環境效益評估應用在綠色設計之研究,工業設計,第 28 卷,2 期,173-179 頁。
22. 李建華、方文寶,(1996),績效評估理論與實務,超越企管股份有限公司。
23. 洪明正,(2002),綠色設計技術調查研究,財團法人環境與發展基金會。
24. 徐福麟,(1999),綠色設計策略中產品生命週期評估模式之研究,大葉大學設計研究所碩士論文。
25. 陳家豪,(2000),環保化設計之國內外趨勢,環保化設計實務跰討會。
26. 郭財吉,(2002),綠色產品設計-綠色品質機能展開,永續產業發展,2 期,45-52 頁。
27. 湯新如,林敬智,(2002),設計與環境—綠色產品設計全球指引,永續產業發展-1 期,35-46 頁。
28. 黃俊英,(1994),企業研究方法,初版,台北:東華書局。
29. 鄭源錦等編,(1995),綠色設計,中華民國對外貿易發展協會,經濟部工業局。
30. 張永忠,(1998),綠色設計教育現況探討與方向規劃之研究,大葉大學工業設計研究所碩士論文。
31. 鮑丕宇,(2004),綠色產品驗證標準與未來趨勢,產品綠色設計發展研討會。

二、英文部分

32. Wimmer, W., Züst, R. and Lee, K. M., (2004), "ECODESIGN Implementation - A Systematic Guidance on Integrating Environmental Considerations into Product Development:Springer".

33. Allenby, B. R and Graedel T. E ,(1995), "Industrial Ecology", Prentice-Hall.

34. Charter, M. and Clark, T., (2002), "Smartecodesign -Electronics". Seed Member Training Courses，Taiwan ETC。

35. Duas-Sardinha, I., Reilnders, L., and Autunes, P., (2002), "From environmental performance evaluation to eco-efficiency and sustainability balanced scorecard ", Environmental Quality Management, Vol.12, NO.2, pp.51-64.

36. Duquette, D. J. and Stowe, A. M ,(1993), "A Performance Measurement Model for the Office of Inspector General". Government Accountants, Vol 42 NO.2 , pp.27-50

37. Eccles, R. G.,(1991) "The Performance Measure Manifesto," Harvard Business Review", pp.131-137.

38. Evans, Hugh, Gary Ashworth, Mike Chellew, Andrew Davidson and David Towers, (1996), "Exploiting activity-based information: Easy as ABC," Management Accounting, London, Jul/Aug, pp.24.

39. Fiksel, J., (1996), "Design for Environment: Creating Eco-Efficient Product and Processes," California, McGraw-Hill, pp.49~59.

40. Graedel,T.E., (1996), "Weighted matrices as product life cycle assessment tools", The International Journal of Life Cycle Assessment, Vol.1, No.2, pp.85-89.

41. Hitachi Group, Green Procurement Guideline, 2004.

42. Humphreys, P., McIvor, R and Chan, F.,(2003), "Using case-based reasoning to evaluate supplier environmental management performance", Expert Systems with Applications,Vol25, No.2, pp141-153.

43. International Organization for Standardization(ISO), (1999) ,"ISO14031：Environmental Management—Environmental Performance Evaluation-Guidelines."

44. Kaplan, R. S. and Norton, D. P., (1992), "The Balanced Scorecard — Measures That Drive Performance," Harvard Business Review, Jan-Feb, pp.71-79.

45. Kaplan, R. S. and Norton, D. P.,(1996), "Using the Balanced Scorecard as a Strategic Management System," Harvard Business Review, Jan-Fe, pp.52,68,76,96,133.
46. Kaplan, R. S. and Norton, D. P. ,(1993), "Putting the Balanced Scorecard to Work," Harvard Business Review, Sep-Oct, pp.139.
47. Kaufman, Roger, "Preparing Useful Performance Indicators. "Training & Development, September, pp.80.
48. King, A. A. and Lenox, M. J., (2001), "Lean and green? An empirical examination of the relationship between lean production and environmental performance", Production and Operations Management, Vol.10, NO.3, pp.244-256.
49. Klassen, Robert D., McLaughlin and Curtis P.,(1996), "The impact of environmental management on firm performance ", Management Science, Vol.42, NO.8, pp.1199-1214.
50. Koner, S. and Cohen, M. A., (2001), "Does the market value environment performance? ",The Review of Economics and Statistics, Vol.83, NO.2, pp.281.
51. Noci, G.,(1997), "Designing green vendor rating systems for the assessment of a supplier's environment performance", European Journal of Purchasing & Supply Management, Vol.3, NO.2, pp.103-114.
52. Porter, M., (1995), "Green competitiveness", Harvard Business Review, September.
53. Pre, Consultants B. V., 1997, SimaPro user manual, The Netherlands.
54. SONY, (2004), "Management Regulations for the Environment-related Substances to be controlled which are included in Parts & Materials,"SS-00259-SONY.
55. TRIZ Journal, www. Triz-journal.com.
56. Thoresen, J., (1999) "Environmental Performance Evaluation—A Tool for Industrial Improvement", Journal of Cleaner Production ,Vol.7, pp365-370.
57. Wu, T.D. (2004), "The study of problem solving by TRIZ and Taguchi methodology in automobile muffler designation," TRIZ Journal.
58. Weinberg, L., (1998), " Development of a streamlined, environmental life-cycle analysis matrix for facilities" IEEE International Symposium on Electronic

and the Environment, pp.65-70.

59. Yarwood, J.M. and P.D. Eagan (1998), "Design for the Environment-A Competitive Edge for the Future", Madison, pp.6-9.
60. Yin, R. K. (1994), Case Study Research: Design and Methods, USA: Sage Publication.

8.2 產品碳足跡創新管理 [61-75]

一、中文部分

61. 行政院環境保護署，(2008)，行政院環境保護署產品與服務碳足跡計算指引，行政院環境保護署。
62. Bsi, (2008), PAS 2050: 2008 產品與服務生命週期之溫室氣體排放評估規範。
63. 吳贊鐸，(2008)，綠色設計六標準差管理。自編講義。
64. 張志強，(1998)，流程管理技術手策。中國生產力中心。
65. David, (2007)，產品生命週期管理。科技產業資訊室。

二、英文部分

66. ISO14040,(2006), Environment Management-Life Cycle Assessment-Principles and Framework, ISO.
67. ISO14044,(2006),. Environment Management-Life Cycle Assessment-Requirements and Guidelines, ISO.
68. Bsi,(2008),.PAS2050:2008: Specification for the assessment of the life cycle greenhouse gas emissions of goods and services., BSi.
69. Bsi,(2008),. Guide to PAS 2050: How to assess the carbon footprint of goods and services, BSi.
70. Tzann-Dwo Wu,(2004),. The study of problem solving by TRIZ and Taguchi methodology in automobile muffler designation,. TRIZ Journal.
71. Oracle, (2004), Agile 9 Product Cost Management. Agile Asia Training.
72. http://itmanagersinbox.com/846/the-7-stages-of-business-process-management
73. http://www.wikipedia.org, STPI, 2007
74. http://en.wikipedia.org/wiki/Product_lifecycle_management
75. http://www.toga.org.tw/familiar_3.php

8.3 綠色能源創新管理 [76-113]

一、中文部分

76. 經濟部能源局 (2009)。能源管理法。經濟部能源局。
77. 經濟部能源局 (2002)。能源管理法施行細則。經濟部能源局。
78. 經濟部能源局 (2009)。再生能源發展條例。經濟部能源局。
79. 經濟部能源局 (2010)。節能績效保證專案示範推廣補助要點。經濟部能源局。
80. 經濟部能源局 (2010)。能源管理人員訓練班-非製造業。中衛發展中心。
81. 經濟部能源局 (2010)。節能績效量測與驗證專業人員基礎訓練班講義。台灣綠色生產力基金會。
82. 經濟部能源局 (2010)。節能績效量測與驗證專業人員訓練班講義。台灣綠色生產力基金會。
83. 經濟部能源局 (2007)。馬達動力系統能源效率應用技術研習班。工業技術研究院機械所。
84. 經濟部能源局 (2009)。送風機性能檢測實務技術研習班。工業技術研究院機械所。
85. 經濟部能源局 (2010)。工廠空壓機與系統能源效率檢測實務研習班講義。工業技術研究院機械所。
86. 經濟部能源局 (2010)。電信業節能種子教育訓練班講義。台灣綠色生產力基金會。
87. 經濟部能源局 (2007)。高效率馬達動力系統簡訊。工業技術研究院機械所,1。
88. 經濟部能源局 (2007)。高效率馬達動力系統簡訊。工業技術研究院機械所,2。
89. 經濟部能源局 (2007)。高效率馬達動力系統簡訊。工業技術研究院機械所,3。
90. 經濟部能源局 (2008)。高效率馬達動力系統簡訊。工業技術研究院機械所,4。
91. 經濟部能源局 (2008)。高效率馬達動力系統簡訊。工業技術研究院機械所,5。
92. 經濟部能源局 (2008)。高效率馬達動力系統簡訊。工業技術研究院機械

所，6。
93. 經濟部能源局 (2008)。高效率馬達動力系統簡訊。工業技術研究院機械所，7。
94. 經濟部能源局 (2009)。高效率馬達動力系統簡訊。工業技術研究院機械所，8。
95. 經濟部能源局 (2009)。高效率馬達動力系統簡訊。工業技術研究院機械所，9。
96. 經濟部能源局 (2009)。高效率馬達動力系統簡訊。工業技術研究院機械所，10。
97. 經濟部能源局 (2009)。高效率馬達動力系統簡訊。工業技術研究院機械所，11。
98. 台灣綠色生產力基金會 (2010)。EVO IPMVP Level 3 & CMVP 訓練班講義。EVO 國際量測驗證組織。
99. 中技社 (2010)。能源管理新趨勢暨 ISO 50001 成果發表會講義。BSi 英國標準協會台灣分公司。
100. 吳贊鐸 (2008)。綠色設計六標準差管理。自編講義。
101. 吳贊鐸 (2005)。六標準差綠色設計即時決策管理系統。2005 永續性產品與產業管理研討會。
102. 吳贊鐸 (2002)。電子化六標準差即時決策管理系統建立之研究。中華民國品質學會第三十八屆年會暨第八屆全國品質管理研討會論文集。
103. 林信作 (2009)。ISO/CD 50001 標準簡介-迎接低碳經濟的來臨。BSi 英國標準協會台灣分公司。
104. 黃明璋 (2010)。IOT (Internet Of Things) 研討會講義。旗標事業群。
105. 施威銘 (2010)。PSoC 開發入門實作：嵌入式微電腦控制發展系統。旗標出版股份有限公司。
106. 科技產業資訊室 (2008)。M2M。科技政策研究與資訊中心。

二、英文部分

107. Tzann-Dwo Wu (2004). The study of problem solving by TRIZ and Taguchi methodology in automobile muffler designation. TRIZ Journal.
108. Tzann-Dwo Wu (2004). Six Sigma real-time decision making management system for integrating production, design and development, marketing and

finance management in Taiwan. 8th World Multiconference on Systemics, Cybernetics and Informatics (SCI 2004), 439-446.

109. ISO (2010). ISO/DIS 50001:2010 Energy Management System. ISO.
110. http://hem.org.tw
111. EVO (2007). IPMVP, www.eco-world.org, 1.
112. ASHARE (2002). ASHARE Guideline 14, www.ashare.org.
113. LBL (2008). M&V Guideline for Federal Energy Projects. http://ateam.lbl.gov/mv, 3.

8.4 物聯網生活實驗室創新管理 [114-127]

一、中文部分

114. 吳政忠 (2011)，第一屆智慧生活種子師資培訓營手冊，教育部智慧生活整合性人才培育計畫。
115. 謝智謀、王怡婷譯 (2003)，體驗教育-帶領內省指導手冊，台北：幼獅。
116. 教育部 (2001)，創造力與創意設計教育師資培訓計畫大專工程科系教師講習會講義。
117. 彼得聖吉 (2001)，第五項修鍊實踐篇-上，天下遠見出版 (股) 公司，第188-246 頁。
118. 臺灣物聯網 IOT：
    (1) 中央氣象局自動氣象站系統 @cwb.gov.tw
    (2) 農委會水土保持局土石流防災資訊系統 @http://www.swcb.gov.tw
    (3) 台北市公車動態資訊系統 e-bus_GIS Server_PDA
    (4) 公車路線暨大眾運輸轉乘查詢系統 http://www.5284.com.tw/TPBUS.htm
    (5) 國道高速公路局智慧型運輸系統 ITS
    (6) 經濟部能源局一度電俱樂部 @http://lkwh.energypark.org.tw
    (7) 悠遊卡電子票證 RFID 系統
    (8) 食品流通履歷追蹤系統
    (9) 學生刷卡 RFID 系統
    (10) 遠端照護系統
    (11) 智慧居家系統
    (12) 高速公路收費系統
    (13) 海關貨櫃通關系統

(14) 環保署監資處環境品質資料倉儲系統 http://edw.epa.gov.tw/ TenDW

二、英文部分

119. Tzann-Dwo Wu, (2004), The Study of problem solving by TRIZ and Taguchi methodology in automobile muffler designation, TRIZ Journal, March.

120. Tzann-Dwo Wu, (2004), Six Sigma real-time decision making management system for integrating production, design and development, marketing and finance management in Taiwan, 8th World Multiconference on Systemics, Cybernetics and Informatics (SCI 2004), pp.439-446.

121. Ume, C. and Timmerman, M, (1995), Innovative communications oriented design projects in mechatronics courses, IEEE Transactions on Education, 38(3), pp. 223-229.

122. Baillie, C. & Walker, P, (1998), Fostering creative thinking in student engineers, European Journal of Engineering Education, 23(1) pp. 35-44.

123. Directorate-General for the Information Society and Media , (2011), Living Labs for user-driven open innovation-an overview of the living labs methodology, activities and achievements, European Commission.

124. http://en.wikipedia.org/wiki/Machine_to_Machine

125. http://www.i236.org.tw/i236/web/domain.htm

126. http://www.livinglabs.com.tw/index.html

127. http://en.wikipedia.org/wiki/Living_lab

8.5　中醫減重創意問題解決心智系統開發 [128-136]

一、英文部分

128. Goldratt, E. M. and Fox, R. E., "The Race," North River Press, 1986.

129. Goldratt, E. M., "Theory of Constraints," North River Press, 1990.

130. Goldratt, E. M. and Cox, J., "The goal," North River Press, 1992.

131. Goldratt, E. M., "Critical Chain," North River Press, 1997.

132. Woeppel, M. J., "Manufacturer's Guide to Implementing the Theory of Constraints, The St. Lucie Press/APICS Series on Constraints Management, 2001.

133. Gerald I. Kendall, "Securing the Future-Strategies for Exponential Growth

Using the Theory of Constraints," The St. Lucie Press, 1997, pp.31-58, 105-131.

134. Tzann-Dwo Wu, "The Study of problem solving by TRIZ and Taguchi methodology in automobile muffler designation" TRIZ Journal, March, 2004.

135. Tzann-Dwo Wu, "Six Sigma real-time decision making management system for integrating production, design and development, marketing and finance management in Taiwan" 8th World Multiconference on Systemics, Cybernetics and Informatics (SCI 2004), July. 2004, pp.439-446.

136. Ume, C. and Timmerman, M., "Innovative communications oriented design projects in mechatronics courses," IEEE Transactions on Education, 38(3), 1995, pp. 223-229.

8.6　創意英語意識匯談法 [137-186]

一、中文部分

137. 余玉照，勤學英語真快樂/用對方法好輕鬆，嘉義市私立興華高級中學英語教學成果會，(2002)。

138. 余玉照，如何幫助每位學生快速學好英語 - 談「張思中教學法」的特殊功能，嘉義市私立興華高級中學，(2002)。

139. 卓淑玲，PBL 式教學經驗分享 - Teaching experience of Problem Based Learning，台灣師範大學心理系，(2007)。

140. 扶忠漢，雙向式英語 - Two-Way Communication，懷仁出版社，(1984)。

141. 陳光，超強邏輯式記憶法，紅蕃薯文化，(2007)。

142. 成寒，躺著學英文，時報文化出版企業股份有限公司，(2003)。

143. 顧斌，200 Practical Precepts Diagrams with Explanations 實用箴言兩百句，世界書局，(1996)。

144. 仲華，六個符號英文法，華人世紀出版社，(2005)。

145. 吳贊鐸，職場問題解決心智圖庫，勤益技術學院管理學術研討會，(2006)。

146. 吳贊鐸、吳致勳，學習型組織問題解決心智系統開發，2005 產業管理創新研討會，(2005)。

147. 吳贊鐸，學習型組織問題解決心智系統創意模式，2005 管理方法與應用新思維國際研討會，(2005)。

148. 吳贊鐸，質場問題解決心智系統開發，2006 中華萃思(TRIZ)學會第一屆學術與實務研討會 (2006)。
149. 吳贊鐸，$e^{6\sigma}$-G^D76S^S 綠色設計即時決策管理系統，2006 中華萃思 (TRIZ) 學會第一屆學術與實務研討會，(2006)。
150. 台北希望園區，意識匯談法與 STORY 核心價值，台北希望園區第九期讀書會導引人培訓班，(2007)。

二、英文部分

151. Goldratt, E. M. "Critical Chain," North River Press (1997).
152. Woeppel, M. J. "Manufacturer's Guide to Implementing the Theory of Constraints, The St. Lucie Press/ APICS Series on Constraints Management (2001).
153. Mintzes, J. J., & Novak, J. D. "Assessing science understanding: The Epistemological Vee Diagram," Academic Press (1999).
154. Tzann-Dwo Wu, "Six Sigma real-time decision making management system for integrating production, design and development, marketing and finance management in Taiwan" 8th World Multiconference on Systemics, Cybernetics and Informatics (SCI 2004), pp.439-446 (2004).
155. Baillie, C. & Walker, P. "Fostering creative thinking in student engineers," European Journal of Engineering Education, 23(1) pp. 35-44 (1998).
156. Juanita Brown. "The World Caf'e," Berrett-Koehler Publishers, Inc., pp.162-175（2005）.
157. Thomas P. Klammer and Muriel R. Schulz, "Analyzing English Grammar," Allyn & Bacon Company (1995).
158. http://www.frontier.org.tw/ost/paper1.htm
    http://www.co-intelligence.org/P-Openspace.html
159. http://tw.knowledge.yahoo.com/question/?qid=1105051208285
160. http://www.geocities.com/picmemory/introduction1.htm
161. http://www.utexas.edu/courses/langling/e360k/handouts/diagrams/diagram_basics/basics.html
162. English 900, http://www.iselong.com/6/526.htm
163. http://www.whats-new.com.tw/oct/broadcast.asp

164. http://news.bbc.co.uk/hi/chinese/news/newsid1025000/10253771.stm
165. http://www.fln.vcu.edu/grimm/grimm menu.html
166. http://www.bbc.co.uk/worldservice/learningeng-lish/news/words/general/word2001.shtml
167. http://dictionary.msn.com
168. http://www.historyplace.com/specials/sounds-prez/index.html
169. http://www.chicago-law.net/speeches/speech.html
170. http://town.hall.org/radio/Dialogue
171. http://www.wakeamerica.com/past/speehes.shtml
172. http://town.hall.org/radio/HarperAudio
173. http://town.hall.org/radio/Club
174. http://town.hall.org/radio/Kennedy/Broyls
175. http://town.hall.org/radio/Minibar
176. http://town.hall.org/radio/NASA
177. http://udnnews.com/Cobrand/cobrand/st.shtml
178. http://www.englishdigest.com/lndbg.htm
179. http://www.salon.com/audio
180. http://www.moviesounds.com/#nowplay
181. http://www.tcom.ohiou.edu/books/kids.htm
182. http://www.law.harvard.edu/studorgs/forum/recent.html
183. http://www.geocities.com/Hollywood/Hills/6376/archives.html
184. http://www.tellmeastory.com
185. http://www.pc-radio.com/otr/otr.html
186. http://www.dailywav.com

8.7　餐飲服務業創新學習績效評估模式建置 [187-205]

一、中文部分

187. 卓淑玲，PBL 式教學經驗分享 - Teaching experience of Problem Based Learning，台灣師範大學心理系，2007。
188. 劉金源，我國大學通識教育的現況、問題與對策，通識學刊：理念與實務，第一卷第一期，2006，頁 1~30。

189. 劉金源，大學通識教育實務－中山大學的經驗與啟示，中山大學出版社，2006，頁 37~60。
190. 黃坤錦，通識課程之設計與教法，中大通識教育，8 期，1998。
191. 吳贊鐸，退休生活錦囊，第四屆產業管理研討會，2006。
192. 中華工程教育學會認證委員會，工程及科技教育認證規範 (AC2004+)，中華工程教育學會第二屆第二次認證委員會會議通過認證規範 1~9，2006。
193. 吳贊鐸，融滲式教學實務導入標準作業指導書，2009 Conference on Innovation of Industry Management，2009。
194. 張沛文譯，僕人─修道院的領導啟示錄，商周出版社，2001。

二、英文部分

195. http://wiki.mbalib.com/zh-tw
196. http://wiki.mbalib.com/wiki/%E6%9C%8D% E5%8A%A1%E5%8C%85
197. http://www.trainingabc.com/product_files/P/ServantLeadershipLG.pdf
198. http://wenku.baidu.com/view/2f7bc61fff00bed5b 9f31 da0.html
199. http://www.autodesk.com.tw/adsk/servlet/home? siteID=1170616&id=15814201
200. Spears,L.C.,"On Character and Servant-Leadership: Ten Characteristics of Effective,"Caring Leaders, 2003. .
201. Spears, L.C., "Servant Leadership: Quest for Caring Leadership, " 2003.
202. http://greenleaf.org/leadership/read-about-it/ Servant –Leade rship-Articles-Book-Reviews.html. Retrieved June 10,2004.
203. http://web.tiit.edu.tw/acof/acen/Word/Nanya30/ 990802--243-260.pdf
204. http://content.sp.npu.edu.tw/teacher/changhc/
205. Zeithaml, V. A. and Berry, L. L., "Service Marketing: Integrating Customer Focus across the Firm," McGraw-Hill, New York, 2000.

8.8　汽車消音器綠色創新設計 [206-216]

一、英文部分

206. ISO 9001: 2000 Quality Management System – section 7.3.2, 7.3.3, 7.3.5, 7.3.6.
207. C. F. Jeff Wu and Michel Hamada, "Experiments Planning, Analysis, and Parameter Design Optimization," John Wiley & Sons, Inc., 2000, pp.1-17.

208. S. W. Cheng, "Implementation of DOE: Objective, Planning, and Analysis, "Institute of Statistical Science, Academia Silica, 2002.
209. TRIZ Journal, www.triz-journal.com
210. Noriaki Kano, "Successful Business Strategies in Changing Age: Attractive Quality and Its Creation, "Attractive Quality and Six Sigma Seminar, BMG, 2003, pp.24-64.
211. Phillip J. Ross, "Taguchi Techniques for Quality Engineering," McGraw-Hill International Company, Inc., 1996, pp.3-20.
212. James R. Evans, William M. Lindsay, "The Management and Control of Quality," South-Western College Publishing, 1999, pp.399-405.
213. Laurence E. Kinsler, Austin R. Frey, Alan B. Coppens, James V. Sanders, "Fundamentals of Acoustic," John Wiley & Sons Inc.,1982, pp.124-139.
214. C. -N. Wang, C., -Y. Liao, "Boundary Integral Equation Method for Evaluating the Performance of Straight-through Resonator with Mean Flow," Journal of Sound and Vibration 216 (2), 1998, pp.281-294.
215. Chao -Nan Wang, Yih-Nan Chen, Jean Yih Tsai, "The Application of Boundary Element Evaluation on a Silencer in the Presence of a Linear Temperature Gradient," Applied Acoustics, 62, 2001, pp.707-716.
216. Chao -Nan Wang, "A Numerical Analysis for Perforated Muffler Components with Mean Flow," Journal of Vibration and Acoustics, Vol.121, 1999, pp.231-236.

Chapter 9

新產品創新設計開發管理

創新管理

　　「新產品創新設計開發管理」是國內產業進軍國際市場，從 OEM 躍升為 ODM 與 OBM 之核心競爭與研發能力。如何將產品資料管理、企業生命週期管理、產品生命週期管理、新產品開發程序與 ISO/TS 16949：2009 設計於 (Design-in) 新產品創新設計開發中則是本章主要訴求。

9.1　產品資料管理

　　產品持續精進 (A→A$^+$) 與推陳佈新，已為企業生存不二法門。而產品生命週期 (PLC) 中之隱性與顯性知識管理 (KM)、電子資料交換 (EDI)、技術文件電子化管理 (EDM)、圖庫資料與資安管理更是企業運營與資訊流之核心工具。

　　產品資料管理 (Product Data Management, PDM) 主要應用於新產品開發產出之技術文件、表單、圖檔、影像、系統、資料庫及產品結構之管理，並將產品生命週期之輸入輸出、績效指標、人員訓練、設備設施與過程程序，以「產品資料管理系統」進行整合與管理。其中產品生命週期之產品資訊 (料) 包含：原物料規格清單、前期產品核准程序 (PPAP)、先期產品品質規劃與管制計畫 (APQA &CP)、製造程序、工程設計與變更 (ED & EC)、新產品開發 (NPD)、產品品質管理 (QM)、預防與預測保養管理 (PM)、統計製程管制 (SPC)、失效模式效益分析 (FMEA)、量測系統分析 (MSA)、流程管理、產品包裝與運輸、顧客關係管理 (CRM) 與供應鏈管理 (SCM)。

9.2　企業生命週期

　　美國加州大學洛杉磯分校管理學院教授 Ichak Adizes 於 1975 年提出企業組織係一生命有機體，其生命週期宛如人與產品均有其生命週期且外觀如鐘型。Adizes 將企業生命週期 (Business Life Cycle, BLC) 分為十階段：追求期 (courtship)、嬰兒期 (infancy)、學步期 (Go-Go)、青年期 (adolescence)、壯年期 (prime)、穩定期 (stable)、貴族期 (aristocracy)、官僚早期 (early bureaucarcy)、官僚期 (bureaucarcy) 與死亡期 (death)，各階段均有其所需面臨之待解決問題與解決方案 **[3, 4]**。而美國空軍於 1980 年初期以整合電腦輔助製造 (Integrated Computer Aided Manufacturing, ICAM) 結構分析技術發展 IDEF (ICAM

DEFinition) 系統分析與設計方法。IDEFO (Integration Definition Functional Modeling) 則是應用 ICAM 技術建置製造業結構模型。自此之後，電腦整合製造開放系統架構 (Computer Integration Manufacturing Open System Architecture, CIMOSA)、整合資訊系統架構 (Architecture of Integrated Information Systems, ARIS)、一般企業參考架構與方法 (Generalized Enterprise Reference Architecture and Methodology, GERAM) 與普渡企業生命週期參考架構 (Purdue Enterprise Reference Architecture, PERA) 乃相繼而生。

PERA 有如摩天大樓，共分鑑別層 (identification layer)、概念層 (concept layer)、定義層 (definition / requirement layer)、規範層 (specification layer)、細部設計層 (detailed design layer)、示範運行層 (manifestation/implementationlayer)、建置層 (build layer)、操作層 (operations layer) 等八層 (如圖 9-1，9-2) [5~7]。其中概念層係指企業使命、願景、任務、價值觀及策略，而定義層則包括需求、方案、模組與網絡。企業生命週期分析已為企業所亟需，且已廣泛以資訊技術應用於企業經營策略與績效評估、組織診斷與企業流程再造上。

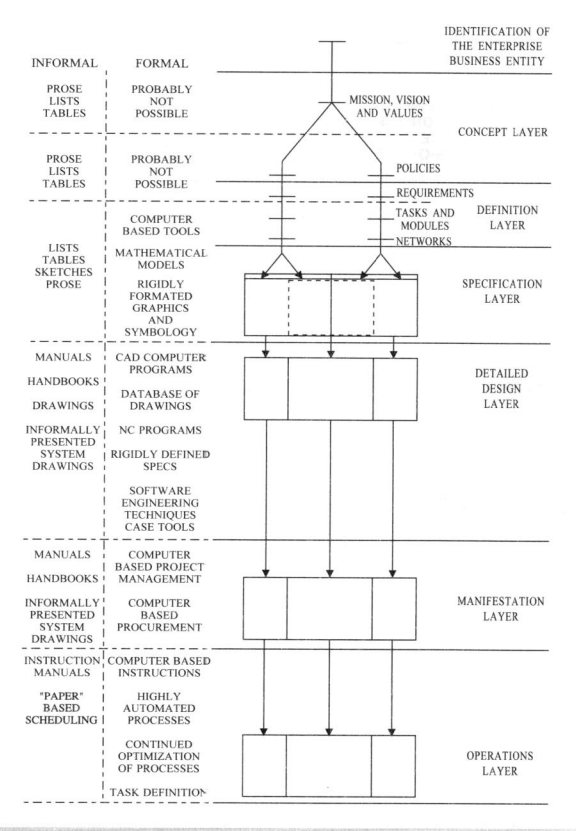

◯ 圖 9-1　普渡企業生命週期參考架構 (PERA)

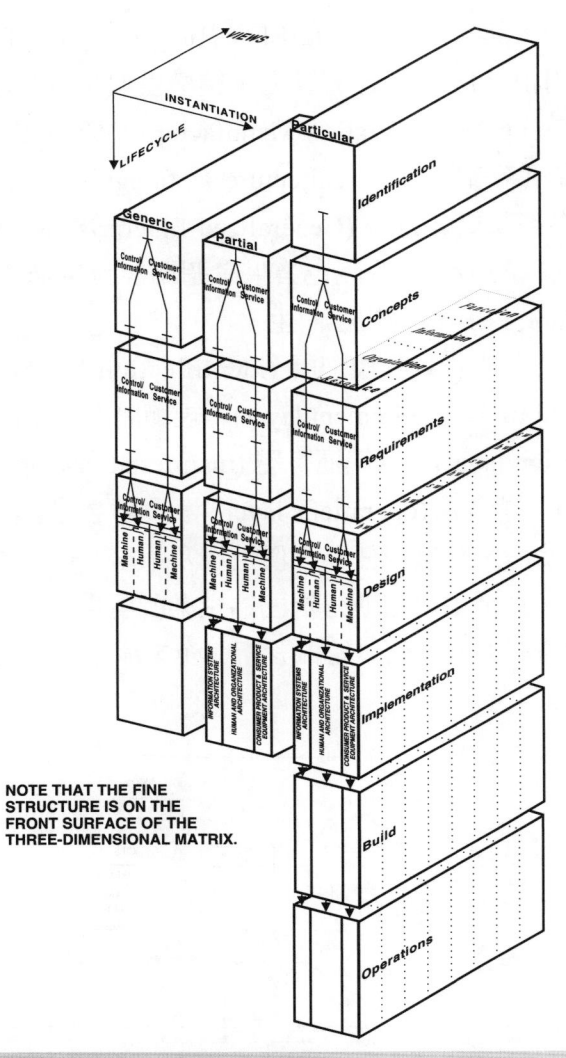

⊃ 圖 9-2　一般企業參考架構與方法 (GERAM)

9.3 產品生命週期管理

　　產品生命週期管理 (Product Lifecycle Management, PLM) 係企業因應市場變革及科技快速變化下，利用資訊科技 (IT) 進行企業產品開發與銷售之完整經營活動管理。為使產品能快速即時上市，而發展針對產品從嬰兒至墳墓之一連串嚴謹且開放之管理模式，謂之 PLM。產品生命週期管理起始階段包含概念成熟度管理及專案管理兩大部分 (亦即從概念提出至產品落實階段)。產品生命週期管理需同時從供應鏈管理 (Supply Chain Management, SCM)、企業資源規

第九章　新產品創新設計開發管理

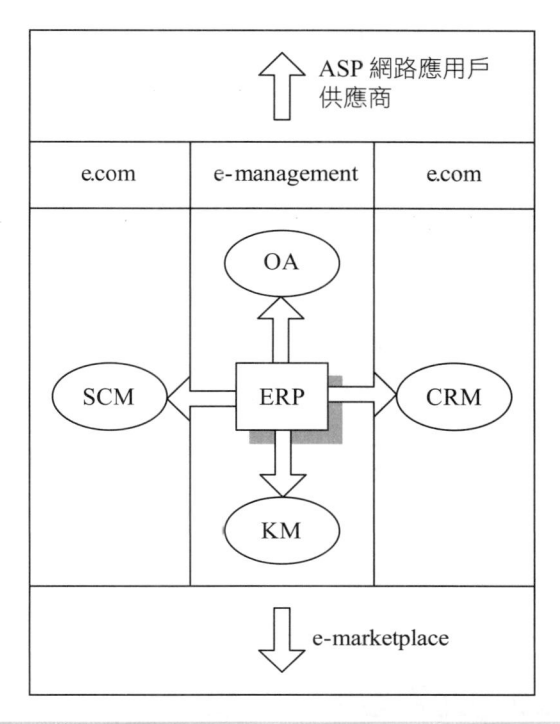

○ 圖 9-3　產品生命週期管理資訊關聯圖

劃 (Enterprise Resource Planning, ERP)、知識管理 (Knowledge Management, KM) 與顧客關係管理 (Customer Relationship Management, CRM) 系統中接收相關資訊，且與產品發展呈緊密之連結 (如圖 9-3)。使產品生命週期從原物料採購、生產製造、包裝運輸配銷、使用及售後服務與棄置五大面向中，能予迅速且即時整合產品資料與管理。

而產品生命週期包含五大重要階段 (如圖 9-4)： (1) 新產品開發期 (New Product Development stage)：係指產品創新、發明、孵育與設計研發之時期； (2) 市場導入期 (Market Introduction stage)：係指產品甫推出市場，銷售成長緩慢之時期； (3) 產品成長期 (Growth stage)：產品逐漸被市場接受，銷售成長迅速之時期； (4) 產品成熟期 (Maturity stage)：產品已為多數購買者接受，銷售成長緩和且呈現穩定狀態之時期； (5) 產品衰退期 (Decline stage)：產品銷售急速下降，終至被其他替代性產品所取代。

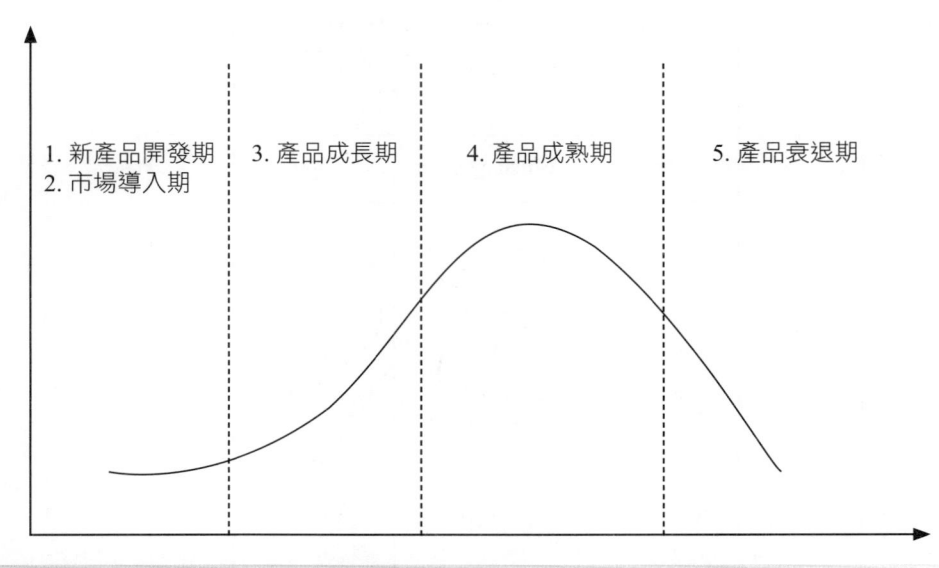

图 9-4　產品生命週期

（圖中標示：1. 新產品開發期　2. 市場導入期　3. 產品成長期　4. 產品成熟期　5. 產品衰退期）

9.3.1　產品生命週期管理解決方案

產品生命週期管理解決方案 (Product Lifecycle Management Methodology, PLMM) 與產品資料管理 (Product Data Management, PDM) 相異。係指：(1) 從產品設計觀點與工程角度出發，重視產品協同設計及變更控制與管理能力；(2) 從整體平台與專案管理出發，重視產品生命週期及產品資料管理能力；(3) 從企業流程管理 (BPM) 出發，重視產品結構配置管理及知識累積能力。

9.3.2　產品生命週期管理

生命週期 (Lifecycle) 係將原本靜態技術、產品與市場狀態，賦予動態與時間觀念，讓原本僅針對某一特定時間之論述有了生命與動態感覺。生命週期定義為整個生命週期範圍 (即壽命) 與組合生命旅程之各階段 (即流程)。

產品生命週期管理 (Product Lifecycle Management, PLM) 係以「產品」為標的物之全生命週期管理活動 (activity)，可分為四階段：(1) 構想 (Conceive)；(2) 設計 (Design)；(3) 實現 (Realize)；(4) 服務 (Service)，詳如表 9-1 **[1, 8]**。而「產品生命週期管理 (PLM)」與「BCG 矩陣之產品生命週期曲線 (Product Life Cycle Curve, PLCC)」，概念相近但規格尺度與範圍卻不同 (詳如表 9-2) **[2, 9~10]**。PLM 包含產品、生命週期與管理，其中產品包括與產品相關之資訊與

表 9-1　產品生命週期管理階段與步驟

階段 (Stage)		步驟 (Step) [1]
產品由無至有 (0 → 1)		產品由嬰兒至墳墓 (0 → 0)
規劃階段	1. 構想階段 (Conceive)	1.1 Specification (規格) 1.2 Concept Design (概念設計)
	2. 設計階段 (Design)	2.1 Detailed Design (細部設計) [8] 　＝系統設計 (SD) + 參數設計 (PD) + 允差設計 (TD) 2.2 Validation and Analysis (simulation) (確證與分析) 2.3 Tool Design (工具設計)
執行階段	3. 實現階段 (Realize)	3.1 Plan Manufacturing (生產規劃) 3.2 Manufacture (製造) 3.3 Build/Assemble (建置與組裝) 3.4 Test (quality check) (品質檢測)
客服階段	4. 服務階段 (Service)	4.1 Sell and Deliver (銷售與運輸) 4.2 Use (使用) 4.3 Maintain and Support (維護與後勤) 4.4 Dispose (棄置)

資料來源：[1, 8]

表 9-2　PLM 與 PLCC 差異分析

產品生命週期管理 Product Lifecycle Management (PLM)	BCG Matrix 產品生命週期曲線 Product Life Cycle Curve (PLCC)
單一產品開發 (小)	多項產品組合 (大)
單一產品生命 (少)	不同產品在某產業生命週期定位 (多)
時間為專案流程	時間為真實日曆時間
時間可能數月至一兩年 (短)	時間通常為數十年以上 (長)
用於產品開發 (單一)	用於產品行銷或策略擬定 (綜合)

資料 (Data)、技術 (Technology)、方法 (Method) 及工具 (Tools)，而管理則是管理活動 (Activity) 所相關之人員 (People)。

9.3.3　甲骨文Agile PLM

建置 PLM 通常要先以 ERP 為核心，甲骨文快捷式產品生命週期流程管理 (Oracle Agile Product Lifecycle Management for Process, Agile PLM for Process) 係甲骨文公司利用整合應用架構 (Application Integration Architecture, AIA)，整合

◯ 圖 9-5　Agile 協同創新平台

Agile 各種模組功能。並藉由整合協同型 (integrated and collaborative type) 之產品生命週期創新管理平台 (功能如圖 9-5，詳如下述)，以加速產品創新研發、提昇品質、增加銷售、降低成本與減少風險 [11~13]。

1. 產品組合管理 (Agile Product and Portfolio Management)
2. 規格管理 (Agile Specification management)
3. 供應商管理 (Agile Supplier management)
4. 格式標準化與物料清單管理 (Agile Formulation & BOM management)
5. 工程數據管理與整合 (Agile Engineering Data Management & Syndication)
6. 同步工程 (Agile Engineering Collaboration)
7. 產品品質符合與管理 (Agile Product Compliance and Quality Management)
8. 產品協同治理與符合性管理 (Agile Product Collaboration Governance & Compliance)
9. 產品成本管理 (Agile Product Cost Management)
10. 包裝與標籤管理 (Agile Packaging and labeling management)

而產品生命週期之「產品記錄 (Product Record)」，需將企業流程與價值鏈 (Business Processes and Value Chain) 之所有活動，依產品生命週期之產品記錄流程：(1) 概念 (concept)；(2) 設計 (design)；(3) 雛形 (prototype)；(4) 宣告 (release)；(5) 試產 (ramp-up)；(6) 量產 (volume production)；(7) 維護 (maintain)；(8) 廢棄 (retire) 等項目，持續維持記錄之。

9.3.4 鼎新 DSDyna PLM

　　PLM 技術已從單一產品圖檔資料管理 (Product Data Management) 邁向新產品開發過程之專案管理、業務流程優化、配置管理、文檔管理、變更管理、知識管理、品質與目標成本管理、供應鏈管理和顧客關係管理等整個產品生命週期之全程管理發展與產品創新開發之支援與業務管理。鼎新 PLM 係採用動態企業建模 (DEM) 技術，其系統基本功能包含：零部件、產品結構、圖檔、文檔、流程、專案、工程變更管理與 CAD 整合、ERP 整合等系統模組，進階模組則包括 FMEA 管理、客戶需求及產品報價管理、製造工程管理等。整個系統構建於 Oracle 資料庫上，以 DSDyna Framework 為基礎框架進行擴展，通過動態建模技術和二次開發，可按客戶需求進行客製或增加新功能。

　　就企業資訊化體系架構而言，PLM 處於基礎地位。PLM 為企業實現全面資訊化不可或缺之重要環節，且為其他系統提供基礎資料 (如：產品/零件數據、BOM 結構、工程/製造資訊等)。而供應鏈管理 (SCM)、企業資源規劃 (ERP)、顧客關係管理 (CRM) 等資訊系統之有效應用，企業研發部門則需藉由「PLM 平台」(如圖 9-6) 提供完整、準確與一致之產品資料 [14]。鼎新 PLM

◎ 圖 9-6　鼎新 PLM 企業資訊整合平台

系統架構為「DSDyna PLM」，係基於多層體系架構，支援分散式存儲應用與集群伺服器之負載均衡 (Load Balancing)。其功能有六：ERP 整合、圖文入庫管理、零組件資訊管理、產品結構管理。專案管理與電子簽核。

9.4 新產品開發程序 (NPDP)

9.4.1 仿生學

仿生學 (Bionics) 係指研究生物組織、結構、系統、特徵、性質、思考、行為、功能模式，以為工程技術提供新的設計思維與工作原理之科學。「仿生學」係 1960 年由美國 J.E.Steele 依據拉丁字 "bios" (生命方式) 和字尾 "nic" (具有……性質) 所組成，並定義為研究以模仿生物系統方式、或以具有生物系統特徵方式、或以類似於生物系統方式工作之系統科學。有如：貌似老鼠之滑鼠、ISO/TS PDCA 管理循烏龜圖 (即 SIPOC + 魚骨圖)、螃蟹居、烏龜八卦陣、十二生肖 (鼠、牛、虎、兔、龍、蛇、馬、羊、猴、雞、狗、豬)、中國武術 (螳螂拳、降龍拳、伏虎拳、鶴拳、猴拳、蛇拳)、台北小巨蛋體育館、北京鳥巢體育場、蜂巢式消音器／濾煙器／觸媒轉化器、蜘蛛人、機器人、鳥人、貓女、蝙蝠俠、霹靂車、變形金剛、黑莓機、芒果機 (MS + HTC)、蘋果機 (Apple)、蘋果學、八達通、蕃茄理論、瘦鵝理論、雪桃理論、章魚策略 (又名多角品牌策略，亦可稱中衛體系模式)、長鞭效應 (Bullwhip Effect)。

仿生學之另一應用為「什麼蔬果像什麼器官，吃什麼蔬果補充什麼器官營養」，如：核桃 (腦)、紅蘿蔔 (眼)、蕃茄 (心臟)、芹菜 (骨骼)、生薑 (胃)。而師法大自然生命系統及生物昆蟲 (如：老鼠、烏龜、魚、鳥、螃蟹、章魚、十二生肖、蜜蜂、蜘蛛、甲蟲、蝴蝶、螳螂、蜻蜓、螞蟻、麻雀、蝙蝠、蟑螂、壁虎、海豚) 外觀、行為與習性，所進行回歸自然 (Back to nature/original) 之產品設計與工藝發展，則謂之仿生設計 (Bionics Design)。

9.4.2 新產品開發

企業為突破同質性產品之惡性競爭與持續運營困境，「創新產品與擦亮品牌」已為不二法門。而「新產品開發管理與程序 (New Product Development

第九章　新產品創新設計開發管理

Management & Procedure, NPDM / NPDP)」則為提昇產業新競爭力與新生命力之必要手段。新產品開發程序有七階段 (如圖 9-7，9-8) [15~25]：(1) 藉由顧客理想化設計 (Customer Idealized Design, CID) 與顧客需求模式 (Wish Mode) 方法，搜尋顧客聲音 (VOC, VOD, VOE) 與顧客需求-想要？需要？(What does customer Want/Need?)；(2) 藉由企業流程外包之過渡管理流程 (Transition Management Process, TPM) 與技術-產品-市場 (Technology-Product-

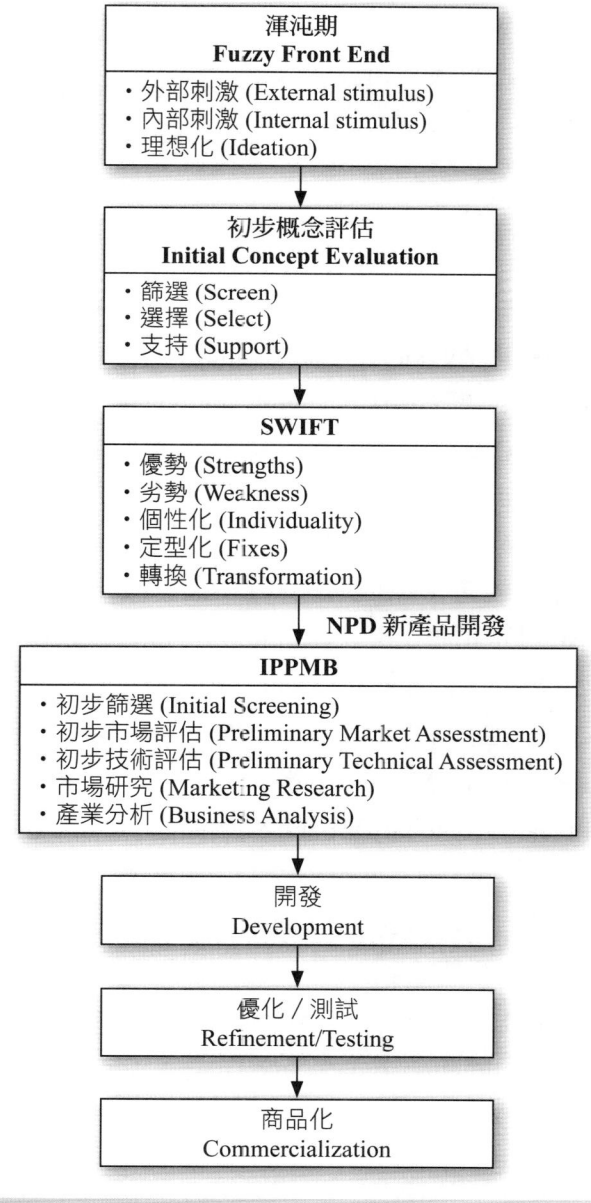

```
┌─────────────────────────────────┐
│          渾沌期                  │
│      Fuzzy Front End            │
│ ・外部刺激 (External stimulus)   │
│ ・內部刺激 (Internal stimulus)   │
│ ・理想化 (Ideation)              │
└─────────────────────────────────┘
              │
┌─────────────────────────────────┐
│        初步概念評估              │
│   Initial Concept Evaluation    │
│ ・篩選 (Screen)                  │
│ ・選擇 (Select)                  │
│ ・支持 (Support)                 │
└─────────────────────────────────┘
              │
┌─────────────────────────────────┐
│           SWIFT                 │
│ ・優勢 (Strengths)               │
│ ・劣勢 (Weakness)                │
│ ・個性化 (Individuality)         │
│ ・定型化 (Fixes)                 │
│ ・轉換 (Transformation)          │
└─────────────────────────────────┘
              │  NPD 新產品開發
┌─────────────────────────────────┐
│           IPPMB                 │
│ ・初步篩選 (Initial Screening)                        │
│ ・初步市場評估 (Preliminary Market Assesstment)       │
│ ・初步技術評估 (Preliminary Technical Assessment)     │
│ ・市場研究 (Marketing Research)                       │
│ ・產業分析 (Business Analysis)                        │
└─────────────────────────────────┘
              │
┌─────────────────────────────────┐
│          開發                    │
│       Development               │
└─────────────────────────────────┘
              │
┌─────────────────────────────────┐
│        優化／測試                │
│    Refinement/Testing           │
└─────────────────────────────────┘
              │
┌─────────────────────────────────┐
│         商品化                   │
│     Commercialization           │
└─────────────────────────────────┘
```

◯ 圖 9-7　SWIFT 與新產品開發流程關聯性 [15~17]

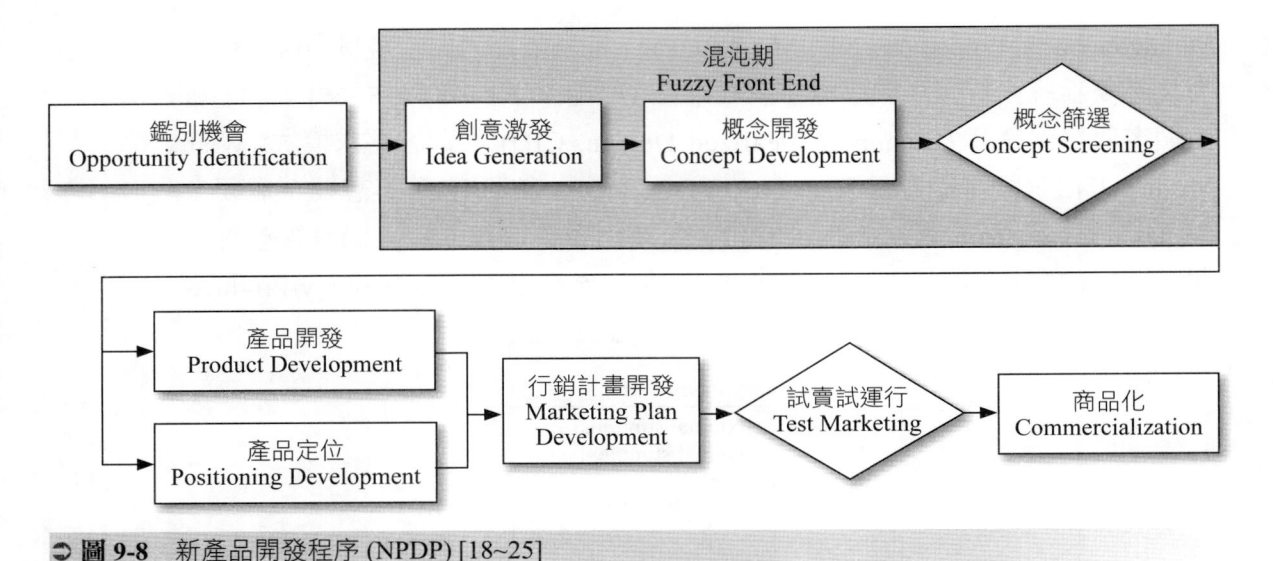

```
鑑別機會                    創意激發            概念開發              概念篩選
Opportunity Identification → Idea Generation → Concept Development → Concept Screening

                                    混沌期
                                Fuzzy Front End

產品開發
Product Development
                    → 行銷計畫開發              → 試賣試運行      → 商品化
產品定位                Marketing Plan            Test Marketing    Commercialization
Positioning Development  Development
```

◯ 圖 9-8　新產品開發程序 (NPDP) [18~25]

Market, T-P-M) 方法，進行創意激發與篩選 (Idea generation & screening)；(3) 藉由 SWIFT (= Strengtsh + Weakness + Individuality + Fixes + Transformation) 方法，進行概念開發、篩選與評價 (Concept development, screening & testing)；(4) 產品開發與定位 (Product development & positioning)：a. 產品概念設計；b. 細部設計；c. 系統設計；d. 允差設計；e. 雛形試作；f. 淨現值 (NPV)/PATTARN (Honeywell)/QUEST (M.J. Cetron) 評價；g. 技術評估；h. 可行性分析；i. 生產系統設計；j. 試作與量產；k. 測試與修正；l. 市場導入與評估；m. 產品定位；n. 客訴處理；o. 矯正預防；p. 風險評估；q. 同步工程 (CE)；r. 產品資料管理 (PDM)；(5) 行銷計畫書編撰 (MarketingBusiness Plan development)；(6) 試賣 (市場水溫測試) / 試運行 (Test marketing/Pilot-run)；(7) 商品化與產品組合 (Commercialization & Product Mix Portfolio)。

依據 Paul Belliveau, Abbie Griffin and Stephen M. Somermeyer (2004) 於 *The PDMA Toolbook 2 for New Product Development* 書中，就新產品設計開發應分為四大部分：(1) 組織工具；(2) 混沌期改進工具；(3) 管理新產品開發流程工具；(4) 管理新產品開發組合與路徑工具，以資依循。另 Dale M. Brethauer 亦提出"Proliant PRIDE process"之新產品開發程序 [26]，其中 PRIDE 係由 PRoduct + Idea + Development + Excellence 所組成，並依表 9-3 逐一依序進行之 [26-30]。

表 9-3　PRIDE Stage-Gate 階段-閘門流程

Stage 0	Stage 1	Stage 2	Stage 3	Stage 4	Stage 5	Stage 6	Stage 7
Pre-PRIDE 前期	Idea Concept 點子概念	Bench Tests 模擬測試	Pilot Plant Tests 試行測試	Plant Tests 工廠測試	Construction 建構	Implementation 執行	Post-PRIDE 後期
Approval Committee Review-ACR 認證委員會審查					Steering Committee Review 最高委員會審查		ACR 認證委員會審查

9.5 ISO/TS 16949 : 2009

「ISO/TS 16949: 2009」係汽車製造業與相關零組件供應商之品質管理系統 (Quality management systems-Particular requirements for the application of ISO 9001: 2008 for automotive production and relevant service part organizations)，該系統係以結合 SIPOC 與魚骨圖功能之「烏龜圖 (turtle diagram)」建構以「過程導向 (process-based)」之 PDCA 管理循環 (如圖 9-9)。惟仍須輔以五大核心工具[註1] (APQP&CP, FMEA, MSA, SPC, PPAP) 始臻完善。而品質管理系統所需過程 (processes needed) [ISO/TS 16949: 2009 4.1 品質管理系統一般要求 a) 規範] 則由顧客導向過程 (Customer-oriented Process, COP)、管理過程 (MP) 及支援過程 (SP) 所組成 [31-40]。

若將品質管理系統中具交互作用之過程予以連結，則謂之「過程地圖 (Process Map)」(如圖 9-10 章魚圖)。每一部門均有其「過程烏龜圖」(≧1)，且前一過程之輸出端則為下一過程之輸入端。當組織由烏龜圖之首部接收顧客訴 (抱) 怨之問題時，「組織跨部門專案小組」正式啟動，藉由烏龜圖四肢 (L_1 左手績效評估 -R_1 右手人力資源 -L_2 左腳設施設備 -R_2 右腳程序標準) 之盤點、診斷與分析後，由烏龜圖之尾部提出問題解決方案 (如：福特 8D 報告、真因與缺口分析報告、DFMEA/PFMEA 報告、持續矯正預防措施) (如圖 9-11) [41-43]。

品質管理系統之持續改進
Continual improvement of the Quality Management System

管理責任
Management responsibility

資源管理
Resource Management

量測分析與改善
Measurement analysis and improvement

產品實現
Product realization

產品
Product

顧客
Customers

要求
Requirements

輸入
Input

輸出
Output

顧客
Customers

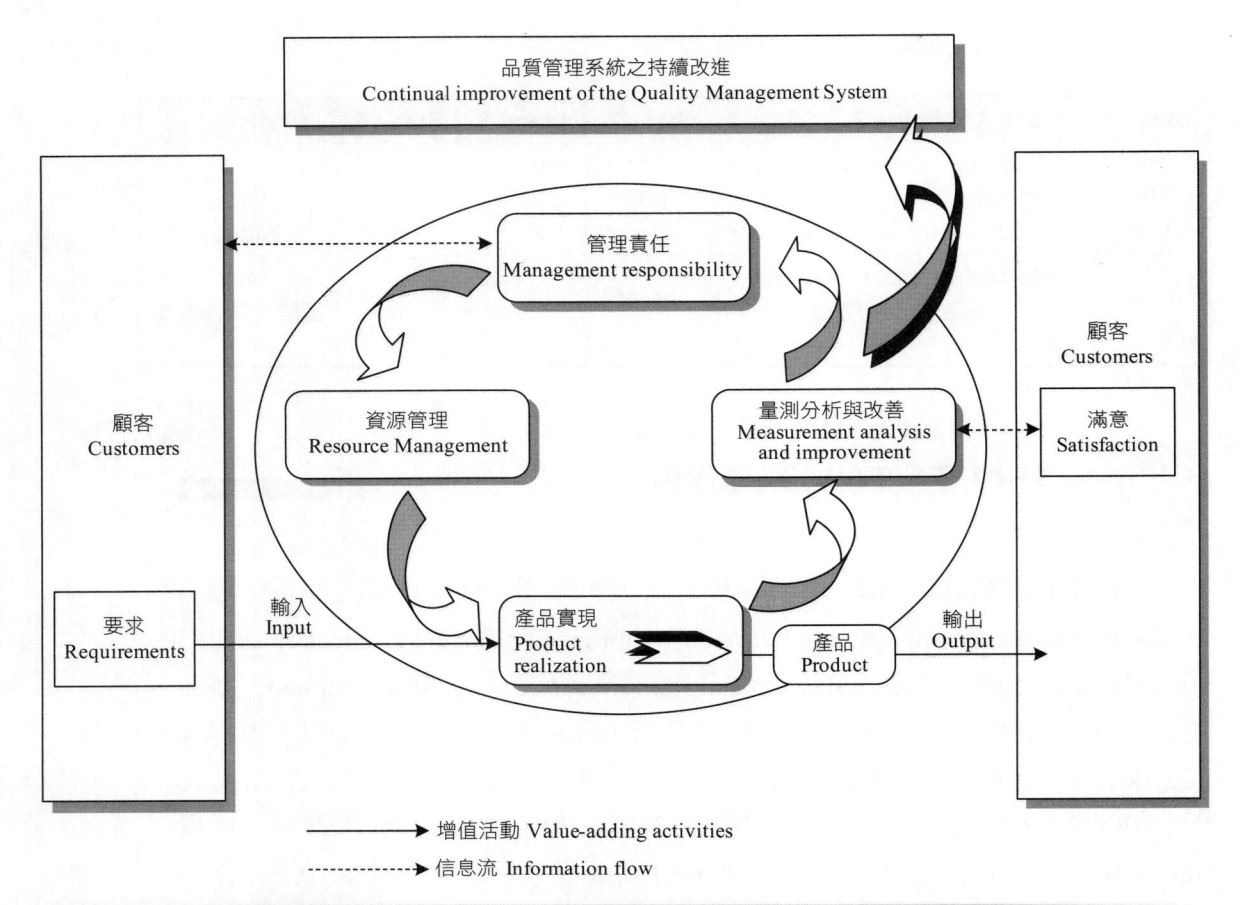

滿意
Satisfaction

→ 增值活動 Value-adding activities
----→ 信息流 Information flow

◯ **圖 9-9** 過程導向之品質管理系統 (Process-based Quality Management System)

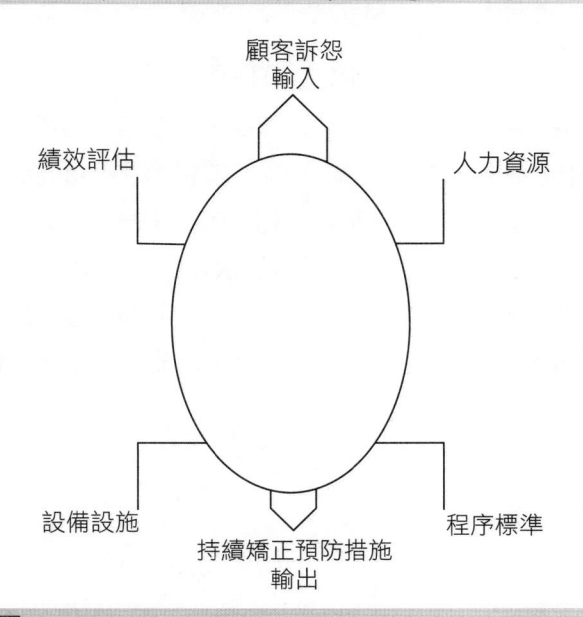

顧客訴怨
輸入

績效評估　　　　　人力資源

設備設施　　持續矯正預防措施　　程序標準
　　　　　　　　　輸出

◯ **圖 9-10** 烏龜圖

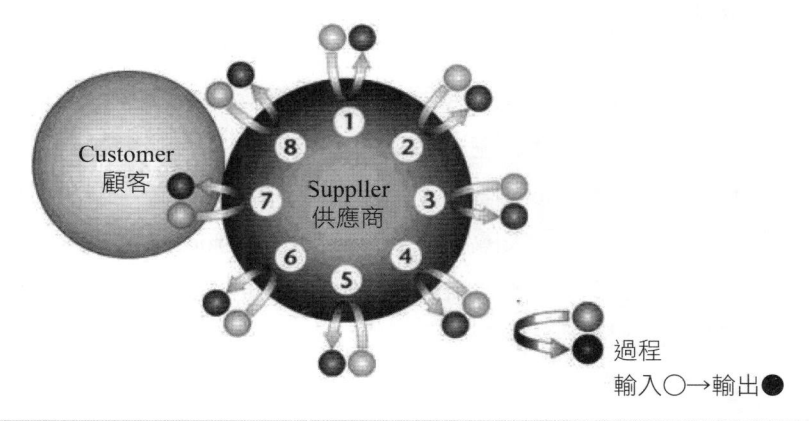

➲ 圖 9-11　顧客導向過程之章魚圖

9.5.1　先期產品品質規劃與管制計畫

　　ISO/TS 16949: 2009 7.1.1 產品實現規劃補充規範：產品實現規劃應包含顧客需求與其技術規範 (technical specifications) 之參考 (如：Ford's Q1)。前提技術規範即指 ISO/TS 16949 五大核心工具之「先期產品品質規劃 (Advanced Product Quality Planning, APQP)」，係將產品設計活動與品質規劃作一完整之流程整合 (包含新產品開發計畫 **ABCD**[註2] 表)，繼而延伸至供應商之生產件核准過程 (PPAP) 管理。

　　另 ISO/TS 16949: 2009-7.5.1.1 管制計畫規範：組織應針對所提供之產品發展管制計畫 (Control Plan, CP)，且必須有監控特殊特性之 SPC 手法。管制計畫有原型樣品 (prototype)、試產 (pre-launch) 與量產 (production) 三階段。內容有如 QC 工程圖，應包含：(1) 一般資訊 (general data)；(2) 產品特性管制 (product control)：需以特殊特性符號標示；(3) 製程特性管制 (process control)：係管制計畫之核心主軸，需列管並納入商業機密，且需以特殊特性符號標示；(4) 監督量測與管制方法 (M&M and control methods)；(5) 行動計畫與矯正措施 (Reaction Plan & Corrective Actions, RP/CA)：需與 FMEA 之 AP/CP 相連結。若 RP/CA (＝AP/CP) 持續且有效改善時，則可更新為現行製程與標準作業指導書 (SOP)。

9.5.2 失效模式與效應分析

　　ISO/TS 16949: 2009 7.3.1.1 多原則方法規範：組織應開發與審查失效模式與效應分析 (FMEA) 及降低潛在風險之行動方案與管制計畫 (AP&CP)。失效模式與效應分析 (Failure Mode & Effect Analysis, FMEA) 包含設計失效模式與效應分析 (Design FMEA) 及製程失效模式與效應分析 (Process FMEA) 二種。

　　由「組織跨部門專案小組」於新產品設計開發時，最先進行之系統化活動與過程。FMEA 是累積組織所有真正失敗經驗之智庫，實不容小覷且需及時更新之。冀能從產品特性因果分析、DFMEA、製程特性因果分析、PFMEA 中，早期 (事前) 發現潛在失效模式及對下製程 (downstream process) 與使用者 (end-user operation) 之潛在失效影響，並依 ISO/TS 16949: 2009-7.3.2.3 特殊特性符號標示之。其潛在失效影響嚴重度 (S)、潛在失效原因發生度 (O) 與現行管控方式偵測度 (D) 均需由「組織跨部門專案小組」予以鑑別，以計算其風險值 [即風險優先順序 (Risk Priority Number, RPN ＝ S×O×D)]。復篩選 SO 值最高者，提出矯正預防措施與行動/管制計畫 (含結案日期)，繼而持續改進與追蹤其 D 值是否降低。若持續有效改善，則將前提「矯正預防措施與行動/管制計畫 (AP/CP)」更新為現行標準作業指導書 (SOP)。最終再以 SO 值次高者，依照上述循環周而復始持續改進之 (類似左手欄原則)。

9.5.3 量測系統分析

　　ISO/TS 16949: 2009-7.6.1 量測系統分析規範：為分析各量測設備系統之結果變異，應進行統計分析且需與管制計畫中之量測系統相呼應。其分析方法與允收標準亦應與顧客之 MSA 參考手冊一致。

　　量測系統分析 (Measurement System Analysis, MSA) 主要用於品管系統檢驗、防止因量測系統分析偏差而導致之型 I/II 誤差 (Type I/II Error) 與評估量測儀器之再現性與重複性 (GR&R)、精確度、靈敏度、一致性、不確定性、線性、偏差、穩定性、準確度及數據可信度。需在執行統計製程管制 (SPC) 前即需先完成量測系統之 **SWIPE** (S 標準 - W 工件 - I 儀器 - P 人及系統程式 - E 環境) 允收品質水準分析 (AQL Analysis)，並予診斷儀器設備變異 (EV)、選樣工件變異 (PV) 與檢驗人員變異 (AV) 為何？協助系統品保工程師

(SQA) 找出量具檢驗區別分類數 (number of distinct categories, **ndc** = 1.41×(PV/GR&R) = 1.41×($\sigma_{part}/\sigma_{gage}$) ≧ 5)，以辨別量測系統之解析分辨度及變異真因，繼而降低變異與確保量測系統之鑑別度、靈敏度及其數據品質。

9.5.4 統計製程管制

ISO/TS 16949: 2009-8.2.3.1 製程監督與量測規範：組織應就所有新製程進行流程研究 (process studies)，以驗證其製程能力，並為流程管制提供附加之輸入。前提流程研究亦即統計製程管制 (Statistical Process Control, SPC)，且需線上 on-line SPC 始能即時顯示計量值管制圖 (如：$\overline{X}$-R 圖、$\overline{X}$-S 圖、X-Rm 圖、L-S 圖) 與計數值管制圖 (如：不良率 p 管制圖、不良數 np 管制圖、OC 曲線)，俾對管制圖中之歷史新高或新低提出變異原因說明與「矯正預防措施及行動／管制計畫」，使其回歸正常製程或將 AP/CP 更新為現行標準作業指導書。

SPC 主要目的則是藉由統計手法瞭解製程能力 (C_a, C_p, C_{pk}) 是否符合顧客需求、降低製程惡質參數、持續改善與提昇製程能力，所需之矯正預防措施之後續追蹤應與 FMEA、管制計畫、現場標準作業指導書及管制圖相互關連與呼應。

9.5.5 生產件核准程序

ISO/TS 16949: 2009 8.2.3.1 製程監督與量測規範：組織應維持顧客對生產件核准程序 (Production Part Approval Process, PPAP) 之製程能力或績效。主要目的係為確保管制計畫與過程流程圖 (process flow diagram) 之有效實現，而相關之產品零組件檢驗則需由第三公證單位認可之檢測實驗室為之，始能送樣。產品於第一次送樣／交貨或設計／材質／製程變更時，應依 PPAP 之 **Level 1,2,3,4,5** 程序規定提交相關證明文件與記錄，俾供樣品確認。其中 Level 3 所需之零組件樣品、設計圖、實驗室測試報告、外觀驗證報告、保證書與規格書、C_{pk}/CP/GR&R/DFMEA/PFMEA 報告，更是 PPAP 之核心文件，缺一不可。

註解

1. ISO/TS 16949: 2009 五大核心工具過程地圖（章魚圖）：Prototype CP → Pre-launch CP → PP1, PP2, PP3 → CA/PA → Production CP → PPAP (Level-1,2,3,4,5) DFMEA → PFMEA → PPAP　DFMEA → PFMEA → MSA ECN → MSA　ECN → MSA
2. A：新產品主製程開發計畫表、B：零組件製程開發計畫表、C：模具／夾具／治具開發計畫表、D：零組件檢驗計畫表。

參考文獻

一、中文部分

1. http://www.wikipedia.org,科技政策研究與資訊中心 (STPI),2007/12。
2. David,產品生命週期管理,科技產業資訊室,2007/12/10。

二、英文部分

3. Ichak Adizes, "Corporate Lifecycles: how and why corporations grow and die and what to do about it,". Prentice Hall, Paramus, New Jersey, 1988.
4. http://www.adizes.com/corporate_lifecycle.html
5. Theodore J. Williams and Hong Li, "PERA AND GERAM--Enterprise Reference Architectures in enterprise integration," Institute for Interdisciplinary Engineering Studies Purdue University.
6. Theodore J. Williams, "The Purdue Enterprise Reference Architecture and Methodology (PERA)," Institute for Interdisciplinary Engineering Studies Purdue University.
7. http://www2.isye.gatech.edu/~lfm/8851/EIRA.ppt
8. Tzann-Dwo Wu, "The study of problem solving by TRIZ and Taguchi methodology in automobile muffler designation," TRIZ Journal, 2004.
9. http://en.wikipedia.org/wiki/Product_lifecycle_management
10. http://www.cambashi.com/research/plm_debate/plm_scm.htm
11. http://www.oracle.com/index.html
12. http://www.oracle.com/partners/zht/index.html
13. Agile 9 Product Cost Management, Asia Training, 2004.
14. http://www.dsc.com.tw/Product_Solution/Product_ERPII_2/PLM/tabid/455/Default.aspx
15. Paul Belliveau, Abbie Griffin and Stephen M. Somermeyer, "The PDMA Toolbook 2 for New Product Development," John Wiley & Sons, Inc., 2004.
16. Paul Trott, "Innovation Management and New Product Development," Financial Times Press, 2008.
17. http://ebookbrowse.com/

18. Cooper, Robert G., Scott J. Edgett, and Elko J. Kleinschmidt, "Benchmarking Best NPD Practices," Research-Technology Management 47, no. 6, 2004.
19. Crawford, C. Merle, *New Products Management. 5th ed.*," Chicago: Irwin, 1997.
20. "Making NPD Work," *Nilewide Marketing Review,* 2004.
21. Moorman, Christine, and Anne S. Miner, "The Convergence of Planning and Execution: Improvisation in New Product Development," *Journal of Marketing* 62, no. 3, 1998.
22. Poolton, Jenny, and Ian Barclay, "New Product Development from Past Research to Future Applications," *Industrial Marketing Management* 27, no. 3, 1998.
23. Steenkamp, Jan-Benedict E.M., Frenkelter Hofstede, and Michel Wedel, "A Cross-National Investigation into the Individual and National Cultural Antecedents of Consumer Innovativeness," *Journal of Marketing* 63, no. 2, 1999.
24. Wells, Melanie, "Have It Your Way," *Forbes Global* 8, no. 3, 2005.
25. http://www.referenceforbusiness.com/management/Mar-No/New-Product-Development.ht ml#ixzz1cQIB1WrJ
26. Dale M. Brethauer, "New Product Development & Delivery: Ensuring Successful Products through Integrated Process Management," American Management Association-AMACOM, 2002.
27. Paul Belliveau, Abbie Griffin and Stephen M. Somermeyer, "The PDMA Toolbook 2 for New Product Development," John Wiley & Sons, Inc., 2004.
28. e-book: PDMA Handbook
    PDMA Toolbook 1 Tools for engineering & design-TRIZ.
    PDMA Toolbook 2 Tools to improve customer & market inputs for New Product Development.
    PDMA Toolbook 3 Strategic tools for improving NPD performance Winning at New Projects.
29. http://ebookbrowse.com/npdp-pdf-d116380572
30. Wheelwright, Steven C., Clark, Kim B, "Revolutionizing Product Development: Quantum Leaps in Speed, Efficiency, and Quality," Simon & Schuster, 1992.

31. Rodley M. Smith, Roderick A. Munro & Ronald J. Bowen,"The ISO/TS 16949 Answer Book: A Step By Step Guide for Automotive Suppliers," Paton Press, 2004.
32. David Hoyle, "QS-9000 quality systems handbook," Butterworth Heinemann, 1997.
33. David Hoyle, "Automotive quality systems handbook : ISO/TS 16949: 2002," Amsterdam ; Boston : Elsevier Butterworth-Heinemann, 2005.
34. Perry L. Johnson, "ISO/QS-9000 yearbook," McGraw-Hill, 1998.
35. Rob Kantner, "QS-9000 answerbook : 101 questions and answers about the automotive quality system standard," John Wiley, 1997.
36. Novack and Kathleen C. Bosheers, "The TE 9000 supplement documentation toolkit," Prentice-Hall, 1997.
37. TS Rules-3 ISO/TS 16949:2002, IATF.
38. CQI-16 ISO/TS 16949:2009 Guidance Manual.
39. TS-3 ISO/TS 16949 and ISO 9001:2000 Special Certification Requirements.
40. ISO/TS 16949:2002 Quality Manual and Operational Procedures.
41. http://www.chartitnow.com/Turtle_Diagram.html
42. http://cmsicharleston.files.wordpress.com/2010/09/instructions-for-creating-a-turtle-diagra m -1-19-081.jpg
43. http://www.asq614.org/speakers/pba1.pdf

Chapter 10

新四創：
創心-創智-創文-創富

創新管理

在知識經濟時代之巨輪推動下，知識積累、知識流 (Knowledge Flow)、知識創新、知識融合 (Knowledge Convergence)、知識加值、知識管理與分享 (Knowledge Management and Sharing, KMS)、知識 (智慧) 財產 (Knowledge/Intelligent Property, KP/IP) 與標竿學習 (Benchmarking)，已為動態產業競爭環境中知識產業化及產業知識化不可或缺之軟實力。而新四創：創心-創智-創文-創富則扮演一重要角色。

10.1 創 心

開啟心靈智慧 (詳如 3.8.5 節)，用心創意，從心開始，創造新價值，開創新未來。又《三國志‧蜀志‧馬謖傳》註引《襄陽記》：「夫用兵之道，攻心為上，攻城為下。」萬物之本，以心為要，凡事「八心-真心、誠心、創心、愛心、細心、用心、信心、恆心」，始有成。

10.2 創 智

藉由「右腦開發」，激發心靈智慧，創心與創新新智慧 (能)。修習五項修鍊：自我超越、改善由行動慣性／潛藏信念／生命原型組成之心智模式、建立共同願景、團隊學習與系統思考 (詳如 3.8.7 節)，以強化身 (AQ) 心 (EQ) 靈 (IQ) 我 (SQ) 之創智能力。

10.3 創 文

創文又名文創 (文化創意)。為促進文化創意產業之發展，建構具有豐富文化及創意內涵之社會環境，運用科技與創新研發，健全文化創意產業人才培育，並積極開發國內外市場，民國九十九年二月三日行政院公佈「文化創意產業發展法」。政府為推動文化創意產業，特加強藝術創作及文化保存、文化與科技結合，注重城鄉及區域均衡發展，並重視地方特色，提昇國民文化素養及促進文化藝術普及，以符合國際潮流。「文化創意產業」係指源自創意或文化

第十章 新四創：創心-創智-創文-創富

積累，透過智慧財產之形成及運用，具有創造財富與就業機會之潛力，並促進全民美學素養，使國民生活環境提昇之產業 (如：視覺藝術產業、音樂及表演藝術產業、文化資產應用及展演設施產業、工藝產業、電影產業、廣播電視產業、出版產業、廣告產業、產品設計產業、視覺傳達設計產業、設計品牌時尚產業、建築設計產業、數位內容產業、創意生活產業、流行音樂及文化內容產業)，亦是新四創之主要元素之一。

而提昇文化創意產業之經營管理能力、運用資訊科技、促進產業群聚、保護及運用智慧財產權、培養文化創意活動人口及藝文消費習慣，以振興文化創意產業等，則為二十一世紀亟需厚植之「創文能力」。

2012 倫敦奧運會揭幕典禮，英國耗資 3,300 萬歐元及四年之準備，在 2012.7.28 敲響直徑 3.5 公尺、重達 23 噸之大鐘揭開序幕。開幕表演與儀式完整貫穿「激勵一個世代」主軸，奧斯卡導演加進創意聲光效果演繹英國深厚之歷史與現代文化。開幕典禮中「英國文化」穿插其中，從世界文學家莎士比亞暴風雨 (The Tempest) 劇作至全球暢銷小說哈利波特情節，精緻呈現英國藝文氣息、英國人的驕傲與自信。並在 007、英女王、豆豆先生 (Mr. Bean) 及披頭四 Paul McCartney 之"Hey Jude"歌聲中畫下開幕式之完美句點。這就是值得借鏡之文化創意具體表徵與實現。

10.4 創 富

富有二種，精神豐厚與物質富有。「創富」即指創造精神與物質之富足。電視節目發現新台幣、錢進人民幣、拯救貧窮大作戰、創富人生則是創造物質富有之標竿學習典範。小變大變進而小錢變大錢，台股指數、道瓊指數、GDP、EPS、營收率、聚增率、毛利率、營益率、物價指數 (CPI, WPI, IPI, EPI, CCI)、消費者信心指數……等，更是普羅大眾窮其一生所追求。而創造精神上之富足 (如：國民幸福指數 (GNH)、社會健康指數、社會福利指數、社會文明指數、生態環境指數、生活滿意度指數、愛情指數、心靈指數、樂活指數)，則是永續經營人生之不二法則。

Appendix

附錄 I

系統思考基模-1 (System Thinking Archetype, **STA-1**) -增強環路 **(Reinforcing Loop)**

1.	典型環路圖 (Casual Loop Diagrams, CLDs)	（圖：1.Sequela / Result → 2.Activity → 3.Driving force / Sequela → 4.Actuality → 1.Sequela / Result，中央為一天平）
	環路 (Loop)	增強環路 (Reinforcing Loop)
	特徵 (Characteristics)	**小變變大變** ・良性循環 (↑；↑)(+) ・惡性循環 (↓；↓)(+) ・Murphy-Wu Law ・滾雪球效應-連鎖反應 ・∑(n⁻) = 偶數 = RL

	槓桿解 (ALT-I)	1. 打破迷思：
		   (1) 自己的行為是對另一方的反應
		   (2) 是對方讓爭論(執)不停發展下去
		2. 思考實驗：
		   (1) 想像力、心智跳出框架外
		   (2) 角色扮演，自我對話，找出反應
		   (3) 打標點，貼標籤
		3. 避開對稱及互補關係

附錄 I

系統思考基模-2 (System Thinking Archetype, STA-2) -成長上限 (Limit to Growth)

2.		
	典型環路圖 (Casual Loop Diagrams, CLDs)	(示意圖：Grow Process — Restrain Process，含 1.Activity、2.Actuality、4.Action Taken、0.Target/Constraint)
	環路 (Loop)	成長上限 (Limit to Growth)
	特徵 (Characteristics)	**成長 VS. 限制** ・不可能永遠成長 ・雙城記：最好的時代＝最壞的時代 ・減重 VS. 節食 ・兩者相互拉鋸，其平衡點隨時間而變；應未雨綢繆 ・成長-停滯-衰退 ・愈克服限制，成果愈糟 ・愈努力，反彈愈大 ・超越 VS. 崩潰 ・Growth Process-Restrain Process
	槓桿解 (ALT-I)	1. 儘早尋找「限制 (＝BL)」所在 2. 減弱 (除法) BL 3. 制衡隱藏在行動背後之 MM： 　(1) 成長對嗎？ 　(2) 成長意義？ 　(3) 替代方案？ 　(4) 越大越好？ 　(5) 成長負荷？ 　(6) 資源限制？ 4. ALT-I 在調節環路 (BL) 5. 辨認與改變「限制」因素，以改變系統行為 6. 注意除去上限仍有上 (極) 限之反效果

創新管理

系統思考基模-3 (System Thinking Archetype, STA-3) -共同悲劇 (Tragedy Decline Process-TDP)

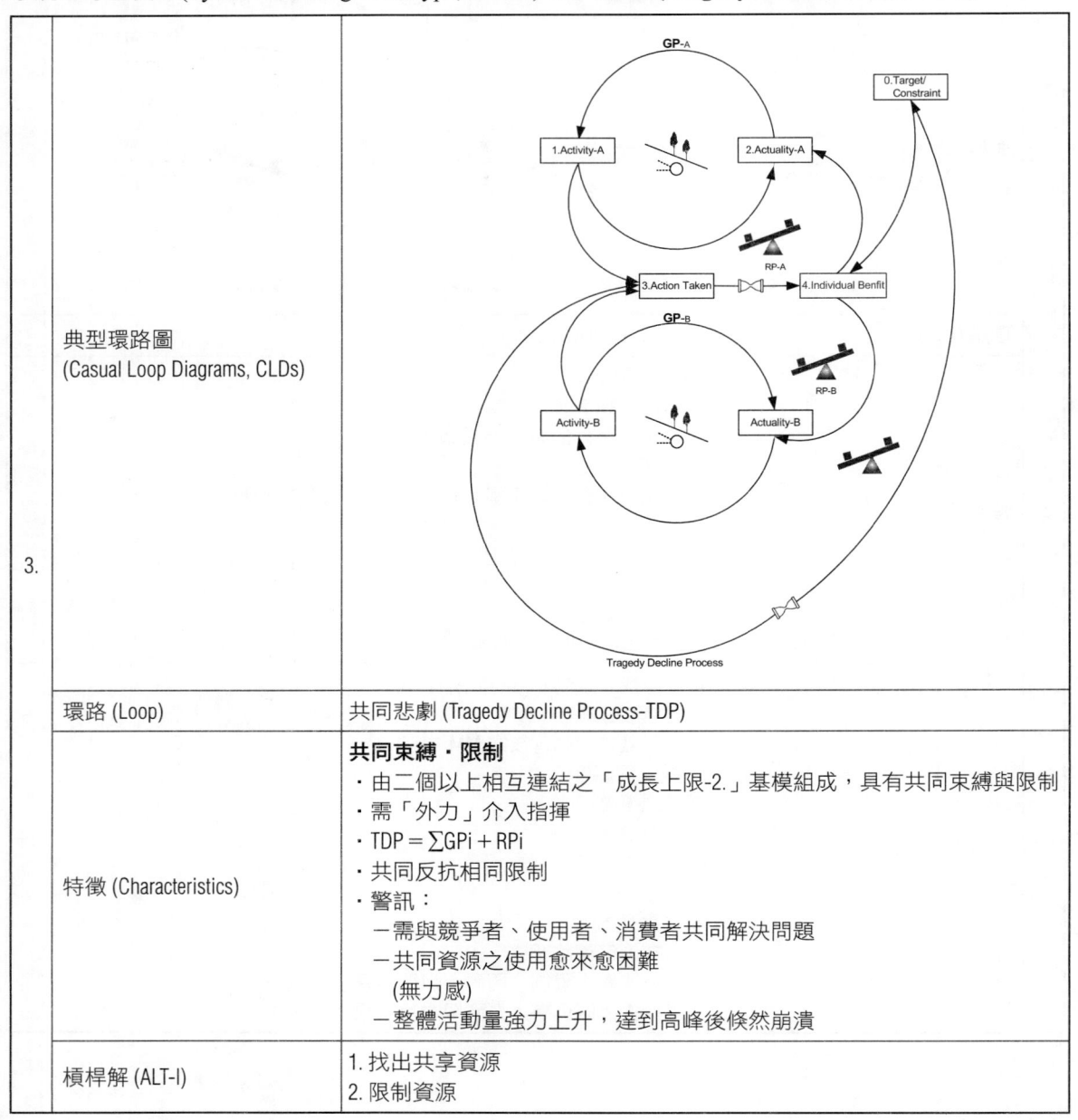

3.	典型環路圖 (Casual Loop Diagrams, CLDs)	(典型環路圖：包含 GP-A、GP-B 兩個環路，節點有 0.Target/Constraint、1.Activity-A、2.Actuality-A、3.Action Taken、4.Individual Benfit、Activity-B、Actuality-B，標示 RP-A、RP-B，整體為 Tragedy Decline Process)
	環路 (Loop)	共同悲劇 (Tragedy Decline Process-TDP)
	特徵 (Characteristics)	**共同束縛・限制** ・由二個以上相互連結之「成長上限-2.」基模組成，具有共同束縛與限制 ・需「外力」介入指揮 ・TDP = $\sum GP_i + RP_i$ ・共同反抗相同限制 ・警訊： 　－需與競爭者、使用者、消費者共同解決問題 　－共同資源之使用愈來愈困難 　　(無力感) 　－整體活動量強力上升，達到高峰後條然崩潰
	槓桿解 (ALT-I)	1. 找出共享資源 2. 限制資源

344

系統思考基模-4 (System Thinking Archetype, **STA-4**) -致命吸引力 **(Fatal Attraction)**

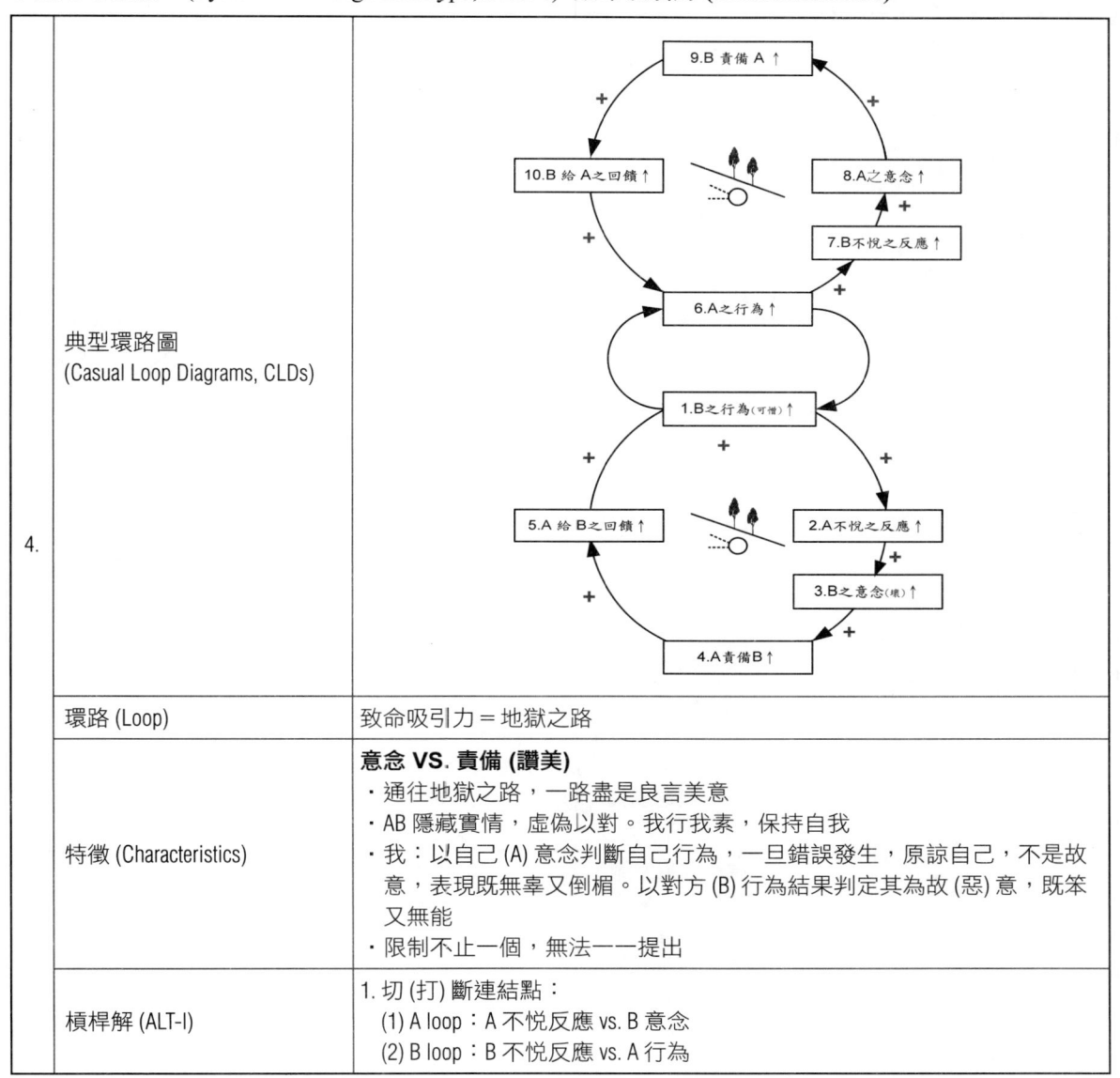

4.	典型環路圖 (Casual Loop Diagrams, CLDs)	（環路圖： 9.B 責備 A↑ → 10.B 給 A 之回饋↑ → 6.A 之行為↑ → 7.B 不悅之反應↑ → 8.A 之意念↑ → 9.B 責備 A↑ 1.B 之行為(可憎)↑ → 2.A 不悅之反應↑ → 3.B 之意念(壞)↑ → 4.A 責備 B↑ → 5.A 給 B 之回饋↑ → 1.B 之行為↑）
	環路 (Loop)	致命吸引力＝地獄之路
	特徵 (Characteristics)	**意念 VS. 責備 (讚美)** ・通往地獄之路，一路盡是良言美意 ・AB 隱藏實情，虛偽以對。我行我素，保持自我 ・我：以自己 (A) 意念判斷自己行為，一旦錯誤發生，原諒自己，不是故意，表現既無辜又倒楣。以對方 (B) 行為結果判定其為故 (惡) 意，既笨又無能 ・限制不止一個，無法一一提出
	槓桿解 (ALT-I)	1. 切 (打) 斷連結點： (1) A loop：A 不悅反應 vs. B 意念 (2) B loop：B 不悅反應 vs. A 行為

345

系統思考基模-5 (System Thinking Archetype, STA-5) -成長與投資不足 (Growth & Investment Failure)

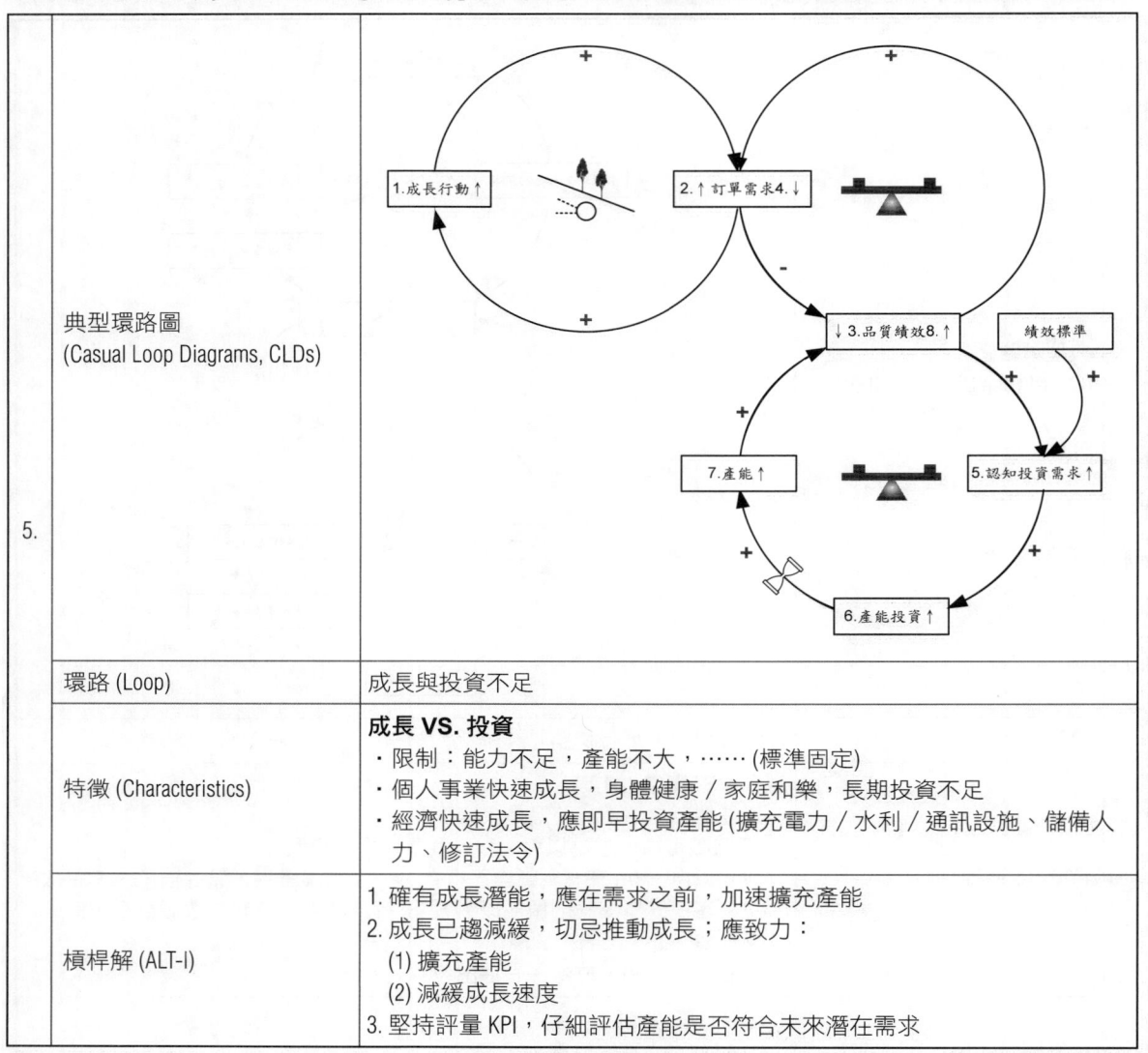

5. 典型環路圖 (Casual Loop Diagrams, CLDs)	(圖：成長行動↑ → 訂單需求↑↓ → 品質績效↓↑ ← 績效標準；產能↑ → 產能投資↑ → 認知投資需求↑)
環路 (Loop)	成長與投資不足
特徵 (Characteristics)	**成長 VS. 投資** ・限制：能力不足，產能不大，……(標準固定) ・個人事業快速成長，身體健康／家庭和樂，長期投資不足 ・經濟快速成長，應即早投資產能 (擴充電力／水利／通訊設施、儲備人力、修訂法令)
槓桿解 (ALT-I)	1. 確有成長潛能，應在需求之前，加速擴充產能 2. 成長已趨減緩，切忌推動成長；應致力： 　(1) 擴充產能 　(2) 減緩成長速度 3. 堅持評量 KPI，仔細評估產能是否符合未來潛在需求

系統思考基模-6 (System Thinking Archetype, **STA-6**) -富者愈富 (**Success to successful**)

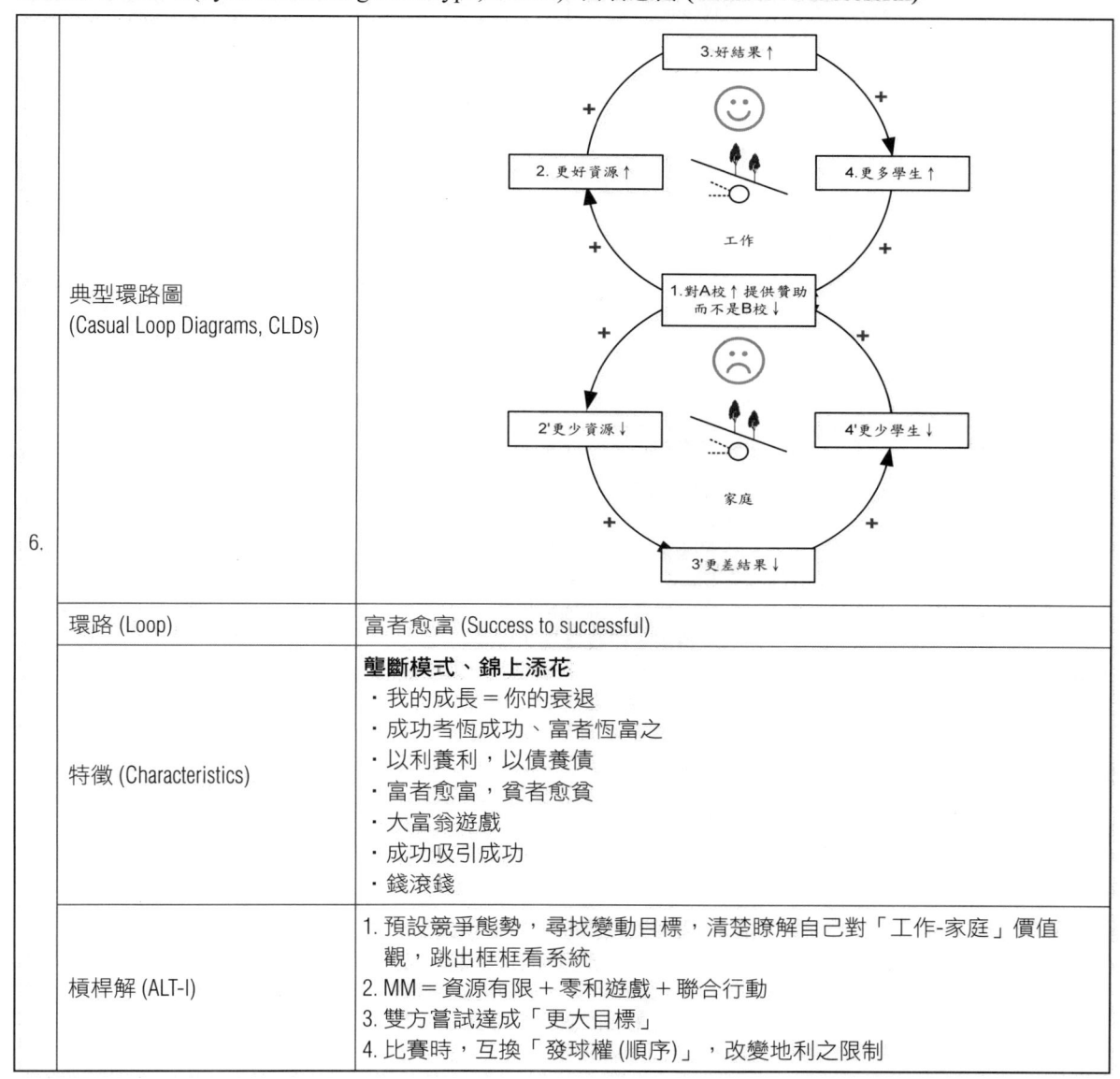

6.	典型環路圖 (Casual Loop Diagrams, CLDs)	（圖示：上方為「工作」正向迴路：1.對A校↑提供贊助而不是B校↓ → 2.更好資源↑ → 3.好結果↑ → 4.更多學生↑；下方為「家庭」負向迴路：1 → 2'更少資源↓ → 3'更差結果↓ → 4'更少學生↓）
	環路 (Loop)	富者愈富 (Success to successful)
	特徵 (Characteristics)	**壟斷模式、錦上添花** ・我的成長＝你的衰退 ・成功者恆成功、富者恆富之 ・以利養利，以債養債 ・富者愈富，貧者愈貧 ・大富翁遊戲 ・成功吸引成功 ・錢滾錢
	槓桿解 (ALT-I)	1. 預設競爭態勢，尋找變動目標，清楚瞭解自己對「工作-家庭」價值觀，跳出框框看系統 2. MM＝資源有限＋零和遊戲＋聯合行動 3. 雙方嘗試達成「更大目標」 4. 比賽時，互換「發球權(順序)」，改變地利之限制

系統思考基模-7 (System Thinking Archetype, **STA-7**) -調節環路 **(Balancing Loop)**

7.	典型環路圖 (Casual Loop Diagrams, CLDs)	（圖：1.Actuality → 2.Lag △ → 3.Action Taken → 4.Driving force 的調節環路，含 0.Target Constraint、Time flow、Time lag）
	環路 (Loop)	調節環路 (Balancing Loop)
	特徵 (Characteristics)	**穩定 VS. 抗拒** ・調節 (抑制／限制) 天平(－) ・時間延滯 (Time Lag, T/L) 點 　－ STA 中不止一個 T/L 　－ 找出最長 T/L (Constrain) ・追求穩定，自我修正，維持目標 　－ (T_1, T_2, …) ・$\sum(n^-)$ ＝ 奇數 ＝ BL ・短期問題解決 (ALT-s)
	槓桿解 (ALT-l)	1. 縮短差異 (Lag) 及最長 T/L 2. 調節流量 (Flow) 與水準 (Level) 3. 讓一切以喜劇收場

附錄 I

系統思考基模-8 (System Thinking Archetype, **STA-8**) -飲酖止渴 **(Fixes that Backfire)**

8.	典型環路圖 (Casual Loop Diagrams, CLDs)	(圖：Sympotom — Stratggy — Sequela 環路圖)
	環路 (Loop)	飲鴆止渴 (Fixes that Backfire)
	特徵 (Characteristics)	**尋求暫時解脫，上癮** ・症狀解不斷威脅系統 ・酗菸酒、吸毒、類固醇 (問題、麻煩) 製造者 ・問題症狀時好時壞，惡性循環 ・指標：需要再試試目前解決辦法，一試再試，……，直到抗拒其它辦法 (無力感)
	槓桿解 (ALT-I)	1. 減弱 BL, RL

349

系統思考基模-9 (System Thinking Archetype, STA-9) -捨本逐末 (Shifting the Burden)

9.	典型環路圖 (Casual Loop Diagrams, CLDs)	(圖：2.Strategy、1.Sympotom、3.Sequela、4.Action Taken、5.Root Cause)
	環路 (Loop)	捨本逐末 (Shifting the Burden)
	特徵 (Characteristics)	**轉嫁負擔** ・上環路：快速治標 ・轉嫁負擔給介入者 ・下環路：延滯治本 ・治標：症狀→對策 ・無法掌握真正潛在原因 ・額外增強環路，使問題複雜、負面效應。戕害解決問題根本能力、分散對真正/根本問題之注意力 　= 飲鴆止渴 = 8 　= 耽溺環路 (Indulge Loop) ・指標 　(1) 治標對策持續上升 　(2) 問題症狀起伏不定 = 8 　(3) 自我治本 (改正) 能力遞減 　　（我隨時都有辦法脫身-否定傾向）
	槓桿解 (ALT-I)	1. 發掘隱藏在問題中之「真因」 2. BL 短期解決問題法，不可行 3. 減弱上 BL、RL；加強下 BL 4. 增強治本反應 (ALT-r↑)：建立長期與共，創新 Ps 願景 5. 減弱治標反應 (ALT-s↓)：開誠佈公 (誠實面對) ALT-s 真相 6. 導入成功案例 (戒酒／毒)

附錄 I

系統思考基模-10 (System Thinking Archetype, **STA-10**) -意外敵人 **(Accidental Adversaries)**

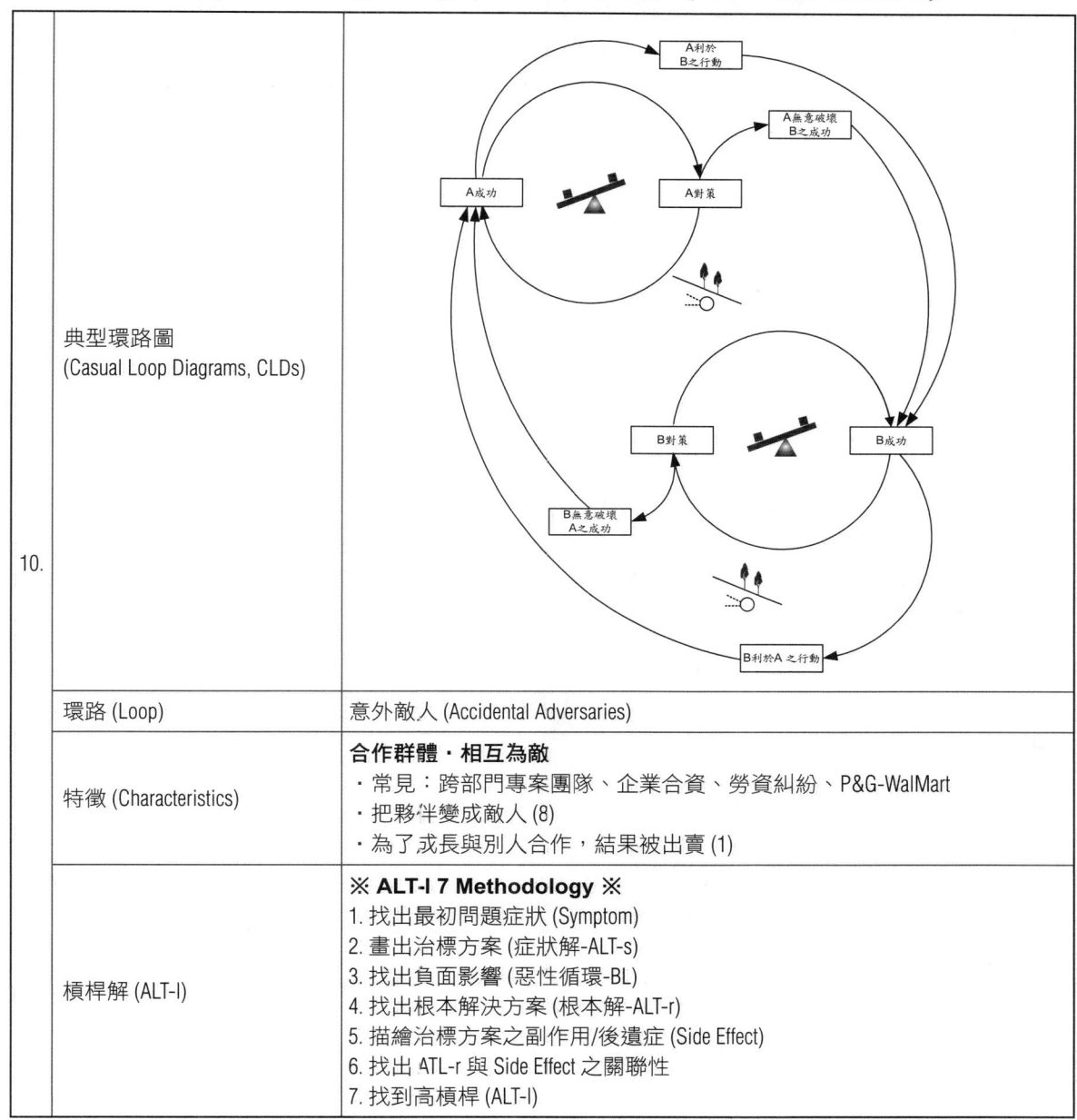

10.	典型環路圖 (Casual Loop Diagrams, CLDs)	(圖：包含 A成功、A對策、A利於B之行動、A無意破壞B之成功、B對策、B成功、B無意破壞A之成功、B利於A之行動 等節點的因果環路圖)
	環路 (Loop)	意外敵人 (Accidental Adversaries)
	特徵 (Characteristics)	**合作群體・相互為敵** ・常見：跨部門專案團隊、企業合資、勞資糾紛、P&G-WalMart ・把夥伴變成敵人 (8) ・為了成長與別人合作，結果被出賣 (1)
	槓桿解 (ALT-l)	※ **ALT-I 7 Methodology** ※ 1. 找出最初問題症狀 (Symptom) 2. 畫出治標方案 (症狀解-ALT-s) 3. 找出負面影響 (惡性循環-BL) 4. 找出根本解決方案 (根本解-ALT-r) 5. 描繪治標方案之副作用/後遺症 (Side Effect) 6. 找出 ALT-r 與 Side Effect 之關聯性 7. 找到高槓桿 (ALT-l)

系統思考基模-11 (System Thinking Archetype, STA-11) -目標動搖 (Drifting Goals)

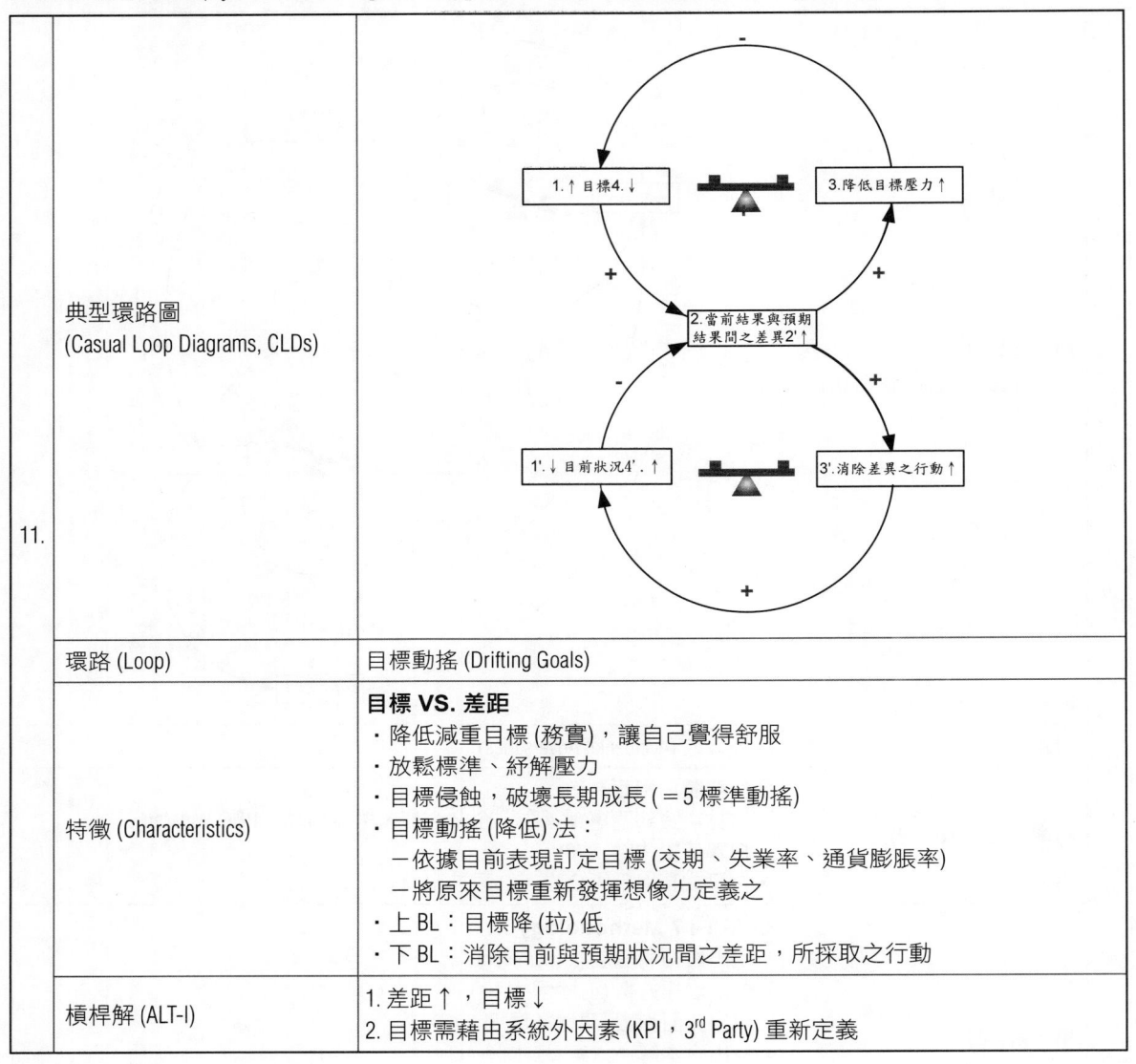

11.	典型環路圖 (Casual Loop Diagrams, CLDs)	
	環路 (Loop)	目標動搖 (Drifting Goals)
	特徵 (Characteristics)	**目標 VS. 差距** ・降低減重目標 (務實)，讓自己覺得舒服 ・放鬆標準、紓解壓力 ・目標侵蝕，破壞長期成長 (＝5 標準動搖) ・目標動搖 (降低) 法： 　－依據目前表現訂定目標 (交期、失業率、通貨膨脹率) 　－將原來目標重新發揮想像力定義之 ・上 BL：目標降 (拉) 低 ・下 BL：消除目前與預期狀況間之差距，所採取之行動
	槓桿解 (ALT-I)	1. 差距↑，目標↓ 2. 目標需藉由系統外因素 (KPI，3rd Party) 重新定義

附錄 I

系統思考基模-12 (System Thinking Archetype, **STA-12**) -惡性競爭 **(Excessive Reaction)**

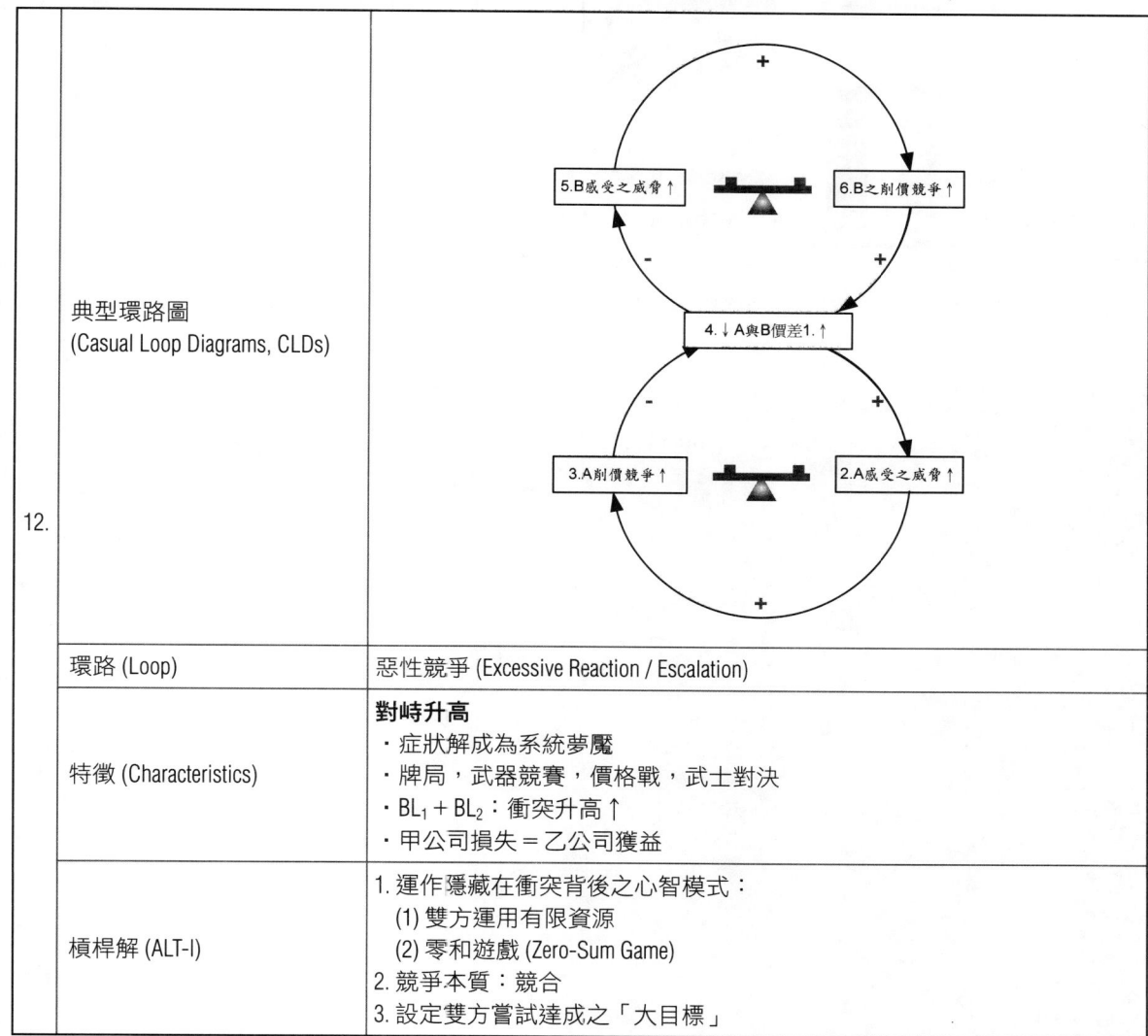

12.	典型環路圖 (Casual Loop Diagrams, CLDs)	（環路圖：上方環路包含 5.B感受之威脅↑、6.B之削價競爭↑；中間為 4.↓A與B價差1.↑；下方環路包含 3.A削價競爭↑、2.A感受之威脅↑）
	環路 (Loop)	惡性競爭 (Excessive Reaction / Escalation)
	特徵 (Characteristics)	**對峙升高** ・症狀解成為系統夢魘 ・牌局，武器競賽，價格戰，武士對決 ・$BL_1 + BL_2$：衝突升高↑ ・甲公司損失＝乙公司獲益
	槓桿解 (ALT-I)	1. 運作隱藏在衝突背後之心智模式： 　(1) 雙方運用有限資源 　(2) 零和遊戲 (Zero-Sum Game) 2. 競爭本質：競合 3. 設定雙方嘗試達成之「大目標」

353

Appendix

II 附錄

	ABCDEFGHIJKLMNOPQRSTUVW		
A	Alternative Scenario	C	Contradiction Analysis
	Analogies		Controlling imagery
	Analysis of Interactive Decision Areas(AIDS)		Crawford slip writing
	Anonymous voting		**Creative problem solving (CPS)**
	Attribute listing (and variants)		Criteria for idea-finding potential
B	Backward Forward Planning		Critical path diagrams (CPD)
	Boundary examination	D	Decision seminar
	Brainstorming		Delphi
	Brain sketching		DO IT
	Brain Writing		Dialectical approaches
	Brain Writing 6-3-5		Dimensional analysis
	Brain writing game		Drawing
	Brain writing pool	E	Essay writing
	Browsing		Estimate-discuss-estimate
	Brutethink		Exaggeration(magnify/minify)
	Bug listing		Excursions
	Bullet proofing	F	Factors in 'selling' ideas
	Bunches of bananas		False Faces
C	Card story boards		Fishbone diagram
	Cartoon story board		Five W's and H (5W2H)
	CATWOE		Flow charts for action planning
	Causal mapping		Focus groups
	Charrette		Focusing
	Cherry Split		Force-field analysis
	Circle of Opportunity		Force-fit game
	Clarification		Free association
	Classic Brainstorming		'Fresh eye' and networking
	Collective notebook (CNB)	G	Gallery method
	Comparison tables		Gap analysis
	Component detailing		Goal orientation
	Concept Fan		Greetings cards
	Consensus mapping	H	Help, hinder
	Constrained brain writing		Heuristic ideation technique (HIT)

創新管理

H	Highlighting		Plan Do Check Act (PDCA)
I	Idea advocate		Plusses, potentials and concerns
	Imagery for answering questions		Potential-problem analysis (PPA)
	Imagery manipulation		Preliminary questions
	Imaginary Brainstorming	P	Problem-centred leadership (PCL)
	Implementation checklists		Problem inventory analysis (PIA)
	Improved nominal group technique		Problem Reversal
	Interpretive structural modeling		Progressive hurdles
K	Keeping a dream diary		Progressive revelation
	Kepner and Tregoe's method		Provocation
	KJ-method	Q	Q-sort
L	Laddering		Quality circles
	Lateral Thinking		Random stimuli of various kinds
	Listing		Rawlinson Brainstorming
	Listing pros and cons		Receptivity to ideas
M	Metaplan information market	R	Reframing values
	Mind mapping		Relational words
	Morphological analysis		Relaxation
	Morphological Forced Connections		Reversals
	Multiple redefinition		Role storming
N	Negative brainstorming		7-Step Model
	Nominal group technique (NGT)		SCAMMPERR
	Nominal-interacting technique		SCAMPER
	Notebook		Sculptures
O	Observer and merged viewpoints		Search conference
	Osborn's checklist		Sequential-attributes matrix
	Other people's definitions	S	Similarities and Differences
	Other people's viewpoints		Simple rating methods
P	Personal balance-sheet		Simplex
	Phases of integrated problem solving (PIPS)		Six Thinking Hats
	Pictures as idea triggers		Slice and Dice
	Pin cards		Snowball technique
	PMI (Plus, Minus, Interaction)		Soft systems method

S	Stakeholder analysis	T	TILMAG
	Sticking dots		Transactional planning
	Stimulus analysis		Trigger Sessions
	Story writing		Trigger method
	Strategic assumption testing		TRIZ
	Strategic choice approach	U	Using 'crazy' ideas
	Strategic management process		Using experts
	Strategic Options Development and Analysis (SODA)	V	Value brainstorming
	Successive element integration		Value engineering
	Super Group®		Visual brainstorming
	Super heroes		Visualising a goal
	SWOT Analysis	W	Who are you?
	Synectics		'Why?' etc. - repeatable questions
	Systematized Direct Induction(SDI)		Wishing
T	Technology Monitoring		Working with dreams and images
	Think Tank		

資料來源：1. 吳贊鐸整理。
　　　　　2. http://www.mycoted.com/creativity/techniques

Appendix

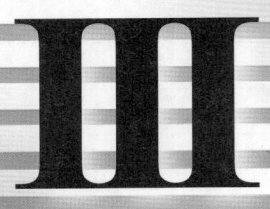

III 附錄

1. 問題解決迷宮巧拼法
Problem-solving Crossword Puzzle

Conflict Mgt. Ps [1]	anticipation	cooperative Ps	mediation
negotiation	withdrawal	C⁶I [2]	communication
smoothing	Conflict Mgt. [3]	forcing	coordination
self-controlling	compromise	frugal	compromise
self-examination	eliminate	industrious	collaboration
reduce	Blue Ocean Grid [4]	raise	commitment
honesty	create	boast	command
prudence	patience	humor	integration
modesty	BSC strategy	sport	transfer
product	Map [5]	perceptual	substitute
appoint	BO strategy	image	complement
approval	appeal	dispatch	recall
Equity Rule [6]	engagement	explanation	expectation
Risk Mgt. [7]	transfer	avoidance	mitigation
retention	sharing	substitute	combine
adopt	modify	put to other use	eliminate
rearrange	compensatory	lexicography	eliminate
Decision Rule [8]	conjunctive	exposure	disconjunctive
positive	attention	IP model [9]	memory
courage	shakedown	interpretation	Negotiation strategy [10]
perseverance	acknowledge	QC [11]	accommodation
gratitude	obsequiousness	comprehension	avoidance
courtesy	jealousy	commitment	collaboration
5S 슝우 [12]	greedy	competence	competition
smile	flattery	communication	compromise
slowly	5S 우 [13]	correct	SERVICE [14]
softly	smile	continuance	Service
steady	sexy	agreement	Execute
sorry	smart	abstention	Relationship
OM-SMART [15]	smooth	abolishment	Value
specific	slim	rescission	Invitation
measurable	realistic	reservation	Complete
achievable	time-limited	immunity	Eye
RAPID [16]-Decision Process	**3R** [17]	**5R** [18]	Recall
Recommend	Recycle	Recover	Restore
Agree	Reuse	Repair	Reform

Perform	Regenerate	RUMA [19]	Realize
Impact	Utilize	Materialize	Actualize
Decide	**Contract** [20]	agreement	abstention
Attack [21]	denunciation	immunity	abolishment
surprise attack	rescission	reservation	withdrawal
sneak attack	**Positive Thinking** [22]	frugal	mature
night attack	admire	gratitude	optimism
counter attack	courtesy	honesty	prudence
converging	contribute	industrious	patience
pursuit	dedicate	modesty	perseverance
PR [23] $-\rightarrow +$	acknowledge	arbitration	adjust
back-up	bear-up	calm	correct
conciliation	concession	esteem	flattery
improve	match	mediate	obsequiousness
self-knowing	self-examination	self-controlling	overcome
toil	tolerate	humor	support
Fighting Tactic [24]	aggression	ambush	betrayal
besiege	breakthrough	cold war	collapse
covering	envelop	dog fight	defensive
repel	revolt	field fight	sue for peace
rebellion	roundabout	fight	surrender
truce	sally	searching	penetration
39 Inventive Principle [25]	segmentation	extraction	local quality
asymmetry	merging	universality	nesting
anti-weight	prior anti-action	prior action	cushion in advance
equipotentiality	do it in reverse	increase	dynamism
partial/excessive	another dimension	vibration	periodic action
continuous action	rush through	harm to benefit	feedback
mediator	self-service	copying	disposable
substitution	construction	flexible	material changes
color changes	homogeneity	discarding/recover	parameter changes
transition	expansion	environment changes	composite

資料來源：吳贊鐸，2006。

2. 問題解決與衝突解決智庫
Bank of Problem-Solving (Ps) & Conflict-Solving (Cs)

Abandon	放棄	assimilate	吸收
abate	減退緩和	assist	援助
abide	忍受／耐	associate	聯想
abolish	廢止／除	assume	假定
accept	接受	assurance	保證
accuse	控訴	apologize	攻擊
acknowleage	承認	appreciate	嘗試
adjust	調整	approach	接近
applause	稱讚	approval	贊成
admiration	稱讚	attack	道歉
alert	警覺的	attempt	感覺／欣賞
advise	勸／忠告	attention	專心
admonish	警告	attitude	態度
adopt	採用	attractive	吸引力
advance	前進	attribute	屬性
affirmative	肯定	auction	指責
agree	同意	augment	增大
aggressive	積極	authority	權威
agitate	煽動	automatic	自動的
allegiance	忠誠／實	available	有效的
alliance	聯盟	average	平均
allude	暗示	avoid	迴避
allure	誘惑	await	等待
alternate	輪流	awakening	覺醒
ambiguous	含糊的	award	授獎
amend	修／改正	Backward	向後的
amuse	使歡樂	bankrupt	破產的
analyze	分析	beneficent	仁慈的
animate	激勵	besiege	包圍／攻
announce	宣佈	block	凍結、封鎖
antagonist	對手	blockade	封鎖
argue	爭論	boast	吹噓／牛
arouse	激起	bore	使厭煩
arrogant	自大／傲慢的	borrow	借
aspire	渴望	bother	打擾
assembly	組合	brake	煞車
assign	分配	break	破壞

betray	出賣	combat	戰鬥
bid	出價、投標	combination	組合
blend	混合 / mix	comedy	喜劇
bless	祝福	comfort	安慰
burden	免擔	command	下令
Calm	平靜	comment	評論
cautious	謹慎的	commit	委託
composure	沉著	common	通用的
comprehension	理解	communication	溝通
compromise	妥協、折衷、和解	comparative	比較的
compulsory	強制的	consolation	安慰
conceal	隱藏 = hide	constrain	限制
concentrate	集中、專心	construction	建設
concession	讓步	continuous	持續的
concise	簡潔 / 明的	compassion	同情
conclusion	結論	compatible	相容的
concord	和諧	compel	強迫
concrete	具體的	compensate	補償的
condense	濃縮	compete	競爭
conditional	有條件的	complain	抱怨
confess	自白 / 招供	complicate	複雜化
confidence	自信	compliment	恭維
confidential	機密的	comply	遵守
confirm	證實	conformity	一致
celebrate	讚揚、慶祝	confusion	混淆
challenge	挑戰	congratulation	祝賀
charge	負責	conjecture	推測
charity	慈悲	connect	結合
chase	追求	conquer	征服
cheat	欺騙	conscience	良心
check	檢查	conservative	保守的
circulation	循環	considerate	體諒人的
claim	主張 / 聲明	consideration	慎思
classification	分類	contract	合約
clean	清潔的	contradict	否認 / 矛盾
clever	靈巧的	contrary	相反的
coach	教練	contrast	對比
collection	收集	control	控 / 抑制
collision	衝突 / 互撞	convenience	方便

converse	相反的	destroy	破壞
convert	轉變	detach	分離
convince	信服	determination	決定
cooperation	合作	development	發展
copy	模仿	dictator	獨裁者
correct	正確的	differentiation	差異化
correspondence	一致調和	diffuse	擴散
counseling	諮商	dignity	尊嚴
counteract	抵消／中和	diligent	勤勉的
courage	勇氣	diminish	減少／降低
courtesy	禮貌	diplomatic	外交的、巧妙的
create	創造	direction	方向
criticism	批評	discriminate	歧視
curiosity	好奇心	discussion	討論
Damage	損害	disguise	假裝
debate	辯論	dismiss	解散
deceive	欺騙	dispatch	緊急派遣
decision	決策	disperse	驅散
declaration	宣告	displace	取代
decline	婉拒	display	展示
decrease	減少	disposal	棄置
dedicate	獻身	disregard	漠視
defense	防衛	distinguish	辨別
definition	定義	distort	曲解
degrade	降格	distract	使分心
delay	延後	distribute	分配
deliberate	故意的、慎重的	disturb	打擾
delight	使……喜悅	division	分割
demand	要求	dominate	支配
demonstration	證實、示範／威	doubt	懷疑
denounce	告／揭發	drive	驅使
deny	否定	duplicate	複本
departure	離開	dynamic	動力的
depend	依靠	**E**ager	渴望
depreciate	輕視＝despise	effect	影響
description	敘述	effort	努力
designate	指派	elaborate	用心的
desirous	渴望的	eliminate	刪除
desperate	絕望的	eloquent	善辯的

embody	具體化	experience	體/經驗
emigrate	移出	experiment	實驗
emphasis	強調	expert	專家
encourage	鼓勵	expire	終止/期滿
endure	忍耐	explain	說明
enjoy	享受	explode	爆炸
enlarge	擴大	exploit	開發
enlighten	開導	export	輸出
enrich	使富足	exposure	暴露
ensure	保證	extend	延伸
entertain	款待	external	外部的
enthusiasm	狂熱	extinguish	熄滅
endurance	耐力	extra	額外的
energetic	活力的	**Facilitate**	使方便
enforce	執行	fade	消退
engagement	約定	faith	信念/用/仰
equality	平等	faithful	忠實的
erase	擦掉	falter	動搖
escape	逃走	fashion	流行
establish	建立	fast	快速
esteem	尊敬/重	favorable	善意的
estimate	估計	fight	爭鬥
evidence	證據	fit	適合的
evolution	發展	fix	套牢
exaggerate	誇大	flatter	諂媚
examine	診斷	flexible	彈性的
excellent	卓越的	flourish	活躍
exception	例外	follow	跟隨
excess	超過	forbid	禁止
exchange	交換	force	強制
exclude	排除	forecast	預測
excuse	原諒	forget	忘記
execute	執行	forgive	原諒
exercise	運動	formal	正式的
exhibit	展示	forsake	遺棄
existence	存在	forward	向前地
expansion	膨脹	fraction	部分地
expectation	期待	frankly	坦白地
expense	支出	freedom	自由

freeze	凍結	hurry	趕快
fright	恐懼	hypothesis	假設
frown	不贊成	**I**deal	理想
frugal	節約的	identify	鑑定
fulfill	實現	identity	本人／體
Gamble	賭博	idol	偶像
General	一般的	ignorant	無知的
Generate	產生	ignore	忽視
Generous	慷慨的	illusion	幻想
Gentle	溫和的	Indicate	指示
Glory	光榮	Indirect	迂迴的
Grace	優雅	Individual	個人的
Grateful	感激的	Induce	勸誘
Gratitude	感謝	Indulge	放縱
Greedy	貪婪的	Industrious	勤勉的
Greet	致敬	Infinite	無限的
Grow	成長	Intention	意圖
Grumble	抱怨	Interested	利害關係的
Guarantee	保證	Interference	干涉
Guard	警戒	Interpret	解釋
Guess	猜測	Interrupt	打擾
Guide	引導	Interview	面試
Hamper	妨礙	Intimate	親密的
Hard	勤勉的	Introduce	介紹
Harm	損害	Invent	發明
Harmony	和諧	Invest	投資
Hasty	輕率的	illustrate	說明
Health	健康	image	影像
Help	幫助	imagination	想像力
Hesitate	猶豫	imitate	模仿
Hint	暗示	immediate	立即的
honest	正直的	immovable	堅定不移的
honor	榮譽	impact	衝擊
hope	希望	impartial	公平的
hospitality	親切	implicit	含蓄／隱含的
hostile	敵對的	inflame	激勵
humane	人性的	influence	影響
humble	謙遜的	information	情報
humor	幽默	initiate	開始

innocent	無辜的	Learn	學習
inquiry	調查	Leave	離開
insight	洞察力	Light	輕的
insignificant	無足輕重的	Limit	限制
inspect	檢查	Link	連絡
inspiration	啟示、靈感	Loss	喪失
inspire	激勵	Luxurious	奢侈的
instantaneous	即時的	**M**agnificent	莊嚴的
instinct	本能	Magnify	放大
instruction	指示	Maintain	維持
insurance	保險	Majestic	莊嚴的
integrity	正直	Major	主要的
intelligence	理智	Manipulate	花招
intensive	集中的	Manufacture	製造
implore	懇求	Marvelous	不可思議的
imply	暗示	Match	相配
important	重要的	Mature	熟練的
impossible	不可能的	Maximum	最大
impress	銘記	Meet	符合
impression	印象	Memorize	記憶
improve	改進	Mend	修理／護
include	包含	Mental	心智的
inconvenience	不便	Mercy	憐憫
increase	增加	Merge	合併
independence	獨立	minor	較小的
Investigate	調查	minority	少數
Isolate	使孤立	minus	減
Join	連結	mirror	反映
Judge	判斷	mischief	惡作劇
Judicious	明智的	mislead	誤解
Justice	正義	miss	漏掉
Justification	合理	mission	任務
Justify	證明	mitigate	緩和
Keep	保有	mix	混合
Kindness	親切	moderate	適度的
Knock	敲打	modify	修正
Laugh	大笑	monitor	監控
Lead	領導	monopoly	獨佔權
Lean	精實的	monotonous	單調的

moral	道德的	offer	提供
more	更多的	Operate	操作
mortgage	抵押	Opinion	意見
motion	動作	Opportunity	機會
motive	動機	Oppose	反對
multiplication	增加	Optimism	樂觀
mute	沈默的	Order	命令
mutual	相互的	Organization	組織
mysterious	不可思議的／神祕的	Original	最初的
mythology	神話	Outcome	結果
Narrate	敘述	Overcome	克服
narrow	狹窄的	Overlook	忽視
native	土產的	Own	擁有
natural	自然的	**P**ace	步調
navigate	航行	Package	套餐
necessary	必要的	Parade	遊行
negative	否定的	Pardon	原諒
neglect	忽視	Partial	部分的
negotiate	交涉	Participate	參加
neutral	中立的	Particular	特別的
nod	點頭	Partner	夥伴
nominate	提名	part-time	兼任
nonsense	無意義	Pass	通過
normal	正常的	Passion	熱情
notice	注意	Passionate	熱情的
noticeable	引人注目的	Passive	被動的
numerous	多數的	Patent	專利
Obey	服從	Patience	忍耐
objective	目標	Pause	中止
objection	反對	Payment	支付
obligation	義務	Peace	和平
oblige	強制	Penalty	懲罰
observance	遵守	Penetrate	滲透
observation	視察	Perceive	覺察
obstacle	障礙	Perfect	完美的
obtain	達成	Perform	完成、表演
obviously	明顯地	Performance	績效
occupy	佔領	Permission	許可
offense	違規	perseverance	毅力

Persist	持續	produce	生產
personification	擬人化	professional	專業的
Perspective	遠景	profit	利潤
Persuade	說服	probability	可能性
phenomenon	現象	progress	進行
Plan	計畫	prohibit	禁止
Point	指示	project	計畫
Polite	禮貌的	promise	承諾
Popular	流行的	promote	擢升
Positive	肯定的	propaganda	宣傳
Possible	可能的	propagate	傳播
Postpone	延期	proper	適當的
Potential	可能的	proportion	比例
Practicable	實際的	propose	提議
Practice	練習	prospect	期望
Praise	讚美	protection	保護
Precaution	預防	prove	證明
precedence	優先	prudent	謹慎的
precise	精確的	publish	發表
predict	預言	punish	處罰
preference	偏好	purchase	購買
prejudice	偏見	pursuit	追求
preliminary	初步的	**Q**ualification	資格
preparation	準備	quench	解除
prescribe	開藥方	question	詢問
present	呈現	quick	迅速的
preserve	保存	quite	安靜的
press	壓	quit	除去
presume	推測	**R**ace	競賽
pretend	假裝	raise	升高
prevent	阻止	random	隨機的
prevention	預防	rank	排列
primary	主要的	rapid	迅速的
principle	原理	Ratio	比例
priority	優先權	Rational	合理的
private	私有的	Reaction	反應
privilege	特權	Ready	準備
procedure	程序	Reality	真實
process	過程	Realize	了解

Reasonable	合理的	Request	要求
Recall	憶起	Research	研究
Receive	接受	Reserve	保留
Recite	背誦	Resist	抵抗
Recognition	認出	Resolution	決心
Recognize	辨認	Respect	尊重
Recollect	記起	Response	反應
Recommend	推薦	responsibility	責任
Recompense	賠償	Restore	歸還
Reconcile	調解／停	Restrain	抑制
Reconstruct	重建	restrict	限制
Record	記錄	retain	保留
Recovery	恢復	retreat	撤退
Reduce	減少	return	歸還
Refer	參考	reverse	顛倒
Reflect	反射	review	複習
Reform	修正	revise	修正
Refrain	壓抑	revolution	變革
Refresh	恢復	reward	報酬
Refuse	拒絕	rewrite	重寫
Regulate	調節	risk	風險
Reinforce	增強	rule	規劃
Reject	拒絕	run	跑
Relax	放鬆	Sacrifice	犧牲
Release	解除	safety	安全
Reliable	可信的	salute	致意
Reliance	信用	same	相同的
Remarkable	顯著的	satisfaction	滿意
Remember	記憶	save	儲存
Remind	提醒	schedule	預定
Remove	除去	score	得分
Renew	換新	scramble	爭取
Repair	修理	search	搜尋
Repeat	重複	security	擔保
Repetition	重複	seek	尋找
Replace	替代	send	送出
Reply	答覆	sensation	感覺
Report	報告	sensibility	情感
Represent	代表	sensitive	敏感的

separate	分離的	Spread	擴展
serious	嚴肅的	Squeeze	壓榨
serve	服務	Stability	穩定
settle	安置	Standpoint	觀點
severe	嚴厲的	Stare	瞪
shake	搖動	Start	開始
shape	成形	Stationary	靜止的
share	分享	Steady	穩定的
sharp	尖銳的	Steep	陡峭的
shine	擦亮	Stick	刺
shock	衝擊	Stimulate	刺激
shortage	缺點	Stir	攪拌
show	展示	Stock	存貨
significance	重要性	Straight	直的
silent	沈默的	Strength	力量
similar	相似的	Stress	壓迫
simple	簡單的	Stretch	伸展
sincerely	真誠地	Strict	嚴厲的
situation	立場	Strike	打
sketch	素描	Structure	結構
skill	技巧	Struggle	掙扎
skip	跳躍	Submission	服從
slim	苗條的	Submit	提出
slogan	口號	Substitute	代替
slow	緩慢	Subside	平息
smart	精明的	Substitute	代替的
Smooth	平穩的	Succeed	繼承
Solution	解答	Suffer	忍受
Solve	解決	Sufficient	足夠的
Special	特別的	Suggest	建設
Specialist	專家	Suitable	適合的
Specialize	專攻	Summary	摘要
Specific	特定的	Supply	供給
Specimen	樣本	Support	支持
Speculate	思索	Suppose	推測
Spend	耗費	Surrender	放棄
Spirit	精神	Survey	調查
Spiral	螺旋	Survive	生存
Spontaneous	自發的	Suspect	懷疑

Suspicious	多疑的	translate	翻譯
sustain	支撐	transmit	傳達
swear	發誓	transport	運送
sweep	清除	treatment	待遇
symbol	符號	tremendous	巨大的
sympathize	同情	trial	試驗
sympathy	同情	trick	詭計
symptom	徵候	triumph	獲勝
Taboo	禁忌	trophy	戰利品
tacit	沈默的	trouble	煩擾
tact	機智	trust	信任
tactics	戰術	truth	真相
target	目標	try	嘗試
task	工作	turn	旋轉
taste	嗜好	twist	扭曲
technique	技巧	Typical	典型的
tedious	冗長的	Ultimate	最終的
temper	脾氣	Uncertain	不確定的
temporary	暫時的	Unconscious	無意識的
temptation	引誘	understanding	理解
tendency	傾向	Undertake	著手
tender	體貼的	Undo	解開
tension	緊張	Unfortunate	不幸的
terminate	結案	Ungrateful	忘恩負義的
testify	作證	Union	團結
thank	感謝	Unique	獨一無二的
thin	薄的	Unlimited	不受限的
threat	威脅	Upset	推翻
threshold	門檻	Utilize	利用
throw	投擲	Vacant	空缺的
thrust	推入	Vague	模糊的
tight	緊的	Valid	合法的
together	一同	Valuable	有價值的
tolerate	容忍	Vanish	消失
tradition	傳統	Vanity	空虛
tragedy	悲劇	Variation	變化
traitor	判徒	Ventilation	換氣
transform	改變	Verify	證實
transition	轉變	Versatile	多才多藝的

Viewpoint	觀點	win	贏
Vigorous	精力充沛的	wipe	擦拭
Violence	暴力	wisdom	智慧
Visible	可見的	wise	聰明
Vision	願景	wish	希望
Voluntary	自願的	withdraw	撤回
Warm	溫暖的	withstand	抵抗
warn	警告	wonder	驚愕
waste	浪費	wonderful	驚奇的
watch	監視	worse	更糟的
welfare	福利	worship	崇拜
well	好好地	wound	受傷
whirl	迴旋	wrap	纏繞
whisper	耳語	wrench	猛扭
wholesome	健康的	**Y**ield	讓
wide	寬的	**Z**ealous	熱心的
willing	願意的		

資料來源：吳贊鐸整理。

Appendix

附錄 IV

TRIZ 四十發明原則

1

IP-1 區隔 (Segmentation)

發明原則 (Inventive Principle - **IP1-1**)	應用 (Application)
物體 (件) 分成數個獨立部分 (一變多) Divide an object into independent parts.	消音器 濾煙器 噴霧器 市場區隔 (行銷) 化整為零 (談判) 衍生公司 (Spin-off Co.) 捷運/高鐵列車廂 及時生產系統 (JIT)

發明原則 (Inventive Principle - **IP1-2**)	應用 (Application)
物體 (件) 易拆解為數個部分且易組裝 (合) Make an object sectional (for easy assembly & disassembly).	小折 巧拼 拼圖 沙發組 樂高積木 系統家具 組合書櫃(櫥) 大型設備(施)組/分裝 補充包(沐浴乳、洗髮精、洗衣精)

發明原則 (Inventive Principle - **IP1-3**)	應用 (Application)
增加物體可分割 / 區隔 (分) 程度 Increase the degree of an object's segmentation.	分角器 切 (蘋) 果器 製麵條機 AS/RS 自動倉儲系統 自動分貨揀貨監控系統

附錄 IV

2

IP-2 分離 (Extraction)	
發明原則 (Inventive Principle - **IP2-1**)	應用 (Application)
物體中回收、分離、移除不需要部分或特性 Extract the "disturbing" part or property from an object.	無塵室 吸塵器 雷射碳粉匣 噴墨墨水匣 不良品重工 AHP 層級結構分析法 XRF 螢光分析 RoHS 儀 RFID 無線射頻辨識系統 RoHS 歐盟禁限物質指令 SARS 負壓隔離病房之設計 無線電視台 / 電話 / 手機 / 滑鼠 空氣污染防制設備 / 排放標準
發明原則 (Inventive Principle - **IP2-2**)	應用 (Application)
物體中萃取、回收 (分離)、移除需要部分或特性 Extract only the necessary part or property from an object.	篩網 海灘傘 潛水服 挖蟹肉棒 水床/沙發床 雙燃料汽車 (Hybrid) 老花近視兩用眼鏡 crocs 布希鞋 / 工作鞋 將髒窗戶局部擦乾淨 吸塵器 空氣濾清器 機油濾清器 X ray 防護衣 無塵室防塵衣/鞋 無塵室 (Clean room) 環保巧拼樂活式鞋墊 (新型第 M325755 號) WEEE 歐盟廢棄物回收指令 MP3/USB GCMS/LCMS 氣 / 液相層析質譜儀 3R(Green)：回收 (Recovery), 再循環 (Recycling), 再利用 (Reuse) Energy-conservation 節能設備 (Green)：熱幫 (Heat pump), 空壓機 (Compressor), 冰水主機 (Chiller) 冷卻水塔 (Cooling Tower) 焦點團體 焦點 (心理) 治療 / 短期諮商 (Psy) 取其利，避其害 (談判)

創新管理

3

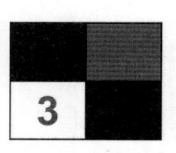

IP-3 局部品質 (Local Quality)

發明原則 (Inventive Principle - IP3-1)	應用 (Application)
改變物體或外部環境 (活動部件) 之結構，從均質變成異質 Transition from homogeneous to heterogeneous structure of an object or outside environment (action).	汽車空氣污染防制設備 (觸媒轉化器、濾煙器、消音器、EEC、PCV…) 汽車安全設備 (Air Bag, ABS,…) 燃料添加劑 (甲醇、乙醇、生質柴油…) Hybrid 油電／油氣混合車 LPG 瓦斯車 電動自行車 ERP 生產／配銷／物流／財務／CRM 子系統 ISO 9001/14001/22000/50001 系統 物競天擇，優勝劣敗 (談判) M 型理論 長尾理論 長鞭理論

發明原則 (Inventive Principle - IP3-2)	應用 (Application)
物體部件各司其職 Different parts of an object should carry out different functions.	Amway/Panasonic 濾 (淨) 水器 (多濾芯) 果菜機 (多功能：果汁／冰沙／調理) 飲水機 (多功能：熱／溫／冰水) 電子鍋 (多功能：燉／煮／烤) 鋼琴 (多功能：高／中／低音)

發明原則 (Inventive Principle - IP3-3)	應用 (Application)
物體每一部份均能展現最適功能 Each part of an object should be placed under conditions that are most favorable for its operation.	能源效率分級標章 綠建築標章 碳足跡標籤 能源之星

4

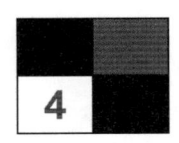

IP-4 非對稱性 (Asymmety)

發明原則 (Inventive Principle - **IP4-1**)	應用 (Application)
不對稱形狀 (式)，取代對稱形狀 (式) Replace symmetrical form (s) with asymmetrical form (s).	彩虹鞋 (Macanna) 凹凸鏡 捲髮器 比薩斜塔 車輪套鐵鏈 可旋轉螢幕之筆電 可旋轉鏡頭之相機 破-打破僵局 (談判)

發明原則 (Inventive Principle - **IP4-2**)	應用 (Application)
物體已是不對稱性，增加其不對稱程度 If an object is already asymmetrical, increase its degree of asymmetry.	電弧爐之不對稱電極

創新管理

5

IP-5 合併 (Consolidation)

發明原則 (Inventive Principle - IP5-1)	應用 (Application)
合併同質物體或功能相連 (鄰) 之特定物體 Consolidate in space homogeneous objects, or objects destined for contiguous operations.	1＋1＞2 (Ng) 二人三腳 學生宿舍 冰水主機 活魚三 (多) 吃 冷熱水龍頭 立體停車場 合縱連橫 (談判) 老花近視眼鏡 太陽能-熱泵系統 貨運公司裝卸碼頭 電聯車、捷運／高鐵列車 預拌水泥車 (水泥、行車、預攪拌) 蒸氣冷凍循環 (Vapor Refrigeration Cycle) 空氣壓縮系統＝壓縮機＋凝結識器＋膨脹裝置＋蒸發器

發明原則 (Inventive Principle - IP5-2)	應用 (Application)
同時合併同質或功能相連 (鄰) 之物體 Consolidate in time homogeneous or contiguous operations.	太極 鴨子船 燒烤店 洗牙器 賓士鍋 鴛鴦火鍋 蒸氣熨斗 三用電表 溫濕度計 All-in-one 免治沖洗馬桶 按摩椅／柺仗椅 綠樂桌 (茶几、觀賞魚、植栽) 多功能果菜機／豆漿機／麵包機 多功能洗衣機／咖啡機／事務機

IP-6 萬用 (Universality)

發明原則 (Inventive Principle - **IP6-1**)	應用 (Application)
多功能物體 (件) An object can perform several different functions; therefore, other elements can be removed.	多功能： 按摩椅 事務機 手機 PDA iPod iPhone 電子辭典 健身器材 麵包機 洗碗機 洗衣機 家庭劇院 數位講台 冷暖氣除塵／濕機 電子白板 手工具 沙發 調理機 自動筆 電子琴 航空母艦 魔術拖把 太陽能路燈

IP-7 依大小順序套疊 (Nesting)

發明原則 (Inventive Principle - **IP7-1**)	應用 (Application)
物體放入另一物體內，或再放入第三物體內 One object is placed inside another. That object is placed inside a third one. And so on…	扭蛋 杯組 碗組 指揮棒 望眼鏡 釣魚竿 收納櫃 保鮮盒 伸縮天線 安麗金鍋 捷運共構 水 (油) 井探勘機 晶圓 (Chip) 封裝技術 俄羅斯娃娃 (Russian set of dolls)

發明原則 (Inventive Principle - **IP7-2**)	應用 (Application)
一物體通過另一物體中間 An object passes through a cavity in another object.	貓纜 藥盒 化粧 美髮組 指甲組 餐具組 工具箱 自動鉛筆 海底隧道 嬰兒奶粉便利罐

IP-8 平衡力 (Counterweight)

發明原則 (Inventive Principle - **IP8-1**)	應用 (Application)
藉由物體上升力，平衡另一物體重量 Compensate for the weight of an object by combining it with another object that provides a lifting force.	死海 彈簧床 高空彈跳 游泳／救生圈 汽墊／水翼船 流線型跑車 汽車擾流板 上海磁浮列車

發明原則 (Inventive Principle - **IP8-2**)	應用 (Application)
藉由外在環境空氣動力或流體動力，平衡物體重量 Compensate for the weight of an object with aerodynamic or hydrodynamic forces influenced by the outside environment.	火箭 飛機 船艇 風箏 熱汽球 潛水艇 太空船 降落傘 碳中和 平溪天燈 鳥類飛行 光合作用 質能平衡 熱力學定律 伯努利原理 Navier-Stokes 方程式

9

IP-9 預先之反作用 (Prior Counteraction)

發明原則 (Inventive Principle - **IP9-1**)	應用 (Application)
物體預施應力，補償速度及不足之應力 Preload countertension to an object to compensate excessive and undesirable stress.	消音器 彈簧翹翹板 彈簧刀 (瑞士牌) 彈簧椅／鞋／床 3M 無痕掛鉤 瓦楞紙箱 (Corrugated Carton) 製程

附錄 IV

10

IP-10 預先作用 (Prior Action)

發明原則 (Inventive Principle - **IP10-1**)	應用 (Application)
預先進行全部或部分物體 (件) 之必要改變或行動方案 Perform required changes to an object completely or partially in advance.	巧拼 訂書針 預付卡 氣墊鞋 導盲磚 隔音牆 隔熱紙 (膜) 交通號誌 預警系統 放餌 (飼料) 釣魚 郵票裁剪虛線 網路下單 (訂票) 手機語音信箱 工地綠色防塵圍幕 預約門診掛號 / 餐廳 預設陷阱補鼠 / 蟑 / 鳥 防滑 / 止滑地面 (塗料) 防滑塗層 (鞋 / 車道/ / 人行道 / 樓梯 / 浴廁) 儲值卡 (MRT, i-bond, FamiPort) 智利礦坑救援工具 (神州第一吊 (履帶式起重機) / 救生膠囊 / 探測儀)

發明原則 (Inventive Principle - **IP10-2**)	應用 (Application)
預 (事) 先放置物體 (件)，在最便捷的條件下即刻作動 Place objects in advance so that they can go into action immediately from the most convenient location.	答錄機 衛星定位系統 (GPS) 自動煞車系統 (ABS) 自動定速系統 (Cruise) 汽車安全氣囊 (Air Bag) 手機來電答鈴 / 顯示 行動條碼 (QR Code) 電子標籤(RFID Tag) 可程式系統晶片 (PSoC) 可程式邏輯控制器 (PLC) 嵌入式電腦 (Embedded PC) 飛機自動導航駕駛系統 (Auto-pilot) 車牌 / 指紋 / 語音 / 影像辨識系統 ISO 9001/14001/50001 矯正預防措施

IP-11 事先預防 (Cushion in Advance)

發明原則 (Inventive Principle - IP11-1)	應用 (Application)
為補償物體低可靠度，事先準備緊急應變措施 (方案) Compensate for the relatively low reliability of an object with emergency measures prepared in advance.	接地線／避雷針 緊急應變措施 (方案) 風險管理 (Risk Management) 防毒軟體 (Avira/Norton/Trend,…) 可靠度／失效模式分析 (FMEA) 新生兒預防針 (B肝／卡介苗／破傷風／百日咳／流感) 6σ 精實生產 QC 品質檢驗 豐田全面生產系統 (TPS) 豐田及時生產系統 (JIT) 彎道防側撞廢輪胎 大樓／路／橋面伸縮縫 101 防震調質阻尼器 (Tuned mass damper) 醫療腕帶電子標籤 (Medical Wrist RFID Tag) 磁扣 (衣服防盜) 救火車 滅火器 救生艇 (衣) 再生能源 太陽光電能 海關防疫檢查 防水／震／盜工程 防水層 (魚塭，垃圾掩埋場) 防水／震手錶 (SEIKO/SWATCH) 保險金 (法／絲／箱／桿／套／經紀人／公司) 健康檢查 (子宮抹片，登隔熱，狂牛症) 99.10.13 司法院 4C 改革：1.Clean (乾淨) 2.Crystal (透明) 3.Considerate (便民禮民) 4.Competitive (效能)

附錄 IV

12

IP-12 等位性 (Equipotentiality)	
發明原則 (Inventive Principle - **IP12-1**)	應用 (Application)
改變工作條件，排除舉起或放低物體之動作 Change the condition of the work in such a way that it will not require lifting or lowering an object.	HRM-360° 人資績效評估 平衡計分卡 BSC (財客流學) 人因工程之舒適性 升降機／電梯 自動倉儲 頂高機 消防車之天梯 洗脫烘洗衣機 可調式辦公椅／按摩椅 物流公司物流車卸貨平台 監理單位車輛煞車定檢系統 汽車引擎組裝輸送帶 修車溝槽

創新管理

IP-13 反轉 (Do It in Reverse)

發明原則 (Inventive Principle - **IP13-1**)	應用 (Application)
逆向操作 Instead of the direct action dictated by a problem, implement an opposite action (i. e., cooling instead of heating).	反潛艇 熱交換器 冰水主機原理 (Chiller) 冷卻水塔原理 (Cooling Tower) 逆物流 逆向操作 逆轉勝／轉進 (談判) 回收再利用 (Recovery/Reuse)

發明原則 (Inventive Principle - **IP13-2**)	應用 (Application)
本末倒置，動靜顛倒 Make the movable part of an object, or outside environment, stationary and stationary part moveable.	雙簧 黑白臉 修正帶 喧賓奪主 扭轉乾坤 死而復生 敗部復活 悖道而馳 (談判) 積非成是／是非顛倒 以靜制動/以動制靜 角色互換，異地而處 異性相吸，同性相斥 NS 磁鐵相吸 核磁共振攝影 (MRI) 陸海空聯合作戰 兩棲作戰 磁浮列車

發明原則 (Inventive Principle - **IP13-3**)	應用 (Application)
物體前後／上下顛倒 Turn an object upside-down.	變性 逆止閥 負壓室 手扶梯 划船機 彈珠汽水 重量訓練機 電動跑步機 倒掛番茄盆栽 健身器材 (重量訓練機、電動跑步機、划船機)

IP-14 對體位 (Spheroidality)

發明原則 (Inventive Principle - IP14-1)	應用 (Application)
曲線取代直線，曲面取代平面，球型取代立方體 Replace linear parts with curved parts, flat surfaces with spherical surfaces, and cube shapes with ball shapes.	桃園巨蛋體育館 台北小巨蛋 (Taipei Arena) 國家體育場-北京鳥巢 國家游泳中心-水立方 台北京華城球體建築物 台灣高鐵新竹站屋頂 台灣高鐵台中站曲面帷幕 機場環形跑道 (無限長度) 旋轉樓梯 樓梯升降椅 球型 LED 顯示器 360 度 LED 顯示器 圓球體投射式前霧燈 蒙古包 凸透鏡 可撓式吸管 半球型座椅 S 型掛鉤 S 型塑身衣 S 型彎道 / 路考 S 型分 (編) 組 (班)

發明原則 (Inventive Principle - IP14-2)	應用 (Application)
使用滾輪、球、螺旋 Use rollers, balls spirals.	地質 / 油田 / 水井探勘機 泥水加壓推進機 滑鼠軌跡球，滾輪 開瓶 / 罐器 保齡球 溜溜球

發明原則 (Inventive Principle - IP14-3)	應用 (Application)
旋轉運動取代線性運動，使用離心力 Replace linear motion with rotational motion; utilize centrifugal force.	馬戲團鐵球內機車 360 度旋 (翻) 轉秀旋風 　美麗華 / 劍湖山 / 義大世界摩天輪 集塵器 (Cyclone Collector)(Green) 回力球 / 車 / 鏢 / 標 / 棒 / 鞋 迴轉壽司 雲霄飛車 洗衣機 脫水機

創新管理

15

IP-15 動態性 (Dynamicity)

發明原則 (Inventive Principle - **IP15-1**)	應用 (Application)
在不同操作 (作業) 條件下，改變 (造) 物體 (件) 特性或外在環境，以臻最佳性能 Characteristics of an object or outside environment, must be altered to provide optimal performance at each stage of an operation.	電能管理即時監控預警系統 可調式水龍頭／蓮蓬頭／灑水器 三段式瓦斯爐／電磁爐／烤箱 二段式省水馬桶

發明原則 (Inventive Principle - **IP15-2**)	應用 (Application)
以動制靜，化整為零，以萬變應不變 If an object is immobile, make it mobile Make it interchangeable.	多功能 A3/A4/B4 影印機、雷射印表機 可調式汽車方向盤 (車燈(青蛙燈)／椅背／後視鏡) 可撓式鑰匙／吸管／彈性材料 (橡皮圈) 遊樂園旋轉木馬、咖啡杯 自動駕駛 (Auto-Pilot)／排檔 電扇／冷氣風量 行動電話 (MP) 彈簧鞋 小折 (折疊式自行車) 折疊椅／桌／枴杖 環保巧拼樂活式鞋墊 氣墊鞋 (adidas, Lanew, NIKE, Puma, Converse) 遙控器 (照度／冷氣溫度／音響音質／電視頻道／音量／色差)

發明原則 (Inventive Principle - **IP15-3**)	應用 (Application)
分割 (離) 物體為可互動之元件 Divide an object into elements capable of changing their position relative to each other.	電視／電腦分割畫面 電視牆 系統家具／廚俱 組合式沙發床／椅 可適應不同地形、地物之越野車／海灘車／悍馬車

附錄 IV

IP-16 局部或過多功能 (Partial or Excessive Action)

發明原則 (Inventive Principle - **IP16-1**)	應用 (Application)
若無法達成完美效果，則局部 (或多或少) 達成之 If it is difficult to obtain 100% of a desired effect, achieve more or less of the desired effect.	多退少補 章魚燒製程 噴霧器原理 先求有，再求好 (0→1) 好，還要更好 (A→A⁺) 化繁為簡／化簡為繁 KODAK 拍立得相機 SONY/Nikon 數位相機 多功能 MP/PDA/iPod/iPhone 表面塗覆 (Coating) 技術 (電鍍、噴漆、熱噴塗.) 總量管制＝排放係數 (EF)×排放量

創新管理

17

IP-17 新座標 (Transition Into a New Dimension)

發明原則 (Inventive Principle - IP17-1)	應用 (Application)
轉換一維動作 / 位置 / 物體至二維或三維或，……。 Transition one-dimensional movement, or placement, of objects into two-dimensional; two-dimensional to three-dimensional, etc.	剷雪車 農耕機 除草機 3D 動畫 3D 眼鏡 3D 戲院 模擬駕駛艙 機械式停車設備 立體 3D 動態區 / 圖 阿凡達 (Avatar) 3D 影片 自動倉儲系統 (AS/RS) 立體花牆

發明原則 (Inventive Principle - IP17-2)	應用 (Application)
多層組合 Utilize multi-level composition of objects	香檳牆 千層蛋糕 / 派 疊疊樂 (Pile up) 疊羅漢 立體停車場

發明原則 (Inventive Principle - IP17-3)	應用 (Application)
傾斜或側置物體 Incline an object, or place it on its side.	比薩斜塔 斜坡測試道 (Test Hills) 自行車試 (賽) 車場 高速周回路試車場 (Proving Gground-High Speed Circuit)

發明原則 (Inventive Principle - IP17-4)	應用 (Application)
使用反面 Utilize the opposite side of a given surface.	雙車頭 (向) 列車 反射鏡 (reflector) Backlight LED 背光源 (模組)

發明原則 (Inventive Principle - IP17-5)	應用 (Application)
投射光線至鄰近區域或物體反面 Project optical lines onto neighboring areas, or onto the reverse side, of an object.	陽光屋 三陵鏡 反射鏡 (Reflector) 凸透鏡 (Convex lens) 投影機 碟型天線 太陽能光電板 (PV Cells) 攝影棚傘燈 / 反光板 (傘) 汽車後視 (Rear-view) 或側視 (Side-Vien) 鏡

IP-18 機械振動 (Mechanical Vibration)

發明原則 (Inventive Principle - **IP18**)	應用 (Application)
振盪 (動) Utilize oscillation.	振動原理
增加超音波振動頻率 If oscillation exists, increase its frequency to ultrasonic.	振盪器
使用共振頻率 Use the frequency of resonance.	振盪減肥機
使用壓電振動取代機械振動 Replace mechanical vibrations with piezovibrations	石英振盪器
超音波與電磁場振動 Use ultrasonic vibrations in conjunction with an electromagnetic field.	超音波振盪 / 焊接機 有氧垂直振 (律) 動機 振動篩選機 (WEEE) 共振音響 (箱) / 喇叭 打洞機 (小山貓) 打孔機

創新管理

19

IP-19 週期性功能 (Periodic Action)

發明原則 (Inventive Principle - **IP19-1**)	應用 (Application)
週期 (脈衝) 動作取代連續動作 Replace a continuous action with a periodic one (impulse).	手動液壓拖板車 (BF) 油／水／煤探勘機 定時灑水器 汲水器 風／水車 鑽孔機 點滴 灑水車 (Sprinkler) 印刷機 影印機 汽車零組件表面塗裝 (Coating)／鍍膜

發明原則 (Inventive Principle - **IP19-2**)	應用 (Application)
改變週期活動為頻率活動 If the action is already periodic, change its frequency.	小綠人：行走模式／快走模式 呼吸器 (respirator) 原理及應用 鋼琴／調音節拍器 鐘擺效應 雲霄飛車 划船／獨木舟

發明原則 (Inventive Principle - **IP19-3**)	應用 (Application)
短暫停格活動 Use pauses between impulses to provide additional action.	ABS 警示燈 警報器

IP-20 連續動作 (Continuity of Useful Action)

發明原則 (Inventive Principle - **IP20-1**)	應用 (Application)
物體或系統之所有部份應以最大負載或最佳效率操作 Carry out an action without a break. All parts of the object should constantly operate at full capacity.	JIT 修正帶 風力發電 電動跑步機 CNC 車床 / 銑床 自動化設備 (車銑削刨鑽磨剪折)

發明原則 (Inventive Principle - **IP20-2**)	應用 (Application)
去除閒置或非生產性之活動或工作 Remove idle and intermediate motion.	影印機、印刷機、印表機 公車客運去回票 / 行程 往復式壓縮機 自動化生產 輸送帶設計 地板操 地板操韻律舞 投球 / 打擊連續動作 連拍相機 / 動畫 Otto Cycle 引擎 Diesel Cycle 引擎 Carrot Cycle 引擎

發明原則 (Inventive Principle - **IP20-3**)	應用 (Application)
旋轉運動取代往復運動 Replace "back-and-forth" motion with a rotating one.	法式滾球 (Petanque) 滾雪球效應 (Snowball Effect) 滾大球活動 (Big ball rolling activities)

IP-21 高速作業 (Rushing Through)

發明原則 (Inventive Principle - **IP21-1**)	應用 (Application)
高速製程，消除毒害或危險之作用 Perform harmful and hazardous operations at a very high speed.	CNC 數控水刀切割機 (防噪音及空氣污染) 鎂合金高速超塑性成型技術 (HSRS) 靜電／旋風／濕式／袋式集塵器 急速冷凍機／庫／櫃 (防腐保鮮) 急速冷卻 (凍) 劑 冷凍調理包 冷凍食品 暖暖包 壽司器 先斬後奏 (談判) 奈米高速製程 造型飯團壓模器 Mod 造型蛋糕刀 加熱之重乳酪蛋糕刀 白內障雷射手術 青光眼雷射手術

IP-22 有害變有益 (Convert Harm Into Benefit)

發明原則 (Inventive Principle - **IP22-1**)	應用 (Application)
轉化環境有害因子為正面效益 Utilize harmful factors - especially environmental - to obtain a positive effect.	有機栽培蔬果之害蟲防治技術 (天敵：東方美人茶小綠葉蟬) 化腐朽為神奇 (談判) 廢熱回收再利用 廢水回收再利用 (友達光電龍科廠) 廢容器／裝填物回收再利用 空水廢毒噪污染防制設備 廢棄物回收再利用 5R：Reduce/Reuse/Recycling/Recovery/ Regenerate

發明原則 (Inventive Principle - **IP22-2**)	應用 (Application)
以毒攻毒 Remove one harmful factor by combining it with another harmful factor.	疏洪道 護城河 口服砒霜治血癌 開防火線 (溝) 隔離火源 工程爆破 (開山、挖隧道、拆舊建築) 以基因改造之病毒對付腫瘤細胞

發明原則 (Inventive Principle - **IP22-3**)	應用 (Application)
加重危害 (懲處)，防止再發 Increase the degree of harmful action to such an extent that it ceases to be harmful.	傷口灑鹽 殺雞儆猴 因禍得福 電鍍原理 回馬槍 馬後炮

IP-23 回饋 (Feedback)

發明原則 (Inventive Principle - **IP23-1**)	應用 (Application)
導入回饋 Introduce feedback.	耳溫槍 水箱浮球閥 油箱浮球閥 消防感知器 (Sensor) (小西瓜) 火災感知器 偵煙感知器 語音／門禁辨識系統 紅外線 SARS 感應器 Nike＋iPod 健身教練 自動沖水馬桶、便斗 TOTO Washlet 全自動馬桶 自動感應門／扶梯／水龍頭／烘乾機／便斗 聲控柯基 (Corgi) 寶寶／開關／鑰匙圈／軟體

發明原則 (Inventive Principle - **IP23-2**)	應用 (Application)
若有回饋機制，則改變之 If feedback already exists, change it.	線上遊戲 冷凍空調系統 汽機車煞車系統 太陽能熱水器循環系統 飛行動態模擬 (器) 系統 (Aircraft Simulation System)

24

IP-24 介質 (Mediator)

發明原則 (Inventive Principle - **IP24-1**)	應用 (Application)
中介物傳遞或執行任務 Use an intermediary object to transfer or carry-out an action.	流體介質 (Fluid) (水，純水，空氣，蒸氣，氮氣，熱油，冷凝劑) 熱傳導原理 潤滑系統 潤滑劑 (油) 化妝/保養品 3M 無痕掛鉤 避孕套 子宮帽 消音器 隔音牆 太陽眼鏡 仲裁調停 (談判) 手扒雞 (PE) 手套 外科手術 (CPE) 手套 (Surgeon's glove)

發明原則 (Inventive Principle - **IP24-2**)	應用 (Application)
暫時性介質 Temporarily connect the original object to one that is easily removed.	揮發性有機溶劑 (VOCs) (丙酮、酒精、乙醚) 香蕉油 (乙酸異戊酯) 色素 (Pigment) 指甲油

創新管理

25

IP-25 自助服務 (Self-service)	
發明原則 (Inventive Principle - **IP25-1**)	應用 (Application)
執行輔助功能服務自己 An object must service itself and carry-out supplementary and repair operations.	馬路小英雄 (自動販賣機) 太陽能光電板 (路燈照明，交通號誌用) 暖暖包 (Hand Warmer) 深潛水肺 螢光棒 夜間反光貼紙 警示斑馬斜紋反光貼紙 烘手機 (Hand Dryer) 拉釘 (槍)(Rivet) 抽油煙機 照明自動調節系統 自助呼吸器 自攻螺絲 自動偵測器 (Co, LPG, 照明) 自動控制系統 自動開 (關) 機 自動販賣機 自動鉛筆 自動連線 (隨意網)(互聯網)(物聯網 IOT) 自動登入 (網域、網頁、網站、程式) / Win7 修復 自助餐 / 加油 / 洗車 / 旅行 / 洗衣 / 搬家 蚯蚓斷尾求生，並自動修復 Philips 光合之花 (Light Blossom) 卡拉 OK 點歌機 QR Code RFID Tag ATM
發明原則 (Inventive Principle - **IP25-2**)	應用 (Application)
回收再利用 Make use of waste material and energy.	廢家電 / 舊衣回收 二手家具 (書、衣) 資源回收 再生家具 台北市環保局廢家具回收 環保署 (局) 廢棄物回收 能源局廢熱回收 WEEE Directive

26

IP-26 複製 (Copying)

發明原則 (Inventive Principle - **IP26-1**)	應用 (Application)
複製品 (簡單平價取代易碎、複雜) A simplified and inexpensive copy should be used in place of a fragile original or an object that is inconvenient to operate.	面具 塑膠花 人形立牌 安妮娃娃 (CPR) 故宮古物複製品 (翠玉白菜、肉形石) 華盛頓杜莎夫人 / 林肯蠟像館 台灣開拓史料蠟像館 充氣娃娃 (Inflatable doll) 國父　孫中山銅像 總統　蔣中正銅像 肯德基爺爺 麥當勞叔叔 溫蒂漢堡紅髮女孩

發明原則 (Inventive Principle - **IP26-2**)	應用 (Application)
紅 (紫) 外線複製品取代光學複製品 If a visible optical copy is used, replace it with an infrared or ultraviolet copies.	影印機 複寫紙 3D 影像 紫外線太陽眼鏡 紫外線噴墨印刷 紅外線數位浮水印隱藏技術

發明原則 (Inventive Principle - **IP26-3**)	應用 (Application)
光學複製品 (光學影像) 取代實體 Replace an object (or system of objects) with their optical image. The image can then be reduced or enlarged.	Windows 虛擬鍵盤 (Virtual Keyboard) 生醫光學影像技術 光學影像

創新管理

27

IP-27 棄置 (Dispose)

發明原則 (Inventive Principle - **IP27-1**)	應用 (Application)
便宜同質替代代品取代昂貴物品 Replace an expensive object with a cheap one, compromising other properties.	有若無，實若虛 (談判) 補鼠器 蟑螂紙 免洗米 免費 ID (BBS 帳號) 免洗褲／襪／餐具 免洗碗筷盤／濾網 拋棄式： 　紙 (尿) 褲／紙褲／紙衣／衛生棉／卸妝棉／ 　菜瓜布／信箱／奶瓶／拖鞋／防護衣／ 　e-mail／隱形眼鏡／紙巾／口罩

400

28

IP-28 取代機械系統 (Replacement of Mechanical System)

發明原則 (Inventive Principle - IP28-1)	應用 (Application)
聲／光／熱／感官系統取代機械系統 Replace a mechanical system with an optical, acoustical, thermal or olfactory system.	光感應器 紅外線熱感應器 含氧感知器 (O₂ Sensor) 溫度感知計 照度計 噪音計 MSN 來電振動 手機來電顯示／答鈴／振動 QR Code 生產履歷系統 RFID 無線射頻辨識系統 聲光效應 嗅覺師 聞臭師 官能測定 聲控開關 觸／溫／光控開關 磁石功效 磁石貼片 (布) 鈦鍺磁手鍊(環)

發明原則 (Inventive Principle - IP28-2)	應用 (Application)
使用電場、磁場或電磁場與物體交互作用 Use an electric, magnetic or electromagnetic field to interact with an object.	磁扣感應式暗鎖 感應鑰匙/磁扣 感應式磁扣 電磁場量測 電磁波

發明原則 (Inventive Principle - IP28-3)	應用 (Application)
動態場域取代靜態場域，改變固定場域，結構化取代隨機化 Replace fields that are: (1) Stationary with mobile; (2) Fixed with changing in time; (3) Random with structured.	動態磁碟 (Dynamic Disk) 動態桌布 組織變革 變革管理 改變習慣領域 (HD) 結構化佈線系統之綠色機房 (Green Data center)

發明原則 (Inventive Principle - IP28-4)	應用 (Application)
結合具鐵磁性粒子之場域 Use fields in conjunction with ferromagnetic particles.	鐵磁性材料 鐵磁性粒子 (FP) 之磁鐵 廢五金回收場之「永磁吸吊器」

創新管理

29

IP-29 氣壓液壓 (Pneumatic or Hydraulic Constructions)

發明原則 (Inventive Principle - IP29-1)	應用 (Application)
氣態或液態取代固態 (如：空氣或水膨脹、氣壓或液壓緩衝設備) Replace solid parts of an object with a gas or liquid. These parts can now use air or water for inflation, or use pneumatic or hydrostatic cushions.	設施高壓噴霧降溫之「動力噴霧機」氣墊鞋／床／船／襪／拖鞋／涼鞋／鞋墊／滑車／椅 水墊、水墊片、水床 相變化 (固液氣相) 救生 (氣) 墊／圈／筏／艇 液化石油氣 (LPG) 壓縮天然氣 (CNG) 液化天然氣 (LNG) 氣泡紙 氣泡墊 安全氣囊 (Air Bag) 水簾式雞舍 氣簾式氣櫃 台灣蘭園蜂巢式水牆

IP-30 彈性膜或薄膜 (Flexible Membranes or Thin Films)

發明原則 (Inventive Principle - **IP30-1**)	應用 (Application)
彈性膜或薄膜取代常態結構 Replace customary constructions with flexible membranes or thin film.	面膜 保鮮膜 奈米薄膜 薄膜鍵盤 (透明) PE 膜 汽車 3M 防曬膜 汽車 3M 隔熱膜 薄膜太陽能電池 彈性薄膜太陽能發電面板 (Flexible & Thin Film Photovoltaics)

發明原則 (Inventive Principle - **IP30-2**)	應用 (Application)
彈性膜或薄膜隔離外部環境 Isolate an object from its outside environment with flexible membranes or thin films.	溼式水膜除塵器 (Wet Scrubber) PE 薄膜隔離劑 鋰電池隔離膜 保濕精華液 果凍套 氧氣面罩 防毒 (汞) 面具 薄膜手套 手機保護膜 牙醫師護目鏡 (護面罩) 工安眼鏡、護目鏡

創新管理

31

IP-31 多孔材料 (Porous Material)

發明原則 (Inventive Principle - **IP31-1**)	應用 (Application)
物體變為多孔性，或填充多孔原料 Make an object porous, or use supplementary porous elements (inserts, covers, etc.).	蜂巢式網路／窗簾／腳踏墊 蜂巢式行動電話系統 變孔徑多孔集水管 多孔隙瀝青混凝土 多孔水管／杓子/板 多孔矯正眼鏡 多孔性材料 多孔打洞機 製圖圓圈板
發明原則 (Inventive Principle - **IP31-2**)	應用 (Application)
多孔性物體之孔隙中加入物質 If an object is already porous, fill pores in advance with some substance.	蜂巢式(honeycomb)消音器／濾煙器／濾蕊 蜂巢式植草磚 日光燈用擴散板 LED 燈板 格子趣 水溝蓋 多孔磚 多孔煤球

32

IP-32 改變顏色 (Changing the Color)

發明原則 (Inventive Principle - IP32-1)	應用 (Application)
改變物體或環境顏色 Change the color of an object or its environment.	尿液、排卵、石蕊、血糖、酸鹼 pH、驗孕試紙 變色鏡片／眼鏡／玻璃／馬克杯／杯／LED 竹節蟲、枯枝蝶、章魚 烏賊噴墨汁製造煙霧 墨魚麵 (汁) 變色龍

發明原則 (Inventive Principle - IP32-2)	應用 (Application)
改變物體或環境透明度 Change the degree of translucency of an object or its environment.	3M/OPP 透明膠帶 透明船 透明投影片 透明水族館 透明海底隧道 透明人／卡／貼紙／內衣 康寧透明鍋 (Corning Ware) 透明生物 (透明青蛙、透明金魚)

發明原則 (Inventive Principle - IP32-3)	應用 (Application)
使用顏色添加劑，觀察不易見之物體或流程 Use color additives to observe an object, or process which is difficult to see.	顏色添加劑 色素 螢光魚 螢光雨衣 螢光劑／棒／漆／粉／眼鏡

發明原則 (Inventive Principle - IP32-4)	應用 (Application)
發光添加劑 If such additives are already used, employ luminescent traces or trace atoms.	發光膜 夜光繡花線 發光二極體 (LED) 有機發光二極體 (OLED) 發光玻璃添加劑 (氧化鉺，Er_2O_3)

創新管理

33

IP-33 同質性 (Homogeneity)

發明原則 (Inventive Principle - **IP33-1**)	應用 (Application)
交互作用之物體，宜有相同 (似) 材質 Objects interacting with the main object should be made out of the same material (or material with similar properties) as the main object.	Macquariums 麥金塔水族箱 蛋白質之交互作用 舊家具再生 客家擂茶 甜筒冰淇淋 Häagen Dazs 冰淇淋 Gold Stone 冰淇淋 Bigtom 紅酒冰戀 組合屋 / 櫃 / 盤 組合盆栽 合金鋼 鋁合金 樹屋

34

IP-34 棄置與再生組件 (Rejecting and Regenerating Parts)

發明原則 (Inventive Principle - **IP34-1**)	應用 (Application)
物件功能失 (無) 效，能自行消失 (棄置、溶解、蒸發) After completing its function, or becoming useless, an element of an object is rejected (discarded, dissolved, evaporated, etc.) or modified during its work process.	Mission Impossible 虎膽妙算影集之錄音機自動銷毀功能 Macanna 麥肯納彩虹鞋 Timberland 環保鞋 可分解塑膠袋 / 衛生紙 生物可分解塑膠 / 材料 火箭推進器、菇類太空包、草莓太空包、濕紙巾

發明原則 (Inventive Principle - **IP34-2**)	應用 (Application)
再生 Used-up parts of an object should be restored during its work.	WEEE 指令回收再利用 (如：廢保特瓶、廢紙、廢五金、廢鋁鐵罐) 柴油車濾煙器再生系統 垃圾焚化再生熱 / 電能 廚餘回收再生「生質柴油」 筆電 / 手機 / MP$_3$ 之鋰電池 充電器 + 充電電池 電動 (機) 車電池 記憶枕 M16 步槍彈匣 自動櫃員機 (ATM) 馬路小英雄-自動販賣機 洗衣 (髮、碗) 精 / 沐浴乳補充包

附錄 IV

35

IP-35 屬性改變 (Transformation of Properties)

發明原則 (Inventive Principle - **IP35-1**)	應用 (Application)
改變物理狀態 Change the physical state of the system.	乾冰 ($CO_{2(s)}$) 液化石油氣 (LPG)

發明原則 (Inventive Principle - **IP35-2**)	應用 (Application)
改變濃度或密度 Change the concentration or density.	濃縮果汁 / 咖啡 濃縮還原果汁 濃縮咖啡機

發明原則 (Inventive Principle - **IP35-3**)	應用 (Application)
改變彈性程度 Change the degree of flexibility.	彈性襪 / 布 / 繃帶 彈性碰撞 彈性水泥 伸縮天線 伸縮圍欄 伸縮衣架 伸縮餐桌 伸縮縫 / 門 / 梯 / 桿

發明原則 (Inventive Principle - **IP35-4**)	應用 (Application)
改變溫度或體積或壓力 Change the temperature or volume or pressure.	冷凍空調原理 (Carrot Cycle) 蒸發器 冷凝器 壓縮機 空氣/水壓增壓器 渦輪增壓器 (turbo) 氣體減壓器 汽輪機 (turbine) 悶燒鍋 快鍋

IP-36 相轉變 (Phase Transition)

發明原則 (Inventive Principle - **IP36-1**)	應用 (Application)
利用「相」改變之現象 (如：改變體積、熱釋放或吸收) Using the phenomena of phase change (i.e., a change in volume, the liberation or absorption of heat, etc.).	液化石油氣 (LPG) 車 液化天然氣 (LNG) 車 壓縮天然氣 (CNG) 車 菌相改變 急凍凝冰 急凍冷氣坐墊 防水發泡劑 紅外線熱顯像儀 熱差分析儀 (DTA) 製冰機原理 快乾水泥 乾冰 冰袋 酒精 (乙醇) 暖暖包 蒸氣熨斗 去漬油 (正庚烷)

IP-37 熱膨脹 (Thermal Expansion)

發明原則 (Inventive Principle - **IP37-1**)	應用 (Application)
改變溫度使材料熱脹冷縮 Use expansion or contraction of material by changing its temperature.	緊密無法開啟之瓶蓋 無法寫出字之原子筆 凹乒乓球

發明原則 (Inventive Principle - **IP37-2**)	應用 (Application)
使用不同熱膨脹係數之原物料 Use various materials with different coefficients of thermal expansion.	大樓／橋樑／路面之伸縮縫 負熱膨脹 (NTE) 材料 (石英、沸石供補牙材料之用) 熱膨脹材料 (TE) 火災警報器 溫度計原理 麵包發酵 國際牌製麵包機 熱泵

38

IP-38 強氧化劑 (Accelerated Oxidation)

發明原則 (Inventive Principle - **IP38-1**)	應用 (Application)
強氧化 Make transition from one level of oxidation to the next higher level.	氫氧吹管 高錳酸鉀 (強氧化劑) 硝酸 (強氧化劑) 臭氧 (強氧化劑) 臭氧機 室內空氣清淨機 (光觸媒) 負離子空氣清淨機

39

IP-39 惰性環境 (Inert Environment)

發明原則 (Inventive Principle - **IP39-1**)	應用 (Application)
惰性環境取代正常環境 Replace a normal environment with an inert one.	真空熔煉爐

發明原則 (Inventive Principle - **IP39-2**)	應用 (Application)
物體中導入中性物質或添加劑 Introduce a neutral substance or additives into an object.	鹵素燈 霓虹燈 泡沫滅火器 輪胎充填氮氣 LPG 液化石油氣 BioDiesel 生質柴油 Methanol Additive 甲醇添加劑 鈍氣 (氦 He / 氖 Ne / 氬 Ar / 氪 Kr / 氙 Xe / 氡 Rn)

發明原則 (Inventive Principle - **IP39-3**)	應用 (Application)
真空製程 Carry out the process in a vacuum.	真空製程 薄膜製程 真空泵

創新管理

40

IP-40 複合材料 (Composite Materials)	
發明原則 (Inventive Principle - **IP40-1**)	應用 (Application)
複合材料取代均質材料 Replace homogeneous materials with composite ones.	複合材料 (混凝土、樹脂、鋁合金、碳纖維) 複合材料樹脂 防火衣 (褲、長袍、圍裙、手袖) 複合 (絹絲) 安全玻璃 聚氨酯複合浪 (壁) 板／隔熱板 奈米複合材料

資料來源：吳贊鐸整理。

Index

中英索引

創新管理

40 項創新發明原則 (TRIZ 40 Principles)　51, 134, 292
5S 技巧 (5S = Smile, Softly, Slowly, Steady, Sorry)　271
AIM (Advanced Innovation Management)　121
AIM 創新管理模式 (Aachen Innovation Management Model)　120
APQP & CP (Advanced Product Quality Planning and Control Plan，先期產品品質規劃與管制計畫)　67
ARIS (Architecture of Integrated Information Systems　89
CPS 模式 (Customer-Producer-Supplier Model)　96
D_oA_sD 爹爹模式　116
ECRS (刪除-合併-重組-簡化)　102
EISSIC (刪除-整合-簡化-優化- e 化-綜合 EISSI)　102
FMEA (Failure Mode Effects and Analysis，失效模式效應分析)　68
John Dewey 體驗學習模式 (Dewey's Model of Experiential Learning)　72
ISO/TS 16949: 2009 五大工具 (FMEA, APQP, PPAP, SPC, MSA)　12, 327
M2E (Machine to Enterprise)　227
M2H (Machine to Human)　227
MSA (Measurement Systems Analysis，量測系統分析)　68
PAS 2050: 2008 產品與服務生命週期之溫室氣體排放評估規範 (Specification for the assessment of the life cycle greenhouse gas emissions of goods and services)　211
PM (Process Management)　96
PPAP (Production Part Approval Process，生產零件核准程序)　67
QFBP (Quality Focus on Business Process)　96
RK 英文圖解法 (Reed-Kellogg Diagrams)　258
SN 反應圖 (Response Graph)　288
SPC (Statistical Process Control，統計製程管制)　68
TRIZ (Teoriya Resheniya Izobretatelskikh Zadatch)　50, 134
W 模式　120
Windows Workflow Foundation (WF)　88

～ 一 劃 ～

一頁生態風險管理特性說明書 (1 page Risk Management Eco-profile Report)　195
一站式服務 (1 Stop Service)　239
一般企業參考架構與方法 (Generalized Enterprise Reference Architecture and Methodology, GERAM)　317

～ 二 劃 ～

九宮格 (9 Windows)　136
二階段最佳化程序 (2 stage optimiation procedure)　290
人工法 (artifacts)　90
人的問題解決 (People-solving)　18
人流 (Human Flow)　84
人格面 (Character)　18
人格特質 (Personality Characteristics, PC)　28
人格模式 (Personality Model)　18

～ 三 劃 ～

三角關係 (Triangles)　21
下上法 (Bottom-Up Methodology)　90
下製程 (downstream process)　330
上下法 (Top-Down Methodology)　90
上至下 (Top to Down)　282
口音 (accent)　260
大哉問 (Big Question)　126
工作 (活動) 流程圖 (Work Flow Process Chart)　92
工作包 (Work Package, Wp)　169, 269

Index 中英索引

工作架構細分術 (WBS) 282
工作流建模 (Workflow Model) 86
工作流程 (Workflow) 84, 88
工作流程分析 (Work Flow Analysis, WFA) 99
工作流程參考模組 (Workflow Reference Model) 84
工作流程發展法 (Workflow Development Methodologies) 90
工作流程程式庫 (WF Runtime Engine) 88
工作流程圖 (Workflow Graph) 90
工作流程管理 (Workflow Management) 85
工作流程管理系統 (Workflow Management System, WfMS) 86
工作流程管理聯盟 (Workflow Management Coalition, WfMC) 84
工作說明書 (Statement of Work, SOW) 169, 269
工作導向 (task-oriented) 90
工程數據管理與整合 (Agile Engineering Data Management & Syndication) 213
工程聲音 (Voice of Engineering, VOE) 282

四 劃

中醫減重問題解決心智系統 (C^M-PsMS-DRW1) 251
互動化 (mutualize) 56
互動線 (Line of interaction) 271
五大人格模式 (Big Five personality model-OCEAN) 18
允收品質水準分析 (AQL Analysis) 330
允收標準 (Acceptance Criteria) 276
允差設計 (Tolerance Design) 287, 291
內控自評 (Control Self-Assessment, CSA) 202
內部互動線 (Line of internal interaction) 271
內部技術移轉與專利授權 (Technology Transfer, Spin-offs & License) 118
內部稽核 (Internal Audit) 201
內部雜音 (Internal Noise) 286
六個符號 (six symbol) 257

六扇智慧窗 (6 Intelligence Windows) 28
六頂思考帽 (6 Thinking Hats) 28
六標準差 (Six Sigma, 6σ) 282
六雙行動鞋 (6 Action Shoes) 28
分化 (Differentiation) 21
分享 (Sharing) 21, 48
分析 (Analysis) 68
分析及稽核 (analyze & check) 96
切性 (Adequacy) 276
反思 (reflect) 101
反應 (response) 255
反應性經驗問題 (Reflective Experience) 58
反應型消音器 (reactive mufflers) 295
反覆 (Replication) 278
心理地位 (Life Position) 25
心理狀態 (Egogram) 25
心理面 (Psychology) 18
心理態度 (Energogram) 25
心智模式 (Mental Model STA 12) 28
手足位置 (Sibling position) 21
支配型 (Dominating) 27
支援流程 (support process) 271
文獻回顧 (literature review) 56
方便 (Convenient) 117
日本自動車製造協會 (JAMA) 68
水足跡 (Water Footprint) 278
世界衛生組織 (World Health Organization) 240

五 劃

功能劣化測試法 (Functional Degradation Testing, FDT) 285
功能型衝突 (Functional Conflict) 27
功能績效 (functional performance) 285
包裝及廢棄物指令 (PPw) 194
可見線 (Line of visibility) 271
可程式系統晶片 (Programmable embedded System-on-Chip, PSoC) 232, 235

413

可程式控制器 (PLC) 232
召集人 (Host) 124
句型情境演練 (Cross-pollinating Space Layout) 266
外部技術內包 (insourcing) 118
外部雜音 (External Noise) 286
失效模式效應與關鍵性分析法 (Failure Modes Effect and Criticality Analysis, FMECA) 284
失效模式與效應分析 (Failure Modes and Effects Analysis, FMEA) 199, 284, 330
失能型衝突 (Dysfunctional Conflict) 27
失控 (Loss of control) 198
市場導入期 (Market Introduction stage) 319
市場機會分析 (Market Opportunity Analysis, MOA) 168
平衡計分卡 (Balanced Scorecard, BSC) 161
未來 (To be) 101
永續 (sustainable) 2
永續未來 (sustainable future) 65
甘特圖 (Gantt Chart) 94, 152
生命原型 (HMI-12 Archetype) 28
生命週期 (Workflow Life Cycle) 86
生命週期評估與闡釋 (LCAssessmnt and Interpretation-ISO 14043) 279
生命週期盤查 (LCI) 195
生命週期盤查分析 (LCInventory-ISO 14041) 279
生命週期衝擊評估 (LCImpact-ISO 14042) 279
生活實驗室 (Living Lab) 236
生產件核准程序 (Production Part Approval Process, PPAP) 331
生產式 (Critical Production Workflow) 84
生產線上品質管制 (On - Line Quality Control) 290
生產線外品質管制 (Off-line QC), (Off - Line Quality Control) 287, 290
生態設計 (Ecological Design) 278
田口方法 (Taguchi Method) 56, 286

由外而內或由內而外兼容並蓄 (purposive inflows and outflows of knowledge) 118
甲骨文快捷式產品生命週期流程管理 (Oracle Agile Product Lifecycle Management for Process, Agile PLM for Process) 321
目標設定 (Goal Setting) 120
目標管理 (Management by Objectives, MBO) 161

六劃

仿生學 (Bionics) 324
任何出席者，均是最佳人選。(Whoever comes is the right people) 48
任何時間開始，均是好時機。(Whenever it starts is the right time) 48
任何發生之事均是當下唯一會發生之事。(Whatever happens is the only thing that could have) 48
企業永續發展與營運持續管理 (Business Continuity Management, BCM) 145
企業生命週期 (Business Life Cycle, BLC) 316
企業式 (Enterprise Workflow) 84
企業社會責任 (CSR) 73
企業流程 (business process) 99
企業流程之微觀分析 (Biz Process Analysis) 96
企業流程分析 (Business Process Analysis, BPA) 96
企業流程再造 (Business Process Reengineering, BPR) 101
企業流程改善 (Business Process Improvement, BPI) 100
企業流程設計 (Business Processes Design, BPD) 101
企業流程圖 (Business Graph) 90
企業流程管理 (Business Process Management, BPM) 89, 99
企業流程與價值鏈 (Business Processes and Value Chain) 322

Index 中英索引

企業情境之巨觀分析 (Biz. Scenario Analysis) 96
企業創新模式 (Biz. Innovation Model) 11
企業資源規劃 (Enterprise Resource Planning, ERP) 318
企業體體質健檢 (OPD System) 123
先期產品品質規劃與管制計畫 (Advanced Product Quality Planning & Control Plan, APQP & CP) 329
全人心智模式標準作業指導書 (Whole Person Mental Model Portfolio) 28
全面品質管理 (Total Quality Management, TQM) 11, 101, 282
再造 (restructuring) 8, 114
再造關鍵點 (Reengineering Critical Point, RCP) 101
劣化 (Deterioration) 286
危害 (Hazard) 195
危害與可操作性分析 (Hazard and Operability Study, HazOp) 199
同理心 (Empathy) 21, 270
回饋與矯正預防措施 (Feedback and Corrective / Prevention Action) 272
回顧 (Review) 61
多元迴歸 (Multiple Regression) 251
多世代傳遞過程 (Multi-generational transmission process) 21
多重智能 (Multiple Intelligence, MI) 28
多重智能理論 [Multi-Intelligence (MI) Theory] 9, 34
多變量分析法 (MVA) 284
成本績效指標 (Cost Performance Index, CPI) 152
成果發表 (Presentation) 62
成長 (Growth) 21, 37
池 (pool) 19
自我分化 (Differentiation of self) 21
自我改變 (self reengineering) 115
自我超越 (Personal Mastery) 37

行為模式 (Behavior Model) 23
行動 (action) 19
行動方案 (action plan) 64
行動計畫 (Implementation Planning) 120
行動條碼 (QR Code) 232
行動學習 (Action Learning, AL) 70
行銷組合 (Marketing Mix) 268

∽ 七 劃 ∽

作業安全分析 (Job Safety Analysis, JSA) 200
作業流程圖 (Operation Process Chart) 92
作業活動 (activity) 96
低成本 (Low Cost) 117
即時 (Real-time) 226
妥協型 (Compromisng) 27
快捷 (Agile) 2, 117
快捷式產品生命週期流程管理 [Agile Product Lifecycle Management for Process (Agile PLM for Process)] 212, 213
快捷式創新 (Agile Innovation) 11, 122
快捷式創新管理 (Agile Innovation Management) 122
快捷式創新管理模式 (AIM Model) 122, 146
快速 (rapid) 2
快速修護與調整 (quick tuning & adjust) 100
快速雛型 (Rapid Prototype, RP) 120
技術系統 (technological system) 136
投入產出 (SIPOC) 92
投機 (Opportunistic) 10
抑制型 (Inhibitors) 282
改善心智模式 (Improving Mental Model) 37
改善參數 (Improving Parameter, IP) 52, 135, 292
攻擊 (Attack) 61
攻擊 (Offensive) 9
沒有人知道答案 (nobody knows the answer) 48
汽車消音器設計 (Muffler Designation) 295
汽車零組件供應商品質管理標準 (QS 9000) 67

汽車製造業與相關零組件供應商之品質管理系統 (Quality management systems-Particular requirements for the application of ISO 9001: 2008 for automotive production and relevant service part organizations)　327
系統 (System)　86
系統化 (systematic)　56
系統化創新 (Systematic Innovation)　11, 13, 119
系統性審查 (Systematic Reviews)　276, 291
系統思考 (System Thinking)　37
系統思考12基模家族 (STA 12 Family)　37
系統思考基模建構 (STA Constructing Process)　41
系統思考基模魔法屋 (STA Magic House)　41
系統思考程序 (Thinking Process)　140
系統配置規劃圖 (Systematic Layout Planning, SLP)　94
系統理論 (System Theory)　86
系統設計 (System Design)　290
角色再扮演 (Reenactment)　21
身體質量指數 (Body Mass Index, BMI)　249
迅速 (quick)　2
防禦 (Defensive)　9
防錯 (error-proof)　285

八劃

依賴 (Dependent)　10
使用者思考 (user-thinking)　119
使用者驅動 (User-driven)　236
使用壽命 (useful life)　285
供應商管理 (Agile Supplier management)　213
供應鏈 (Supply Chain)　94
供應鏈作業參考模型 (Supply Chain Operations Reference Model, SCOR)　94
供應鏈協會 (SCC)　94
供應鏈管理 (Supply Chain Management, SCM)　318
供應鏈與設計鏈 (Supply Chain & Design Chain)　94
兩兩對話 (pair dialogue)　257
刺激 (stimuli)　255
協同工作 (Computer Supported Cooperative Work, CSCW)　84
協同工程 (Agile Engineering Collaboration)　213
協同合作與設計 (Collaborative Coordination & Designation)　95
協同式 (Collaborative Workflow)　84
協同激發創意 (Collaborative Ideas Generation)　11
卓越式創新模式 (Excellence Model)　11
卓越品質 (Excellence Quality, EQ)　152
受制 (Limited)　50
彼此獨立，互無遺漏 (MECE = Mutually Exclusive, Collectively Exhaustive)　62
性能 (performance)　117
所有權與應負責任 (Ownership/Responsibility)　99
承諾 (commitment to the growth of people)　270
服務包 (Service Package, SP)　270
服務學習 (Service Learning, SL)　74
服務藍圖 (Service Blueprint)　271
物流 (Logistic Flow)　84, 144
物質 (Substance, Su)　136
物質安全資料表 (MSDS)　279
物聯網 (IOT)　194, 226
物聯網生活實驗室 (IOT Living Laboratory)　239
物聯網雲端平台 (Open Innovation IOT Platform)　118
直交性 (Orthogonality)　278
直覺 (intuition)　62
直覺式流程思考 (Intuitive Process Thinking)　89
知識 (knowledge)　13
知識(智慧)財產 (Knowledge/Intelligent Property, KP/IP)　338
知識管理 (Knowledge Management, KM)　319

Index 中英索引

知識管理與分享 (Knowledge Management and Sharing, KMS) 338
知識融合 (Knowledge Convergence) 338
社會退化 (Social regression) 21
空間與物流需求分析 (Space & Material Flow Analysis) 94
金流 (Cash Flow) 84
非對稱性望目 Non-Symmetry-Nominal-The-Best (NS-NTB) 287

～ 九 劃 ～

信念 (belief) 19
前場員工 (Onstage contact person) 271
品管圈 (QCC) 11
品質 (quality) 96
品質保證與管制 (QA/QC) 268
品質屋 (Quality House) 37
品質特性值或反應值 (Response Value) 286
品質損失函數 (Quality Loss Function, QLF) 287
品質機能展開 (Quality Function Deployment, QFD) 11, 37, 282
品質關鍵樹 (CTQ Tree) 282
客觀性事實問題 (Objective Facts) 58
建立共同願景 (Building Shared Vision) 37
建立社群 (building community) 271
建構故事 (Storylining) 62
建模 (Modeling) 96, 99
後場員工 (Offstage contact person) 271
思考程序 (Thinking Process) 50, 141
思維的藝術 (The art of thought) 8
持續式創新模式 (Continuous Innovation Model) 11
持續改善 (continuous improvement) 96
持續精實期 (Sustaining) 8
挑戰創新 (Innovation Challenge) 11
架構問題 (Problem structuring) 63
查證 (Verification) 276
查證期 (Verification/Evaluation) 9

流程分析 (Process Analysis, PA) 92
流程分析技術 (Process Analysis Technique, PAT) 96
流程主機程序 (Host Process) 88
流程活動基本元件組 (WF Base Activity Library) 88
流程為導向 (Process-Oriented) 89
流程執行 (Process Execution) 89
流程設計 (Process Design) 89
流程最佳化 (Optimization) 89
流程圖 (flowchart) 96
流程圖 (Process Chart) 92
流程圖 (Process Map) 283
流程圖形設計工具 (WF Designers) 88
流程管制 (process control) 285
流程管制計畫 (Process Control Plan) 285
流程管理 (Process Management, PM) 96
流程價值分析 (Process Value Analysis, PVA) 96
流程擁有者／所有人 (Process owner) 99
洞察 (insights) 114
洞察／頓悟 (insights) 8
活動 (Activity) 86, 88, 117
活動關係圖 (Activity Relationship Chart, ARC) 94
界定問題與議題 (Problem/Issue definition) 63
研發 (Research) 95
研發與測試 (R & D & Testing) 11
突破藍海期 (Breakthrough) 8
美國工程技術教育評議會 (Accreditation Board for Engineering and Technology, ABET) 74
美國汽車工業行動聯盟 (Automobile Industry Action Group, AIAG) 67
美國卓越創新協會 (American Institute for Innovation Excellence, AIIE) 8
美國機械工程師學會 (American Society of Mechanical Engineers, ASME) 92

417

英語意識匯談即時決策管理系統 (Wcc -LRSWT-
　　DRW1)　255, 261
英語學習與英語情境演練 (English Situational
　　Response)　261
負載均衡 (Load Balancing)　324
重大能源考量面 (Specific Energg Asspect)　223
重大能源使用 (Specific Energy Use)　223
重設計 (Redesign)　102
重寫 (構) 生命故事 (re-authoring lifestory)　23
重複性與再現性 (GR&R)　284
限制 (Constraints)　50
限制 (Rope)　50
限制理論 (Theory of Constraints, TOC)　50, 140
面相 (Facial Mask)　28
音壓 (sound pressure)　298
風險回應規劃 (RRP)　285
風險矩陣 (Risk Matrix)　200
風險管理、監控、審查與報告 (Management,
　　monitoring, review and reporting of risk)　205
風險管理要素 (Components of risk management)
　　205
風險與風險管理之認知 (Understanding risk and
　　risk management)　205
風險辨識、評估與分析 (Risk identification,
　　assessment and analysis)　205

十　劃

個人策略規劃 (Personal Strategic Planning, PSP)
　　64
修正 (Amend)　95
修正與微調關鍵績效指標 (Modify and Tuning
　　KPI)　272
倫理 (stewardship)　270
原物料 (Source)　95
原創性 (original)　8, 114
家庭 (family)　21
家庭 (族) 治療 (Family Therapy)　21

家庭之內部動力結構 (family dynamics structure)
　　21
家庭投射過程 (Family projection process)　21
家庭系統 (family system)　21
家庭規則 (family rule)　21
家庭結構 (family structure)　21
家族形塑 (Family Sculpting)　21
家族星座 (Family Constellation)　22
家族訪談 (Family Interview)　21
家族圖 (Family genogram)　21
差異分析 (Gap Analysis)　11
庫 (base)　19
時程績效指標 (Schedule Performance Index, SPI)
　　152
核心家庭情緒系統 (Nuclear family emotional
　　system)　21
格式標準化與物料清單管理 (Agile Formulation &
　　BOM management)　213
海報 (Post)　124
破壞式創新 (Disruptive Innovation)　11
破壞者 (Disrupter)　117
破壞創新期 (Disruptive)　8
缺口分析 (Job Description , Job Analysis & Gap
　　Analysis)　272
缺乏控制 (Lack of control)　198
耗能產品環保設計指令 (EuP)　194
能力 (Ability)　276
能源 / 工程服務公司 (Energy/Engineering Service
　　Company)　224
能源剖面圖 (Energy Profile)　220
能源效率 (Energy Efficiency)　223
能源消耗 (Energy Consumption)　223
能源基線 (Energy Baseline)　220
能源強度 (Energy Intensity)　223
能源設計 (Energy Design)　223
能源管理 (Energy Management)　220
能源績效指標 (Energy Performance Indicators,
　　EnPIs)　223

記憶 (recite)　266
記憶金字塔原理 (Memory Pyramid Principle)　258
訊號雜音比 (Signal to Noise Ratio, S/N)　56, 287
訓練者/引導者 (trainer/facilitator)　70
訓練品質評核 (TTQS)　268
退貨 (Return)　95
迴避型 (Avoiding)　27
配銷 (Deliver)　95
馬兒跳躍法 (TAMR'S-SCAMPER)　136

十一劃

假設 (assumption)　19
做中學 (Learning by doing)　72
偏離目標值 (Target Value)　286
區隔 (Blocking)　278
參數設計 (Parameter Design)　287, 290
曼陀羅 (Mandala)　136
商流 (Biz. Flow)　84
問題及其解題模式 (Problem Solving Model)　50, 134
問題後之問題 (QBQ)　126
問題界定 (Problem identification)　68
問題真因 (root cause)　18, 52, 135
問題真因分析 (Root Cause Analysis, RCA)　123
問題稀釋法 (Problem Dilution Method, PDM)　61
問題解決 (Problem-solving, Ps)　8, 46, 56, 69
問題解決程序 (Problem Solving Process, PsP)　57, 68
問題解決策略地圖 (Ps Roadmap)　46
問題導向學習 (Problem-based Learning, PBL)　69
國民幸福指數 (GNH)　339
國際工作流程管理聯盟 (WfMC, Workflow Management Coalition)　89
國際汽車工作小組 (International Automobile Task Force, IATF)　68
國際標準組織管理系統 (ISO)　11

基本動作 (Motion)　92
基本符號 (basic symbol)　92
基礎研究 (Basic research)　10
執行 (Execution)　99
執行 (Implementation)　11
執行 (plan)　96
執行圖 (Execution Graph)　90
專利文件 (Patterns)　134
專家評估審查 (Scientific Peer Review Evaluation)　11
專案章程 (Project Charter, P/C)　282
情緒截斷 (Emotional cutoff)　21
控制因子 (control factor)　287
探索 (Discover)　102
推拉式閘門法 (Push$_{tech.}$ & Pull$_{mkt.}$ Gate$_{feedback}$ Model = Connect & Develop Model)　11
推論階梯 (ladder of inference)　19
授權 (authorize)　9
敏感度 (NF Sensitivity)　290
敏感度分析 (SA)　12
敘事治療 (Narrative Therapy, NT)　22
敘述層次 (descriptive levels)　89
敘述觀點 (Descriptive Views)　89
望大 Larger-The-Best (LTB)　287
望小 Smaller-The-Best (STB)　287
望目 Nominal-The-Best (NTB)　287
混沌理論 (Chaos Theory)　50, 140
理想機能 (Ideal Function)　285
現行 (As is)　101
產品之結果 (The Resulting Product)　276
產品生命週期管理 (Product Lifecycle Management, PLM)　318
產品生命週期管理解決方案 (Product Lifecycle Management Methodology, PLMM)　320
產品成長期 (Growth stage)　319
產品成熟期 (Maturity stage)　319
產品拆解物質資料解析表 (BOM)　195

419

產品品質符合與管理 (Agile Product Compliance and Quality Management) 213
產品衰退期 (Decline stage) 319
產品組合管理 (Agile Product and Portfolio Management) 213
產品間雜音 (Unit-to-Unit Noise) 286
產品資料管理 (Product Data Management, PDM) 316, 320
產品圖檔資料管理 (Product Data Management) 323
產品碳足跡一頁報告書 (1 Page CF-Profile) 226
產品碳足跡製程地圖 (PAS 2050: 2008 - Process Map) 11
產品價值 (specify value) 143
第二語言習得 (second language acquisition, L2 acquisition) 255
第五項修鍊系統基模魔法屋 ($5^D S_A^T$ Magic House) 37
統計製程管制 (Statistical Process Control, SPC) 290, 331
紮根理論 (Grounded Theory, GT) 56
組織文化 (Organization and culture) 205
組織目標 (Objectives of the organization) 205
莎士比亞暴風雨 (The Tempest) 339
規格管理 (Agile Specification management) 213
規劃 (planning), (Plan) 48, 95
規劃與管制 (Plan and Control) 276
設施規劃需求活動 (PQRST) 94
設計 (Design) 95, 99
設計失效模式與效應分析 (Design FMEA) 330
設計規格 (Design Specification) 89
設計鏈作業參考模型 (Design Chain Operations Reference Model, DCOR) 95
責任 (responsibility) 48
軟重整 (soft restructuring) 2
通訊協定 (Communication Protocol) 232
速度 (speed) 260

部分因子設計 (FFD) 278
麥肯錫人 (McKinsey-ite) 62
麥肯錫問題解決法 (McKinsey & Company Problem-solving Method) 62

十二劃

最佳化 (Optimizing), (Optimization) 96, 99
最終理想解 (Ideal Final Result, IFR) 150
創新流程管理 (Innovation Process Management, IPM) 11
創意 (創造力) (Creativity) 8, 114
創意思考 (Creativity Thinking) 114
創意問題解決流程 (Process for Creative Problem-solving, CPs) 135
創意評估 (Idea Evaluation) 120
創意經濟學 (The Economics of Ideas) 8
創意團隊先進行 Herrmann Brain Dominance Instrument (HBDI) 123
創意歷程 (Creativity Process) 9
創新 (Innoveaion) 2, 114, 115
創新元素與能量或創意與創新 (inventions or intellectual property) 118
創新本質 (The Nature of Innovation) 13
創新生命週期 (Innovation Life Cycle/Spectrum, ILC) 8
創新供應鏈管理 (Innovation Supply Chain Managenent, ISCM) 8
創新物聯網雲端平台 (i-Cloud) 115
創新流 (Innovation Flow) 11
創新流程 (Innovation Process, IP) 11, 12, 13
創新發明問題之解題理論 (Theory of Inventive Problem Solving; TIPS) 51, 134, 292
創新策略地圖法 (Innovation Roadmap Method, IRM) 120
創新解決方案 (Total Solution) 115
創新管理流程 (Innovation Management Process, IMP) 13

Index 中英索引

創新與創造能力 (innovation & creativity)　69
創新模式 (Innovation Model)　10
創新潛能屋分析 (Potential House Analysis)　120
創新學習鏈 (Innovation Learning Chain)　272
創新趨勢屋分析 (Future House Analysis)　120
創業 (Entrepreneurship)　114
創業策略 (Entrepreneurial Strategy)　159
喜悅型 (Delighters)　282
單一材質 (HM)　279
嵌入 (embedded)　232
嵌入式 (Embedded Workflow)　84
循環詢問 (Circular Questioning)　21
惡化參數 (Avoiding Degemeration Parameter, ADP)　52, 135, 292
普渡企業生命週期參考架構 (Purdue Enterprise Reference Architecture, PERA)　317
智庫 (BPs)　57
智慧 (Smart)　232
智慧財產 (Intellectual Property, IP)　119
智慧電網 (Micro Smart Grid)　235
測至失效法 (Test to Failure)　285
焦點解決短期治療 (Solution-Focused Brief Therapy, SFBT)　23
發明 (inventions)　8, 114
發明是創新之催化劑 (Invention is the Catalyst for Innovation)　13
策略目標 (Strategic Objective)　168
策略地圖 (Strategic Map)　64
策略問題解決模型 (Strategic Problem-solving Model)　62
策略規劃 (Personal Strategic Planning, PSP)　9
策略轉化行動方案 (Translating Strategy into Action Plan)　164
結論 (conclusion)　19
評估 (Evaluate)　276
超覺記憶學習法 (Easily Reminding Intuition Cerebration, ERIC)　259
進入 (Entry)　61

量測系統分析 (Measurement System Analysis, MSA)　330
量測與驗證 (Measurement & Verification, M&V)　224
開放 (open)　48
開放式創新 (Open Innovation)　118
開放空間技術 OST (Open Space Technology, OST)　48, 124, 126
開放空間原則 (OST Principle)　48
開發 (Development)　10
雲端平台 (Cloud Platform)　226
雲端資料處理中心 (Cloud-based Application Platform)　234
順從型 (Obliging)　27

十三　劃

傳統 (Traditional)　10
傾聽 (listening)　270
匯談 (dialogue)　48
圓桌論壇七大原則與指引 (Wold Café 7 principles & Guide)　48, 125
圓桌論壇指引 (World Café Guide)　125
意義 (meaning)　19
意識匯談法 CCB (Corporate Consciousness Building)　58
感官品評 (Sensory Evaluation)　268
愛的序位 (Order of Love)　22
新產品設計開發 (NPD)　95
新產品開發期 (New Product Development stage)　319
新產品開發程序 (NPDP)　12, 324
新產品開發管理與程序 (New Product Development Management & Procedure, NPDM / NPDP)　324
新聞牆 (Monster Sticky Wall)　48, 124
新穎性 (new)　8, 114
概念化 (conceptualization)　270
概念設計 (Concept Design)　290

421

概念評估 (Concept Evaluation) 120
溝通 (Communication) 25
溝通分析 (Transactional Analysis, TA) 25
溫室氣體 (GHG) 211
準備迎接驚喜 (be prepared to be surprised) 48
準備期 (Preparation) 9
禁用毒性物質指令 (RoHS) 194
節奏 (DRUM) 50
節能減碳 (Energy-saving & Carbon reduction) 194
經驗學習循環 (Lessons Learned Cycle) 72
腦力激盪方式 (Brainstorming) 52, 136
解決方案 (Total Solution) 62
解決問題 (Problem-solving) 18
解構隱喻故事 (deconstruction metaphors) 23
解釋性價值問題 (Interpretive Values) 58
該結束就結束。(When it's over, it's over) 48
試真法 (trial and true) 135
試產 (Pilot production run) 285
試誤法 (trial and error) 52, 135
資料 (data) 62
資料分析 (data analysis) 56
資料蒐集 (data collection) 56
資料蒐集 (information gathering) 48
資訊流 (Information Flow), (Info. Flow) 84, 144
跟述 (shadowing) 260
跨部門團隊 (cross-functional team) 13
道 (Tao) 2
過渡管理流程 (Transition Management Process, TPM) 325
過程地圖 (Process Map) 327
過程導向 (process-based) 327
電子標籤 (RFID Tag) 232
電腦整合製造開放系統架構 (Computer Integration Manufacturing Open System Architecture, CIMOSA) 317
預防 (prevention) 96

預知 (foresight) 270
頓悟期 (Illumination/Insight) 9
鼓-緩衝-繩 DBR (Drum-Buffer-Rope) 142

∽ 十四 劃 ∽

僕人式領導 (servant-leadership) 270
團隊學習 (Team Learning) 37
團隊導向之問題解決 (Team Oriented Problem Solving, TOPS) 65
圖示 (graph) 90
實例 (Instant) 86
實現 (Realize) 102
實踐性行動問題 (Imperative Action) 58
實獲值管理 (Earned Value Management, EVM) 145
實驗設計 (Design of Experiments, DOE) 277
實體流線圖 (Flow Diagram) 94
實體試驗或實務示範 (Experimental/Exemplary Demonstration) 159
實體證據 (physical evidence) 271
對話 (Dialogue) 58
摘要與圖示 (summary and diagram) 56
演化潛力雷達圖 (Evolutionary Potential Radar Plot) 146
演化趨勢潛力 (TRIZ 37 Evolutionary Trends) 56
漏斗效應 (Narrow down / Funnel Effect) 282
滿足型 (Satisfiers) 282
漸進擴展期 (Incremental) 8
監控 (Monitoring) 96, 99
監督、量測與分析 (Monitoring, measurement and analysis) 223
碳足跡 (Carbon Footprint) 278
管制計畫 (Control Plan, C/P) 285
管制帳戶 (Control Account, CA) 169
管理 (Manage) 276
管理維護 (Administration) 89
精實 (lean) 2, 117

Index 中英索引

精實生產 (Lean Production/Manufacturing)　142
精實思維 (Lean Thinking)　143
精實創意 (Idea Detailing)　120
綜效 (Synthesis)　62
綠色生命週期思維 (Green lifecycle thinking)　195
綠色知識管理 (Green Knowledge Management, KM)　194
綠色專案風險內稽內控自評即時決策管理系統 (G_PR_M-$I^4C_S^4$-DRW1)　208
綠色產品設計即時決策管理系統 (G_p-DFSS-DRW2)　208
綠色設計 (Green Design)　278
綠色設計矩陣 (DfE Matrix)　279
綠色設計矩陣 (MET Matrix)　281
綠色質場分析 (Green Su-Field Analysis)　137
綠能監控查證即時決策管理系統 ($GE^{6\sigma}$-$M\&V$-DRW6)　226
製造 (Make)　95
製造–測試–維修 (build-test-fix)　285
製程失效模式與效應分析 (Process FMEA)　330
製程能力指標 (PCI)　284
製程雜音 (Process Noise)　286
語言習得 (language acquisition)　255
語調 (intonation)　260
認知 (awareness)　270
認知 (Cognitive)　141
說服 (persuasion)　270
需求 (Need)　50
需求 (Requirement)　99
需求定義 (Requirement Definition)　89

～ 十五 劃 ～

價值流 (Value Stream Flow)　84
價值流 (Value Stream)　95, 144
價值流程圖 (Value Stream Mapping, VSM)　144

價值觀 (value)　19
增強環路 (RL)　37
審查 (Review)　11, 276
廢電機電子產品回收指令 (WEEE)　194
數值模擬與分析 (Numerical simulation and analysis)　298
標的 (goal)　64
標竿學習 (Benchmarking)　338
標準工時 (ST)　92
標準化 (standardize)　96
標準作業／工作方法 (SOP)　92
標準符號 (standard symbol)　92
模仿 (Imitative)　10
樂活養生 (LOHAS)　194
歐洲品質管理基金會品質管理系統 (EFQM＝RADAR)　11
潛在 (Potential)　284
熱忱 (passion)　48
獎懲 (Award & Punishment)　272
確認 (Validation)　276
編碼化 (coding)　56
線性式創新模式 [Linear Innovation (LI) Model]　10
緩衝 (Buffer)　50
緩衝滲透 (Buffer Penetration)　142
緩衝管理 (Buffer Management)　142
衝突 (conflict)　27
衝突矩陣 (Conflict Matrix)　52, 136, 292
衝突圖 (Conflict Map)　50, 140
談判 (Negotiation)　28
調節環路 (BL)　37
質化 (qualitative- ATLAS.ti)　56
質場分析 (Substance Field Analysis)　136
魅力品質理論 (Theory of Attractive Quality)　282

～ 十六 劃 ～

噪音減量與傳輸損失 (Noise Reductions and Transmission Loss)　295

學習 (Learning) 21
學習輪 (Training Wheel) 251
導入說明 (Implementation Description) 89
整合 (Integrate), (Integrating) 95, 96
整合協同型 (integrated and collaborative type) 322
整合型(Integrating) 27
整合型經營管理模式 (SGMK) 120
整合資訊系統架構 (Architecture of Integrated Information Systems, ARIS) 317
整合電腦輔助製造 (Integrated Computer Aided Manufacturing, ICAM) 316
整合應用架構 (Application Integration Architecture, AIA) 321
機率價值 (Probability value) 199
機會威脅分析 (Opportunity-Thrat Analysis, OTA) 166
機器與機器 (Machine to Machine, M2M) 227
歷程 (the process of adaptation) 72
激發創意 (Idea Generation) 120
積極回饋與正向回應 (aggressive feedback and positive response) 70
融滲式學習 (Across Curriculum, AC) 73
衡定狀態 (homeostasis) 21
輸入 (Input) 276
輸出 (Outputs) 276
選擇問題解決技法 (Choose Ps Techniques) 69
隨機性 (Randomization) 278
餐飲服務績效評估 (HSPE) 268

十七劃

優先順序 (Prioritization), (priority) 62, 64
優勢劣勢分析 (Strength-Weakness Analysis, SWA) 166
應用研究 (Applied research) 10
營運計畫書 (Business Plan, BP) 119
環境 (environment) 285
環境化設計 (Design for Environment) 278
環境友善之設計技術 (Environmental Friendly Technologies) 195
環境生態說明書 (Eco-profile) 279
療癒 (healing) 270
矯正措施 (Corrective Action) 99
矯正預防措施 (Corrective & Preventive Action, CA & PA) 96, 268
績效評估 (Performance Evaluation) 10, 290
績優標竿測試法 (Test to Bogey) 285
總召／組長之職責 (Job of host table) 48
聲波 (Sound wave) 298
臨床實驗 (Clinical Trail) 159
醞育期 (Incubation) 9
點子 (ideas) 8, 114

十八劃

擴散 (Diffusion) 10
擴散式創新 (Diffusion Innovation) 11, 157
簡易 (Simple) 117
簡諧運動 (harmonic motion) 298
職能面 (Competence) 18
豐田生產系統 (TPS) 11
轉換 (conversion) 13
雜音因子 (Noise Factor, N/F) 286
雙向式英語 (Two-Way Communication) 257
雙圈學習 (double-loop learning) 69, 267
雙腳法則 (Law of Two Feet) 48, 126
雛形法 (Prototyping Methodology) 90
雛型 (prototype) 285

十九劃

穩健性 (Robustness) 286
繪製魚骨圖、心智圖與衝突圖 (Conflict Diagram) 68
藝術品 (artistic objects) 8, 114

Index 中英索引

邊界元素法 (Boundary Element Metho, BEM) 295
關鍵／限制因子 (Key/Constraint Factor or Leverage Point) 50, 140
關鍵失效真因 (KFI) 284
關鍵指標 (Critical to Quality, CTQ) 282
關鍵績效指標 (Key Performance Index, KPI) 162

二十劃

競爭紅海期 (Competitive Advantage) 8
競爭追隨期 (Competitive Maintenance) 8
議題分析 (Issue analysis) 62
闡釋、組合與萃取 (Compilation, Combination & Refine) 11

二十一劃

辯證法 (Dialectic Decision Method) 27
顧客 (customer) 271
顧客理想化設計 (Customer Idealized Design, CID) 325
顧客滿意度 (CSI) 268
顧客價值 (Customer Value, CV) 169, 269
顧客導向過程 (Customer-oriented Process, COP) 327
顧客聲音 (Voice of Customer, VOC) 282
顧客關係管理 (Customer Relationship Management, CRM) 319
魔鬼代言人 (Devil's Advocacy Approach) 27

二十二劃以上

權利分享 (power-sharing) 9
聽說教學法 (audio-lingual method) 255
鑑別 (Identify) 276
變更 (Changes) 276
變更審查 (Review of Changes) 277
變革 (change) 115
變異數分析 (ANOVA) 278
變異數分析 (ANOVA) 278
變異模組化與減量 (Variation modeling and reduction) 278
邏輯化 (logic) 56
體驗式學習 (Model of Experiential Learning, EL) 72
靈感乍現 (Inspiration for New Needs) 11

425